SIYING GONGSI
ZUIXIN ZUISHIYONG
DE SHANGWU WENSHU FANBEN
1000LI

科学规范，全面系统
高效实用，现查现用

私营公司
最新最实用的商务文书范本
1000例

内容丰富，体系完整，通俗易懂，实用第一，
资料新颖，与时俱进。

文天行 ◎ 编著

台海出版社

图书在版编目（CIP）数据

私营公司最新最实用的商务文书范本 1000 例/文天行
编著. — 北京：台海出版社，2014.12
ISBN 978－7－5168－0523－7

Ⅰ．①私… Ⅱ．①文… Ⅲ．①商务—应用文—范文
Ⅳ．①H152.3

中国版本图书馆 CIP 数据核字（2014）第 285391 号

私营公司最新最实用的商务文书范本 1000 例

编　　著：文天行

责任编辑：刘文卉　　　　　　责任印制：蔡　旭

出版发行：台海出版社
地　　址：北京市朝阳区劲松南路 1 号　邮政编码：100021
电　　话：010－64041652（发行，邮购）
传　　真：010－84045799（总编室）
网　　址：www.taimeng.org.cn/thcbs/default.htm
E-mail：thcbs@126.com

经　　销：全国各地新华书店
印　　刷：北京柯蓝博泰印务有限公司
本书如有破损、缺页、装订错误，请与本社联系调换

开　　本：710×1000　　1/16
字　　数：588 千字　　　　　　印　　张：30
版　　次：2015 年 2 月第 1 版　印　　次：2015 年 2 月第 1 次印刷
书　　号：ISBN 978－7－5168－0523－7

定　　价：68.00 元

前言
PREFACE

　　商务文书是指公司在操作运营、业务往来、战略经营等一系列商务活动中所使用的各种文书的总称。它是公司专门用于现代市场经济活动中，并借此来发展商务关系的一种文书；它是公司顺利实现由生产环节向交换和消费环节转变过程的必要手段；它是一个企业兴衰成败的试金石；它是国民经济走向近一步繁荣的重要保障。本书在翔实事例的基础上，重点介绍了商务文书中的最新最实用最经典的一千例文书范本，具有较强的实用性、针对性、专业性。

　　本书以商务文书写作范本事例为线索，着力解决商务应用写作中的重点、难点、繁点问题，具有较强的科学合理性。具体内容包括：企业设立与变更文书、公司章程与规则文书、政府商务管理文书、企业审计类文书、战略企划文书、公关广告文书、财务资产报告文书、金融地产类文书、商务信函类文书、工商税务类文书、商标专利类文书、招标投标类文书、人力资源类文书、法律事务类文书、社交礼仪类文书。这是一本专门讲授如何撰写现代企业商务文书的实用性参考读物，新颖独特。内容根据现代商务活动的具体特点和实际需要，分门别类地介绍了种种最新商务文书的基本内容、格式及范本事例，相信能够给企业领导和有关人员提供莫大的帮助。全书包括 15 个大类，1000 个具体范本事例，基本涵盖了现代企业日常商务活动的方方面面，有着极其广泛的应用性。

　　企业的发展与未划离不相关的商务文书是不少难们的，本节从企业设立、企业战略规划、人力资源、财务资产管理、招标投标、市场调研、公关广告、常用法律等不同的方面，将企业常用的管理文书，从基本概念、注意事项及具体范例等方面给以深刻的解析，使管理经营者能够在最有效的时间内找到解决问题的办

1

法，使企业永立不败之地。

　　本书内容翔实，论理规则和具体事例范本相结合，取材新颖独特，有较强的说服力和参考价值，涉及范围广泛，通俗易懂，有着很强的实用性。无论你是正准备投资兴办公司的创业者，还是资深的企业管理者，阅读本书必定会给你带来更多的指导作用，让你在商战中学得更多的文书写作要领。

目录
CONTENTS

第一章　企业设立与变更文书

第二章　公司章程与规则文书

第三章　企业审计类文书

第四章　战略企划文书

第五章　公关广告文书

第六章　财务资产报告文书

第七章　金融地产文书

第八章　商务信函文书

第九章　工商税务文书

第一章

企业设立与变更文书

一、公司设立登记申请书

（一）公司设立登记申请书的基本含义

公司设立登记申请书是申请人依据国家相关法律规定，将公司申请事项呈报国家相关主管部门审核登记，并由其发放营业执照的申报请求性文书。公司设立登记申请书是专用文书，应由专业人员负责撰写。

（二）公司设立登记申请书的基本格式

公司设立登记申请书通常由标题、正文、结束语和落款四部分组成。

1. 标题。标题要写明名称和文种，如《××公司设立登记申请书》。

2. 正文。公司设立登记申请书正文开头顶格写明送达机关，并依次写明公司名称、登记事项、法定地址、企业类型以及经营期限等。正文的内容不要求面面俱到，但主要内容必须表达明确。

3. 结束语。结束语另起一行空两格书写，常为"请核准予以登记"。

4. 落款。

（三）格式范例

公司设立登记申请书

××市工商行政管理局：

根据《中华人民共和国公司法》、《中华人民共和国企业法人登记管理条例》有关规定，经我公司全体股东大会讨论决定，设立××股份有限责任公司，特向贵局申请予以登记。

公司名称	××××××
公司住所	××××××
邮政编码	××××××
电话	××××××
公司法定代表人	××××××
公司注册资本	人民币××万元，大写：
企业类型	有限责任公司
经营范围	××××××
营业期限	2002 年 6 月 6 日起至 2032 年 6 月 5 日
董事长	×××（章）

附件：

1. 《××市商业委员会关于成立××市××有限责任公司的批复》。

2. 《××市××有限责任公司章程》。

3. 法人资格证明。

4. 《××市工商银行××支行关于××市××有限责任公司的验资报告》。

5. 全体股东指定代表（或者共同委托代理人）的证明。

6. 股东单位委派代表委托书。

7. 股东的自然人身份证明。

8. 股东会会议纪要。

9. 公司董事、监事、经理人员情况表。

10. 公司法定代表人履历表（含身份证复印件）和任职文件（即董事会纪要）。

11. 企业名称预先核准通知书。

12. 公司住所证明。

二、企业法人申请开业登记注册书

（一）企业法人申请开业登记注册书的基本含义

企业法人申请开业登记注册书，是指具备法人资格的企业在开业前向工商行政管理部门申请开业登记注册所使用的文书。企业法人申请开业登记注册书是专用文书，应由专业人员负责撰写。

（二）企业法人申请开业登记注册书的主要内容

1. 企业法人名称；

2. 经营场所；

3. 企业性质；

4. 注册资本；

5. 经营范围；

6. 经营期限；

7. 经营方式；

8. 主要设施；

9. 从业人数。

（三）格式范例

企业法人申请开业登记注册书

组建单位：（盖章）

组建负责人：（盖章）

申请日期：年　月　日

中华人民共和国国家工商行政管理局制

一、申请开业登记事项

企业法人名称					
住所					
经营场所地址					
法定代表人					
经济性质					
从业人数（人）	合计	其中：			
		管理人员数	技术人员数	生产（业务）人员数	其他人员数
注册资本（万元）	合计	其中：			
		固定资金	流动资金		
经营方式					
经营范围	主营				
	兼营				
经营期限	自　年　月　日　至　年　月　日				

续　表

主管部门		批准文件文号及日期			
审批机关		审批文件文号及日期			
经营场所面积（平方米）	合计	其中：			
		生产加工占用	营业占用	仓库占用	其他
企业主要设备和主要设施	名称		单位	数量	
分支机构简况	法定代表人	企业名称	地址	执照号	

二、提交文件、证件及有关部门意见

申请开业登记提交文件、证件	
有关部门签署意见	年　月　日

注：企业法人申请开业登记时，填写、提供（一）（二）两栏的内容。

附件1：法人代表登记表

姓名		性别		
年龄		民族		
籍贯		文化程度		照片
家庭住址				
联系方式				
身份证号码				
企业法人住所				
法人产生形式				
法定代表人任职时间	自　年　月　日至　年　月　日			

续　表

个人简历	
委派单位审查意见（盖章） 　　　　年 月 日	法定代表人签字 　　　　年 月 日

附件2：主要管理人员名单

姓名	性别	年龄	现任职务	文化程度	何时调入	联系方式	备注

附件3：经营场所使用证明

企业名称	
法定地址	
使用面积	
使用期限	
产权归属	
组建单位（或主办单位） 　　　　（盖章） 　　　　年 月 日	产权单位 　　　　（盖章） 　　　　年 月 日

三、申请营业登记注册书

（一）申请营业登记注册书的基本含义

申请营业登记注册书，是指不具备法人资格，但具备经营权的经济组织于投产或开业前向工商行政部门申请登记注册所使用的文书。申请营业登记注册书是专用文书，应由专业人员负责撰写。

（二）申请营业登记注册书的主要内容

1. 企业法人名称；
2. 企业地址；
3. 经营场所；
4. 企业性质；
5. 注册资本；
6. 经营范围；
7. 经营期限；
8. 经营方式；
9. 主要设施；
10. 从业人数。

（三）格式范例

申请营业登记注册书

主办单位所属部门：（盖章）

主办单位：

企业法定代表人：（盖章）

申请日期：年月日

中华人民共和国国家工商行政管理局制

（1）申请营业登记事项

企业名称			
地址		经营场所面积	
负责人		电话号码	
经济性质		从业人数	
资金数额		隶属单位	
经营方式			

续　表

经营范围	主营						
	兼营						
经营期限		自　年　月　日		至　年　月　日			
主营部门				批准文件文号及日期			
审批机关				审批文件文号及日期			
企业主要设备和主要服务设施		名称	单位	数量	名称	单位	数量

注：登记注册书封面"主办单位所属部门"指主办单位的上级主管部门。

（2）提交文件、证件及有关部门意见

申请营业登记提交的文件	
有关部门签署意见	年　月　日（公章）

四、企业申请筹建登记注册书

（一）申请筹建登记注册书的基本含义

申请筹建登记注册，是指申请人依据国家有关规定，经各计划部门批准新建的企业，其筹建期限满一年的，应按国家相关规定办理筹建登记注册。申请筹建登记注册书是筹建企业申请筹建登记所使用的文书。企业申请筹建登记注册书是专用文书，应由专业人员负责撰写。

（二）企业申请筹建登记注册书的主要内容

1. 企业法人名称；

2. 企业地址；

3. 经营场所；

4. 企业性质；

5. 注册资本；

6. 经营范围；

7. 经营期限；

8. 经营方式；

9. 主要设施；

10. 从业人数。

（三）格式范例

申请筹建登记注册书

组建单位：（盖章）

组建负责人：（盖章）

申请日期：年月日

中华人民共和国国家工商行政管理局制

（1）筹建登记事项

筹建企业名称				
地址		经营场所面积		
负责人		电话号码		
经济性质		从业人数		
资金数额		隶属单位		
经营方式				
筹建项目				
经营范围	主营			
	兼营			
设计年生产经营能力				
建筑施工单位				
计划开工日期	年 月 日	计划竣工日期	年 月 日	
主管部门		批准文件文号及日期		
审批机关	审批文件			
		文号及日期		

续　表

	名称	单位	数量	名称	单位	数量
企业主要设备和主要服务设施						

（2）提交文件、证件及受理、审查

申请筹建所提交的文件、证件			
经营场所占地面积（平方米）			
其中生产加工占用			
营业占用			
仓库占用			
其他占用			
经营期限	自 年 月 日至 年 月 日	自 年 月 日至 年 月 日	
企业法人执照注册号		住所邮政编码	
企业法人执照副本		执照副本注册号	
开户银行		开户帐号	
税务主管机关		税务登记证号	
企业法人所属单位		企业代码	

（3）分支机构主要登记事项年末简况

分支机构名称	分支机构地址	经营范围	从业人数	负责人	执照号

（4）其他情况

企业法人全年生产、经营完成情况（包括产值营业额、亏损、纳税等）	年计划产值或营业额	实际完成产值或营业额	交纳利润	交纳税款	盈利	亏损
主要产品或主要商品名称	计算单位	年实际产量或销量				
企业法人本年度有无违反国家有关政策、法规的行为，受到何处罚，有关改进措施						
企业法人主管部门的审核意见						

（5）企业法人年检备案情况报告

企业法人名称		联系人		
住所		电话		

（6）全部开户银行情况

序号	开户银行名称	帐号
1		
2		
3		
4		
5		
6		
7		

（7）企业法人全部公章印模

行政章	财务章	业务章	合同章

五、公司变更登记申请书

（一）公司变更登记申请书的基本含义

公司变更登记申请书，是指公司出现有关重大事项改变时，申请公司依照国家相关规定向原登记机关提出变更登记事项的请求性文书。通常来说，公司的变更主要指的是公司名称、公司住所、公司法定代表人、公司注册资本、公司经营范围、公司经营期限、公司类型等事项的变更。公司变更登记申请书是专用文书，应由专业人员负责撰写。

（二）公司变更登记申请书的基本格式

公司变更登记申请书通常由四部分组成：

1. 标题。标题要写明公司名称和文种，如《××公司变更登记申请书》。

2. 正文。正文开头顶格书写送达机关，然后写明公司名称、需要变更的事项、法定地址、企业类型、注册资本、经营范围、股东以及经营期限等。

3. 结束语。结束语另起一行空两格书写，常为"请核准予以登记"。

4. 落款。落款必须载明申请公司名称、法定代表人签字以及成文日期。公司名称必须写原登记公司的全称，加盖公章，并要有法定代表人签字。

（三）格式范例

公司变更登记申请书

××市工商行政管理局：

根据《中华人民共和国公司法》、《中华人民共和国公司登记管理条例》的有关规定，经我公司股东大会审议通过，变更我公司之注册资本、经营范围和股东等项目，请予以审核。

一、公司名称：有限责任公司。

二、法定代表人

三、变更登记事项：

1. 变更注册资本：原核准登记注册资本为人民币500万元，大写：伍佰万元整；现申请变更增加注册资本为人民币1000万元，大写：壹仟万元整。

2. 变更经营范围：原核准登记的经营范围为家用电器批发、零售，服装帽子批发、零售，装饰材料、家具批发、零售，现申请在原经营范围基础上，增加五金、建材批发、零售，家电维修。

3. 变更营业期限，原核准登记的营业期限为20年（2000年1月4日至2020

年1月4日）；现申请延长营业期限为30年（2000年1月4日至2030年1月4日）。

    4. 变更股东：原核准登记的股东为12人：

××公司：	××公司：
××公司：	××公司：
××公司：	××公司：
××公司：	××公司：

××公司：

××公司：

××公司：

××公司：

现变更增加股东5名，共计股东17名：

××公司：

××公司：

××公司：

××公司：

××公司：

                  以上变更登记项目，请予以审核批准登记。

                  ××市××有限责任公司（公章）

                  法定代表人：（签字）

                  2002年1月1日

附件：

    1.《××市××有限责任公司章程》（修订）；

    2. ××市××有限责任公司第二届股东大会决议；

    3.《××市工商银行××支行关于××市××有限责任公司增加注册资本的验资报告》；

    4. 新增股东法人资格证明（1份）；

    5. 新增股东自然人身份证明（4份）。

六、公司注销登记申请书

（一）公司注销登记申请书的基本含义

    公司注销登记申请书，是公司在国家相关法律规定的注销条件下，按规定程序注销工商登记事项，终止公司法人资格和营业资格的法律行为。通常来说，公司如有下列情形之一，应从清算之日起 30 日内向原登记机关申请注销登记。

1. 公司营业期限届满；

2. 公司被依法宣告破产；

3. 公司被依法责令关闭；

4. 公司因分离而解散；

5. 经股东大会决议公司解散。

（二）公司注销登记申请书的基本格式

公司注销登记申请书通常由三部分组成：

1. 标题。标题要写明公司名称和文种，如《××公司注销登记申请书》。

2. 正文。正文开头顶格书写送达机关，然后写明公司名称、注销事由、公司发起人、法定地址、企业类型、注册资本和经营范围等事项。

3. 落款。落款必须载明申请公司名称、法定代表人签字、成文日期以及附件组成。

（三）格式范例

公司注销登记申请书

××市工商局：

一、本公司于年月日奉准设立（变更）登记，领到工商局设（新）字第号执照。

二、兹经全体股东同意解散，依照公司法有关规定，简附有关文书，缴销原领执照，请准予注销登记。

此致

敬礼

申请人：××有限责任公司（盖章）

地址：

董事长：（盖章）

董事：（盖章）

董事：（盖章）

年月日

附件1：

××股份有限公司股东会议记录

一、时间：年月日时

二、地点：

三、出席股东人数及代表已发行股数：计人，代表已发行股数股。

四、主席：记录：

五、报告事项：

六、讨论事项：解散公司案

本公司因业务关系，拟予解散，选任××为清算人办理清算。决议：通过。

七、散会。

主席：

记录：

附件2：

××有限责任公司股东同意书

一、本公司因业务关系，经全体股东同意拟予解散。

二、本公司解散后拟选任×××为清算人。

以上经全体股东同意无误。

××有限责任公司全体股东签章

×年×月×日

七、企业法人申请变更登记注册书

（一）企业法人申请变更登记注册书的基本含义

企业法人申请变更登记注册书，是指具备法人资格的企业由于原登记事项发生重大变化，需要向工商行政管理部门申请变更所用的文书。企业法人申请变更登记注册书是专用文书，应由专业人员负责撰写。通常来说，变更主要指的是公司名称、公司住所、公司法定代表人、公司注册资本、公司经营范围、公司经营期限、公司类型等事项的变更。

（二）企业法人申请变更登记注册书的主要内容

1. 企业法人名称；

2. 企业法人开业登记时经工商行政部门核准的事项；

3. 申请变更登记的事项；

4. 申请变更的事由。

（三）格式范例

企业法人申请变更登记注册书

企业名称：（盖章）

法定代表人签字：（盖章）

申请日期：年月日

中华人民共和国国家工商行政管理局制

1、企业法人申请变更登记事项

项目	原核准登记事项	申请变更登记事项
企业法人名称		
住所		
经营场所住址		
法定代表人		
经济性质		
从业人数		

从业人数（人）	合计	其中：			
		管理人员数	技术人员数	生产（业务）人员数	其他人员数

注册资本（万元）	合计	其中：		
			固定资金	流动资金

经营方式		

经营范围	主营	
	兼营	

经营期限	自 年 月 日至 年 月 日

主管部门		批准文件文号及日期	

经营场所面积（平方米）	合计	其中：			
		生产加工占用	营业占用	仓库占用	其他

	名称	单位	数量
企业主要设备和主要设施			

续 表

	名称	地址	负责人	执照注册号
增减分支机构简况				

2、提交文件、证件及有关部门意见

申请开业登记提交文件、证件	
企业申请变更理由	法定代表签字： 年 月 日
企业电话	联系人
主管部门	批准文件、文号及日期
审批机关	审批文件、文号及日期
有关部门签署意见	年 月 日（公章）

注：企业法人申请变更登记时，填写、提供（1）（2）两栏的内容。

八、创 业 计 划 书

（一）创业计划书的基本含义

创业计划书是企业人员在创业的初期所编写企业创立与运营的整体规划时形成的书面材料。为获得商业贷款或创业基金，企业创业之初通常都要用大量书面材料对风险投资商进行说服，同时也不断规范自己，从而保证企业的正常运作。

（二）创业计划书的写作要点

创业计划书通常应包括以下七项内容：

1. 封面和标题。

2. 目录。目录要注意各部分内容的排列次序。

3. 执行纲要。

4. 企业基本情况简介。企业基本情况简介通常包括产品服务、市场与竞争、销售与促销、组织机构与管理等。

5. 财务。

6. 风险分析。

7. 附件。附件包括撰写人个人简历、推荐书、意向书、合同、法律文件及其他相关文件。

（三）格式范例

创业计划书（框架）

一、概述

1. 概述格式；

2. 新增的内容（不属于创业计划的部分）。

二、企业经营介绍

1. 企业的名称；

2. 企业经营状况的一般介绍；

3. 企业发展历史；

4. 企业经营目标和里程碑；

5. 独特的企业经历；

6. 产业介绍；

7. 产品及服务介绍。

三、市场调查与分析

1. 目标市场与顾客；

2. 市场调查；

3. 市场定位；

4. 市场份额的大小及占有率；

5. 竞争。

四、营销计划

1. 销售与分销；

2. 广告宣传与公共关系；

3. 定价。

五、研究与开发计划

六、产品制造与经营

1. 产品特点；

2. 劳动力；

3. 供应商；

4. 设备；

5. 不动产与设施；

6. 制造成本数据。

七、关键人物

1. 管理班子与董事介绍；

2. 薪金报酬；

3. 主要的股东；

4. 顾问团。

八、总体计划、重大事件和面临风险一览表

九、融资计划

1. 融资的目的；

2. 融资的来源；

3. 融资的条件；

4. 融资的期限与步骤；

5. 公平、控制及评价。

十、财务规划

1. 预算；

2. 关键的假设与估计。

十一、附录

十二、参考文献

公司创业计划书

	编号： 密级： ××产业公司创业计划书
	××产业公司 地址： 电话： ××××年××月××日

目录

一、发展计划摘要

（一）目标；

（二）任务。

二、公司情况

（一）公司所有权；

（二）公司历史；

（三）公司产品；

（四）公司的地址。

三、产品及服务

（一）产品及服务说明；

（二）重要特点；

（三）销售艺术。

四、市场分析

（一）行业分析；

（二）成功的关键。

五、企业营销策略及实施计划

（一）市场营销的目标和对象

（二）价格策略；

（三）促销策略；

（四）营销计划；

（五）销售策略；

（六）战略联合。

六、组织管理概要

（一）组织管理人员；

（二）其他组织管理的考虑。

七、财务分析

一、发展计划摘要

××产业有限责任公司向医院和实验室引进各种革新的、艺术等级的新产品的使用。它的总部在××市，它的产品是通过直销的方式，即与顾客进行面对面的接触来销售的。这一经营计划只是我们整个的企业计划过程的第一步，我们将在每一季度对之进行修改。我们打算在接下来的10个月中进入全面运营状态，并创造每年××万美元的收入。明年我们获取成功的至关重要的因素依其重要程度进行排列，主要有以下几点：

1. 在医疗保健及相关产业中用高质量的新颖的产品来满足需求。

2. 提供高于行业平均水平的技术和顾客服务。

3. 财务控制和现金流量计划。

××产业有限公司是一个相当新的公司，并力图在保健品行业中找到自己恰当的位置。基于我们对未来3年中财务方面的规划和设计，销售收入将突破××万美元，净利润将达到××万美元。

（一）目标

（1）向太平洋沿岸的西北部地区介绍××防护手套生产线；

（2）保持32％的利润增长率；

（3）到××××年底销售收入达到每月××万美元，到××××年底达到每月××万美元。

（二）任务

××产业有限公司的任务是向保健品行业推出革新的产品，同时稳步提升自身利润和公司价值。

二、公司情况

××产业有限责任公司向××地区的医院、实验室、急救中心和公安部门推销新型医疗保健产品。它的顾客包括医疗从业人员，如医生、护士、实验室技术人员、紧急医疗技术专家，还包括公安部门、消防机构和监狱管理人员。

（一）公司所有权（略）

（二）公司历史（略）

（三）公司产品（略）

××产业公司产品发展与现在市场的需要紧密相关。

1. 医疗保健行业越来越多地将注意力集中于人们对传染性疾病的预防需要，例如……

2. 替代品和设备替换部分的需求是目前消费的一部分，并由最初的设备制造商们提供。

3. 在目前，人们往往很难以能够支付得起的价格从市场上获得所需的产品。

（四）公司的地址

三、产品及服务

××有限责任公司向太平洋沿岸西北部地区的医院和实验室销售产品，它也服务于消防和公安部门、急诊救助服务和看守所。

（一）产品及服务说明

截至××××年×月，××有限责任公司已拥有36条生产线，其中一些具有广泛的消费者基础，但非垄断。

1. ××牌防护手套这项产品，是一种用天然橡胶制成的、具有垄断性的产品，它专门用来……

2. 分析器零件产品线专门生产血液分析仪器中的重复替换仪器部件，是这一生产线的主要目的。

3. ××零售生产线是从西班牙引进的一条专业生产线，它为实验室中特殊疾病的测试和诊断提供仪器，而这些产品很难在国内获得，因此需求量很大。

4. 原料质量控制产品是在西班牙制造的，它为实验室中诊断试验的实施提供了有效的质量控制。由于在西班牙的制造成本很低，再加上低廉的转让价格，这一生产线的创利能力将十分可观。

5. 风湿症产品生产线也来自西班牙，它为医院、实验室中的风湿性关节炎的检测及血清测试提供了简捷的诊断方法。

6. 器具产品生产线是对其生产线的补充，使××产业有限责任公司能够以较低的成本进入资本设备市场，这一生产线正在扩展之中。

（二）重要特点

××有限责任公司的产品具备几个重要的特征，使之区别于其他产品并被认为更具竞争力。

（产品特点说明略）

（三）销售艺术

（略）

四、市场分析

根据医疗仪器公告中心的数据，××××年市场对于橡皮手套的需求按其最终价值计算大约是××万美元。在美国，保健品行业正处于变化阶段，但对实验室诊断测试的销售量仍能达到××亿美元左右。在橡胶手套行业的市场领导者包括几大企业，分别为××公司和××保健公司，而诊断数据测试品的市场却极为分散，包括上百家规模各异的制造商。

（一）行业分析

保健品行业是一个极为集中的市场，从服务的角度而言，仅有几家主要的大型企业能维持，而且这些大企业每年公布的年度收入也不过几百万美元，他们所占的份额，尚不足整个保健品市场需求的1%，这主要是由于他们低下的服务致使经营费用过高造成的。

为了在这一行业中生存，将自己的公司建成一个具有创新精神、良好信誉和服务导向的企业是至关重要的。我们将尽量减少与大型企业的竞争，提供与他们不同的产品，从而降低我们的经营风险。

1. 市场参与者

在诊断品行业出现了以下几家市场领导者：

（1）××有限公司

制造实验室用的诊断器具，其市场范围遍及全球。由于与××机构签有合约，它在××方面具有垄断势力。

（2）…….

2. 市场划分

这个市场中大约有4～5家大型企业居于统治地位（占有70%的市场份额）；有5～7家中等规模的制造商和分销商占据另一重要部分（20%的市场份额）；余

下的10％在小型企业中进行划分，例如像××有限公司这样的企业。

（二）成功的关键

在这一行业中成功的关键在于：

（1）营销

抓住新产品的投放、商业展览和顾客的反馈。

（2）产品的质量和承受力

（3）服务

货物的按时运送，具有专业知识的人才，全心全意为顾客服务以赢得顾客的满意和信赖。

五、企业营销策略及实施计划

我们的企业策略将立足于恰当的市场。在诊断品行业充斥着如此之多相类似的产品的同时，××产业有限责任公司力图通过自己与众不同的产品服务而与其他企业区别开来。同时，以一种独一无二的产品作为开始，占据一定的市场，并且最终找到恰当的产品定位，将能够在全国范围内更好地满足顾客的需要。

我们将集中于蓝色附加保护手套这一相当狭窄的市场，并主要服务于诊所实验室及医院部门。我们的顾客往往希望买到高技术、高质量的最为出色的产品，我们则为他们带来了各种现实可行的解决办法，使他们既削减了预算又很好地控制了污染。

（一）市场营销的目标和对象

关于手套市场，我们将集中于这样一种市场对象：如公安部门、消防部门、监狱、紧急医疗服务等等。那里常常采用诸如双层手套这样的替代办法，因此对于这种类型的新产品的潜在需求尚待开发。

关于分析器零件的市场，由于价格的因素，控制了医院及私人实验室对这一产品的需要。基于制造商们目前的水平，我们的服务质量将可能受到各方的指责及争论。其他的诊断产品将尽力满足顾客对价格及质量的要求，这一点将在广告及促销活动中充分强调。

（二）价格策略

一个合理的价格将反映产品的质量和价值。价格问题是××产业公司所面临的最为重要的问题。我们从卖方那里获得最好的转让价格并将这一价格维持下去，也是我们决定引进这一产品的关键，我们首先要保证成本与售价成一定比例，因此必须使进口的产品有利可图，这才能使我们始终保持合理的售价和较高的利润。

（三）促销策略

短期目标是制造足够的影响并使之日益显著，这将通过以下几种方法做到：

1. 注意临床教学实验室产品的销售，临床教学实验室新闻节目和美国临床实验杂志将刊登介绍这一生产线的内容。

2. ××公司也将介绍我们的器械生产线。

3. 我们还将向全美实验室的有关医生寄发价值200美元左右的有关材料。

4. 商业展览：10月份的××地区医疗设备展，11月份的××地区展，都将使我们的产品向××地区推广。

（四）营销计划

我们正在设计我们的企业标志，它由红、黄、黑三种颜色构成。在我们的企业卡片上采用"×××技术"的字样作为商标，并且我们很幸运地得到了××制造商免费提供给我们的精美的小册子及技术文件，计划每月向有关部门邮寄一些相关材料以扩大知名度。

（五）销售策略

短期目标是尽快地获得订单。

长期目标是通过聘请销售人员，采用任务销售的方式使我们的业务向其他地区扩展。3年后的目标是聘请一位电子市场代表和一名技术销售业务代表。

（六）战略联合

我们与制造商的关系对我们的生存至关重要。与他们保持经常的联系，以获得最新的产品信息，每年至少进行一次会面，这些都很重要；出于对他们的利益的考虑，我们要遵循FDA制度，对这些产品进行注册，这也同样重要。

六、组织管理概要

××产业有限责任公司目前还是一个很小的企业组织，仅由两人构成。从现在起3年之内，我们的人事计划要求从目前2人增加至××人。

（一）管理人员

（略）

（二）其他组织管理的考虑

1. 组织结构太小影响既定目标的实现。

2. 目前的人员队伍对加拿大市场了解较多，还需要更多地关注于美国市场以便实现既定目标。××产业公司的成功很大程度上在于拥有创新的产品和不断地寻找新的产品，这本身就是一种挑战。

九、破产申请书

（一）破产申请书的基本含义

破产申请文书是债务人（包括自然人和法人）的全部财产不能清偿债务时，当事人或利害关系人请求法院宣告债务人破产而呈递的文书。

（二）破产申请书的写作要点

通常来说，破产申请书包括以下主要条款：

1. 债权人（代理人）的姓名、性别、年龄、职业、工作单位和住址，法人、非法人团体的名称、所在地和法定代表人的姓名、职务；债务人名称、所在地，法定代表人的姓名、职务。

2. 债权数额及性质，即金钱债权的数量（外汇要换算为人民币，统一以人民币计值），其他债权财物数量、价值以及债权有无担保、产生的原因与时间、有无定期等。

3. 申请目的及请求破产程序开始的原因、事实和理由。破产申请书的写作必须实事求是，不能伪造数据。

4. 证据与证据来源。对证据和证据来源要有明确的规定。

破产申请文书在写明上述四项基本内容的前提下，其具体结构方式又可分别从债务人破产申请书，债权人与准债权人破产宣告申请书两个方面进行考察。

（三）格式范例

破产申请书

债务人：	××贸易公司
营业地址：	××市××大街××号
申请人：	李××，上述债务人公司经理
申请目的：	请求决定××贸易公司为破产人
事实和理由：	

一、债务人公司是以经营五金交电产品为主的贸易公司，创立于19××年。由于经营不善，迄今已负担有附表记载的163万元债务，而本公司资产只有财产目录中记载的不动产37万元，动产25万，商品25万元，合计157万元，实际债务已超过财产，故不能清偿全部债务。

二、继续经营只能增加债务，经本公司上级主管部门××贸易公司的同意，申请破产。

附录：

1. 商业登记簿抄本，不动产登记表抄本；

2. 资产负债对照表；

3. 财产目录；

4. 债务与债务清册；

5. ××贸易总公司同意破产证明书；

6. 本公司工会及职工代表大会申请破产意见书。

此致

××市××区人民法院

申请人：××贸易公司（章）

法定代表人：王××（章）

年月日

十、破产原因分析报告

（一）破产原因分析报告的基本含义

破产原因分析报告是破产清算组向破产案受理法院所递交的说明破产原因的书面材料。

（二）破产原因分析报告的写作要点

通常来说，破产原因分析报告由标题、送达机关、前言、正文与落款组成。

（三）格式范例

××公司破产原因分析报告

××市人民法院：

贵院于××××年××月××日依法受理×××公司申请破产，经公开审理于××××年××月××日以×中法经字第×号民事裁定书裁定，宣告××公司破产还债，根据贵院规定，本清算组于××××年××月××日临时接管该破产企业并开始清算工作，具体工作如下：

一、接管破产企业，审查申报债权人资格、债券数额及有无财产担保

自××××年×月×日开始，由律师和会计师根据清算工作计划，全面接管破产企业财产、账册、文件、印章等，收缴工商营业执照，进行实物盘点，至××××年×月×日出具了会计查账报告、资产评估报告，为开庭审理做好准备工作。在法定申报期内申报债权的共计6家债权人，其中有一家有财产担保债权，具体情况如下表：

单位：人民币元

	债权人名称	申报数	有无担保
1	××银行	×××万及利息	有厂房作抵押
2	××××公司	×××	无担保
3	××××公司	×××	无担保
4	××××公司	×××	无担保
5	××××公司	×××	无担保
6	××××公司	×××	无担保

二、进行财产变现，召开债权人会议，同胞分配方案

××公司所有财产为：位于××区××路××号工业区厂房1幢，面积×××平方米，国产微型货车一辆，空调1部，冰箱2台。根据《×××破产条例》第51条第3款规定："已作担保物的财产不属于破产财产。"该房产抵押合同符合《×××经济特区抵押贷款管理规定》，并在主管部门进行了登记。因此，该公司破产财产仅剩下微型货车一辆，空调1部，冰箱2台，总计评估价为人民币1.56万元。经过清算组在"公开、公平、公正"的原则下进行资产变现，共计变现为人民币1.5万元，按《破产条例》规定优先支付法院诉讼费700元，公告费7700元，清算开支3000元，支付拖欠的员工四个月生活费1600元，工商注销登记费用2000元。破产财产明显不足以支付破产费用，清算组根据《破产条例》第76条规定，提请法院依法裁定终结本案破产程序。

三、破产原因分析

从××市××会计事务所第××号的验资报告书可以看出，该公司流动负债为：

1. 银行贷款　　　　　××××万元
2. 短期其他借款　　　××××万元
3. 应付款　　　　　　××××万元
4. 累计负债　　　　　××××万元

而固定资产账面价值××××万元，长期投资××××万元，应收账款××××万元。资产方面来看，长期投资包括购买厂房及对公司展销部的投资，但因房产抵押及公司破产，该项投资无法收回，应收账款部分多发生在××××年至××××年，多数已过诉讼时效，部分账款是空挂账，从验资报告和公司现有财产状况来看，××公司破产原因主要表现在以下几个方面：

1. 公司从设立之初其投资结构不合理。公司注册资金××××万元，公司成立后先贷款××××万元购买厂房及其他固定资产，经营过程中归还贷款××××万元，至今仍欠××××万元，造成公司流动资金紧张，到处借款经营，该公司到破产申请之日已处于长期停产状态。

2. 设立下属企业××公司投资项目不合理。下属企业××实业公司投资生产冷柜，由于该项目市场占有率低，加上许多货发出后无法收回货款，致使××实业公司也因无法清偿到期债务而被宣告破产，投资化为乌有。

3. 经营过程中决策失误。该公司在生产经营上缺乏资金，造成数次违约，以至产生诉讼，生效的法院民事裁定二起，这样，导致该公司无法再继续经营下去。

综上所述，造成该公司破产原因是由于投资结构不合理，加之公司生产经营不适应市场经济的发展，造成巨额负债，无法清偿到期债务而导致破产。

特此报告

×××公司清算组

××××年×月×日

十一、破产宣告裁定书

（一）破产宣告裁定书的基本含义

破产宣告裁定书是债务人依法破产时宣告的书面材料。

（二）破产宣告裁定书的写作要点

通常来说，破产宣告裁定书应明确记载如下主要条款：

1. 要载明债务人的基本情况；

2. 要着重写明债务人的破产原因和法院的审理结果，并应明确表示破产宣告和破产宣告的法律依据，如"债务人因……根据《中华人民共和国企业破产法》第××条，依法宣告×××破产"的字样；

3. 要说明破产人的一切债务人应当停止向破产人履行义务，被其他企业或个人占用持有的属于破产财产范围的财产不能交付破产人，待破产清算组成立后，破产人的债务人与破产财产的持有人再向破产清算组履行义务或归还财产；

4. 要明确破产开始时间，即为破产宣告之时，破产宣告在宣告之后即具有法律效力。

（三）破产宣告裁定书的基本格式

通常来说，破产宣告裁定书由标题、首部、裁定结论、裁定理由、附属决定、签署6部分结构而成，其具体内容如下：

1. 标题。标题要写明："破产宣告裁定书"。其位置应当居中，字体稍大于正文。

2. 首部。首部要写明债务人的名称或姓名，法定营业地址，法定代表人姓名及其职务。

3. 裁定结论。结论部分通常应分成两自然段书写。第一自然段主要用以写明裁定案件的文号和案件名称，如："对上述债务人的19××年（破）字第×号破产申请案件，法院作出以下裁定"。第二自然段为裁定结论，如："债务人为破产人"。在格式上须空四格开始书写，在于突出主文。

4. 裁定理由。理由部分是裁定书的主体，通常由三个方面的内容构成：

一是受理破产申请时的资产总额和负债总额，宣告破产裁定时的负债额和清偿能力的判定；二是破产申请受理后所进行的各项工作程序及其结果的概述，其中需要重点说明的是达成和解协议后的整顿过程中的财务恶化状况；三是写明裁定所依据的法律及其具体条文。

5. 附属决定。附属部分是记录法院就破产宣告裁定书签发后，按法律程序必须进行的重大事项作出的决定，如：成立破产清算组，指定该机构的负责人，确定债权申报的期限，宣告首次债权人会议日期和债权调查日期等。并应说明作出上述决定所依据的法律及其条文。本部分的写作多采用条文结构，一事一项，前面标明序号。

6. 签署。破产宣告裁定书的签署和破产申请裁定书、受理破产案件通知书的签署有同有异。相同的是它们都由三项组成：一是签发裁定书的法庭名称，并加盖公章；二是审判员依次签署；三是标明裁定书签发时间。不同的是对标明签发时间的要求，破产申请裁定书和受理破产案件通知书只要求记明年、月、日，而破产宣告裁定书不仅要记明年、月、日，而且还要求准确到小时，即××××年×月×日×时。

（四）格式范例

××破产宣告裁定书

债务人：×××××厂

营业地点：××市×××路×××号

法定代表人：黄××，该厂厂长

对上述债务人的19××年（破）字第××号破产申请案件，法院作出以下裁定：债务人为破产人。

理由：自债权人××化工一厂提起破产申请以来，经本院查明债务人全部资产收入仅136万元，而受理破产申请时负债总额已有356万元，已不能清偿，现债务人负债总额已增至361万元。本院受理本案后，经债务人上级主管部门××市××××集团总公司申请整顿，债务人与债权人会议已于19××年××月××日达成和解协议。但在整顿期间，债务人财务状况继续恶化，债权人会议重新申请终结整顿宣告债务人破产。法院确认债权人会议申请理由充分，适用《中华人民共和国企业破产法》第21条和第23条的规定，作出如上裁定。同时，对本案件，依照《中华人民共和国企业破产法》第24条、第22条、第9条和第14条的规定，决定如下：

一、成立破产清算组，该机构负责人×××。

二、重新申报债权，债权申报日期定为20××年×月×日至20××年×月××日；地点为本庭。

三、破产宣告后首次债权会议日期定为20××年×月××日；地点为本庭。

四、债权调查日期定为20××年×月×日至19××年×月××日。

××市×××人民法院××庭（章）

审判员：×××××

年 月 日 时

十二、破产宣告公告

（一）破产宣告公告的写作要点

破产宣告公告在内容上与破产宣告裁定书有所区别，它具有自身的鲜明特点，通常由以下几部分组成：

1. 标题。标题由事由或文种两部分组成。即"破产宣告公告"。

2. 首部。破产宣告公告属公告文体，但仍设置首部，用以记载破产人名称或姓名，法定营业地址，法定代表人姓名及其职务（在文书中设置首部，用以记载当事人的必备情况，这是司法文书在格式上的一个重要特点）。

3. 正文。通常来说，正文部分不再陈述破产宣告裁定的理由和法律依据，只公告裁定和有关的附属决定，在结构方式上则采用条文式。

正文部分常由引文和公告事项两部分组成。引文主要用来说明公告法院于什么时间作出了破产宣告的裁定，如："对上述债务人，本院于19××年×月×日××时进行了破产宣告，特此公告。"公告事项，将裁定书主文与附属决定分项公告，其内容不得与裁定书的各项规定有任何差异，一般采用条文式结构方式。

（二）格式范例

破产宣告公告

破产人：×××贸易公司

法定营业地址：××市××区×××大街××号

法定代表人：×××，该公司经理

对上述债务人，本院已于19××年×月××日××时进行了破产宣告，特此公告。

一、破产裁定书主文

债务人×××贸易公司为破产人。

二、原定第一次债权会议日期改为19××年×月××日，会议召集地点不变。

三、破产清算组负责人×××。

四、破产企业的债务人和财产持有人，只能向破产清算组清偿债务或者交付财产。

××市×××人民法院××庭（章）

审判员：×××××

年　月　日　时

十三、破产宣告通知书

（一）破产宣告通知书的基本含义

破产宣告通知书是用以通知检察院、债务人的开户银行以及与债务人管辖关系或业务联系的工商管理局、税务部门、邮政部门等的公函文件。

（二）破产宣告通知书的写作要点

破产宣告通知书通常由以下几部分组成：

1. 标题。标题由事由和文种两部分组成。即"破产宣告通知书"。

2. 称谓。顶格书写，并明确送达单位的全称，并用冒号引起下文。

3. 正文。正文一般由两项内容组成。首先要说明发函事由，并独立成一自然段，如"因进行下述破产宣告，特予通知"。其次要简单介绍破产宣告事项，它应包括三大事项，即案件名称、破产宣告裁定书主文、破产宣告后的企业管理。

（三）格式范例

破产宣告通知书

××市××区人民检察院：

因进行下述破产宣告，特予通知。

我院受理的20××年（破）字第××号破产案件，已于20××年×月××日××时宣告债务人×××贸易公司破产，并成立破产清算组接管破产企业。

××市×××区人民法院××庭（章）

审判员：×××××

年　月　日　时

十四、资产评估报告

（一）资产评估报告的基本含义

资产评估报告是资产评估人员运用科学的、规范的方法对企业的资产进行调查研究，通过所掌握的资料对企业进行定量的和非定量的分析，从而正确评估出企业资产价值，并将这一过程用文字表述出来的书面材料。

（二）资产评估报告的写作要点

资产评估报告通常由以下几部分组成：

1. 标题。标题直接写为"资产评估报告"即可。

2. 导语。导语部分要说明评估的目的，需要解决的问题、评估的经过和评估的范围等。

3. 正文。正文部分要明确评估企业的概况、企业环境条件评价和财务分析评价等。

4. 结尾。结尾部分要对整个报告进行概括性介绍，要对进一步开展工作提出合理的意见和建议。

5. 附件。各种附件要准备齐全。

（三）格式范例

资产评估报告

我们资产评估小组，受××市产权交易所的委托，于××××年×月×日至×月×日，对××市第二毛纺织厂的全部资产进行了实事求是的评估。

一、评估说明

这次评估，是××市××工业公司对××市第二毛纺织厂资产核实审计的基础上进行的。评估的主要目的是弄清××市第二毛纺织厂的全部资产及其价值，以及生产、经营等方面的利弊，为××毛纺织厂兼并××市第二毛纺织厂提供可靠资料。（以下评估的指导思想、依据、范围、方法和过程等省略）

二、企业概况

×××市第二毛纺织厂是集体企业，隶属×××市纺织工业公司。该厂建于××××年，××××年×月与××市织毯厂合并，定名为××市织毯厂，××××年改名为××市第二毛纺织厂。××××年×月又与××市织毯厂分厂，至今仍名为××市第二毛纺织厂。

该厂现有职工204人（职工名单、年龄、职务、职称、级别、详情与素质等说明，以及科、室、车间机构设置附后（略））。主要生产人造毛提花毛毯，产品单一，厂房陈旧，设备利用率低，经营管理不善，产品质量不佳，市场销路不畅，竞争能力很差，仅××××年×月至×月就亏损6.6万元，总计已资不抵债10.3万元。

三、企业资产评估

（一）固定资产评估

××市第二毛纺织厂现有固定资产为70.3万元，比纺织工业公司核查审计结果下降18.7万元，主要是三项：

1. 锅炉净值为1.8万元，因炉膛需要改造，没有自动上煤和消烟除尘设施，不能交付使用，评估为0.5万元，下降1.3万元；

2. 房屋45间，净值为1.7万元，房后墙漏雨，房梁顶柱；库房9间，进水，四壁漏雨，年久失修；机物料房3间，潮湿滴水；织造车间、整理车间、前纺车间等，虽属近年所建，但都属简易房，四壁漏雨，地面返潮，评估为0.24万元；只警卫室房可保留。下降11.4万元。

3. 设备：272梳毛机2台、包针布机1台、213毛织机4台、打纬机1台、212毛织机5台、221毛织机2台，都按原价不变，共38.8万元；整经机原净值1.1万元，估价为0.6万元；分家分过来的272梳毛机陈旧，原净值6.1万元，估价3万元；纺毛机1台，原净值4.7万元，估价2.7万元；毛机1台，原净值1.7万元，估价为1.2万元。设备下降6万元。

（二）流动资产评估

全厂现有流动资产为92.4万元，比市××工业公司核查审计结果下降27.1万元，主要是四项：

1. 机配件原净值为15.4万元，因库房潮湿，无保护措施，造成齿轮生锈、轴承生锈、弹簧生锈、花纸返潮，长一层白毛。按70%折价，评估为4.6万元；

2. 原材料：原净值10.1万元，因库房漏雨返潮，减20%，评估8万元；

3. 产成品原净值39.9万元，因产品库进水，包装箱潮湿，上无苫盖，下无垫脚，成品潮湿，有的毯子边斑痕多，需重修补，减30%，评估为27.9万元；

4. 在产品原净值11.2万元，机台织成率差，半成品毯子有的断档，有的雨迹斑痕，整理起绒滴水，在制品返潮，减20%，评估为9万元。

（三）专项资产评估

该厂现有专项资产实为13万元，原32.7万元一笔转到固定资产内，属于重复计算，应予提出；××××年×月与××市织毯厂分厂时的5.3万元现金已不存在。

根据上述评估结果，××市第二毛纺织厂总资产应为175.7万元。负债186万元（银行借款82.2万元，信托借款7万元，应付购货款37.5万元，应付税金

7.8万元，应交管理费0.4万元，其他应付4.5万元，专项应付款3.7万元，专项借款40万元，药费未支3.5万元，应付工资、调后半年未补1万元）。这样，资产和负债相抵后，资不抵债10.3万元。

（四）无形资产评估

（略）

四、企业财务分析评价

（略）

五、企业环境条件评价

（略）

六、存在的问题

（一）有争议的汽车和羊毛价值问题

经过反复商议评估，汽车两辆（日野、拉达），按国家定价扣除折旧后，进行增值；羊毛2吨多，自行采购，按现行市场价扣水分杂质20％后，进行增值。

（其他问题，略）

七、总评估

（略）

八、几点建议

据了解，××毛纺织厂是全国较大的国营毛纺织企业。生产规模大，生产条件好，实力雄厚，尤其在近几年的改革开放的招标承包中，各项工作都发展很快，仅今年前8个月，就实现利润263.6万元，上交利润比去年同期增长56％。××毛纺织厂和××市第二毛纺织厂是同一行业，一个精纺，一个是粗纺，有利于互助，符合行业结构优化组合。××毛纺织厂将××市第二毛纺织厂兼并后，××毛纺厂可以发挥自身技术优势，转移产品，扩散工艺，试制粗纺毛呢新产品。这种优势企业兼并劣势企业，有利于扶植××市第二毛纺织厂进行技术改造，救活一个面临破产的企业。所以，我们建议××毛纺织厂兼并××市第二毛纺织厂。

（其他建议，略）

九、参加资产评估人员名单

参加××市第二毛纺织厂资产评估人员名单：

××市经委	张××	副科长	经济师
××市体制改革办公室	王××	调研员	经济师
××市财政局	刘××	科员	会计师
××市税务局	田××	副主任　科员	会计师
××集体企业办公室	王××	科员	工程师
××市纺织工业公司	杨××	主任	工程师

十、附件

（一）××市第二毛纺织厂资产评估表。

（二）其他附件略。

年　月　日

十五、企业合并新设公告

（一）企业合并新设公告的基本含义

企业合并新设公告是重组后的当事各方在重组完成后，向社会公开发布的告知性文件，用来说明原各方法人资格的消失和新法人的成立。

（二）企业合并新设公告的写作要点

企业重组方案通常由以下几部分组成：

1. 标题。标题由各联合企业原名称、新组建企业名称和文种三部分组成；

2. 引言。引言用来说明发布新的企业集团公司成立的声明；

3. 正文。正文部分要明确资本和资产负债及各项权利义务的承担等；

4. 签署。

（三）格式范例

甲公司、乙公司合并新设××公司公告

××××年×月×日×合字第×号

两公司业务性质相同，为促进经营合理，经双方多次协商，并报请各有关方面批准，合并成"×××（集团）公司"继续经营。现特将有关事项公告如下：

一、兹订××××年×月×日为合并基准日。

二、自该日起原两公司因合并而削减，甲公司原有股本总额×××××万元，乙公司原有股本总额××××万元；以1：1之比例实行合并，设立丙公司，股本总额定为××××万元，原两公司所有资产负债均按账面价值合并列账，不另重估，连同一切权利义务悉由合并后新设的"××××（集团）公司"概括承受。

三、兹依公司法的规定公告，各债权人如有异议，请自公告日起3个月内向本公司提出，逾期视为无异议，特此公告。

甲公司（公章）　　　　　　乙公司（公章）

地址：　　　　　　　　　　地址：

董事长：×××（签章）　　董事长：×××（签章）

十六、企业兼并公告

（一）企业兼并公告的基本含义

企业兼并公告是兼并企业和被兼并企业初步确定后，兼并方和被兼并方在当地主要媒体上发布的兼并信息。

（二）企业兼并公告的写作要点

企业兼并公告通常由以下几部分组成：

1. 标题。标题由发布公告的单位、兼并事由和文种三项组成。
2. 正文。
3. 签署。签署必须是发布公告单位各方的法人和法人代表双重签署。

（三）格式范例

×××公司、×××公司合并经营联合公告

××××年×月×日

联字（××××）×号

为促进经营合理化，经双方商定，并报请各有关方批准，以×××公司为存续公司，××××公司为解散公司，现特将有关事项公告如下：

一、兹订于××××年×月×日为兼并基准日。

二、自该日起，××××公司的一切权利义务悉由×××公司概括承受。

三、兹依公司法的规定公告，凡××××公司的债权债务人，如有异议，请自公告之日起3个月内提出，逾期视为无异议，特此公告。

×××公司　　　　××××公司

地址：　　　　　　地址：

董事长：×××　　　董事长：×××

十七、企业合并契约

（一）企业合并契约的基本含义

企业合并契约是指确认企业产权有偿转让关系的契约性文件。合并企业和被合并企业初步确定后，合并方和被合并方在当地主要媒体上发布的合并信息。

（二）企业合并契约的写作要点

企业合并契约通常由以下几部分组成：

1. 被合并企业的权限及地位；
2. 被合并企业的名称和经营活动等；
3. 被合并企业的债权债务处理；
5. 被合并企业的员工安排；
6. 其他事项。

（三）格式范例

（甲股份有限公司、乙股份有限公司）合并契约

立合并契约公司（甲股份有限公司、乙股份有限公司）

兹为强化公司组织，经共同洽商同意合并经营，特订立合并契约条款如下：

一、甲股份有限公司（以下简称甲方）为存续公司，乙股份有限公司（以下简称乙方）为解散公司。

二、甲、乙双方经洽商同意除甲方原投资乙方×××股，按乙方××××年×月×日结算净值折算收回外，其余股份均愿以持有乙方股份每2股折换甲方普通股股票1股，但不得超过双方公司的净值（双方股份每股面额均为10元），其折算不足1股部分，由甲方职工福利委员会按面额以现金承购之。

三、甲方截至××××年×月×日止已发行的普通股×××股，与乙方合并案内应增发的普通股×××股，于合并完成后的已发行股份合计为普通股×××股。因合并增加发行的普通股除不得享受甲方××××年度盈余及资本公积的分配，并不得于××××年×月×日以前自由转让外，其余权利义务与甲方原股份相同，并自××××年度起与其余股份同享盈余分配。

四、本契约所定的双方股票折换比例，经双方股东会分别议决同意后生效，直至合并完成为止。乙方于××××年×月×日以后发生的资本净值变动及甲方股票市价在合并进行期间的变动均不影响本契约所订的双方股票折换比例。自双方董事会提报股东临时会议决议通过之合并日起，乙方的一切权利义务悉由甲方概括承受，但甲方可以自签订本契约日起派员监管。

五、乙方股东如有对合并案表示异议者，乙方董事会应依照公司法的规定，以公平价格收买其持有的股份，并按本契约所订折换比例折换甲方普通股股票。

六、本合并契约经由甲、乙双方董事会分别通过后签订之，并分别提经各该公司股东临时会议决后发生效力，并即由双方依照奖励投资条例的规定，共同向工商局申请本案的核准专案合并，由甲方向有关政府主管机关申请核准增加股本发行上市。倘上述申请经过相当期间后未获核准，应由各该公司董事会拟订办法，

分别报请各该公司股东会办理。

七、甲、乙双方于股东临时会通过后应即编造截至××××年×月×日的资产负债表、财产目录等，向各债权人分别通知并公告于3个月限制内表示异议。

八、本合并案经证券管理委员会核准后，应即择定一合并日，并由甲方召集合并后的股东会进行合并事项的报告与决议。

九、本合并契约未尽事宜，依有关法令办理，法令未规定者，由双方董事会会同商决办理。

十、本契约正本一式两份，双方各执一份，副本若干份备用。

立合并契约公司

甲方（存续公司）：甲股份有限公司

董事长：×××

乙方（解散公司）：乙股份有限公司

董事长：×××

年　月　日

十八、重组新设公司申请书

(一) 重组新设公司申请书的基本含义

重组新设公司申请书是重组新设公司发起人向国家有关管理部门提交的发起创立新股份公司的一种上报性书面材料。

(二) 重组新设公司申请书的写作要点

重组新设公司申请书通常由以下几部分组成：

1. 新设公司的名称、住址和法定代理人等；

2. 新设公司的目标、宗旨、经营范围以及经营方式等；

3. 股份的设置和发起人的概况；

4. 其他事项。

(三) 格式范例

股份公司设立申请

×××体改委：

×××工商局：

中国人民银行××分行：

从有助于探求建立规范的股份经济形式的愿望出发，经××××公司批准，由××公司设计以生产新型聚乙烯催化剂为主体建立一个股份有限公司，进行小规模的试点工作。

一、发起人的名称、住所、法定代表人

（一）发起人名称：

1. ××公司设计院

2. ××研究院

3. ××总公司

4. ××公司

（二）发起人地址：

1. ××公司设计院：××市××区××路2号

2. ××研究院：××市××区××街北口

3. ××总公司：××市××路8号

4. ××公司：××市××区××路1号

（三）发起人法定代表人：

1. ××设计院：×××

2. ××研究院：×××

3. ××总公司：×××

4. ××公司：×××

二、股份有限公司的名称、目的及宗旨

（一）股份有限公司的名称：××股份有限公司

（二）股份有限公司的目的及宗旨：

1. 自主经营、自负盈亏、股权平等、同股同利、利益共享、共担风险、照章纳税、遵纪守法。

2. 股份有限公司严格遵守、贯彻国家《关于股份制企业试点的通知》精神和有关股份制的规范意见、企业会计制度、劳动工资管理制度、企业有关税收制度、物资供应管理规定、土地管理规定的文件精神。

三、股份有限公司的资金投向、经营范围

（一）资金投向：

1. 新型聚乙烯高效催化剂生产装置（股份有限公司的重点项目）。

2. 经营其他项目（见经营范围），暂投入资金1000万元。

（二）经营范围：

研究、生产、加工、销售：

1. 石油化工催化剂、精细化工产品；

2. 塑料、橡胶加工应用；

3. 石油化工技术开发、咨询、转让，工程技术咨询，项目承包；

4. 计算机应用与通信技术；

5. 节能技术及产品。

四、股份有限公司的设立方式、总投资、股本总额、发起人认购比例、股份募集范围及募集途径

（一）股份有限公司的设立方式：

1. 由××公司设计院、××研究院、××总公司、××公司联合发起组建××股份有限公司。

2. 股份有限公司实行董事会领导下的总经理负责制。

3. 组织机构设立：股东大会、董事会、监事会。

（二）股份有限公司的总投资、股本总额、发起人认购比例：

1. 总投资：6000 万元。其中：××公司设计院：100 万元，××研究院：500 万元，××总公司：1550 万元，××公司：100 万元。

2. 资本总额：6000 万元。

3. 发起人认购比例：2250 万元，占总投资的 37.5%。

4. 股份募集范围：发起人企业自筹资金、企业法人、社团法人、职工内部股募集。

5. 募集途径：向发起人和定向从企业、社会团体及股份有限公司员工内部募集，暂不向社会发行股票。

五、股份有限公词的股份总数、每股面值及股权结构

（一）股份有限公司的股份总数：60 万股。

（二）每股权证面值及股权结构。

1. 股权证面值：分为 100 元、1000 元两种。

2. 股权结构：均采取内部记名发放。

六、发起人基本情况

（一）××设计院

××设计院取得中石化乙级设计证书，有各种不同专业的设计力量，先后参与苯酚丙酮、聚苯乙烯等工程的设计工作，对聚乙烯催化剂生产装置的设计有充足的技术力量。

（二）××研究院

××研究院是××部重点科研生产型直属企业，建院 30 多年，技术力量雄厚，工程技术人才密集，设备齐全，在同行业中处于领先地位，多次完成重大科研项目，为国家填补高科技项目的空白，并为国家节约大量外汇，是一个科研、生产型研究单位。

（二）××公司

××公司是××总公司化工二厂出资兴办的，主要经营××公司生产的化工

产品。该公司以化工二厂为依托，有雄厚的经济实力及大批管理人员，并有充足的化工产品，经济效益逐年提高。

（四）××公司

××公司是中国建设银行××支行出资兴办的，为工程建设提供配套服务的经济实体，具有较雄厚的资金实力，具备较高层次的工程、财务、经济、技术等管理人才。

七、其他需要说明的事项

聚烯烃树脂是合成树脂中最通用的品种，其原料丰富，生产工艺简单，产品综合性能优异，并且价格低廉，因而受到普遍重视，已在合成树脂中占据最主要地位。

我国的聚烯烃生产增长速度快，聚烯烃产量约占合成树脂总产量的40％，××公司所属××公司、××总公司、××公司、××公司生产的聚丙烯和聚乙烯产量近100万吨。目前合成树脂所用的高效载体催化剂大部分依靠进口，每年需花费近1000万美元。因此，在国内建立聚烯烃高效载体催化剂工业生产基地，生产合格的催化剂以代替进口，是当前聚烯烃生产中的紧迫任务，势在必行。近年××公司和××总公司由国外引进的两套高密度聚乙烯装置所用的催化剂是国外专利产品，由于进口价格昂贵和其他原因，聚乙烯装置的生产能力受到了一定的限制。

为了尽快使催化剂实现国产化，××总公司委托××研究院进行了开发研究工作，在工艺流程和部分技术上取得了有价值的研究结果。为了尽早建成催化剂生产装置，为国家节约外汇，在××总公司领导和××公司倡导下，由××公司设计院牵头和××研究院等单位联合组建××股份有限公司。以××总公司化工二厂雄厚的技术力量为依托，利用化工二厂的系统公用工程，建立新型聚乙烯高效催化剂生产装置，尽快生产出合格的催化剂，为国家作贡献。

八、提出申请的时间、发起人的法人代表、发起人单位签章

（一）申请时间

××××年×月×日

（二）发起人签字及单位

××股份有限公司筹备组

筹备组负责人：_____单位公章（××设计院）

××股份有限公司筹备组

××××年×月×日

第二章

公司章程与规则文书

一、章程

（一）章程的基本含义

章程是系统规定一个组织或团体的性质、宗旨、任务、组织结构、成员条件、权利义务及活动规则等的专用文书。

（二）章程的写作要点

章程由以下几部分组成：

1. 标题。标题由机构名称、文种构成，如《××公司章程》。

2. 通过日期。通过日期一般要写在标题的正下方，要用小括号括起来。

3. 正文。章程的正文可以用章条式，也可以采用条款式。

（三）格式范例

中国人民保险公司章程

第一章　总则

第一条　中国人民保险公司是中华人民共和国的国有企业，是经营保险业务的专业公司。

第二条　中国人民保险公司设总公司于北京。根据业务需要，可在国内外各地设立分支机构或附属机构。

第三条　中国人民保险公司以及所属分、支公司经营的业务范围是：

1. 承保各种财产保险、人身保险、责任保险、信用保险以及农业保险等业务；

2. 各种再保险业务；

3. 代理外国保险公司办理对损失的鉴定和理赔等业务以及处理有关事宜；

4. 购置、租赁、交换与本公司有关的动产、不动产；

5. 受国家委托和经国家批准的其他业务；

6. 办理上述业务而进行的有关事宜。

第二章　资本

第四条　中国人民保险公司的资本金为人民币5亿元。

第三章　组织

第五条　中国人民保险公司设董事会。董事会由17～23名董事组成。董事由国家主管部门指定。

董事会推选7～9名董事，并在常务董事会中提名董事长1人，副董事长1～2人，报请国务院任命。

第六条　董事会职权如下：

1. 根据国家政策、方针，审定公司的经营方针、发展规划；

2. 决定分、支公司及附设机构的设置、变更或裁撤；

3. 审定预算、决算和公司每年盈余分配方案及董事会认为重要的事项；

4. 听取公司总经理或副经理的工作报告。

第七条　中国人民保险公司设监事会。监事会由7～9名监事组成，监事由国家主管部门指定。

监事会推选常务监事3人，并在常务监事中提名首席监事人，报请国务院任命。

第八条　监事会职权如下：

1. 审查年度预算、决算；

2. 检查一切项目；

3. 调查重点案件。

第九条　董事会每年举行一次会议，由董事长召集，并任会议主席。当董事长因故缺席时，由副董事长召集并为临时主席。

监事会每年举行一次会议，由董事长任会议主席。

第十条　董事会议闭会期间，由董事长或副董事长或者由其委托的常务董事处理董事会的日常事务。

第十一条　中国人民保险公司设总经理1人，副总经理若干人，由董事长提名，董事会任命。中国人民保险公司总经理负责处理公司一切日常事务；副总经理协助总经理工作。

第四章　财务审理

第十二条　中国人民保险公司以每年1月至12月为营业年限。年终编制资产负债表、营业报告、损益表、财产目录以及盈余分配方案，由总经理提交监事会审核并报经董事会审定后，报请国家主管部门备案。

第五章 附 则

第十三条 本章程未尽事宜，除遵照国家有关法律、法规办理外，由董事会修改补充。

二、条 例

（一）条例的基本含义

条例是指导某方面长期性工作、活动的原则性规定和要求的专用文书。条例一般由国家重要会议通过，由国家权力机关颁布。

（二）条例的写作要点

条例由以下几部分组成：

1. 标题。标题由性质和文种构成，如《税收条例》。
2. 通过日期。通过日期一般要写在标题的正下方，要用小括号括起来。
3. 正文。条例的正文通常用章条式。

（三）格式范例

中华人民共和国外汇管理暂行条例

（1980年12月5日国务院会议通过，1980年12月18日国务院发布）

第一章 总 则

第一条 为了加强外汇管理，增加国家外汇收入，节约外汇支出，利于国民经济的发展，并维护国家权益，特制定本条例。

一切外汇的收入和支出，各种外汇票证的发行和流通，以及外汇、贵金属和外汇票证等进出中华人民共和国国境，都应当遵守本条例的规定。

第二条 本条例所称外汇系指：

一、外国货币：包括钞票、铸币等；

二、外币有价证券：包括政府公债、国库券、公司债券、股票、息票等；

三、外币支付凭证：包括票据、银行存款凭证、邮政储蓄凭证等；

四、其他外币资金。

第三条 中华人民共和国对外汇实行由国家集中管理、统一经营的方针。

中华人民共和国管理外汇的机关为国家外汇管理总局及其分局。

中华人民共和国经营外汇业务的专业银行为中国银行。非经国家外汇管理总局批准，其他任何金融机构都不得经营外汇业务。

第四条　在中华人民共和国境内，除法律、法令和本条例另有规定者外，一切中外机构或者个人的外汇收入，都必须卖给中国银行，所需外汇由中国银行按照国家批准的计划或者有关规定卖给。

在中华人民共和国境内，禁止外币流通、使用、质押，禁止私自买卖外汇，禁止以任何形式进行套汇、逃汇。

第二章　对国家单位和集体经济组织的外汇管理

第五条　中国境内的机关、部队、团体、学校、国有企业、事业单位、城乡集体经济组织（以下称境内机构）的外汇收入和支出，都实行计划管理。

国家允许境内机构按照规定持有留成外汇。

第六条　境内机构除经国家外汇管理总局或者分局批准，不得私自保存外汇，不得将外汇存放境外，不得以外汇收入抵作外汇支出，不得借用、调用国家驻外机构以及设在外国和港澳等地区的企业、事业单位的外汇。

第七条　境内机构非经国务院批准，不得在国内外发行具有外汇价值的有价证券。

第八条　境内机构接受外国或者港澳等地区的银行、企业的贷款，必须分别由国务院主管部门或者省、市、自治区人民政府汇总，编制年度贷款计划，经国家外汇管理总局和外国投资管理委员会核报国务院批准。

贷款审批办法，另行规定。

第九条　境内机构的留成外汇，非贸易和补偿贸易项下先收后付的备付外汇，都必须在中国银行开立外汇存款账户或者外汇额度账户，按照规定的范围使用，应受银行监督。

第十条　境内机构出口货物，经办银行应当凭海关查验后的进出口许可证，或者凭进出口货物报关单，检查其外汇收支。

第十一条　国家驻外机构必须按照国家批准的计划使用外汇。

设在外国和港澳等地区的企业、事业单位从事经营所得的利润，除按照国家计划批准的留存当地营运者外，都必须近期调回，卖给中国银行。

一切驻外机构不得自行为境内机构保存外汇。

第十二条　临时派往外国和港澳等地区的代表团，工作组，都必须分别按照各项专项计划使用外汇，公毕回国，必须将剩余的外汇及时调回，经核销卖给中国银行。前款代表团、工作组及其成员，从事各项业务活动所得外汇，必须及时调回，除经国家外汇管理总局或者分局批准，不得存放境外。

第三章　对个人的外汇管理

第十三条　居住在中国境内的中国人、外国侨民和无国籍人，由外国和港澳等地区汇入的外汇，除国家允许留存的部分外，必须卖给中国银行。

第十四条　居住在中国境内的中国人、外国侨民和无国籍人，存放在中国境内的外汇，允许个人持有。

前款外汇，不得私自携带、托带或者邮寄出境；如需出售，必须卖给中国银行，同时允许按照国家规定的比例留存部分外汇。

第十五条　居住在中国境内的中国人在中华人民共和国成立前、华侨在回国定居前、港澳同胞在回乡定居前，存放在外国或者港澳等地区的外汇，调回境内的，允许按照国家规定的比例留存部分外汇。

第十六条　派赴外国或者港澳等地区的工作人员、学习人员公毕返回，如汇入或者携入属于个人所有的外汇，允许全部留存。

第十七条　本条例第十三、十四、十五条规定的允许个人留存的外汇，其留存比例另行规定。

本条例第十三、十四、十五、十六条规定的允许个人留存的外汇，必须存入中国银行。此项外汇存款，可以卖给中国银行，可以通过中国银行汇出境外，也可以凭中国银行证明携出境外，但是，不得将存款凭证私自携带托带或者邮寄出境。

第十八条　来中国的外国人，短期回国的华侨、回乡的港澳同胞，应聘在中国境内的外国专家、技术人员、职工，以及外国留学生、实习生等，由外国或者港澳等地区汇入或者携入的外汇，可以自行保存，可以卖给中国银行或者存入中国银行，也可以汇出或携出境外。

第十九条　居住在中国境内的中国人、外国侨民和无国籍人，如需购买外汇汇出或者携出境外，可以向当地外汇管理分局申请批准，经批准后由中国银行卖给。

应聘在中国境内机构工作的外国专家、技术人员和职工、汇出或者携出外汇，由中国银行按照合同、协议的规定办理。

第四章　对外国驻华机构及其人员的外汇管理

第二十条　各国驻华外交代表机构、领事机构、商务机构、驻华的国际组织机构和民间机构、领事馆以及各机构所属常驻人员，由外国或者港澳等地区汇入或者携入的外汇，可以自行保存，可以卖给或者存入中国银行，也可以汇出或者携出境外。

第二十一条　各国驻华外交代表机构、领事机构，收取中国公民以人民币交付的签证费、认证费，如要求兑成外汇，必须经国家外汇管理总局或者分局批准。

第五章　对侨资企业、外资企业、中外合资 经营企业及其人员的外汇管理

第二十二条　对侨资企业、外资企业、中外合资经营企业的一切外汇收入，

都必须存入中国银行；一切外汇支出，从其外汇存款账户中支付。

前款企业必须定期向国家外汇管理总局或者分局填送外汇业务报表，国家外汇管理总局或者分局有权检查其外汇收支的活动情况。

第二十三条　侨资企业、外资企业、中外合资经营企业与中华人民共和国境内的企业或者个人之间的结算，除经国家外汇管理总局或者分局核准者外，都应当使用人民币。

第二十四条　侨资企业、外资企业、中外合资经营企业的外国合营者依法纳税后的利润和其他正当收益，可以向中国银行申请从企业的外汇存款账户中汇出。

第二十五条　侨资企业、外资企业，中外合资经营企业中的外籍职工和港澳职工依法纳税后，汇出或者携带出外汇，以不超过其本人工资等正当净收益的50％为限。

第二十六条　依法停止营业的侨资企业、外资企业、中外合资经营企业，在中国境内的未了债务、税务事项，应当在有关部门和国家外汇管理总局或者分局的共同监督下，负责按期清理。

第六章　对外汇、贵金属和外汇票证等进出国境的管理

第二十七条　携带外汇、贵金属、贵金属制品进入中国国境，数量不受限制，但是，必须向当地海关申报。

携带或者复带外汇出境，海关凭中国银行证明或者凭原入境时的申报单放行。

携带或者复带贵金属、贵金属制品出境，海关区别情况按照国家规定或者按照原入境时申报单放行。

第二十八条　携带人民币旅行支票、旅行信用证等人民币外汇票证，入境时，海关凭申报单放行；出境时，海关凭中国银行证明或者凭原入境时的申报单放行。

第二十九条　居住在中国境内的中国人，持有境外的债券、股票、房地契，以及同处理境外债权、遗产、房地产和其他外汇资产有关的各种证书、契约，非经国家外汇管理总局或者分局批准，不得携带、托带或者邮寄出境。

第三十条　居住在中国境内的中国人、外国侨民和无国籍人所持有的人民币支票、汇票、存折、存单等人民币有价凭证，不得携带、托带或者邮寄出境。

第七章　附　则

第三十一条　对违反本条例规定者，任何单位、个人都有权检举揭发，对检举揭发有功的单位、个人，给予奖励。对违法案件，由国家外汇管理总局、分局，或者由公安部门、工商行政管理部门、海关，按其情节轻重，强制实施收兑外汇，单处或者并处罚款、没收财物，或者由司法机关依法惩罚。

第三十二条　经济特区、边境贸易和边民往来的外汇管理办法，由有关省、市、自治区人民政府根据本条例规定结合当地具体情况制定，报国务院批准后放行。

第三十三条　本条例的施行细则，由国家外汇管理总局制定。

第三十四条　本条例自1981年3月1日起施行。

三、规　定

（一）规定的基本含义

规定是为某项具体工作或活动顺利进行所作出的规范和要求的专用文书。规定通常由主管该项工作或活动的机构制定发表。

（二）规定的写作要点

规定由以下几部分组成：

1. 标题。标题由性质和文种构成，如《员工聘用规定》。
2. 通过日期。通过日期一般要写在标题的正下方，要用小括号括起来。
3. 正文。章程的正文可以用章条式，也可以采用条款式。

（三）格式范例

员工聘用规定

第一条　为提高本公司员工的从业素质，加强人力资源管理，特制定本规定。

第二条　公司系统所有员工分为两类，正式员工和短期聘用员工。

正式员工是本公司系统员工队伍的主体，享受公司制度中所规定的各种福利待遇；短期聘用员工指有明确聘用期的临时工、离（退）休人员以及少数特聘人员，其享受待遇由聘用合同书中规定。短期聘用员工聘期满后，若愿意继续受聘，经公司同意后可与本公司续签聘用合同，正式员工和短期聘用员工均应与本公司签订合同。

第三条　公司系统各级管理人员不许将自己的亲属介绍、安排到本人所分管的企业里工作，属特殊情况的，须由董事长批准，且介绍人必须立下担保书。

第四条　本公司各部门和各下属企业必须制订人员编制，编制的制订和修改权限见人事责权划分表，各部门、各企业用人应控制在编制范围内。

第五条　本公司需增聘员工时，提倡公开从社会求职人员中择优录用，也可由内部员工引荐。内部员工引荐人员获准聘用后，引荐人必须立下担保书。

第六条　从事管理和业务工作的正式员工一般必须满足下述条件：

1. 大专以上学历；

2. 两年以上相关工作经历；

3. 年龄一般在 35 岁以下，特殊情况不超过 45 岁；

4. 外贸人员还必须至少精通一门外语；

5. 无不良行为记录。

特殊情况人员，经董事长批准后可适当放宽有关条件；应届毕业生及复员转业军人须经董事长批准后方可考虑聘用。

第七条　所有应聘人员除董事长特批可免予试用或缩短试用期外，一般都必须经过 3～6 个月的试用期后才可考虑聘为正式员工。

第八条　试用人员必须呈交下述材料：

1. 由公司统一发给并填写的招聘表格；

2. 学历及职称证明；

3. 个人简历；

4. 近期相片 2 张；

5. 身份证复印件；

6. 体检表；

7. 结婚证、计划生育证或未婚证明；

8. 面试或笔试记录；

9. 员工引荐担保书（由公司视需要而定）。

第九条　试用人员一般不宜担任经济要害部门的工作，也不宜安排具有重要经济责任的工作。

第十条　试用人员在试用期内待遇规定如下：

1. 基本工资待遇：

高中（以下）毕业：一等

中专毕业：二等

大专毕业：三等

本科毕业：四等

硕士研究生毕业（含获初级技术职称者）：五等

博士研究生毕业（含获中级技术职称者）：六等

2. 试用人员享受一半浮动工资和劳保用品待遇。

第十一条　试用人员经试用考核合格后，可转为正式员工，并根据其工作能力和岗位重新确定职等，享受正式员工的各种待遇。试用人员转正后，试用期计入工龄；试用不合格者，可延长其试用期或决定不予聘用；对于不予聘用者，不发任何补偿费，试用人员不得提出任何异议。

第十二条　正式员工可根据其工作业绩、表现以及工作年限，由公司办理户口调动。

第十三条 总公司和各下属企业的各类人员的正式聘用合同和短期聘用合同以及担保书等全部材料汇总保存于总公司人事监察部和劳资部，由上述两个单位负责监督聘用合同和担保书的执行。

第十四条 本规定适用于总公司、下属全资公司以及由公司控股、管理的合资公司。

四、办法

（一）办法的基本含义

办法是主管部门根据上级政策或有关条例，就某项工作或活动所制定的具体做法和要求的专用文书。办法是条例的具体化表述，是用来进一步说明和补充条例的。

（二）办法的写作要点

办法由以下几部分组成：

1. 标题。标题由机关名称、性质和文种构成，如《××公司管理人员录用办法》。

2. 通过日期。通过日期一般要写在标题的正下方，要用小括号括起来。

3. 正文。正文部分通常要对需要说明的事项和具体规定分条具体说明。

（三）格式范例

新进人员任用办法

第一条 为规范公司对新进人员管理和任用，特制订本办法。

第二条 人员的增补

各部门因工作需要，需增补人员时，以厂处为单位，提出"人员增补申请书"，依可能离职率及工作需要，临时人员由各部门拟订需要人数及工作日数呈经理核准，女性现场操作人员由各部门定期（视可能变化制订期限）拟订需要人数呈经理核准；其他人员呈总经理核准。并于每月5日前将上月份人员增补资料列表送总管理处总经理室转报董事长。

第三条 人员甄选主办部门经核准增补人员的甄选，大专以上学历由总管理处经营发展中心主办，高中以下学历由各公司（事业部）自办，并以公开登报招考为原则。主办部门核对报名应考人员之资格时应详加审查，对不合报考资格或认有不拟调用的情况者，应立即将报名的书表寄还，并附通知委婉说明未获初审通过的原因。

第四条　甄选委员会的组成新进人员甄选时应由主办部门筹组甄选委员会办理有关下列事项：

1. 考试日期、地点；

2. 命题标准及答案；

3. 命题、主考、监考及阅卷人员及工作分配；

4. 考试成绩评分标准及审定；

5. 其他考试有关事项的处理。

第五条　成绩评估

新进人员甄选成绩的评分标准分学科、术科、口试三项，其分值比例视甄选对象及实际需要由各甄选委员会决定，但口试成绩不得超过总成绩的40%。

第六条　录用情形填报

各甄选主办部门于考试成绩评定后，应将各应考人员成绩及录用情形填报总管理处总经理室。

第七条　录取通知

对于拟录取的人员，主办部门应通知申请部门填写"新进人员试用申请及核定表"，大专以上学历人员总经理核准，并列表送总管理处总经理室转报董事长。高中程度以下人员（除现场女性操作人员及临时人员由经理核准外）呈总经理核准后，即通知录取人员报到。录取人员除以书面通知列为录取外，并说明遇有机会得依序通知前来递补。对于未取人员除应将原书表检还外，还应附通知委婉说明未录取原因。自登报招考至通知前来报到的间隔原则上不得超过1个月。

第八条　报到应缴文件

新进人员报到时应填交人事资料卡、安全资料、保证书、体格检验表、户口誊本及照片，并应缴验学历证书、退伍证及其他经历证明文件。

第九条　试用

新进人员均应先行试用40天。试用期间应由各厂处参照其专长及工作需要，分别规定见习程序及训练方式，并指定专人负责指导。

第十条　训练计划

有关新进人员的训练计划规定另订。

第十一条　试用期满的考核

新进人员试用期满后由各负责指导人员或主管于"新进人员试用申请及核定表"详加考核（大专以上学历人员应附实习报告），如确认其合适，则予以正式任用，如认为尚需延长试用应酌予延长，如确属不能胜任或经安全调查有不法情况者即予辞退。

第十二条　处分规定

新进人员于试用期间应遵守本公司一切规定，如有受记过以上处分者，应即辞退。

第十三条 试用期间考勤规定

新进人员于试用期间考勤规定如下：

1. 事假达 5 天者应即予辞退；

2. 病假达 7 天者应即予辞退或延长其试用期予以补足；

3. 曾有旷职记录或迟到 3 次者应即予辞退；

4. 假依所需日数给假，其已试用期间予以保留，假满复职后予以接计。

第十四条 停止试用或辞退

经停止试用或辞退者，仅付试用期间的薪金，不另支任何费用，亦不发给任何证明。

第十五条 试用期间的待遇

试用期间薪金依人事管理规则薪级表标准核实，试用期间年资、考勤、奖惩均予并计。

第十六条 实施及修改

本办法经经营决策委员会通过后实施，修改时亦同。

五、 细则

（一）细则的基本含义

细则是为了贯彻执行条例中某条款或某几条条款制定的详细规则，如《人力资源作业细则》。

（二）细则的写作要点

细则由以下几部分组成：

1. 标题。标题由性质和文种构成，如《人力资源作业细则》。

2. 通过日期。通过日期一般要写在标题的正下方，要用小括号括起来。

3. 正文。正文部分通常要对需要贯彻执行的内容分章分条地详细说明。

（三）格式范例

人力资源作业细则

第一章 目的

第一条 为加强公司人事管理，提高工作效率，特依据公司人力资源管理规章制定本细则。

第二章 主办

第二条 人事作业负责单位隶属于管理部（科），设科长一人，奉上级之命，负责下列人事业务。

1. 依据公司业务需要，研究组织职责及权责划分的改进方案。

2. 配合公司经营目标，依据人力分析及人力预测的结果，拟订人力资源发展计划及人员编制数额，并根据人力发展计划，筹划各项教育及训练。

3. 设计、推行及改进人事管理制度及其作业流程，并确保其有效实施。

4. 经与各单位主管协商，拟定每一职位的工作标准及其所需资格、条件，以求适才适所。

5. 依生活水准、薪资市场状况及公司政策，建议制订合理的员工待遇。

6. 制订各项员工福利与工作安全措施，并维持员工与公司间和谐关系。

第三条 人事科另设专员及办事员各若干名，分别负责下列工作：

1. 专员职责：

（1）行政公文处理；

（2）员工征信调查及对保工作；

（3）招募行政工作；

（4）考绩行政工作。

2. 办事员职责：

（1）资料档案管理；

（2）劳保行政工作；

（3）考勤行政工作。

第四条 人事科组织关系

1. 受秘书处主任指挥与监督，并向其直接报告。

2. 与其他单位协调、联系，并就其所提出的有关本单位工作的询问、质疑予以解答。

3. 在权限范围内督导各部门有关人事事宜。

4. 为达成本单位的任务，与其他有关方面建立并保持必要的联络。

第三章 组织

第五条 为了实现本公司的任务与目标，而将应处理的工作做适当分配安排，对所有员工有效运用，制订本公司"组织系统表"，并视情况每年定期检查修订。

第四章 体制

第六条 为区分组织纵的性质与横的程度及其交错的结构体制，把"职位（等）及职称配置表"作为人事管理的基础。

第五章 工作分析

第七条 公司在确立组织体制及人事措施实行前，须将各项工作职责的任务，以及工作人员的条件等予以分析研究，做成"职务说明书"作为人事行政的依据。

第六章 分层负责

第八条 为明确划分各层人员的人事权责，制订"人事权限划分表"，表中所列的权责，各层人员均应确实负责办理，不得借故推诿，实施时如遇困难或特别事情发生，应向上一级人员请示后予以处理。

第七章 编制

第九条 本公司基于人事预算控制，对各部门可设职称及可用修订。

第八章 人力控制

第十条 根据编制，本公司定期召开人力检查会，就现有人员适职与否、流动率、缺勤情况及应储备人力及需求人力做出正确、客观的检查建议，作为人事科制订人力计划，办理开拓人力来源的参考依据。

第十一条 人员拨补申请作业程序如下：

1. 各单位如须增补人员，先到人事科领取"人员拨补申请单"填妥后，交人事科办理；

2. 人事科接到申请单后，应调查所申请人员是否为编制内所需求，其职位薪资预算是否在控制内，其需要时机是否恰当等问题；

3. 人事科调查后，即就申请人员的来源做正确的拟办建议，呈总经理核准后，根据指示办理招募预备工作；

4. "人员拨补申请单"经指示完毕后，均应转回申请单位，人事科凭副本办理。

第九章 招募甄试

第十二条 人员招募作业程序如下：

1. 人事科收集"人员增补申请单"到一定时期，即行制订招募计划，内容包括下列项目：

（1）招募职位名称及名额；

（2）资格条件限制；

（3）职位预算薪金；

（4）预定任用日期；

（5）通报稿或登报稿（诉求方式）拟订；

（6）资料审核方式及办理日期（截止日期）；

（7）甄试方式及日程安排（含面谈主管安排）；

（8）场地安排；

（9）工作能力安排。

2. 诉求：即将招募消息告诉大众及求职人。

（1）登报征求：先拟广告稿，估计刊登费，决定刊登何报、何时，然后联络报社；

（2）同仁推荐：以海报或公告方式进行。

3. 应征资料处理：

（1）诉求消息发出后，会收到应征资料，经审核后，对合格应征者发出"初试通知单"，通知前来本公司接受初试；

（2）不合格应征资料，归档一个月后销毁，但有要求退件者，应给予退件，为了给社会大众一个好的印象，对所有未录取者发出"谢函"也是应有的礼貌。

4. 甄试：新进人员甄选考试分笔试及面谈。

（1）笔试包括下列：

①专业测验（申请单位拟订试题）；

②定向测验；

③领导能力测验（适合干部级）；

④智力测验。

（2）面谈：由申请单位主管、人事主管、核定权限主管分别或共同面谈，面谈时应注意：

①要尽量使应征人员感到亲切、自然、轻松；

②要了解自己所要获知的答案及问题点；

③要了解自己要告诉对方的问题；

④要尊重对方的人格；

⑤将口试结果随时记录于"面谈记录表"。

（3）如初次面谈不够周详，无法做有效参考，可再发出"复谈通知单"，再次安排约谈。

5. 背景调查：

经甄试合格，初步决定的人选，视情况应做有效的背景调查。

6. 结果评定：

经评定未被录取人员，先发出谢函通知，将其资料归入储备人才档案中，以备不时之需；经评定录取人员，由人事主管及用人主管协商进用日期后发给"报到通知单"，并安排职前训练有关准备工作。

7. 注意事项：

应征资料的处理及背景调查时应尊重应征人的个人隐私权，注意保密工作。

第十章　任用

第十三条　经核定录用人员，由人事科依据录用名单发给"报到通知单"，提醒他于报到时携带下列资料：

1. 保证书；
2. 服务自愿书；
3. 员工资料卡；
4. 相片 3 张；
5. 户口本；
6. 身份证复印件；
7. 体检表；
8. 扶养亲属申报表；
9. 学历证件复印件。

（以上应缴资料视情况可增减）

第十四条　干部人员任用，视情况可发给"聘任书"。

第十五条　新进人员于报到日，人事科即发给"报到程序单"，并验收其应缴资料，若资料不全，应限期补办，否则首月薪资可暂时扣发。

第十六条　人事科随后应亲切有礼地引导新进人员依报到程序单上的顺序，逐项协助办理下列事项：

1. 领取员工手册及识别证；
2. 制考勤卡并解释使用；
3. 领制服及制服卡（总务科主办）；
4. 领储物柜锁匙（总务科主办）；
5. 若有需要，填"住宿申请单"；
6. 登记参加劳保及参加工会；
7. 视情况引导参观各单位及安排职前训练。

第十七条　前条逐项办理完毕后，人事科即填制"新进人员简介及到职通知"，引导新进人员向单位主管报到，由单位主管收存到职通知后依"职前介绍表"逐项给予说明，并于报到程序单上签章交回人事科，表示人员报到完毕。

第十八条　人事科依据报到程序单随后应办理下列事项：

1. 填"人员异动记录簿"；
2. 登记人事科管理用的"人员状况表"；
3. 干部人员发布"干部到职通报"；
4. 登记对保名册，安排对保；
5. 填制"薪资通知单"办理核薪；
6. 收齐报到应缴资料（扶养亲属申报表转会计科）连同甄选报名单建立个人

资料档案，编号保管。

第十一章 对保

第十九条 新进人员报到上班后，应实施第一次对保，以后每年度视必要复对一次，并予记录。

第二十条 对保分亲自对保及通信对保。

第二十一条 被保人如无故离职，移交不清，本公司应发出"保证责任催告函"。

第二十二条 有关对保作业，应另参人事管理规章中有关规定办理。

第十二章 试用

第二十三条 新进人员试用期为3个月（作业员为40天），届满前1周由人事单位提供"考核表"，分甲（干部人员）、乙（一般人员）两种，并登记被考核人试用期间出勤资料，依人事权限划分表顺序，逐级考核。

第二十四条 人事单位根据考核表发给"试用期满通知"。

第二十五条 人事单位发出试用期满通知后，并依不同的指示，分别办理下列事项：

1. 试用不合格者，另发给通知单；

2. 调（升）职者，由人事单位办理异动作业；

3. 薪资变更者，由人事单位填制"薪资通知单"办理调薪。

第二十六条 前条办理完毕后，考核表应归入个人资料袋中。

第二十七条 新进人员在试用期中，表现不合要求，单位主管认为有必要停止试用时，可立即提前办理考核，并签人事异动申请单，报请权限主管核定停止试用。

第十三章 训练

第二十八条 职前训练

新进人员于报到后，人事单位应办理以下职前教育：

1. 介绍公司沿革、经营方针、工作环境；

2. 简介各部门组织、职责、作业状况；

3. 出勤规定及注意事项；

4. 介绍各部门办公室及主管。

第二十九条 在职训练

1. 人事单位于年度开始，依所需训练目标、对象、课程、教材、预算，拟订训练计划；

2. 人事单位于训练期中，应严格考核受训员工；

3. 员工于接受训练后，均需要提出心得报告，成绩优劣列入考核依据。

第三十条　专业训练

1. 专业知识，视必要可办理专案训练；

2. 搜集专业报导或讲座教材，印发给每位员工；

3. 各级主管可自行申请或由公司指派参加国内外各种训练机构举办的讲座、观摩、训练。

第三十一条　训练作业应另参照"训练办法"规定办理。

第十四章　辞职

第三十二条　正式任用的员工如感工作不适合或其他原因想辞职，应于15天前提出辞职申请书，由单位主管及人事主管签具意见后，呈总经理核准，再转回人事单位，人事单位据此填制薪资通知单办理停薪，转会计单位作业。

第三十三条　人事单位依据辞职申请书发给"离职通知单"，通知本人于奉准离职日当天下班前依离职通知单上应办理事项，逐项办理移交，办理完毕后，由人事主管审核无讹后，签章转会计单位核计当月薪资（除特准外，均于下次发薪日发给）。

第三十四条　人事单位根据离职通知单于当日即行办理下列事项：

1. 登记于人员变动记录簿内；

2. 注销人事单位控制的人员状况表内的登记；

3. 登记个人资料卡，注销个人资料档案。

第三十五条　人事主管视情况应约谈离职人员，并将面谈结果填入离职人员面谈记录档案，以作为人事流动率检查参考。

第十五章　移交

第三十六条　各级主管人员及业务承办人员因故离职时，应将所负责的公物及经办事务逐件列具清册，在监交人监督下点交接任的人员，并会同接任人员提出移交报告书。

第三十七条　移交时应造清册名称如下：

1. 印章戳记清册；

2. 所属人员薪资单册；

3. 未办或未了重要案件目录；

4. 保管文卷目录；

5. 职责事务目录；

6. 上级指定专案移交事项清册；

7. 保管图书清册。

第十六章　资料管理

第三十八条　各种人事命令、通知公布一周后，连同该案核准凭证（申请单或签呈）合并归档。

第三十九条　月初依据人员异动记录簿编制"人事异动月报表"，呈核阅后，列入人事流动率检查依据。

第四十条　人事单位应于每月10日编制各主管名册，送守卫或总机备查（如未异动可具文报备）。

第四十一条　员工若有需要"服务证明书"或"离职证明书"，可至人事单位说明申请理由，由经办人填写证明，转秘书室盖印。

第四十二条　人事单位应备档案包括下列：

1. 人事异动案；

2. 人事奖惩案；

3. 人事考绩案；

4. 人事训练案；

5. 人事规章案；

6. 人事勤务案；

7. 人事表报案；

8. 福利案；

9. 文体活动案；

10. 涉外事件案；

11. 收发文登记簿。

第十七章　其他

第四十三条　本作业规则经核准后实施，修正时亦同。

六、公 司 章 程

（一）公司章程的基本含义

公司章程是公司为明确其名称、宗旨、组织形式、生产经营范围、内部经营管理以及利润分配等制定的基本行为规范。它是明确公司权利义务关系的基本法律文件，也是公司内部经营管理的规范性文件。公司章程对公司的行为具有行政约束力，必须符合国家相关法律法规的规定。

（二）公司章程的写作要点

通常来说，公司章程要包括以下主要条款：

1. 公司宗旨；

2. 公司名称；

3. 公司所在地；

4. 公司所有制形式；

5. 经营范围和经营方式；

6. 注册资本及来源；

7. 组织机构及职权范围；

8. 利润分配形式；

9. 劳动报酬分配形式；

10. 法人代表的产生程序；

11. 法人代表的职权范围；

12. 章程的修改及终止；

13. 其他未尽事宜。

（三）公司章程的基本格式

公司章程通常由三部分构成：

1. 标题。标题部分要明确三方面的内容：事项，所说的事项要阐述清楚；名称和性质，名称通常不能简写，如名称太长，也可以简写，但必须注明；文种，要求准确写明文种。

2. 正文。公司章程的正文一般包括总则、分则、条、附则四个方面。总则以下各章为分则，分则是全文的主体部分，附则是对该章程文件本身的附注性说明，主要是进一步明确章程的解释及修改权限等。

3. 落款。公司章程的落款要署名制定单位以及制定的具体时间，落款是全文的重要组成部分，不能随意省略。

（四）格式范例

公司章程

第一章　总则

第一条　为进一步完善公司管理，提高公司综合竞争力，根据国家有关部门法律法规特制定本章程。

第二条　本公司中文名称为：晟世文化股份有限公司，英文名称为：×××
×。

第三条　本公司注册资本××××万元，法定代表人×××，法定地址为×
×××路×号

第四条　本公司是经北京市政府批准，在北京市工商行政管理局登记注册的股份有限公司，具有独立的法人资格，其行为受国家法律保护。

第五条　本公司以实有资本向债权人负责，股东的权利责任以其股份额为限。

第六条　公司宗旨是：稳定快速发展，使全体股东获得最大利益和经济效益，力争为北京市的经济发展和人类的进步事业多作贡献。

第七条　本公司为永久性股份有限公司。

第二章　经营范围和经营方式

第八条　本公司主要经营范围：文化用品、日用百货、房地产业、电子产品、汽车贸易。

第九条　经营方式：生产、批发、零售、投资、开发、租赁等。

第十条　经营方针：依法经营，平等竞争，走科工贸相结合、产供销相结合、内外贸相结合，工、商、农、房一体化发展的道路。

第十一条　公司将根据业务发展需要，经批准可在世界各地设立分公司和办事机构，逐步把公司组建成跨国企业集团。

第三章　股份

第十二条　公司全部资本划分为股份，本公司股份采取股票形式，股票是本公司签发的有价证券。

第十三条　公司实收股本公司的注册资本

公司实收股本为20000万元，其中：

国有股本：6000万元，占总股份的30％；

法人股本：2000万元，占总股份的10％；

社会个人股：10000万元，占总股份的50％；

内部职工股本：2000万元，占总股份的10％。

第十四条　本公司发行的股票，为记名式普通股票，每股面值1元，每一手为100股，票面记股。

第十五条　本公司的股票可用人民币或外币购买。

第十六条　用人民币购买的股票，以人民币记录，其红利用人民币计算。用外币购买的股。

第四章　股东及其权利和义务

第十七条　本公司股票股东有以下权利：

1. 按其股份额领取红利。

2. 按规定出席或委托代理人出席股东代表大会并行使选举权、表决权和享有被选举权。

3. 对本公司的生产、经营和财务活动等管理工作进行监督、提出建议或质询。

4. 有达到10％以上的股东联名要求，通过股东代表大会可聘请会计师事务所对本公司的经营和财务进行审计，其审计费用由联名的股东承担。

5. 有达到10％以上的股东联名要求，通过股东代表大会授权代表本公司对侵犯本公司利益及股东合法权益的董事或高级职员起诉。

6. 在本公司解散或清算时，有权按股份比例分享剩余财产。

7. 按其股份比例优先购买新股，其优先购买权可以转让或放弃。

第十八条　本公司股东应履行下列义务：

1. 遵守本章程。

2. 依其所认购股份交纳股金，并依照其所持有股份承担本公司的亏损及债务，但以其所认购的股金为限。

3. 服从执行股东代表大会和董事会决议。

4. 维护本公司利益，反对和禁止有损本公司利益的行为。

5. 积极支持本公司改善经营管理，提出合理化建议，促进本公司业务发展。

6. 向本公司提交本人印签和签字，并如实提供本人身份和住址资料，如有变动应及时告知本公司。

第十九条　股东代表大会是本公司最高的权力机构，也是股东表达其意志、要求的主要场所。

第二十条　本公司股东代表大会分为例会和特别会议，股东例会每年举行一次，两次例会之间的时间最长不得超过15个月。

股东代表大会由董事会召集。在举行例会的15天前应公布会议日期、地点和议题，统计有资格出席会议的股东代表并发公告。股东代表大会由董事会主席主持，如董事会主席因故不能履行时可委托其他董事主持。

第二十一条　股东代表大会由本公司股东名册登记，拥有或代表普通股30,000股以上的股东组成。

第二十二条　股东出席股东代表大会，应持有本公司本届股东代表大会的出席证书。出席证书应写明股东姓名、拥有股数、大会时间、公司印签、签发人和签发日期。

第二十三条　股东可书面委托自己的代表出席股东代表大会并代行权利，受委托的股东代表出席股东代表大会，持股东出席证书、委托书和本人身份证明。

第二十四条　有下列情形之一的董事会应召开特别会议：

1. 董事会认为必要时；

2. 本公司亏损达实有资本的1/3时；

3. 达到股份总额1/3以上的股东联名提议并书面说明理由时。

第十五条　股东代表大会进行并表决时，每一普通股东拥有一票表决权。

第二十六条　股东代表大会拥有下列职权：

1. 听取并审议董事会的工作报告、年度财务预决算报告、资产负债表、损益表和本公司的发展规划、经营方向及执行情况；

  2. 审议批准董事会提出的年度利润分配和弥补亏损的方案；

  3. 审议公司增资或减资，收购或拍卖及有价证券的发行；

  4. 对本公司合并、分立、转让、终止和清算等重大事项作出决议；

  5. 修定本公司章程；

  6. 选举或罢免董事会成员，决定其报酬及支付方法；

  7. 对本公司其他事项作出决定。

  第二十七条　股东代表大会作出的普通决议，其出席股东持有的股份应达到本公司股份总额的一半以上，并拥有出席股东表决权2/3以上同意方为有效。

  第二十八条　股东代表大会作出的特别决议，其出席股东持有的股份必须达到本公司股份总额的2/3以上，并拥有出席表决权2/3以上同意方为有效。上款所谓特别决议，是指就本章程第三十九条所列举的事项作出的决议。

  第二十九条　出席股东代表大会的股东所持有的股份达不到第三十八条、第三十七条规定的数额时，会议延期15天举行，并向未出席的股东再次发出书面通知。延期后召开的股东代表大会，出席的人数仍然达不到法定人数，则视为已达到法定人数，大会决议有效。

  第三十条　在股东代表大会上，对持有本公司总额20％以上普通股股份的股东联名提出的符合本章程的议案，董事会应列入议程提交会议表决。

  第三十一条　股东代表大会会议纪要、决议由到会董事会签名，10年内不得销毁。

  第三十二条　股东代表大会的决议内容，不得违反中国法律、法规和本章程。

第五章　董事会

  第三十三条　本公司董事会是股东代表大会的常设机构，在股东代表大会闭会其间，负责本公司的重大决策，并向股东代表大会负责。

  第三十四条　本公司董事会采取单数制，由7名董事组成，设董事会主席、副主席、董事和董事会秘书。

  第三十五条　董事由股东代表大会选举产生。每届董事任期3年，可连选连任。董事在任期内经股东代表大会决议可罢免。从法人股东选举的董事，因该法人内部的原因需要易人时，可以改选。董事必须从普通股股东中酝酿产生。

  第三十六条　董事候选人由上届董事会提名，有达到本公司普通股股东总额10％以上的股东联合题名的人士，也可作为候选人提交会议选举。

  第三十七条　选举董事采取累积投票制，所得选票较多者当选为董事。

  第三十八条　董事会主席和副主席由董事会选举产生，董事会秘书由董事会任命。

  第三十九条　董事会主席是本公司的法定代表人。董事可以兼任本公司的高级职员。

第四十条　董事会会议至少每半年召开一次，会议至少有2/3的董事出席方为有效。董事因故不能出席会议时，可书面委托他人代为出席会议并进行表决。董事会主席认为有必要或有半数以上董事提议时，可以召集董事会临时会议。

第四十一条　董事会会议实行一人一票的表决制度和少数服从多数的组织原则，决议以出席董事过半数通过即为有效。当赞成和反对的票数相等时，董事会主席有权多投一票。在表决与某董事利益有关的事项时，该董事无权投票。

第四十二条　董事会行事下列职权：

1. 决定召集股东代表大会并向股东汇报工作；

2. 执行股东代表大会决议；

3. 选举董事会主席、副主席；

4. 审定本公司发展规划和经营方针，批准本公司的机构设置；

5. 审议本公司的年度财务预决算报告，红利分配方案及弥补损失的方案；

6. 审议公司增减及发行有价证券的方案；

7. 审定公司资产收购、拍卖方案；

8. 制定本公司分立、合并、终止和清算的方案；

9. 任免本公司正副总经理、子公司经理、合资公司董事及其他高级职员；

10. 确定职工工资标准及职工奖励办法；

11. 审批公司的人事、行政、财务、福利等各项重要管理制度和规定；

12. 监督协调本公司的经营管理工作；

13. 聘请本公司的名誉主席及各种顾问；

14. 其他应由董事会决定的事宜。

第四十三条　董事会主席行使下列职权：

1. 召集和主持股东代表大会；

2. 领导董事会工作，召集和主持董事会会议；

3. 签名本公司的股票、债券、重要合同及其他重要文件；

4. 提名总经理人选，供董事会议讨论和表决；

5. 在董事会会议闭会期间执行董事会决议，处理董事会权限内的事务，重要问题应向下次董事会会议报告；

6. 在发生战争、特大自然灾害等时，可对一切事务行使特别裁决权和处置权，但这种裁决权和处置权必须符合公司利益，并在事后向董事会会议报告；

7. 指导本公司的重大业务活动；

8. 董事会主席因故不能履行职务时，可授权副主席或其他董事负责。

第四十四条　董事会副主席协助主席工作。

第四十五条　董事会每次会议纪要，由到会董事签名保存，制定专人保管，

10 年内不得销毁。

第四十六条　本公司董事会设发展委员会、证券委员会、监察委员会。

第四十七条　董事会发展委员会的主要职责：

1. 负责本公司的发展战略、方针、政策、规划和布局，报董事会通过；

2. 对本公司的投资项目进行决策研究；

3. 负责对重要情报、信息收集、整理、汇编和发送工作。

第四十八条　董事会监察委员会的主要职责：

1. 对本公司及下属公司、企业实行制度监督、财务监督、纪律监督和法律监督；

2. 对本公司及下属公司、企业执行股东代表大会和董事会决议实行监督，对本公司由董事会任命的人员进行监督和对其所出现的重大违纪问题进行审查，并向董事会报告。

第四十九条　董事会证券委员会的主要职责：

1. 联系安排本公司的股票发行和办理股东登记等有关事宜；

2. 掌握、研究有关的股票市场运作情况；

3. 负责股东有关股票问题的咨询工作。

第五十条　董事会秘书处的主要工作：

1. 负责董事会日常事务，承办董事会交办的工作；

2. 起草董事会的报告书、决议、纪要、通知等文件；

3. 调查研究、掌握情况，向董事会主席、副主席和董事通报本公司的经营情况；

4. 负责董事会召开的各种会议的组织安排工作；

5. 负责处理董事会的公共关系事务；

6. 本公司周年报告书的编制、出版。

第六章　经营管理

第五十一条　本公司实行董事会领导下的总经理负责制。本公司设总经理、副总经理、总会计师、总工程师、总经济师、法律顾问。

第五十二条　总经理主要职责：

1. 执行本章程，对董事会负责并报告工作；

2. 全面负责本公司的经营管理工作；

3. 组织和制订本公司年度生产、经营、发展、财务、人事和福利等计划，报董事会批准实行，主持制订本公司年度预决算报告；

4. 根据董事会的授权，代表本公司对外签署合同和协议；

5. 定期向董事会提交经营计划、工作报告、财务报表等；

6. 定期向董事会提名任免本公司的高级职员、部门经理及子公司、企业的经理；

 7. 任免和调配下属公司、企业副经理及管理人员、财务人员、业务人员等；

 8. 决定本公司职工的奖惩、升级、加薪等事项；

 9. 提出聘用专业顾问人选，报董事会批准；

 10. 提出机构设置、调整或撤销的意见，报董事会批准；

 11. 签发日常行政、业务和财务等文件；

 12. 由董事会或主席授权处理的其他有关事宜。

 13. 有权拒绝未经董事会授权的任何董事对企业经营管理工作的干预。

 第五十三条　副总经理主要职责：

 1. 协助总经理工作，向总经理负责；

 2. 负责分管部门工作；

 3. 总经理不在时，受总经理委托代总经理行使职权。

 第五十四条　董事、经理的报酬必须在年度报告中予以说明并公告。

 第五十五条　董事、经理以及本公司的高级职员因违反法律、本公司章程、徇私舞弊或失职造成本公司重大经济损失时，根据不同的情况，经股东代表大会或董事会决议可给予下列处罚：

 1. 限制权力；

 2. 免除现任职务；

 3. 负责经济赔偿。

 如触犯刑律的，交有关部门追究刑事法律责任。

第七章　财务会计

 第五十六条　本公司的财务会计制度在遵照国家会计法规的前提下，按照《深圳经济特区会计改革方案》执行。

 第五十七条　本公司会计制度采用公历年制，自公历1月1日至12月31。

 第五十八条　本公司的一切凭证、账簿、报表用中文书写。

 第五十九条　本公司采用人民币为记账本位币。

 第六十条　本公司采用国际通用的权债发生制和借贷复式记账法记账。

 第六十一条　本公司财务部门应在第一个会计年度的头两个月编制一个会计年度的资产负债表和损益表，提交董事会会议通过。

 第六十二条　本公司注册会计师事务所审核后的资产负债表、损益表、年度会计表、红利分配方案，按规定送达政府有关部门，并公告全体股东。

 第六十三条　本公司固定资本的折旧，按有关部门规定由董事会决定。

 第六十四条　本公司执行国家有关部门税收制度，依法向政府交纳税收。

第八章　利润分配

 第六十五条　为促使公司的发展，维护股东权益，根据国家有关部门规定，本公司税后利润分配比例如下：

1. 公积金35％～50％；

2. 公益金、奖励基金10％～20％；

3. 分红基金35％～50％。

以上具体比例由董事会会议根据本公司经营状况和发展需要拟定，报股东代表大会审定。

第六十六条　公积金按照政府有关规定经董事会审定使用。

第六十七条　本公司红利每年支付一次，按股份比例进行分配，在公司年终决算后执行。董事会有特别决议除外。第六十八条　公司派息和分红可采用下列形式：

1. 现金股利；

2. 股票股利；

3. 财产股利，即以公司所持有的各种证券派发股利。

第九章　劳动人事制度

第六十九条　本公司执行国家有关部门劳动保护法规。在劳动人事部门规定的范围内有权自行招收职工，全权实行劳动工资和人事管理制度。

第七十条　本公司有权对不合格员工进行行政处分直至辞退和开除。如辞退员工则必须提前1个月通知被辞退者。

第七十一条　本公司招聘的员工有辞职的自由，但必须按公司人事管理规定程序履行手续，未经批准擅自离职者，需赔偿由此造成的经济损失。

第七十二条　本公司职工按国家法定节假日休假。

第七十三条　本公司按照国家有关部门规定提取职工退休、待业保险基金上缴劳动保险部门。职工具有相应的保险待遇。

第十章　终止和清算

第七十四条　本公司有下列情况之一，应予以终止并清算：

1. 因出现特大自然灾害、战争等不可抗拒的因素而受到严重的损失，无法继续经营；

2. 经营失误，导致严重亏损或破产；

3. 严重违反国家法律法规，危害社会公共利益被依法撤消；

4. 股东代表大会决议终止。

第七十五条　在本公司终止时的清算，按照国家相关法律法规办理。

第七十六条　章程修改

第七十七条　公司可根据需要修改章程。

第七十八条　公司如作下述变动，就构成公司章程的修改。

1. 更改公司名称；

2. 更改、扩大或缩小公司的经营范围；

3. 增加或减少公司发行的任何类别股份的总量；

4. 更改公司全部或部分股份的名称，以及更改全部或任何部分之优先权；

5. 增设新的股份类别；

6. 改变股票面额；

7. 其他公司章程条款的变更。

第七十九条　公司减资变更章程时，须于变更章程的决议中规定减资方法。

第八十条　公司变更章程时，如变更名称、住所、经营范围及资本条款等，应通告股东。

第八十一条　修改公司章程，应经由下列程序：

1. 由公司董事会会议通过修改章程决议，提出修改条款；

2. 按规定把上述修改条款通知股东，召开股东代表大会进行表决；

3. 股东代表大会对修改条款进行表决，获得本章程所规定的同意股权数，即行通过；

4. 将股东代表大会核准了的修改条款和未作修改的其他原条款构成的重审章程，报由政府有关部门批准，待批准后重审章程方为有效。

第十一章　附则

第八十二条　本公司不接受任何破产股东因股权而提出接管本公司的财产及其他权益的要求，但破产股东在本公司的股份和权益，可根据有关法规和本章程，由破产股东与股权人办理转让手续。

第八十三条　本章程未尽事宜，由股东代表大会决议解决。

第八十四条　本章程经股东代表大会通过，报政府批准后生效。

第八十五条　本章程的解释权归本公司董事会。

××××年××月××日

七、集团公司章程

（一）集团公司章程的基本含义

集团公司章程是明确集团名称、宗旨、组织形式、生产经营范围、内部经营管理以及利润分配等行为准则的基本规范。它是集团内部明确权利义务关系的基本法律文件，对集团内部的行为具有行政约束力。集团公司章程必须依据国家相关法律、法规来制订，集团公司章程的制订要合理合法。

（二）集团公司章程的写作要点

通常来说，集团公司章程要包括以下主要条款：

1. 集团公司宗旨；
2. 集团公司名称、集团公司所在地以及集团公司所有制形式；
3. 经营范围、经营方式及注册资本和来源；
4. 组织机构及职权范围；
5. 利润分配形式；
6. 劳动报酬分配形式；
7. 法人代表的产生程序；
8. 法人代表的职权范围；
9. 章程的修改及终止；
10. 其他未尽事宜。

（三）集团公司章程的基本格式

集团公司章程通常由首部和正文两大部分组成：

1. 首部。首部包括标题和通过时间两部分内容。标题包括事项、名称和性质以及文种三个方面的内容。通过时间通常写在标题的正下方。

2. 正文。集团公司章程的正文一般包括总则、分则和附则三个方面内容：

（1）总则。总则常用来说明成立集团的依据、组成成员、集团的名称、集团的经济性质、集团的法定地址、集团的宗旨。

（2）主体。主体通常用来说明集团的经营范围、领导组织体制及机构组成、经营管理、利润分配、成员权利与义务等。

（3）附则。附则主要是用以说明集团章程的解释及修改权限和事实细则的实施和批准权等。

（四）格式范例

××集团公司章程

第一章　总则

第一条　为进一步挖掘公司潜能，优化公司结构，提高公司劳动生产率，特制定本章程。

第二条　××集团公司由××厂、××厂、××厂、××厂、××公司等5家单位组成，是实行资产经营一体化的社会主义全民所有制性质的经济实体，是××集团的核心。

第三条　公司的宗旨是在国家的宏观指导下，统筹规划，充分发挥整体的综合优势，推进技术进步，加快技术改造，开拓国内外市场，提高科研和生产水平，增强后劲，带动行业稳定发展，提高整体经济效益，更好地为发展本行业作出贡献。

第四条　公司实行自主经营、独立核算、自负盈亏。依法取得企业法人资格。公司成员是公司的内部核算单位。在公司建立初期有一个过渡期，在过渡期间各成员单位仍保留企业法人地位。

第五条　公司遵守国家相关法律、法规，并完全接受政府管理部门管理。

第六条　公司是一个有限责任公司。公司的注册资本为 2 亿元人民币。资金的来源为各成员单位的固定资产和国拨流动资金。

第七条　公司以注册资本承担总体的经济责任和经营风险。

第八条　公司和各成员单位按分级管理原则在各自的职责范围内从事生产经营活动，承担相应的经济、法律责任。

第九条　公司的主管部门是××局。

第十条　公司地址设在××市××路××弄××号。

第二章　经营范围和方式

第十一条　公司经营范围：

第十二条　公司经营方式：

第三章　领导体制

第十三条　公司与各成员单位是领导与被领导的关系。

第十四条　公司实行总经理负责制。总经理为法定代表人，由上级主管部门任命，任期为 4 年，其主要职责是：

1. 统一指挥公司的生产经营活动；

2. 制定公司机构设置和企业组织结构调整的方案，并组织实施；

3. 代表公司对外签订重大的经济技术合同，并组织实施；

4. 公司副经理可由总经理提名，听取公司党委意见，或由上级主管部门、公司党组织推荐，报上级党委审批后，由总经理聘任。公司本部各行政部门负责人及下属单位主管行政负责人的任免按照关于干部管理权限的规定及实施细则办理。

第十五条　公司设管理委员会。管理委员会由公司主要负责人和各成员单位主要领导组成。总经理任管理委员会主任。

第十六条　公司管理委员会是对总经理下列重大决策进行审议的机构。

1. 公司的经营方针，中长期发展规划和年度计划，重大的技术改造，技术引进项目、工资调整方案，留用资金的分配和使用方案；

2. 公司本部的机构设置和调整，优化企业组织结构的方案；

3. 重要规章制度的制定、修改和废除。

第四章 管理体制

第十七条 公司内部管理，实行统分结合、分级分权的原则。凡是有利于发挥公司整体优势和整体利益的，由公司本部组织进行；凡是各成员单位能够开展的经营业务，应充分发挥成员单位的积极性。

第十八条 公司本部是公司的管理中心，根据需要设立若干精简、高效的职能部门，对各成员单位实施组织、计划、指导、协调、控制和考核。其主要任务是：

1. 编报公司中、长期发展规划，编制和下达公司年度生产经营、产品质量、新产品开发和固定资产投资计划，并组织实施；

2. 负责重大发展项目和重大新产品开发资金的筹措和调配；

3. 编制公司财务预、决算，负责对财政统一结算；

4. 按一定比例集中企业的部分生产、新产品、奖励、税利基金，并组织好合理使用；

5. 负责对内部核算单位的考核和奖惩，并据此实施奖励、福利基金的一次分配；

6. 组织产品出口，元器件、材料、设备等的进口，完成规定的出口创汇目标；

7. 组织协调国内的销售和售后服务；

8. 组织人员的培训和调配，在公司核定的工资总额内批准企业招聘、录用合同制工作。

第十九条 公司所属各成员单位在公司授权的范围内，进行自主的生产经营管理，其主要任务是：

1. 按照公司的方针目标和计划，组织产、供、销活动，并对实现各项经济指标负责；

2. 负责组织实施公司下达的新产品计划；

3. 负责组织实施技术改造，技术引进项目；

4. 按质量标准对产品实行质量监控；

5. 负责奖励、福利基金的二次分配。

第五章 财务管理制度和利润分配形式

第二十条 公司的财务管理制度根据资金构成等因素，采用全民所有制的财务制度。账册设置、会计报表制度、会计档案管理制度均按国家有关政策及《会计法》制定。公司设立专职财务部门。

第二十一条 公司在过渡期间实行：

1. 公司对财政、主管局实行一头经济承包，对完成承包指标承担责任，内部对各成员单位实行分包，并进行考核和奖惩；

2. 公司向财政实行一头财政结算，对各成员单位进行分头核算；

3. 公司统一制定发展规则，组织实施重大技术改造项目，并统筹借贷改造资金，实行统贷统还。

第二十二条　公司各成员单位之间发生的财务、劳动力、技术等的转移，一般均作有偿转让。

第二十三条　公司以每年 1 月 1 日至 12 月 31 日为会计年度，每年年终决算一次。

第六章　劳动用工制度

第二十四条　公司成员单位从业人员人数和构成，由各成员单位根据公司规划和各成员单位发展需要确定，公司内定人数及构成由总经理在核定的编制人数范围内根据需要确定。

第二十五条　从业人员的招聘、录用、辞退、开除的原则和办法以及从业人员对企业的权利、义务按国家有关法规及公司具体情况另订细则。

第二十六条　公司本部的工作人员，其工资、奖金、劳保、福利由公司按国家有关规定执行。

第二十七条　公司所属单位的职工工资、劳保、福利等均按规定执行。

第七章　公司成员的权利和义务

（略）

第八章　附则

（略）

八、联营公司章程

（一）联营公司章程的基本含义

联营公司章程是联营公司为明确公司宗旨、生产组织形式、经营管理范围以及利润分配等而制订的基本的行为规范的准则。联营公司章程是联营公司内部明确权利义务关系的基本法律文件，对联营公司内部的行为具有行政约束力。

（二）联营公司章程的写作要点

通常来说，联营公司章程包括以下主要条款：

1. 联营公司的宗旨；

2. 联营公司名称及联营公司所在地；

3. 联营公司经营范围及经营方式；

4. 联营公司所有制形式；

5. 联营公司注册资本和来源；

6. 联营公司投资主体及出资额；

7. 联营公司组织机构及职权范围；

8. 联营公司利润分配形式；

9. 联营公司法人代表的产生程序及职权范围；

10. 联营公司章程的修改及终止；

11. 其他未尽事宜。

（三）联营公司章程的基本格式

联营公司章程通常由标题、正文和落款三部分组成。

1. 标题。标题要写明事项、名称和性质以及文种三个方面的内容。

2. 正文。联营公司章程的正文一般包括总则、分则、条和附则四个方面内容。

（1）总则。总则常用来说明成立联营的依据、组成成员、联营公司的名称、联营公司的经济性质、联营公司的法定地址、联营公司的宗旨。

（2）主体。主体通常用来说明联营公司的经营范围、领导组织体制及机构组成、经营管理、利润分配、成员权利与义务等。

（3）条。条是对主体部分的进一步解释和说明。

（4）附则。附则主要是用以说明集团章程的解释及修改权限和事实细则的实施和批准权等。

3. 落款。

（四）格式范例

××公司章程

第一章　总则

第一条　本公司名称为××××发展有限公司，由××厂、××厂、××厂、××公司共同出资组成。

第二条　公司实行自主经营，独立核算，自负盈亏，依法纳税，对国家承担经济责任。公司享有国家法律规定的一切权利，受法律保护，并承担法律责任。

第三条　公司在国家统一计划指导下，对所属单位实行统一管理，统一核算，统一向国家交纳税金。

第四条　公司的经营范围是：（略）

第五条　本公司根据国家相关规定，可以在国内外设置分支机构。

第六条　公司的宗旨是不断提高公司综合竞争力，提高公司经济效益，努力为社会主义现代化建设贡献力量。

第七条　本公司努力贯彻执行党和国家的各项方针政策。

第八条　本公司根据国家相关法律规定，部分承担国家指令性计划。

第二章　基本任务

第九条　公司根据行业发展规划要求，按照专业化协作原则，有计划、有步骤地对所属工厂进行合理调整，实行技术改造，不断完善管理体制的改革，推行现代化科学管理，以提高工作效率和经济效益。

第十条　制定公司的中、长期发展规划和年度计划、季度计划并安排下达到所属各单位执行。

第十一条　公司统一组织对外贸易，引进先进技术和引进资金，并负责组织有关基本建设的实施。

第十二条　公司按照平等互利原则，为了搞活经济，可与其他企业跨行业跨地区进行多种形式的联合。负责组织产品开发和重大科研项目的攻关和投产。

第十三条　加强智力开发，搞好全员培训和专业技术培训，不断提高职工的素质，以适应现代化科学管理和技术发展的需要。

第十四条　接受主管部门的委托，承担各项行业管理任务。

第三章　资产管理

第十五条　本公司现有固定资产和流动资金由总公司统一经营管理。

第十六条　本公司各企业固定资产的异动，实行有偿调拨、转让或租赁，由公司统筹办理。

第十七条　公司对固定资产和流动资金的财务财产管理办法由管委会另行制定。

第十八条　根据生产发展需要，经公司管委会协商一致，公司经理有权向职工和社会集资，以扩大资金来源。本公司集资股息不低于国家银行存款年息，年终结算，可按股分红。

第四章　管理体制

第十九条　公司实行经理负责制。公司经理由主管部门任命。公司经理是公司的法人代表。公司设经理一人，副经理若干人。公司经理任主任委员，副主任委员由管委会推选。

第二十条　公司实行民主管理，设置公司管理委员会协助公司经理对重大问题进行决策。管理委员会由公司经理、副经理、总工程师、总会计师、总经济师和各厂厂长、工会主席共同组成。

第二十一条　公司所属工厂厂长和经理部主任由公司经理任命，实行厂长

（主任）负责制。厂长（主任）在公司总体规划下行使生产经营管理决策权，对生产、行政和经营管理工作全面负责，拥有相应的自主权。

第二十二条 公司的机构设置本着统一协调、精简、效能的原则，根据公司业务发展需要，设置相应的机构。具体组织机构的设置经管理委员会讨论决定。

第二十三条 为了提高工作效率和经济效益，公司内部严格实行各种形式的经济责任制，贯彻按劳分配原则，论功行赏，论过行罚。

第五章 工厂

第二十四条 工厂的职责是全面完成公司下达的计划和各项经济技术指标。依靠技术进步，加强科学管理，抓好各项基础工作，努力降低生产成本，以最小的投入获得最大的产出，创造良好的经济效益。

第二十五条 工厂在服从国家计划管理前提下，拥有以下权利：

1. 有权选择灵活多样的经营方式。

2. 在完成公司年度计划和承包任务的前提下，有权安排月份计划和增产计划。

3. 有权拥有和支配自留资金。

4. 在有利于公司整体发展的前提下，有权根据自己的特点开发新产品，开展多种经营和横向对外联合。

5. 有权按照规定自行任免、聘用或选举本厂工作人员。

6. 有权自行决定用工办法和工资奖励形式。

第六章 公司内部管理权限的划分

第二十六条 为了调动公司、工厂的积极性，公司实行集权和分权相结合的管理制度。产供销、人财物等各个方面，贯彻集中统一领导，分级负责管理的原则。

第二十七条 公司内部生产经营管理权限的划分如下：

1. 产品销售：凡计划内产品由公司统一对外承办销售业务、签订合同，并组织执行（工厂自销比例由管委会确定）；非计划内产品如超产产品、新产品等，公司、工厂都可对外销售。

2. 物质供应：公司负责编制统配部管物资和大宗共同原料、燃料的供应计划，申请分配和组织供应到厂。公司负责各厂间的内配原料和半成品的衔接调配。其它辅料及零星物质由各厂自行采购。

3. 财务管理：公司为独立核算单位，实行统一核算、自负盈亏，统一交纳税金和应上交国家的一切款项。统一管理固定资产、流动资金、银行贷款。公司内部实行严格的经济核算制，制定经济核算办法，及财务财产管理办法，制定各种原、燃材料，半成品及提供劳务的计划价格，实行公司、工厂两级核算，工厂为公司内部的二级核算单位，独立核算，自负盈亏。工厂根据资金周转的需要，向当地银行开立户头。

4. 留利分配：公司的留利根据各厂提供的效益多少，参照《公司法》进行分配。

5. 人事劳动管理：公司经理按干部管理权限由上级任免。副经理由经理提名上级任免。工厂厂长由公司经理任免，厂级副职由厂长提名报公司经理任免。公司中层干部由经理任免，厂内中层干部由厂长任免。公司根据国家规定，控制工资总额和人数。各厂在上级劳动部门指导下，有权选择工资形式与奖励办法，奖金上不封顶、下不保底。有权自行招聘职工，对职工进行奖惩，包括给予晋级奖励和开除处分。

第七章　公司党委

第二十八条　公司党委积极按照党和政府的要求管理公司。

第二十九条　公司党委对公司实行综合领导。

第八章　其他

第三十条　公司对原集体所有制企业，按国家有关规定管理。

第三十一条　参加公司联合的全民所有制企业和集体所有制企业，根据联合的形式、项目，按合同规定实行分户记账，分别核算分配利润。

第九章　附则

第三十二条　凡愿意参加本公司的企业，应提出书面申请，经公司管委会讨论批准后接收为成员。凡要求退出本公司的成员，须提前半年向管委会提出书面通知，在其了结应负的债权债务后即可退出。

第三十三条　本章报请上级主管机关批准，在工商行政管理部门登记后生效。

第三十四条　本章程的修改和补充，须经公司管理委员会讨论决定，并报原批准机关备案。

×××× 年 ×× 月 ×× 日

九、有限责任公司章程

（一）有限责任公司章程的基本含义

有限责任公司章程是当事人依法制定的，明确公司内部生产、管理、利润分配以及公司宗旨等基本行为规范的准则。有限责任公司章程是有限责任公司内部明确权利义务关系的基本法律文件，对公司、股东、董事、监事和经理等都有约束力。

（二）有限责任公司章程的写作要点

通常来说，有限责任公司章程要包括以下内容：

1. 有限责任公司的宗旨；

2. 有限责任公司名称；

3. 有限责任公司所在地；

4. 有限责任公司经营范围；

5. 有限责任公司经营方式；

6. 有限责任公司注册资本和来源；

7. 有限责任公司组织机构及职权范围；

8. 有限责任公司利润分配形式；

9. 有限责任公司法人代表的产生程序及职权范围；

10. 有限责任公司章程的修改及终止；

11. 其他未尽事宜。

（三）有限责任公司章程的基本格式

有限责任公司章程通常由标题、正文和落款三部分组成。

1. 标题。标题由公司名称和文种两部分构成，如《××有限公司章程》。

2. 正文。通常来说，正文要载明的事项较多，因此在写作时要分章分条，并且各章条款要前后相连。总则常用来说明公司宗旨、名称、住所、经营范围和股东姓名。而分则一般规定公司的注册资本、股东的权利和义务、股东的出资方式和出资额、股东转让出资的条件、公司机构产生办法、法定代表人及其他重要事项。附则常用来交代章程的解释权、生效日期和实施要求。

3. 落款。

（四）格式范例

××有限责任公司章程

第一章　总则

第一条　为进一步提高本公司劳动生产率，提高本公司知名度、美誉度，按照《中华人民共和国公司法》和《中华人民共和国企业法人登记管理条例》的相关规定和本公司有关规定，制定本章程。

第二条　公司名称是××股份有限公司。

第三条　公司住所××××路××××号。

第四条　公司由下列股东共同出资设立：见附件1。

第五条　股东以其出资额为限对公司承担责任；公司以其全部资产对公司的

债务承担责任。公司享有由股东投资形成的全部法人财产权，依法享有民事权利，承担民事责任，具有企业法人资格。

第六条　经营范围文化用品、日用百货、房地产业、电子产品、汽车贸易。经营方式为生产、批发、零售、投资、开发、租赁等。

第二章　注册资本及出资额

第七条　公司注册资本为2亿元人民币。股东足额缴纳认缴的出资额后，经法定验资机构验资，方可向工商局申请登记。

第八条　本公司股东出资额及出资形式，见附表2。

第九条　公司登记注册后，向股东签发出资证明书。出资证明书为股东已缴纳出资额、持有本公司股份的书面证明。出资证明书遗失，应立即向公司申报注销，经公司董事会审核同意后予以补发。

第三章　股东的权利、义务和转让出资的条件

第十条　股东按期投入公司的资本额，享有所有者的资产受益、重大决策和选择管理者等权利，并承担相应的义务。

第十一条　股东的权利：

1. 出席股东会，并根据其出资额享有表决权；

2. 股东有权查阅股东会会议记录和公司财务会计报告；

3. 选举和被选举为董事会成员、监事会成员；

4. 股东按出资比例分取红利。公司新增资本时，股东可优先认缴出资；

5. 优先购买其他股东转让的出资；

6. 公司终止后，依法分取公司的剩余财产。

（注：公司可自行补充条款，但不得与《公司法》相冲突。）

第十二条　股东义务：

1. 依其所认缴的出资额承担公司债务；

2. 足额缴纳所认缴的出资；

3. 公司办理工商登记注册后，不得撤回出资，违者应赔偿其他股东因此而遭受的损失。

第十三条　转让出资的条件：

1. 经股东同意转让的出资，在同等条件下其他股东对该出资有优先购买权。

2. 股东向股东以外的人转让其出资时，必须经全体股东过半数同意；不同意转让的股东应当购买该转让的股东的转让的出资，如果不购买该转让的出资，视为同意转让。

3. 股东之间可以相互转让其全部出资或者部分出资。

4. 股东依法转让其出资后，由公司将受让人的姓名或者名称、住所以及受让

的出资额记载于股东名册。

第四章 股东会

第十四条 股东会分定期会议和临时会议。股东会每年至少召开一次，由董事会召集并主持，董事长因特殊原因不能履行该项职责时，可由董事长指定的副董事长或其他董事主持。

第十五条 公司设股东会，公司股东会由全体股东组成，为公司的权力机构。股东会会议，由股东按照出资比例行使表决权。

经代表1/4以上表决权的股东、1/3以上董事或监事提议，董事会可召集召开临时股东会。召开股东会会议，应于会议召开15日前通知全体股东。股东会应对所议事项的决定做成会议记录，出席会议的股东在会议记录上签名。

第十六条 股东会行使以下职权：

1. 按其股份额领取红利。

2. 按规定出席或委托代理人出席股东代表大会并行使选举权、表决权和享有被选举权。

3. 对本公司的生产、经营和财务活动等管理工作进行监督、提出建议或质询。

4. 有达到10％以上的股东联名要求，通过股东代表大会可聘请会计师事务所对本公司的经营和财务进行审计，其审计费用由联名的股东承担。

5. 有达到10％以上的股东联名要求，通过股东代表大会授权代表本公司对侵犯本公司利益及股东合法权益的董事或高级职员起诉。

6. 在本公司解散或清算时，有权按股份比例分享剩余财产。

7. 按其股份比例优先购买新股，其优先购买权可以转让或放弃。

第十七条 公司可以修改章程。修改公司章程的决议必须经代表2/3以上表决权的股东通过。（注：公司可自行补充条款，但不得与《公司法》发生冲突。）

第五章 董事会、经理、监事会

第十八条 本公司董事会由人（单数）组成。其成员由股东过半数同意选举产生。（注：股东人数较少时，可不设董事会，只设一名执行董事。执行董事由出资额大的股东担任。）

第十九条 董事长（或执行董事）为公司法定代表人。董事长由2/3以上的董事选举产生。

第二十条 董事会（执行董事）对股东会负责，行使以下权利：

1. 执行股东会的决议；

2. 负责召集股东会，并向股东会报告工作；

3. 决定公司内部管理机构的设置；

4. 制定公司年度财务预、决算方案和利润分配方案，弥补亏损方案；

5. 制定公司增加和减少注册资本，分立、合并、变更公司形式，解散及设立子公司等方案；

6. 决定公司的经营计划和投资方案；

7. 聘任和解聘公司经理。根据经理的提名，聘任或者解聘公司副经理、财务负责人，决定其报酬事项；

8. 制定公司的基本管理制度。

第二十一条　董事任期为 3 年，可以连选连任。董事在任期届满前，股东会不得无故解除其职务。董事会会议由董事长召集和主持，董事长因特殊原因不能履行职务时，由董事长指定副董事长或者其他董事召集和主持。1/3 以上董事可以提议召开董事会会议。召开董事会会议，应于会议召开 10 日以前通知全体董事。董事会对所议事项的决定做出会议记录，出席会议的董事在会议记录上签名。

第二十二条　公司经理由董事会聘任或者解聘。经理对董事会负责，负责公司日常经营管理工作，行使以下职权：

1. 制定公司的具体规章；

2. 拟定公司基本管理制度；

3. 拟定公司内部管理机构设置的方案；

4. 组织实施公司年度经营计划和投资方案；

5. 负责公司的生产经营管理工作，组织实施董事会决议；

6. 提请聘任或者解聘公司副经理、财务负责人；

7. 聘任或者解聘应由董事会聘任或者解聘以外的负责管理人员。（注：公司可自行补充条款，但不得与《公司法》相冲突。）

第二十三条　公司设立监事会，其成员人由股东代表人和职工代表人组成。

监事任期为每届 3 年，届满可连选连任。（注：股东人数较少或规模较小的，可只设 1 至 2 名监事。）

第二十四条　监事会的职权：

1. 检查公司财务；

2. 董事、经理执行公司职务时违反法律、法规或公司章程的行为进行监督；

3. 当董事和经理的行为损害公司的利益时，要求董事和经理予以纠正；

4. 提议召开临时股东会；

5. 代表公司起诉违反《公司法》规定的董事和经理，监事列席董事会议。

第六章　财务

第二十五条　公司依法律、行政法规和财政主管部门的规定建立本公司的财务、会计制度。

第二十六条　公司在每一会计年度终了时制作财务会计报告，并依法经审查验证。财务会计报告包括：

1. 资产负债表；

2. 损益表；

3. 财务状况变动表；

4. 财务情况说明书；

5. 利润分配表。

第二十七条　公司按国家和有关部门的规定向财政、税务、工商行政管理等部门报送财务会计报表，公司在每一会计年度终了后3个月内，将财务会计报告交各股东，并接受监督。

第二十八条　公司分配每年税后利润前，提取利润的10％列入法定公积金。公司法定公积金累计额超过公司注册资本50％时可不再提取。提取利润的5％列入法定公益金。公司的法定公积金不足以弥补上一年度公司亏损的，在依照前款规定提取法定公积金和法定公益金之前，先用当年利润弥补亏损。经股东会决议后，公司可另外提取任意公积金。

第二十九条　公司弥补亏损和提取法定公积金、法定公益金后所余利润，按照股东出资比例进行分配。股东会或者董事会违反前款规定，在弥补亏损和提取法定公积金、法定公益金之前向股东分配的利润应退还公司。

第三十条　法定公积金用于下列用途：

1. 补亏损；

2. 扩大公司生产经营或者转为增加公司资本。法定公益金用于本公司职工的集体福利。

第三十一条　公司除法定的会计账册外，不得另立会计账册。对公司资产，不得以任何个人名义开立账户存储。

第七章　劳动人事制度

第三十二条　本公司执行国家有关部门劳动保护法规。在劳动人事部门规定的范围内有权自行招收职工，全权实行劳动工资和人事管理制度。

第三十三条　本公司有权对不合格员工进行行政处分直至辞退和开除。辞退员工必须提前1个月通知被辞退者。公司招聘的员工有辞职的自由，但必须按公司人事管理规定程序履行手续，未经批准擅自离职者，需赔偿由此造成的经济损失。公司职工按国家法定节假日休假。

第三十四条　本公司按照国家有关部门规定提取职工退休、待业保险基金上缴劳动保险部门，职工具有相应的保险待遇。

第八章　合并、分立和变更注册资本

第三十五条　公司合并或者分立，由公司的股东会作出决议，按《公司法》

的要求签订协议，依法办理有关手续。

第三十六条　公司需要减少注册资本时，应编制资产负债表及财产清单，通知债权人并进行公告。公司增加注册资本时，股东认缴新增资本的出资，按《公司法》及本章程缴纳出资的有关规定执行。公司增加或减少注册资本，依法向工商行政管理部门办理变更登记。

第三十七条　公司合并、分立或者登记事项发生变更时，应依法向工商行政管理部门办理变更登记。

第九章　破产、解散、终止和清算

第三十八条　公司因依法宣告破产、营业期限届满、股东会议决议解散、合并、分立、破产依法责令关闭等原因注销的，应依法成立清算组织，对公司财产进行治理并办理终止手续。

第十章　工会

第三十九条　公司职工，按照《中华人民共和国工会法》设立工会。工会独立自主地开展工作，公司应支持工会的工作。

第十一章　附则

第四十条　本章程的解释权属公司股东会。

第四十一条　本章程由全体股东签字，报工商行政管理部门同意后生效。

第四十二条　董事、经理因故意或过失造成公司损失的，应当承担赔偿责任。对错误或不当决议提出反对意见并记录在案的可以免除责任。

第四十三条　本章程未尽事宜，由股东代表大会决议解决。

第四十四条　本章程经股东代表大会通过，报政府批准后生效。

第四十五条　本章程的解释权归本公司董事会。

十、股份有限责任公司章程

（一）股份有限责任公司章程的基本含义

股份有限责任公司章程是股份有限责任公司设立人依法制定的，规定公司内部各种活动的基本行为规范的准则。股份有限责任公司章程是股份有限责任公司内部明确权利义务关系的基本法律文件，对公司、股东、董事、监事和经理等都有约束力。《中华人民共和国公司法》规定，股份有限责任公司章程必须由全体股东共同制定，并须经股东大会2/3以上的代表通过才能生效。

（二）股份有限责任公司章程的写作要点

通常来说，股份有限责任公司章程要包括以下主要条款：

1. 股份有限责任公司的宗旨；

2. 股份有限责任公司名称及所在地；

3. 股份有限责任公司注册资本和来源；

4. 股份有限责任公司经营范围；

5. 股份有限责任公司经营方式；

6. 股份有限责任公司利润分配形式；

7. 股份有限责任公司组织机构及职权范围；

8. 股份有限责任公司法人代表的产生程序及职权范围；

9. 股份有限责任公司章程的修改及终止；

10. 其他未尽事宜。

（三）股份有限责任公司章程的基本格式

股份有限责任公司章程通常由三部分组成：

1. 标题。标题由公司名称和文种两部分构成，如《××股份有限责任公司章程》。

2. 正文。通常来说，股份有限责任公司设立和审批很复杂，正文要载明的事项较多，因此在写作时要分章分条，并且各章条款要前后相连。第一章为总则，总则常用来说明公司宗旨、名称、住所、经营范围和股东姓名。中间各章为分则，分则要详细规定股份有限责任公司的公司宗旨和经营范围。最后一章为附则，附则常用来交代章程的解释权、生效日期和实施要求。

3. 落款。

（四）格式范例

××股份有限责任公司章程

第一章　总则

第一条　为进一步提高公司劳动生产率，提高公司知名度、美誉度，积极转换公司经营机制，规范公司行为准则，按照《中华人民共和国公司法》和《中华人民共和国公司登记管理条例》的相关规定和本公司有关规定，特制定本章程。

第二条　本公司名称是××股份有限责任公司，英文名称是×××××，企业法人代表×××。

第三条　本公司具体地址为××××路××号。

第四条　公司注册资本为人民币×××××万元。

第五条　本公司具有独立的法人资格，自主经营，独立核算，自负盈亏，照章纳税，其行为受国家法律的约束，其经济活动及合法权益，受国家法律保护，公司维护和保障股东的权益，遵守国家法律、法规、有关政策及本章程，接受政府有关部门的管理、监督和检查。

第六条 根据"股权平等，同股同利，收益共享，风险共担"的原则，股东按其所持股份额享有权利，并承担义务。股东以其投入公司的资本额为限对公司承担责任，公司以其全部资产对公司的债务承担责任。

第二章 宗旨和经营范围

第七条 公司宗旨是稳步快速地发展，迅速提高公司综合竞争力和综合实力，在未来10年内发展成为全球化的集团公司，为社会主义现代化建设贡献力量。

第八条 公司的经营范围：房地产业、文化产业，主营贸易。

第九条 经营方式为零售、批发、代购、供销、代理、经销、联营、生产、加工、合资、合作或其他方式。

第三章 股份与股权

第十条 本公司全部资本划分为等额股份，股份采取股票形式，股票是本公司签发的有价证券。

第十一条 本公司股票发行总额为20000万股，每股面值1元，共计20000万元。其中：

国有股本：6000万元，占总股份的30％；

法人股本：2000万元，占总股份的10％；

社会个人股：10000万元，占总股份的50％；

内部职工股本：2000万元，占总股份的10％。

股票发行，经国家有关部门审查批准后，委托金融证券机构代理发行。

第十二条 公司发行的股票为人民币记名式和无记名式普通股股票，经公司盖章、董事长签章后生效。股票可以转让、赠予、继承和抵押，但不得退股。经国务院证券管理部门审批同意上市后，股票可上市转让，并按规定办理登记过户手续。公司董事和经理在任职期间不得转让本人所持有的公司股份。公司清算之日起不得转让股票。

第十三条 公司股票载明下列事项：

1. 公司的名称、住所；

2. 公司设立登记或新股发行之变更登记的文号及日期；

3. 公司注册资本、股份类别、每股金额、股票面值；

4. 本资发行的股份数；

5. 股东姓名或名称；

6. 股票号码；

7. 发行日期；

8. 公司认为应载明的其他事项。

第十四条　除本公司发起人以外的单个股东获得本公司股份总额10％以上的股份时，必须通知本公司。

第十五条　股东遗失股票应公告声明所遗失股票失效。如90天内公司未收到任何异议，遗失股票的股东，可以向公司申请补发股票（或通过公示催告程序）。

第四章　股东及其权利和义务

第十六条　本公司股票持有人为公司股东，公司股东按其持有股份的类别和份额，享有权利，承担义务。

第十七条　公司股东享有下列权利：

1. 按其股份额领取红利。

2. 按规定出席或委托代理人出席股东代表大会并行使选举权、表决权和享有被选举权。

3. 对本公司的生产、经营和财务活动等管理工作进行监督、提出建议或质询。

4. 有达到10％以上的股东联名要求，通过股东代表大会可聘请会计师事务所对本公司的经营和财务进行审计，其审计费用由联名的股东承担。

5. 有达到10％以上的股东联名要求，通过股东代表大会授权代表本公司对侵犯本公司利益及股东合法权益的董事或高级职员起诉。

6. 在本公司解散或清算时，有权按股份比例分享剩余财产。

7. 按其股份比例优先购买新股，其优先购买权可以转让或放弃。

8.《公司法》规定的其他权利。

第十八条　公司股东应履行下列义务：

1. 遵守本章程。

2. 依其所认购股份交纳股金，并依照其所持有股份承担本公司的亏损及债务，但以其所认购的股金为限。

3. 服从执行股东代表大会和董事会决议。

4. 维护本公司利益，反对和禁止有损本公司利益的行为。

5. 积极支持本公司改善经营管理，提出合理化建议，促进本公司业务发展。

6. 向本公司提交本人印签和签字，并如实提供本人身份和住址资料，如有变动应及时告知本公司。

第五章　股东会

第十九条　股东会为公司最高权力机构，对全体股东负责。

第二十条　股东会行使下列职权：

1. 审议、批准董事会和监事会的工作报告；

2. 批准公司年度预、决算报告，资产负债表，利润表及其他会计报表，批准利润分配或弥补亏损方案；

3. 决定公司增、减股东，扩大公司股份认购范围，以及批准公司股票交易方式的方案；

4. 决定公司发行债券；

5. 选举或罢免董事会成员或监事会成员，决定其报酬及支付方法；

6. 决定公司的分立、合并、终止和清算；

7. 修改公司章程；

8. 审议代表5％以上（含5％）股份股东的提案；

9. 对公司其他重大事项作出决议。

第二十一条　股东会每年召开一次，于会计年度终结后3个月内召开。特殊情况下，可召开临时会议。特殊情况是指：

1. 董事缺额达1/3时；

2. 公司累计未弥补亏损达实收股本总额1/3时；

3. 代表公司股份10％以上（含10％）股东请求时；

4. 董事会或监事会议认为必要时；

5. 监事会提议召开时。

第二十二条　股东会由董事会召集。在召开前向有资格出席会议的股东代表发出书面通知（包括时间、地点、议题），并发表公告。

第二十三条　股东代表的资格在符合国家有关规定的前提下，由董事会确定出席股东会的最低持股额，并符合第二十五条的有关规定。股东代表出席股东会，须持有董事长签发的出席证和本人身份证明，也可书面委托代理人参加并行使表决权。

第二十四条　股东会在进行选举和表决时，实行累计投票制和多轮补缺投票制。股东会决议时，每股有一票表决权。

第二十五条　股东会作出普通决议时，必须有代表公司股份总数的1/2以上股东出席，并经出席股东的1/2以上的表决通过方为有效。股东会作出特别决议时，须有代表公司股份总数2/3以上的股东参加，并经出席股东的2/3以上的表决通过方为有效。特别决议是指第二十条2、4、6、7项中规定的事宜。出席会议代表在达不到上述规定人数时，会议应延期20日举行，并向未出席的股东再次通知。延期后召开的股东会出席股东所代表的股份，仍达不到上述规定数额时，应视为已达到规定数额。按实际出席股东所代表的股份数额计算表决权的比例达到上述规定的比例时，会议作出的决议即为有效。

第六章　董事会和总经理

第二十六条　董事会是公司常设权力机构，对股东会负责。董事会由×人组成。

第二十七条 董事会由股东会选举产生。董事可由股东或非股东担任。董事可兼任本公司经理等高级职员。

第二十八条 董事会设董事长一名、副董事长×名，由董事会选举和罢免。董事长、副董事长任期3年，可连选连任。董事长为公司法定代表人。

第二十九条 董事会应遵照国家法律、法规、公司章程及股东会决议履行职责，并行使下列职权：

1. 决定召集股东代表大会并向股东汇报工作；

2. 执行股东代表大会决议；

3. 选举董事会主席、副主席；

4. 审定本公司发展规划和经营方针，批准本公司的机构设置；

5. 审议本公司的年度财务预决算报告，红利分配方案及弥补损失的方案；

6. 审议公司增减及发行有价证券的方案；

7. 审定公司资产收购、拍卖方案；

8. 制定本公司分立、合并、终止和清算的方案；

9. 任免本公司正副总经理、子公司经理、合资公司董事及其他高级职员；

10. 确定职工工资标准及职工奖励办法；

11. 审批公司的人事、行政、财务、福利等各项重要管理制度和规定；

12. 监督协调本公司的经营管理工作；

13. 聘请本公司的名誉主席及各种顾问；

其他应由董事会决定的事宜。

董事会实行一人一票，少数服从多数的表决制度，当赞成与反对的票持平时，董事长有多投一票的表决权。

第三十条 董事长的职权：

1. 主持股东会和董事会；

2. 检查董事会决议的实施情况，并向董事会汇报；

3. 签署公司股票；

4. 在发生战争、特大自然灾害紧急情况下，对公司事务行使特别裁决权和处置权，但这种裁决和处置权必须符合公司利益，并在事后向董事会和股东会报告；

5. 公司章程和董事会决议授予的其他职权。

第三十一条 公司董事会每半年召开一次，由董事会召集，并于10天前书面通知各董事。

正副董事长以亲自出席为原则，其余董事因故不能出席可书面委托其他董事或代理人参加，并行使表决权。在董事长认为必要或总经理提议或1/3以上的董事联名提议时，董事会应召开临时会议。

第三十二条　董事会的决议与董事有利益冲突时，该董事无表决权。董事的言行有害于公司的整体利益和企业形象时，由董事会决定剥夺该董事的表决权，在计算出席会议的法定人数时，不含其中。

第三十三条　副董事长协助董事长工作，在董事长不能履行职权时，按委托代行董事长职权。

第三十四条　公司实行董事会领导下的总经理负责制。总经理由董事会聘任或者解聘。

第三十五条　公司设总经理1人，副总经理若干人。总经理可由董事兼任。总经理对董事会负责，副总经理协助总经理工作并对总经理负责。总经理任期3年，可以连聘连任。

第三十六条　总经理职权：

1. 组织实施股东会和董事会的决议，并将实施情况向董事会提出报告；

2. 全面负责公司的日常行政、业务、财务、管理工作；

3. 拟定公司的发展规划，年度经营计划和年度财务预、决算方案，以及税后利润分配方案和弥补亏损方案；

4. 向董事会提名、推荐公司高级管理人员；

5. 任免和调配公司行政部门负责人（不含公司的高级管理人员）；

6. 决定对本公司职工（不含公司的高级管理人员）的奖惩、升降级、加减薪、聘任、招用、解聘、辞退；

7. 代表公司对外处理重大业务经营和其他事务；

8. 董事会授予的其他职权。

第七章　监事会

第三十七条　公司设监事会，对董事会及其成员和总经理等管理人员行使监督职能，向股东会负责并报告工作。

第三十八条　监事会由若干人组成，设监事会主席1人。监事由股东和职代会选出。监事任期3年，可以连选连任。监事不得兼任董事、总经理及其他高级管理职务。监事会决议必须由2/3以上监事表决同意方为有效。

第三十九条　监事会行使职权时，聘请律师、注册会计师、审计师等专业人员的费用，由公司承担。

第四十条　监事会职权：

1. 监事会主席或监事代表列席董事会议。

2. 监督董事、总经理等高级管理人员有无违反法律、法规、公司章程及股东会决议的行为。

3. 检查公司业务、财务状况，查阅账簿和其他会计资料，并有权要求执行公司业务事务的董事和总经理报告公司的业务情况。

4. 核对董事会拟提交股东会的资产负债表、损益表、财务状况变动表、营业报表和税后利润分配方案等财务资料，发现疑问可以公司名义委托注册会计师、审计师协助复审。

5. 建议召开临时股东会。

6. 代表公司与董事、总经理交涉或对董事起诉。

第八章　财务会计、审计制度和劳动管理

第四十一条　公司按照国家有关法律、法规和政策，制定公司的财务会计制度、财务管理规定和内部审计制度。

第四十二条　公司按会计制度和统计制度的规定，定期向有关政府部门报送报表。对公司的筹资、投资、管理、信用进行核算和反映，编制的年度资产负债表、利润表、财务状况变动和其他有关附表，应在股东会召开20天前，送达股东代表，并公告于股东。年度会计报告须经过注册会计师验证。

第四十三条　公司设立审计机构，实行内部会计制度，在监事会和董事会领导下，对公司的经营管理活动过程进行事前、事中、事后审计。不断完善内控制度，建制堵漏，当好领导助手，更好地为生产、经营服务。

第四十四条　公司内部实行全员劳动合同制、管理人员聘任制。在用工上，公司自主决定员工人数，面向社会公开招考，择优录用。公司有权解除劳动合同，有权辞退。

第四十五条　工资报酬。公司根据国家对股份制企业的有关政策规定，按有关部门核定的额度和办法，采取适合公司特点的分配形式，自主分配。

第四十六条　公司依照国家劳动法和有关规定对职工实行劳动保险、福利待遇和其他保险制度。

第九章　利润分配

第四十七条　公司缴纳所得税后的利润，应按下列顺序分配：

1. 弥补亏损；

2. 提取公积金；

3. 提取公益金；

4. 支付股本红利。

第四十八条　税后利润在弥补亏损和归还投资滞款后，公积金、公益金、股金的提取比例和使用范围如下：

1. 提取公积金。提取10％作为法定公积金，资本公积金含股票溢价额，资本增值净额，出售固定资产的溢价收入，合并其他企业的资产增值，接受赠予。法定公积金使用：弥补亏损、转增资本，发行股票和公司债券的费用，国家规定的其他用途。

2. 提取任意盈余公积金。提取公益金5％用于本公司职工的集体福利和奖励。

3. 提取股利。当年盈余分配的具体比例，由公司董事会议根据经营状况和发展需要拟订，报股东会审定。

第四十九条 公司当年无盈余时，不分配红利，但盈余公积金已超过注册资本50％时，为维护股票信誉，经股东会特别决议，可按不超过股票面值6％的比率用盈余公积金分配红利。

第五十条 公司分配股利一年一次，可采取现金或股票的形式分给。

第五十一条 公司股利按各股东持有股份进行分配。国家股的股利按国家规定组织收取。

第五十二条 公司按税务机关规定代扣或代缴个人股东股利收入的应纳税金。

第十章　章程修改

第五十三条 公司可根据需要修改章程。公司如作下述变动，构成公司章程的修改：

1. 更改公司名称；

2. 更改、扩大或缩小公司的经营范围；

3. 增加或减少公司发行的任何类别股份的总量；

4. 更改公司全部或部分股份的名称，以及更改全部或任何部分之优先权；

5. 增设新的股份类别；

6. 改变股票面额；

7. 其他公司章程条款的变更。

第五十四条 公司减资变更章程时，须按变更章程的决议中规定减资办法。

第五十五条 公司变更章程时，加变更名称、住所、经营范围及资本条款，应变更注册登记，并予以公告。

第五十六条 章程修改程序：

1. 对章程作重要修改应有董事会2/3以上董事同意作出决议，方可作为董事会向股东会提出的议案；

2. 各项内容通知股东，并召集股东会，由股东会通过修改章程的决议；

3. 依照股东会通过的修改章程决议，拟订修改公司章程的条款；

4. 公司章程变动报审查和原登记的工商行政管理局核准变更登记后生效，公司将修改条款通告股东。

第十一章　终止与清算

第五十七条 章程的终止

（一）公司章程规定的解散事由出现；

（二）公司设立的宗旨根本无法实现；

（三）股东会决定解散；

（四）违反国家法律、法规，危害社会公共利益被依法撤销；

（五）公司宣告破产。

第五十八条　公司依第五十七条　第（一）、（二）、（三）、（四）项终止的，董事会应将公司终止事宜通知各股东，召开股东会，确定清算组人选，发布终止公告。

第五十九条　清算组的职权如下：

1. 确定清算方案，清理公司财产，编制资产负债表和财产清单；

2. 处理公司未了结债务；

3. 收取公司债权；

4. 向股东收取已认缴而未缴纳的股金；

5. 偿还公司债务，解散公司从业人员；

6. 处分公司剩余财产；

7. 代表公司进行民事诉讼活动。

第六十条　清算组在发现公司财产不足清偿债务时，应立即停止清算，并向人民法院申请宣告破产。

公司经人民法院裁定宣告破产后，由人民法院处理财产，清算组应将清算事务向其移交。

第六十一条　公司决定清算后，任何人未经清算组批准，不得处理公司财产。

第六十二条　公司财产拨给清算费用后，清算组应按下列程序清偿：

1. 所欠公司职工工资和社会保险费用；

2. 所欠税款；

3. 银行贷款、公司债券及其他债务。

第六十三条　清算组未依前条顺序清偿，不得将公司财产分配给各股东。违反前款规定所作的财产分配无效，债权人有权要求退还，并可请求赔偿所受的损失。

第六十四条　公司清算组按第六十二条　清算后，清算组应将剩余财产，按股东所持股份分配给各股东。

第六十五条　清算结束后，清算组应提出清算报告，并造具清算期内收支报表和各种财产账册，必须经注册会计师验证，报批准，向工商行政管理机关和税务机关办理注销登记，并公告公司终止。

第十二章　公告内容和办法

第六十六条　公司下列情况应予以公告：

1. 召开董事会和股东会；
2. 经注册会计师验证的财务报告；
3. 股份分配的利率、时间、地点及办法；
4. 增资、发行股票和债券；
5. 公司分立、合并、终止和清算；
6. 股票上市交易；
7. 章程有重大修改和变更注册登记；
8. 股东会、董事会认为有必要的其他重大事项。

第十三章　附则

第六十七条　本章程的解决权属于公司董事会，本章程的未尽事宜，由股东代表大会决议解决。

第六十八条　本章程经股东代表大会通过，报政府有关部门批准之日起生效。

第六十九条　本章程的解释权归本公司董事会。

十一、股份合作公司章程

（一）股份合作公司章程的基本含义

股份合作公司章程是股份有限责任公司设立人依法制定的，规定公司内部各种活动的基本行为规范的准则。股份合作公司章程是股份有限责任公司内部明确权利义务关系的基本法律文件，对公司、股东、董事、监事和经理等都有约束力。《中华人民共和国公司法》规定，股份合作公司章程必须由全体股东共同制订并须股东大会 2/3 以上的代表通过才能生效。

（二）股份合作公司章程的写作要点

通常来说，股份合作公司章程要包括以下主要条款：
1. 股份合作公司的宗旨；
2. 股份合作公司的名称
3. 股份合作公司的地址；
4. 股份合作公司经营范围；
5. 股份合作公司经营方式；
6. 股份合作公司利润分配形式；
7. 股份合作公司的组织机构；
8. 股份合作公司的职权范围；
9. 股份合作公司法人代表的产生程序及其职权范围；

10. 股份合作公司章程的修改及终止；

11. 其他未尽事宜。

（三）股份合作公司章程的基本格式

股份合作公司章程通常由三部分组成：

1. 标题。标题由公司名称和文种两部分构成，如《××股份合作公司章程》。

2. 正文。通常来说，正文分为总则、分则和附则。

3. 落款。

（四）格式范例

股份合作公司章程

第一章 总则

第一条 根据《中华人民共和国企业法人登记管理条例》、《北京市股份合作制企业登记管理暂行办法》及其他有关法律法规的规定，出资各方本着平等互利的原则，经过友好协商，特制定本章程。

第二章 宗旨

第二条 本企业设立的目的和企业宗旨为：追求卓越品质，以最好的质量为社会做贡献，最大化实现企业价值。

第三条 本企业受法律、法规的监督和保护，其一切活动遵守各项法律、法规的规定，并自觉接受工商局、税务局、物价局等机关的管理、监督和检查。

第三章 企业基本状况

第四条 企业基本状况（见下表）

企业名称		×××××××
地址		×××××××
经营范围	主营	×××××××
经济性质	兼营	×××××××
法人代表		×××

第五条 企业注册资本×××万元，其中固定资金××万元，流动资金×××万元，出资人以其出资额对企业承担有限责任，企业以其全部财产独立承担民事责任。企业注册资本来源为出资人自筹，经××会计事务所验证，资金来源、数额真实可靠。

第四章 出资各方和出资比例

第六条 出资各方和出资比例见下表

1. 自然人出资

序号	姓名	性别	身份证号	家庭住址	出资额	出资方式	占总出资比例
1							
2							
3							
4							

2. 法人出资

序号	法人名称	地址	注册资本	法人代表	出资额	出资方式	占总出资比例
1							
2							
3							
4							

第五章　股权转让的条件和方式

第七条　股东入股后不得退股，但可以买卖、赠与、继承和抵押。

股票持有人的变更应按有关规定办理登记过户手续。

本公司股票的抵押人，在到期不能赎回股票时，应遵照本规定持抵押合同办理登记过户手续。

在本公司股东大会召开前5天至闭幕之日，暂停办理股票登记过户和其他变更手续，在本公司清算之日起不得办理登记过户和其他变更手续。

第八条　在同等条件下，其他股东对转让股权有优先购买权。

第六章注册资本的增加或减少

第九条　企业注册资本的增加或减少应由股东大会通过，同时修改章程，并向原主管机关办理变更登记手续。

企业减少注册资本，应首先通知债权人或予以公告，在通知或公告后90天内未有债权人提出异议，方可根据本章程的规定进行。

第七章　股东大会

第十条　股东大会是企业最高权力机构，有权决定企业一切重大事项。

第十一条　出资人为企业法人代表时，该出资人可委派1人参加大会，并成为企业董事会成员。

第十二条　股东大会的权力

1. 审议董事会或董事长提出的报告；

2. 听取并审议董事会的工作报告、年度财务预、决算报告、资产负债表、损益表和本公司的发展规划、经营方向及执行情况；

3. 审议批准董事会提出的年度利润分配和弥补亏损的方案；

4. 审议公司增资或减资，收购或拍卖及有价证券的发行；

5. 对本公司合并、分立、转让、终止和清算等重大事项作出决议；

6. 修订本公司章程；

7. 决定董事会成员的报酬及支付方法；

8. 选举、罢免董事会成员；

9. 对本公司其他事项作出决定。

第十三条 股东大会每年召开一次。大会由董事会召集，有如下情形董事会可召开股东大会临时会：

1. 董事会认为必要时；

2. 本公司亏损达实有资本的 1/3 时；

3. 达到股份总额 1/3 以上的股东联名提议并书面说明理由时。

董事会应在股东大会召开前 30 天内通知股东，并说明理由。

第十四条 股东大会的决议

股东大会的决议分普通决议和特别决议。普通决议由股东人数 1/2 以上的股东出席会议，并由出席会议的股东的 1/2 通过；特别决议由股东人数 2/3 以上的出席，并由出席会议的股东的 2/3 通过。

以下事项由股东大会特别决议通过：

1. 决定企业注册资本的增加或减少；

2. 决定企业的合并、分立、终止和解散；

3. 决定修改企业章程；

4. 股东转让其股权。

第十五条 每次股东大会均需作书面记录，会议记录由出席会议的股东签字。股东大会应对会议通过的事项作出书面决议，并由同意该决议的股东签字。

第八章 董事会

第十六条 董事会是企业的常设机构，由股东大会选举产生，董事会由不少于 3 人的奇数组成。董事会行使下列职权：

1. 执行股东大会决议；

2. 决定召开股东大会并在大会期间向股东报告工作；

3. 执行股东代表大会决议；

4. 选举董事会主席、副主席；

5. 审定本公司发展规划和经营方针，批准本公司的机构设置；

6. 审议本公司的年度财务预、决算报告，红利分配方案及弥补损失的方案；

7. 审议公司增减及发行有价证券的方案；

8. 审定公司资产收购、拍卖方案；

9. 制定本公司分立、合并、终止和清算的方案；

10. 任免本公司正副总经理、子公司经理、合资公司董事及其他高级职员；

11. 确定职工工资标准及职工奖励办法；

12. 审批公司的人事、行政、财务、福利等各项重要管理制度和规定；

13. 监督协调本公司的经营管理工作；

14. 聘请本公司的名誉主席及各种顾问；

15. 其他应由董事会决定的事宜。

第十七条　董事会每半年召开一次，经1/3以上董事提议可召开特别会议。

每次会议均作书面记录，并由参加会议的董事会成员签字，凡作出书面决议的应由同意该决议的董事会成员签字。

第九章　法定代表人产生程序

第十八条　董事长为企业法人代表，董事长由全体董事的2/3以上选举产生。董事长行使以下职权：

1. 召集和主持董事会；

2. 检查、监督股东大会和董事会的决议的执行情况，提名企业经理候选人，交董事会通过；

3. 股东大会和董事会授予的企业职权。

第十章　经营管理机构

第十九条　企业设经理1人，副经理1人，经理、副经理由董事会聘任。

第二十条　经理在董事会领导下负责日常经营管理活动，行使以下职权：

1. 组织实施股东大会和董事会决议，并向股东大会和董事会报告决议实行情况；

2. 全面组织企业日常经营活动；

3. 决定企业内部机构设置和机构负责人的任免；

4. 代表企业对外处理业务；

5. 董事会授予的其他职权。

第二十一条　企业设置生产计划、贸易、财务等部门。

第十一章　财务管理制度和利润分配方式

第二十二条　企业根据有关国家法律法规的规定制定相应的财务管理制度。

第二十三条　企业税后利润在根据国家法律法规的规定提取各项基金后，当法定公积金超过注册资本总额的50%时，超过部分可以按照一定比例转为股东股份。

第十二章　劳动用工制度

第二十四条　企业根据国家规定和股东大会决议制定相应的劳动用工制度。

第十三章 章程的修改

第二十五条 当企业章程不符合国家现行规定，不适合企业发展或遇其他必要情况时，可进行修改。章程的修改由董事会提出修改方案，制定修改后的章程草案，经职工代表大会批准后报原登记主管机关批准或备案。

第十四章 期限、终止、清算

第二十六条 企业经营期限为××年，自经营执照签发之日起计算。企业经营期限可以延长，经营期限的延长，由职工代表大会作出决定，并于期满前180天内报原登记主管机关批准。

第二十七条 企业有下列情况可即行终止：

1. 经营期限届满；

2. 被依法撤销；

3. 破产；

4. 不可抗力；

5. 职工代表大会决定终止。

企业终止由董事会通知企业股东，召开股东大会，由股东大会作出企业终止的决议，并依据《北京市股份合作制企业登记管理暂行办法》的规定办理有关手续。

第十五章 附则

第二十八条 本公司不接受任何破产股东因股权而提出接管本公司的财产及其他权益的要求。但破产股东在本公司的股份和权益，可根据有关法规和本章程，由破产股东与股权人办理转让手续。

第二十九条 企业登记事项以登记主管机关核定内容为准。

第三十条 本章程经股东代表大会通过，报政府批准后生效。

第三十一条 本章程未尽事宜，由股东代表大会决议解决。

第三十二条 本章程的解释权归本公司董事会。

十二、私营有限责任公司章程

(一) 私营有限责任公司章程的基本含义

私营有限责任公司章程是设立人依法制定的，明确私营公司内部生产、管理、利润分配以及公司宗旨等基本行为规范的准则。私营有限责任公司章程是私营有限责任公司明确权利义务关系的基本法律文件。

（二）私营有限责任公司章程的写作要点

通常来说，私营有限责任公司章程要包括以下内容：

1. 私营有限责任公司的宗旨；

2. 私营有限责任公司名称及住所；

3. 私营有限责任公司投资总额和注册资本；

4. 私营有限责任公司投资主体名称和出资额；

5. 私营有限责任公司经营方式和经营范围

6. 私营有限责任公司组织机构及职权范围；

7. 私营有限责任公司利润分配形式；

8. 私营有限责任公司财务管理制度；

9. 私营有限责任公司章程的修改及终止；

10. 其他未尽事宜。

（三）私营有限责任公司章程的基本格式

私营有限责任公司章程通常由标题、正文和落款三部分组成：

1. 标题。标题由公司名称和文种两部分构成，如《××私营有限责任公司章程》。

2. 正文。

3. 落款。

（四）格式范例

××私营有限责任公司章程

一、企业名称：××有限责任公司

二、企业住所：××××路×××号

三、经营地址：××××路×××号

四、企业法人代表：×××

五、住址：×××××××路×××号

六、联系方式：×××××××××

七、企业宗旨：_____

八、经营范围：_____

主营：_____

兼营：_____

九、经营方式：_____

十、注册资本：_____

其中：固定资金：_____

流动资金：_____

11、投资者姓名、住址及出资额

姓名	出资数额	住所

十二、投资者的权利和义务：

1. 出资者按照各自的投资额对公司承担有限责任；

2. 出资者不得中途抽回资本，如需转让，需经其他出资者的同意；

3. 当事人的其他约定：_____

4. 企业的组织机构及劳动用工制度：_____

_____

5. 企业解散的条件_____

_____

6. 投资者转让出资的条件：_____

_____

7. 企业法人代表产生和变更的程序：_____

_____

8. 利润分配和亏损负担办法：_____

_____

9. 本章程的修改程序：_____

_____

10. 需要说明的其他事项：_____

_____

全体出资人签名：_____

签订日期：××××年××月××日

十三、公司发行股票（债券）章程

（一）公司发行股票（债券）章程的基本含义

公司发行股票（债券）章程是公司设立人依法制定的，规定公司发行股票时各种基本行为规范的准则。它是公司申请发行股票时必须具备的文件之一。

（二）公司发行股票（债券）章程的写作要点

通常来说，公司发行股票（债券）章程要包括以下主要条款：

1. 公司发行股票（债券）的目的；

2. 公司发行股票（债券）的原则；

3. 公司发行股票（债券）的组织机构；

4. 公司发行股票（债券）的审批机关；

5. 公司发行股票（债券）的相关规定。如股额、发行对象、委托发行公司等；

6. 股息的计算方法和分配方式。

（三）公司发行股票（债券）章程的基本格式

公司发行股票（债券）章程通常由三部分组成：

1. 标题。标题由公司名称和文种两部分构成，如《××公司发行股票（债券）章程》。

2. 正文。正文分为总则、分则和附则。

3. 落款。

（四）格式范例

××公司发行股票（债券）章程

第一章　总则

第一条　为加快公司发展，提高公司综合竞争力，更好地维护广大投资者的合法权益，经中国银行相关部门的批准，特制定本章程共同遵照执行。

第二条　公司发行的股票名称为：有限公司股票。

公司发行的股票为不定期限的记名式股票，并以人民币计值，每股股值为人民币 100 元，股份总额为 100 万股，合计人民币 1 亿元。

第三条　公司股票是发给入股者的股份所有权凭证。股票持有者享有按股领取红利等公司章程规定的股东权利，并在股票金额范围内承担公司经营亏损或破产的有限经济责任。公司股票可以转让、抵押和继承，股票遗失可以申请挂失。

第四条　公司由国家股、单位股、个人股组成。

国家股是指全民所有制企业的国家资产折成的股份。单位股是指集体所有制企业的资金折成的股份以及其他企事业单位认购的股份。个人股是指个人资金认购的股份。

第二章　发行

第五条　公司向社会公开发行股票 10 万股，计金额 1000 万元。其中单位股

3万股，计金额300万元，主要向横向联合中投资方发行。个人购7万股，计金额700万元，主要向本公司职工发行，个人购买股票至多20股。

第六条　公司发行股票委托金融机构代理发行。

第七条　公司按季向中国人民银行××分行金融行政管理处报送财务报表，并向股票持有者公开公司经营情况。

第八条　公司股票按××××年×月×日××人民政府发布的《××股票管理暂行办法》中规定的范围发行。

第三章　转让

第九条　公司股票可以转让买卖，但必须通过经中国人民银行××分行批准经营股票交易业务的金融机构办理。单位股股票只限于单位之间转让。

第十条　股票交易价格可由交易双方自行商定。委托金融机构进行交易的，股票价格可由委托方自行决定。

第十一条　公司按季向社会公开经注册会计师查核鉴证的财务报表。

第四章　分配

第十二条　公司在依法向国家缴纳税金后的利润中先提取一定比例的盈余公积金、公益金，剩余部分列为按股分红基金，用于当年分红。当按股分红基金过大时，则适当留存作分红后备基金，用于以丰补欠。

第十三条　公司股票只计红利，不计股息。红利率由董事会决定。

第十四条　公司发放红利于每年年终决算后进行。股票发行的第一年，自发行日至年终决算日不满1年的，红利并入下一年度发放。公司发放红利时，对个人股按国家规定扣缴20%的个人收入调节税。

第十五条　公司在发放红利日前登报公告。

第十六条　公司如发生经营亏损，且未建立红利后备基金，当年不发红利。以后也不再补付，投资人对亏损共负有限经济责任。

第五章　附则

第十七条　本章程由××股份有限公司董事会负责解释。

第十八条　本章程自中国人民银行××分行批准之日施行。

十四、公司员工持股章程

(一) 公司员工持股章程的基本含义

员工持股是公司为激励员工，将本公司的股份陪送或出售给公司员工的行为。公司员工持股章程是公司持股员工遵守的基本准则。它也是公司员工持股必须具备的文件之一。

（二）公司员工持股章程的写作要点

通常来说，公司员工持股章程要包括以下主要条款：

1. 公司员工持股的宗旨；
2. 公司员工持股的依据；
3. 公司员工持股的条件；
4. 股份的分配和销售；
5. 股东的权利和义务；
6. 利润分配；
7. 其他未尽事项。

（三）公司员工持股章程的基本格式

公司员工持股章程通常由三部分组成：

1. 标题。标题由公司名称和文种两部分构成，如《××公司员工持股章程》。
2. 正文。正文分为总则、分则和附则。
3. 落款。

（四）格式范例

××公司员工持股章程

第一条　为加快公司发展，提高公司综合竞争力，激发员工工作热情，更好地维护广大员工的切身利益，特制定本员工持股章程。

第二条　公司名称、经营范围及宗旨

公司名称：

公司经营范围：

公司宗旨：

第三条　凡持有本公司股份的人员为本公司的股东。"所有股东按其所持股份享有权利、承担义务、同股同权、同股同利"（《公司法》第4条）。股东的利益受法律保护。

第四条　董事会：董事会由股东（即董事）组成，人数一般不超过6人，它是公司的最高决策机构。董事长由持有股份最多的董事担任，董事长依法成为公司法人代表。在公司初期，所有股东即构成董事会，可行使股东和监事权利。董事会设董事长1名，其他人员为董事。公司发展后，根据《公司法》由董事会再作调整。

第五条　总经理：由董事会任命总经理。总经理负责公司的日常运作，总经理对董事会负责，总经理可定期由董事会选举。

第六条 公司资产：公司资产分为有形资产和无形资产两部分，相应地，股份分为A股（有形资产）和B股（无形资产）（注：此处的A、B股与上市公司的A、B股不同）。某公司是软件公司，公司的主要资产软件产品归为无形资产，即两类资产的具体含义如下：

有形资产：公司的办公设备、库存物品、流动资金、各类押金、应收账款等。实际计算时，按资产净值清算。

无形资产：软件产品、产品品牌、市场客户等。无形资产的计算较为复杂，在初期，按公司累计投入软件开发的人工费用和广告费用大体估算。以后可逐步寻找更适合本公司的计算方式。

第七条 A股与B股的区别：两种股份区别在于，当股东退股时，A股按有形资产清算，B股按无形资产清算，分别进行清退。

第八条 财务：公司将每月20日定为会计日，财务对董事会负责。每个股东有权了解财务，可提出意见。财务部门必须定期在董事会上汇报财务状况，初期为每月一次（暂定为每月底）。

第九条 资产清算：公司从某年、某月、某日开始进行股份化，并进行资产清点，资产清点的结果必须得到所有入股者的确认。

第十条 关于员工持股的有关规定：

1. 吸收为公司股东的员工，必须品行端正、好学上进，有较强的责任心、集体荣誉感和团队精神，原则性强。

2. 持股员工原则上必须是有两年以上工龄，并在重要的岗位上为公司的发展做出了较突出的贡献；或者是未够工龄但有特殊才能，能够在短期内对公司的发展起重要作用的员工。

3. 推行员工持股计划的主要目的是调动公司员工的积极性。本次员工持股计划条件优惠，入股者必须更勤力于公司的工作，充分发挥主动性和创造性。

4. 若员工入股后懈怠工作，得过且过，不思进取，不能胜任本职工作，经董事会讨论，不能享受本次入股的优惠条件，必要时可以强行按原价或当时股价收购其股份。

5. 员工接受优惠条件入股，首先必须具有劳动能力，能胜任本职工作，并全职在公司工作。员工不管因任何原因离开公司，不能持有公司股份。

第十一条 入股方式：对于符合第十条 规定的员工，入股时给出如下优惠条件：员工只需购买A股，根据其持有A股的比例，进行年终利润分红。B股目前只为×××所有，但不参与分红。当股份化计划推行两年后，公司经营效益良好时，部分B股可作为期股分配给持股员工。

第十二条 利润分配：每年年终，公司进行年终结算，并根据公司的税后利润进行年终分红。根据《公司法》，提取税后利润不少于30%作为公司再发展的投入（即公积金和公益金），剩余的进行分配。但此比例可以根据公司发展需要由董事会讨论决定。分红原则是多股多分、先投入先收益。具体说明如下：每年春节前的最后一个会计结算日清算财务，确认提出多少利润来进行分红，将分红总利润平均分配到每个月。

第十三条　根据法律规定，董事长参与公司重要事务的决策。考虑到董事长兼任公司的法人代表，对公司的行为必须承担法律责任，董事长不参与公司的日常运作。公司财务人员直接由董事长委派，充当监事的作用，财务人员直接对董事会负责。

第十四条　董事会各成员的工资由董事会确定。原则上，董事会成员领取固定月薪，年终领取股份分红。董事会成员的固定月薪由董事会决定，根据各董事对公司的贡献可定期调整。

第十五条　根据《公司法》规定，股份只可转让不可退股。股东出售持有的股份时，应经董事会同意，并优先出让给董事会成员。出让股份时，股东必须结清公司账目。股东离开公司后，两年内不得从事与原公司相同或相近的有竞争关系的行业，否则没收其股份作为违约金。出让股份时，必须在3个月前书面通知董事会，按公司当时经营状况折算股价或按原价。

第十六条　如果股东有重大违纪行为，如贪污、拿回扣、泄露公司机密、损害公司形象等，董事会有权作出相应处罚，如收购回部分或全部股份，并扣取违纪金10倍的违约金。

第十七条　本章程如有未说明的地方，按《公司法》进行操作。

第十八条　本章程由全体股东签名，具有法律效力。本章程具有合同等同效力。

股东签名：

×××× 年 ×× 月 ×× 日

十五、中外合资公司章程

（一）中外合资公司章程的基本含义

中外合资公司章程，是设立人根据我国有关法律、法规以及合资经营公司的相关规定，经合资双方协商同意制定的合资宗旨、组织原则、经营管理以及利润分配等说明性文件。中外合资公司章程是合资公司内部明确权利义务关系的基本法律文件，对合资双方都具有约束力。

（二）中外合资公司章程的写作要点

通常来说，中外合资公司章程要包括以下主要条款：

1. 中外合资公司的宗旨；

2. 中外合资公司名称、地址。合资公司中外文名称、法定地址，参与合资各方的名称、注册国家、法定地址、法定代表人及其职务和国籍；

3. 中外合资公司经营范围；

4. 中外合资公司经营方式；

5. 中外合资公司注册资本和来源，各方出资额及出资比例，出资份额转让规定；

6. 中外合资公司利润分配形式；

7. 中外合资公司组织机构及职权范围；

8. 中外合资公司财务、会计和审计的原则；

9. 中外合资公司法人代表的产生程序及职权范围；

10. 中外合资公司经营期限以及解散和清算的处理原则；

11. 中外合资公司章程的修改及终止；

12. 其他未尽事宜。

(三) 中外合资公司章程的基本格式

中外合资公司章程通常由三部分组成。

1. 标题。标题由公司名称和文种两部分构成，如《××中外合资公司章程》。

2. 正文。按《中华人民共和国中外合资经营企业法实施条例》规定，合营企业章程应该具备下列内容：企业名称及法定地址；合营企业的宗旨、经营范围以及合营期限；合营各方的名称，注册国家，法定地址，法定代表的姓名、职务、国籍；合营企业的投资总额，注册资本，合营各方的出资额以及出资比例，出资额转让的规定，利润分配和亏损分担的详细规定；董事会的组成、职权范围和议事规则，董事任期，董事长、副董事长职责；管理机构的设置、办事规则，总经理、副总经理及其他高级管理人员的职责和任免方法；财务、会计、审计制度的原则；解散和清算；章程修改的程序。在写作时必须注意其全面性。章程的正文划分为三部分：

总则：主要是用来阐明企业名称及法定地址、企业类型（均为有限责任公司）。

分则：主要是用来阐明企业宗旨、经营范围；注册资本；财务会计；利润分配；董事会；经营管理机构；各种规章制度等。

附则：最后一章通常为"附则"，主要是用来表明各种未尽事宜的解决方法，章程的解释权归属，章程的修订与执行办法以及文本等需要予以进一步明确的事项。

3. 落款。落款必须有合资双方法定代表共同签字。

（四）格式范例

中外合资公司章程

第一章　总则

第一条　经甲、乙双方友好协商制定本章程共同遵照执行。

第二条　合营公司名称为＿＿＿＿＿＿＿＿＿有限责任公司；

外文名称为＿＿＿＿＿＿＿＿＿；

合营公司的法定地址：＿＿＿＿＿＿＿省＿＿＿＿＿＿＿

＿＿＿市＿＿＿＿＿＿路＿＿＿＿＿号。

第三条　甲、乙双方的名称、法定地址：

甲方：中国＿＿＿＿＿＿＿公司

地址：＿＿＿＿＿＿＿＿＿

乙方：＿＿＿＿＿＿＿国＿＿＿＿＿＿＿公司

地址：＿＿＿＿＿＿＿＿＿

第四条　合营公司为有限责任公司。

第五条　合营公司为中国法人，受中国法律管辖和保护。其一切活动必须遵守中国的法律、法令和有关条例规章。

第二章　宗旨、经营范围

第六条　合营公司宗旨为：＿＿＿＿＿＿＿＿＿＿＿＿＿＿＿

＿＿＿＿＿＿＿

（注：每个合营企业都可以根据自己的特点撰写）

第七条　合营公司经营范围为：＿＿＿＿＿＿＿＿＿＿＿＿＿

（注：写到小类）

第八条　合营公司生产规模为＿＿＿＿＿＿＿＿＿＿＿＿＿＿＿

＿＿＿＿＿

第九条　合营公司产品向国内、外市场销售产品，其销售比例如下：出口占＿＿＿％；在国内销售占＿＿＿％。

（注：销售渠道、方法、责任可根据各自情况而定。）

第三章　投资总额和注册资本

第十条　合营公司的投资总额为人民币＿＿＿元。合资公司注册资本为人民币＿＿＿元。

第十一条　甲、乙双方出资如下：

甲方认缴出资额为人民币＿＿＿元，占注册资本＿＿＿％，其中，货币资金＿＿＿元，机械设备＿＿＿元，厂房＿＿＿元，土地使用权＿＿＿元，工业产权＿＿＿元，其他

____元。

乙方认缴出资额为人民币元，占注册资本‰，其中，货币资金____元，机械设备____元，工业产权____元，其他____元。

（注：可以用一种外币表示）

第十二条　甲、乙双方应按合同规定的期限缴清各自出资额。

第十三条　甲、乙双方缴付出资额后，经中国注册会计师验资，出具验资报告，合营公司据此发出资证明书。出资证明书的内容是：合营公司名称，成立日期，合营者名称及出资额、出资日期，发给出资证明书日期等。

第十四条　合营期内，合营公司不得减少注册资本数额。

第十五条　任何一方转让其出资额，不论全部或部分，都须经其他股东同意，其他方在同等条件下有优先购买权。

第十六条　合营公司注册资本的增加、转让，应由董事会一致通过后，并报原审批机构批准，向原登记机构办理变更登记手续。

第四章　董事会

第十七条　合营公司设董事会，董事会是合营公司的最高权力机构。

第十八条　董事会决定合营公司的一切重大事宜，其职权主要如下_____（注：参照《中华人民共和国公司法》的规定拟写）

第十九条　董事会由____名董事组成，其中甲方委派____名，乙方委派____名。董事任期为____年，可以连任。

第二十条　董事会董事长由____方委派，副董事长1名，由____方委派。

第二十一条　甲、乙双方在委派和更换董事人选时，应书面通知董事会。

第二十二条　董事会例会每年召开____次，经1/3以上的董事提议，可以召开董事会临时会议。

第二十三条　董事会会议原则上在公司所在地举行。

第二十四条　董事会会议由董事长召集并主持，董事长缺席时由副董事长召集并主持。

第二十五条　董事长应在董事会开会前30天书面通知各董事，写明会议内容、时间和地点。

第二十六条　董事因故不能出席董事会会议，可以书面委托代理人出席董事会。如届时未出席也未委托他人出席，则作为弃权，但不能免除其对董事会决议的责任。

第二十七条　出席董事会会议的法定人数为全体董事的2/3，不够2/3人数时，其通过的决议无效。

第二十八条　董事会每次会议，须作详细的书面记录，并须全体出席董事签字，代理人出席时，由代理人签字。文字使用中文和____文。该记录由公司存档。

第二十九条 下列事项须董事会一致通过：_____（注：每个合营企业可根据各自情况而定）

第三十条 下列事项须董事会 2/3 以上董事或过半数董事通过____：。（注：每个合营企业可根据各自情况而定）

第五章 经营管理机构

第三十一条 合营公司的经营管理机构：_____。（注：根据具体情况写）

第三十二条 合营公司设总经理1人，副总经理____人，正、副总经理由董事会聘任，首届总经理由____方推荐，副总经理由____方推荐。

第三十三条 总经理对董事会负责，执行董事会的各项决定，组织领导合营公司的日常生产、技术和经营管理工作。副总经理协助总经理工作，当总经理不在时，代理行使总经理的职责。

第三十四条 合营公司日常工作中重要问题的决定，应由总经理和副总经理联合签署方能生效。需要联合签署的事项，由董事会具体规定。

第三十五条 总经理、副总经理的任期为____年，经董事会聘请可以连任。

第三十六条 董事长、副董事长或董事经董事会聘请，可兼任合营公司总经理、副总经理及其他高级职员。

第三十七条 总经理、副总经理不得兼任对本合营公司有商业竞争行为的其他经济组织内的职务。

第三十八条 合营公司设总工程师、总会计师和审计师各一人，由董事会聘任。

第三十九条 总工程师、总会计师、审计师由总经理领导。总会计师负责领导合营公司的财务会计工作，组织合营公司开展全面经济核算，实施经济责任制。审计师负责合营公司的财务审计工作，审查稽核合营公司的财务收支和会计账目，向总经理并向董事会提出报告。

第四十条 总经理、副总经理、总工程师、总会计师、审计师和其他高级职员请求辞职时，应提前向董事会提出书面报告。以上人员如有营私舞弊或严重失职行为的，经董事会决议，可随时解聘，如触犯刑法的，要依法追究刑事责任。

第六章 财务会计

第四十一条 合营公司的财务会计按照中华人民共和国财政部制定的《中外合资经营企业财务会计制度》规定办理。

第四十二条 合营公司会计年度采用公历年制，自1月1日起至12月31日止为一个会计年度。

第四十三条 合营公司的一切凭证、账簿，报表，用中文书写。

第四十四条 合营公司采用人民币为记账本位币。人民币同其他货币折算，按实际发生之日中华人民共和国国家外汇管理局公布的汇价计算。

第四十五条 合营公司在中国银行或中国银行同意的其他银行开立人民币及外币账户。

第四十六条 合营公司采用国际通用的权责发生制和借贷记账法记账。

第四十七条 合营公司财务会计账册上应记载如下内容：

（一）合营公司所有的现金收入、支出数量；

（二）合营公司所有的物资出售及购入情况；

（三）合营公司注册资本及负债情况；

（四）合营公司注册资本的缴纳时间、增加及转让情况。

第四十八条 合营公司财务部门应在每一个年度头3个月编制上缴一个会计年度资产负债表和损益计算书，经审计师审核签字后，提交董事会会议通过。

第四十九条 合营各方有权自费聘请审计师查阅合营公司账簿。查阅时，合营公司应提供方便。

第五十条 合营公司按照《中华人民共和国中外合资经营企业所得税法施行细则》的规定，由董事会决定其固定资产的折旧年限。

第五十一条 合营公司的一切外汇事宜，按照《中华人民共和国外汇管理暂行条例》的有关规定以及合营合同的规定办理。

第七章 利润分配

第五十二条 合营公司从缴纳所得税后的利润中提取储备基金、企业发展基金和职工奖励及福利基金，提取的比例由董事会确定。

第五十三条 合营公司依法缴纳所得税和提取各项基金后的利润，按照甲、乙双方在注册资本中的出资比例进行分配。

第五十四条 合营公司每年分配利润一次，每个会计年度后3个月内公布利润分配方案及各方应分的利润额。

第五十五条 合营公司上一个会计年度亏损未弥补前不得分配利润，上一个会计年度未分配的利润，可并入本会计年度利润分配。

第八章 职工

第五十六条 合营公司职工的招收、招聘、辞退、辞职、工资、福利、劳动保险、劳动保护、劳动纪律等事宜，由董事会按照《中华人民共和国中外合资经营企业劳动管理规定》及其实施办法决定。

第五十七条 合营公司所需要的职工，可以由当地劳动部门推荐，或者经劳动部门同意后，由合营公司公开招收，但一律通过考试，择优录用。

第五十八条 合营公司有权对违反公司的规章制度和劳动纪律的职工，给予警告、记过、降薪的处分，情节严重，可予以开除。开除职工须报当地劳动用工管理部门备案。

第五十九条　职工的工资待遇，参照《中华人民共和国劳动法》及有关规定，由董事会确定，并在劳动合同中具体规定。合营公司随着生产的发展、职务能力和技术水平的提高，适当提高职工的工资。

第六十条　职工的福利、奖金、劳动保护和劳动保险等事宜，合营公司将分别在各项制度中加以规定，确保职工在正常条件下从事生产和工作。

第九章　工会组织

第六十一条　合营公司职工有权按照《中华人民共和国工会法》的规定，建立工会组织，开展工会活动。

第六十二条　合营公司工会是职工利益的代理人。它的任务是依法维护职工的民主权力和物质利益；协助合营公司安排和合理使用福利、奖励基金；组织职工学习政治、业务、科学、技术知识，开展文艺、体育活动，教育职工遵守劳动纪律，努力完成合营公司的各项经济任务。

第六十三条　合营公司工会代表职工和合营公司签订劳动合同，并监督合同的执行。

第六十四条　合营公司工会负责人有权列席有关讨论合营公司的发展规划、生产经营活动等问题的董事会会议，反映职工的意见和要求。

第六十五条　合营公司工会参加调解职工和合营公司之间发生的争议。

第六十六条　合营公司每月按合营公司职工实际工资总额的2%拨交工会经费。合营公司工会按照中华全国总工会制定的《工会经费管理办法》使用工会经费。

第十章　期限、终止、清算

第六十七条　合营期限为＿＿＿年，自营业执照签发之日起计算。

第六十八条　甲、乙双方如一致同意延长合营期限，经董事会会议作出决议，应在合营期满前6个月向原审批机构提交书面申请，经批准后才能延长，并向原登记机关办理变更登记手续。

第六十九条　甲、乙双方如一致认为终止合营符合各方重大利益时，可提前终止合营。合营公司提前终止合营，须董事会召开全体会议作出决定，并报原审批机构批准。

第七十条　发生下列情况之一的，甲、乙任何一方有权依法终止合营。（注：每个合资企业可根据自己的情况而定。）

第七十一条　合营期满前终止合营或者公司破产时，董事会应提出清算程序、原则和清算委员会人选，组成清算委员会，对合营公司财产进行清算。

第七十二条　清算委员会的任务是对合营公司的财产、债权、债务进行全面清查，编制资产负债表和财产目录，制定清算方案，提请董事会通过后执行。

第七十三条　清算期间，清算委员会代表公司起诉或应诉。

第七十四条　清算费用和清算委员会成员的酬劳应从合营公司现存财产中优先支付。

第七十五条　清算委员会对合营公司的债务全部清算后，其剩余的财产按甲、乙双方在注册资本中的出资比例进行分配。

第七十六条　清算结束后，合营公司应向审批机构提出报告，并向原登记机构办理注销登记手续，缴回营业执照，同时对外公告。

第七十七条　合营公司结束后，其各种账册由甲方保存。

第十一章　规章制度

第七十八条　合营公司董事会制定的规章制度有：

1. 经营管理制度，包括所属各个管理部门的职权与工作程序

2. 职工守则；

3. 劳动工资制度；

4. 职工考勤、升级与奖惩制度；

5. 职工福利制度；

6. 财务制度；

7. 公司解散时的清算程序；

8. 其他必要的规章制度。

第十二章　附则

第七十九条　本章程的修改，必须经董事会会议通过决议，并报原审批机构批准。

第八十条　本章程用中文和____文书写，两种文本具有同等效力，上述两种文本如有不符，以中文文本为准。

第八十一条　本章程须经中华人民共和国对外经济贸易合作部（或其委托的审批机构）批准才能生效，修改亦同。

第八十二条　本章程于____年____月____日由甲、乙双方的授权代表在中国签字。

中国_____公司____国____公司

代表：____（签字）代表：____（签字）

第八十三条　本章程未尽事宜，由股东代表大会决议解决。

第八十四条　本章程经股东代表大会通过，报政府批准后生效。

第八十五条　本章程的解释权归本公司董事会。

第三章
企业审计类文书

一、审计通知书

（一）审计通知书的基本含义

审计通知书是内部审计机构根据审计工作的具体要求，向被审计单位发出的书面通知，也称审计指令。

（二）审计通知书的写作要点

1. 被审计单位名称；
2. 审计时间；
3. 审计范围和审计项目；
4. 审计组成人员的名单；
5. 对被审计单位的要求；
6. 发出审计通知书的审计机构名称及公章。

（三）审计通知书的基本格式

审计通知书可以写成公函形式，也可采用预先印就的固定格式。

（四）格式范例

审计通知书（1）

×字×号

＿＿＿（指被审单位）：

根据××号文件精神，我们决定于×月×日～×月×日对你单位进行（财务收支、内控制度、经济效益、经理厂长离职等）审计，请给予积极配合，做好有关资料的准备工作，并提供必要的工作条件。

××审计委员会（审计局或处）

主任（局长或处长）×××

××××年××月

111

委托审计通知书（2）
审通字（××××）×号

____（审计机构名称）：

兹决定委托你单位对_____单位的_____进行审计，时间要求在××××年×月开始，并要求在××××年×月前将审计结果报送我们，由我们检查、发出审计报告和作出审计处理决定。

特此通知

××公司审计委员会（审计处）

××××年××月

抄报：（有关单位和部门）

抄送：（被审计单位及有关部门）

授权审计通知书（3）
审通字（××××）×号

____（单位）：

兹决定授权你单位对_____单位的_____进行审计，并由你单位发出审计报告。

审计时间要求××××年×月前开始，并要求在××××年×月前将《审计报告》和初步处理意见及建议等报送我们，最后由我们作出处理决定。

××公司审计委员会（审计处）

××××年××月

二、审计工作方案

（一）审计工作方案的基本含义

审计工作方案是审计人员在审计调查研究的基础上，根据收集的资料和已经掌握的资料的情况，进一步明确审计重点和进程，把审计任务具体化的工作方案。审计工作方案是进行审计活动的作业计划，审计工作方案也称审计实施计划。

（二）审计工作方案的写作要点

1. 被审计单位名称；

2. 审计时间；

3. 审计方式；

4. 拟定方案的依据；

5. 审计范围和审计项目；

6. 预定进行工作的时间；

7. 具体实施步骤；

8. 审计人员的组成及分工；

9. 单位领导审批意见。

（三）格式范例

审计工作方案

×字（　　）号

被审计单位		
审计方式		
编制依据：		
审计内容和范围：		
计划工作时间：		
审计组	负责人	
	成员	
审批	单位	
	负责人	

审计组组长：××（签章）

编制人：×××（签章）

三、审计工作记录

（一）审计工作记录的基本含义

审计工作记录是审计人员在审计工作过程中对发现的各种有价值的情况所作出的事实记录。完善的审计工作记录是审计证据的直接资料。审计人员在编制审计记录时，程序必须符合要求，内容要全面。

（二）格式范例

审计工作记录

（通用格式）

年　月　日

调查记录

被调查人姓名		职务	
调查时间		调查地点	
工作单位			
调查事项			
被调查人（盖章）			
		调查人：　　（盖章） 年　月　日	

审计工作记录

年　月　日

会计账簿报表名称	记账凭证		会计处理	原摘录	发现的问题	处理意见	处理意见
	年	月	帐表是否相符	报表勾稽关系			

四、审计实施计划

格式范例

审计实施计划

××××年×月×日

××公司审字（××××）××号

审计项目	审计目的	主要内容		
1. 材料消耗	真实性	计划领用和材料消耗的核实，并确定成本分配的正确性		
2. 管理费用	合规性	开支项目，费用内容审查并确定费用发生和分配的合规性		
3. 废品损失	合理性	废品数量及其损失费用的核实，并确定其合理性		
4. 成本核算	正确性	对生产经费的归集以及产成品与在产品成本的分配进行审查并确定其正确性		
5. 单位成本	效益型	对当期与上期成本水平的差量进行检查，并评价其效益性		

五、审计作业计划

格式范例

审计作业计划

××××年×月×日

××公司审字`（××××）××号

审计要点	主要要求	审计方案	审计范围	审计时间	审计人员
1. 材料成本发生数额的真实性	审核材料单抽查领料单	抽样领料单	抽查一季度钢材每一吨以上的领料单	×月×日至×月×日	×××

审计要点	主要要求	审计方案	审计范围	审计时间	审计人员
2. 计划成本分配数额的正确性	核定材料成本分配单成本审阅单	审阅成本分配单	4、5、6月份的成本分配单	×月×日至×月×日	×××
3. 材料余料处理的合理性	核实车间余料数额及处理登记	观察实物，抽查核实退库单	6月底以上钢材余料数	×月×日至×月×日	×××
4. 材料价格差异处理的合规性	材料价差分配的正确性	验算材料价差分配单	上半年各月价差分摊数	×月×日至×月×日	×××

六、审计报告

（一）审计报告的基本含义

审计报告，是审计人员结束审计工作后，就审计结果、审计意见和建议所编写的报送授权人或委托人的书面文件，是对审计过程和审计结果的书面总结；也是向上级审计机关、财政、税务、银行等部门提供信息的重要方式；是向委托人和其他有关方面提供经济公证性质的合法的证明文件；是对审计工作进行真实有力的证明的证据文件。审计，是指重新审查会计的意思。审计报告，就是指汇总审计任务完成情况及其结果的工作总结。

（二）审计报告的写作要点

1. 审计报告要以会计凭证、账簿和会计报表为依据。

2. 审计报告的撰写要符合国家相关法律法规。

3. 对审计结果要如实反映。

4. 对处理意见要写得明白、肯定，不能含糊；如有罚款，应写明数额、上缴期限和上缴方式。

（三）审计报告的基本格式

审计报告通常包括以下几个方面：

1. 标题。

2. 报送单位名称。

3. 编写审计报告的日期。

4. 文字说明。

（1）审计任务说明；

（2）所查账目的范围；

（3）评语或意见；

（4）情况说明；

（5）建议。

5. 审计工作主要负责人签名盖章。

（四）格式范例

审计报告

×××× 年第一季度我公司生产能力逐步下滑，企业经济效益明显降低，预期经营目标难以实现，技术改造和新产品研制工作难以如期进行，企业存在着很大的经营危机，需要及时调整。

为此，经我处提出立项申请，公司经理于 ×××× 年 ×× 月 ×× 日批准，派出审计小组于 ×× 月 ×× 日～×× 月 ×× 日对全公司就地进行审计。根据《企业财务通则》、《企业会计准则》、《工业企业会计制度》、《工业企业财务制度》，国家财经法规和本公司财务会计制度，进行评价，提出了审计报告（初稿），作出了初步审计结论。该审计小组所作的结论和提出的改进管理、提高效益的建议如下：

一、审计项目

×× 公司产品成本审计。

二、审计目的

公司产品成本的真实性和效益性。

三、审计范围

该厂 ×××× 年第一季度年产品成本的全部支出及与此有关的生产技术和经营管理事项。

四、存在的主要问题

1. 制造费用增加。将 × 月份购入的工具模具等低值易耗品 ××× 万元，本应五五摊销，但改为一次摊销，多摊销 ×× 万元。

2. 修理费大增，×× 月份发生厂房、设备工具维修费 ×× 万元。一次性摊入成本，按制度规定应列入待摊费用，在 1 年内（×××× 年 ×× 月至 ×××× 年 ×× 月）分期摊销，故多摊入成本 ××× 万元。

3. 超定额领料。其中钢材 ××× 吨，截至 6 月底，×× 车间结存钢材 ××× 吨未退库（也未作假退料处理），并以 ×× 吨弥补未报废所发生的缺件，上项材料耗费已全部计入该厂上半年产品成本中，致使产品成本指标未完成原定计划。

4. 废品损失上升，生产工人和管理人员只看重产量增长而忽视了产品质量，未能按生产操作规程和工程要求进行生产，因而废品大量增加。据审计核实，上半年废品率较计划数上升××％，废品损失增加××万元。

5. 文件规定套裁的钢材边角料××吨，不予利用，并按废料作价售给了第三产业；另以整料用于生产而发生损失浪费××万元。

五、审计结论

1. 第一季度实现增产目标是好的，但单纯追求产量忽视质量，放松质量管理乃至产生大量废品，造成损失，厂部、车间管理人员和负责人应承担责任。

2. 该厂××××年自第一季度产品成本降低率仅为××％，比计划成本降低率××％减少了××％（今审计查明系由上述多种因素综合影响所致，通过会计调整，该厂成本降低率可达××％，与二、三、四厂成本水平汇总计算全部可比产品成本降低率可达××％，达到计划成本降低率指标的法定要求）。

3. ××一厂××××年第一季度实际产量××吨，较计划产量增产××吨，增长率为××％，完成了预定的增产计划。

4. 车间将套裁下来的余料，视为废料是错误的，并擅自按废料作价卖给第三产业更是错误的。

5. 车间领用钢材有余料不退库（也不作假退料处理），而且随意弥补废品的缺件，不但不符合制度规定，而且是弄虚作假行为。

6. 制造费用核算上规范性差。

六、审计建议

第一，对该厂××车间结存钢材余料未退库的应办理退库或假退料手续，冲减产品材料成本。

第二，××公司一厂虽然制定了比较健全的内部产品成本控制制度，但执行不严，存在诸多问题，比如领料核签、发料审查、废品查核、费用控制、财务政策运用等方面存在失控问题。为此，建议该厂第三季度应开展全面整顿，建立和健全严格的岗位责任制，并落实整改，由公司有关部门到该厂检查验收。

第三，厂部、车间、班组都应进一步加强产品成本管理，应定期（每月）对产品成本的实绩进行检查、评价和分析，找出成本升降的影响因素，做到心中有数，并有针对性地开展群众性提建议活动，以不断降低产品成本，提高企业经济效益。公司财务部门也应加强对各厂产品成本核算的指导和监督。

第四，重产量、轻质量，造成大量废品损失，教训深刻。厂部、车间管理人员和负责人应引以为戒，强化质量意识，采取有效措施，加强全面质量管理，提高产品质量，增强市场竞争力。

第五，将多摊销的低值易耗品摊销予以调账冲减制造费用，对多摊的修理费应调账冲减费用。

第六，车间对套裁的余料应充分利用到生产中去，不利用余料而用整料显然是浪费。车间无权对余料作价出售（作价出售权归供销部门），对此应加强教育，防止今后重犯。

×××公司审计处

××××年××月××日

主送：本公司经理

抄送：本公司经营、财会等有关部门

七、经济工作计划

（一）经济工作计划的基本含义

经济工作计划是企业就某一项目在一定时期内相应的工作步骤、措施、办法等进行安排的一种指挥性经济文书。

（二）经济工作计划的写作要点

通常来说，经济工作计划要注意以下事项：

1.经济工作计划的制定必须符合国家大政方针政策，必须与企业经营目标相一致。

2. 经济工作计划的制定必须实事求是，符合企业实际情况。企业在制定计划时，既要考虑市场发展变化情况，也要考虑企业自身状况，经对比分析，制定对企业切实可行的工作计划。

3. 经济工作计划中对各项工作的安排要具体明确，不能模棱两可，以便于执行和综合分析。

4. 经济工作计划撰写时要言简意赅，条理清楚。

（三）格式范例

××××发展有限公司工作计划

××××年的工作必须认真贯彻执行国务院×××号文件精神，坚持以改革精神为指导，以商品发展为中心，以市场和客户为对象，继续抓好对外成交和出口，紧抓重点商品，紧密和有关省（市）的经济联系，切实提高综合实力和经济效益，力争完成今年的出口计划。

一、继续大力抓好对外成交出口。

1. 各级领导干部要亲自抓成交，当前特别要抓好日常函电、客户来访和各种交易会的成交工作。

……

6. 各级领导要重视信息收集工作。信息部门要加强和发展生产、扩大出口

119

量，力争取得更好的成绩。

二、在抓紧落实和挖掘适销对路货源的同时，要以商品为中心，不断加强内部联系工作。

1. 继续抓好适销对路的商品的收购。当前来说，最重要的是确保出口商品的货源问题，因此各部门要对商品的货源进行严格调控和管理。

……

4. 调动生产部门的积极性，更多更好地生产适销对路的商品，改变现有工业企业的考核方法，把生产与效益直接联系起来。

三、改善经营管理，加快企业改革步伐，不断提高经济效益，建立和健全各项经济责任制度及管理制度。

……

四、不断加强领导干部的思想政治工作，切实调动广大经贸职工的积极性和创造性，力争各项工作圆满完成。

……

五、切实改进领导作风，不断加强领导班子建设

……

××××总公司

××××年××月××日

八、生产计划

（一）生产计划的基本含义

生产计划是企业为了促进生产，管理的科学化、规范化而编写的计划性文书。生产计划常常以表格的形式体现。

（二）生产计划的基本格式

通常来说，生产计划要包括以下主要条款：

1. 标题。直接写为"生产计划"即可，也可由单位名称、事由和文种三部分组成。

2. 正文。正文部分要说明生产的目标、管理措施以及时间安排等。

3. 落款。

（三）格式范例

××发展有限公司2003年第三季度生产计划

为全面提高公司综合实力和经济效益，加强公司计划管理和生产调度，进一

步抓好公司各项工作，在提高质量、增加品种、搞好节约、保证安全的前提下，努力增产适销对路的产品，全公司总产值预计 1~9 月份可达××××万元，为全年增产指标 x×××万元的 68％。

一、指导思想

在认真贯彻提高经济效益的指导思想的同时，全面提高各项技术经济指标，努力增产短线产品，厉行节约，实现增产增收。要落实这一目标，必须贯彻五个原则：

1. 贯彻公司党委和公司职工代表大会关于今年生产实际比上年增长 4％的原则，全年总产值一定要达到或超过×××××万元；

2. 继续贯彻以质量求生存，以效益求发展，以科技求飞跃的总的指导思想以及生产抓提前不靠后的原则；

3. 贯彻设备开足，劳动力用足，生产能力不放空的原则；

4. 贯彻编制计划具有严肃性、先进性和科学性的特点，但留有余地；

5. 贯彻计划综合平衡的原则。

二、要抓好四个方面的工作

1. 加强市场预测，狠抓产品质量和品种，千方百计生产适销对路的产品，特别是要生产市场上紧缺的商品。要逐步摸清市场变化情况，逐渐打开产品销路，防止库存积压。

2. 通过企业整顿，建立和完善各项生产管理制度，把工作转移到提高经济效益上去，要戒骄戒躁，认真找差距，公司的各项经济技术指标要努力达到最高水平，要克服消极畏难情绪和本位主义、分散主义的倾向，加强车间之间，科室之间，不同部门之间的相互协调，以达到不断提高质量，降低成本，增加收入的目的。

3. 切实抓好原材料和能源的供应和节约，确保生产稳定增长，根据目前部分原材料供应紧张的状况，必须千方百计保质保量地供应原材料和辅助材料，搞好能源使用和节约等工作。

4. 搞好安全生产，做好防暑降温和防汛工作，搞好后勤工作，安排好高温人员住宿，搞好清凉饮料供应和食堂卫生等工作。针对本季度属高温季节，台风多，暴雨多的特点，要根据轻重缓急，采取可行的方法，预防事故发生，确保安全生产。

三、各车间生产安排（略）

附：生产计划用表

1. ××公司产销计划表

产品名称								
规格及售价								
	说明	数量	金额	数量	金额	数量	金额	数量	金额
产销计划	每年								
	旺季每月								
	淡季每月								
	设计产量								
	每年								
	旺季每月								
	淡季每月								
	设计产量								
	每年								
	旺季每月								
	淡季每月								
	设计产量								

制表：_____

制表日期： 年 月 日

2. ××公司长远生产计划表

产品名称	线别	单价	月		月		月		月		月		月	
			数量	金额	数量	金额	数量	金额	数量	金额	数量	金额	数量	金额
合计产值														

制表：____

制表日期： 年 月 日

3. ××公司部门生产计划安排表

部门名称：＿＿＿＿＿＿

产品名称	产品规格	生产数量	人力	开始日期	结束日期	人力	开始日期	结束日期	人力	开始日期	结束日期	备注

经理：＿＿＿＿　审核：＿＿＿＿　拟订：＿＿＿＿　制表：＿＿＿＿

制表日期：＿＿＿＿年＿＿＿＿月＿＿＿＿日

4. ××公司生产计划综合报表

产品名称	目前库存量	单价	库存价值	估计每日销量	可销售日数	经济产量	使用单位		预定生产日程		
							产量	需生产日数	自	至	日数

续　表

产品名称	目前库存量	单价	库存价值	估计每日销量	可销售日数	经济产量	使用单位		预定生产日程		
							产量	需生产日数	自	至	日数
合计											

制表：＿＿＿＿

制表日期：＿＿＿＿年＿＿＿＿月＿＿＿＿日

5. ××公司月份产销计划汇总表

产品名称规格	本月销售预测	本月库存数量	本月生产数量	预计生产日数	开机台数	原料用量计划		

制表：＿＿＿＿

制表日期：＿＿＿＿年＿＿＿＿月＿＿＿＿日

6. ××公司月份生产计划表

生产单位	生产项目	生产数量	预计日程		安排人力	预计产值	原料成本	物料成本	人工成本	制造费用	制造成本	毛利
			起	止								

制表：____

制表日期：____年____月____日

7. ××公司产销计划拟订表

产品名称	单价	销售		生产		存贷		本月材料成本	本月人工费用	生产费用预计	销售费用预计	利益
		数量	金额	数量	金额	数量	金额					

制表：____

制表日期：____年____月____日

8. ××公司产量记录表

班别	品名	前班结存	前部门移交	本班生产	本班结存	移交人	总收入
早班							
中班							
夜班							

制表：＿＿＿＿

制表日期：＿＿＿＿年＿＿＿＿月＿＿＿＿日

9. ××公司制造月报表

制造号码	品名	订购数量	完成数	工时	总计		备注
					完成数	工时	

制表：

制表日期：　　年　　月　　日

10. ××公司各部门合格率控制表

制造号码												
产品名称			生产数量				目标合格率					
日期	科			科			科			科		
	产量	合格	合格率	产量	合格	合格率	产量	合格	合格率	产量	合格	合格率
产出率	100											
	80											
	60											

制表：

制表日期：　　年　　月　　日

11. ××公司用料记录单

工作项目料别			生产状况		
			完工	日数	备注
合计					
昨日存料					
今日存料					
本日存料					

制表：

制表日期：　　年　　月　　日

12. 生产效率分析表

编号	生产项目	实际工时	标准工时	产量	实际工时	标准工时	产量	备注
合计								
备注								

制表：

制表日期： 年 月 日

13. 工作效率分析表

作业部门	负责部门	实际工作记录						标准工时	效率	工作期间	
										起	止

续　表

作业部门	负责部门	实际工作记录							标准工时	效率	工作期间	
											起	止
.												

制表：

制表日期：　　年　　月　　日

14. 生产效率登记表

制造编号：　　产品名称：

日期		目标产量		预计工时		实际产量		实际工时		每工时产量		效率	完成率	
月	日	本日	累计	本日	累计	本日	累计	目标	实际	目标	实际		目标	实际

制表：

制表日期：　　年　　月　　日

15. 作业流程分析记录表

工作单位			工作编号							
工作地点			工作名称							
产品名称			工作说明							
作业名称	说明	人力	设备	产品量	时间	距离	每产品时间			改善记录	备注
							操作 检验 运输 储存				

制表：

制表日期： 　年　　月　　日

16. 生产日报表

制造号码	产品名称	昨日未完成量	本日生产数量	本日未完数量	累计完成数量	本日花费工时	本批累计工量	其他记录

人事记录	到职	离职	调入	调出	旷工	请假	姓名	工号	到职	离职	调入	调出	旷工	请假	姓名	工号	说明	人数	工时	备注
																	编制人员			
																	流动人数			
																	请假人数			
																	实际人员			

制表：

制表日期：　　　年　　月　　日

17. 生产月报表

品名：					（日数日）		
制单号码	制造数	不良数	完成数	完成率	工数的成果		
					总工数		
					总时间		
					每人	制造数	
						完成数	
					每小时	制造数	
						完成数	
					生产记号	制造数	
						完成数	

品名：					（日数日）		
制单号码	制造数	不良数	完成数	完成率	工数的成果		
					总工数		
					总时间		
					每人	制造数	
						完成数	
					每小时	制造数	
						完成数	
					生产记号	制造数	
						完成数	

制表：

制表日期：　　　年　　　月　　　日

18. 生产状况记录表

项目	记录项目	管理范围	异常时间及记录	说明	产量	出勤人数	收成率	A级率	B级率	开机率
				标准						
				实际						
				差异						
				上级交办事项						
				处理对策						
				主管批示						

制表：

制表日期：　　年　　月　　日

19. 生产计划科月报表

科	组	本期累计实绩（期间）	计划达成率	本月计划目标额	生产实绩	月份计划达成率	期末库存量	安全库存	交货延迟件数		步留		客诉索赔			备考
									目标	实绩	目标	实绩	发生次数	退货金额		

制表：

制表日期：　　年　　月　　日

九、营销计划

（一）营销计划的基本含义

营销计划是企业根据市场发展变化和企业自身实力，依照经营预测与决策、市场调研等，对企业的产品销售从时间和空间上作出的具体安排。营销计划具有主动性、效益性和灵活性的特点。

（二）营销计划的写作要点

通常来说，营销计划要包括以下主要条款：

1. 标题。标题通常由制定计划的单位名称、计划的内容和文种三部分组成。

2. 制定计划的背景和依据。要充分利用市场调研，对与计划有关部门的市场情况、社会环境等进行客观的分析。

3. 计划目标及计划要求。对计划要完成的目标要明确，要对相应的效果进行预测，做到计划的切实可行。

4. 营销的具体步骤及方法。要对计划执行进行总体安排，对进程、步骤、时间分配等进行细致周详的安排。

（三）格式范例

营销计划

一、基本目标

本公司××年度销售目标为：

1. 总销售额××××万元；

2. 企业职工每月人均×××元；

3. 企业销售人员每月人均×××元；

4. 含税利润×××万元；

5. 新产品销售额×××万元。

二、基本方针

为实现上述基本目标，公司特制定如下基本方针：

1. 通过人事管理制度改革，保证实现职工人心稳定，努力钻研业务，团结奋进的工作环境；

2. 提高工作效率，努力在企业内部实现高效率、高效益和高收入的良性循环；

3. 改革企业的决策体制，使企业决策走向民主化和科学化，给基层部门以更多的自主权；

4. 实行经营岗位责任制，建立健全奖惩制度；

5. 重视零售店在企业产品销售中的作用，在生产、销售体制上尽快实现由买方市场向卖方市场的转轨，加强对零售店的业务指导和财力支持；

6. 通过设立经销商联谊会，加强与各经销商的联系，保证本年度内在全国拥有×××家经销商；

7. 建立客户调查系统，准确及时地把握各经销商的销售实绩、市场需求变化等，并在此基础上预测未来的销售状况；

8. 不断强化代理店的长期契约约束制度，严格各种交易条件；

9. 加强会计核算和财务监督；

10. 将企业销售的年度计划和以上经营方针整理汇编，下发到企业每一位职工，以求使之融会到每个人的具体工作中。

三、促进零售店销售计划

1. 对本企业拥有的主要零售商店按地区进行分类，每个销售人员负责××家左右的业务联系，重要客户一周联系一次，其余可双周联系一次，必须进行实地考察、技术讲解和业务指导。

2. 设立本公司经销商协会，并在全国重要地区设立分会。协会的重要工作是编辑内部业务刊物，定期举办业务培训班或研讨会，向会员无偿赠送技术资料和市场相关信息。

3. 加强对零售店销售人员的管理和奖励及培训。要设立企业奖励基金，奖励在实际销售工作中有突出贡献的销售人员，同时不断培养他们的敬业精神，提高其业务素质和工作效率。

四、促销计划

1. 在全新的销售模式下，促销活动要以销售人员不断拜访客户为主，辅助以广告宣传。

2. 在明确广告预算后，要对广告媒体进行综合评估，并在此基础上制定广告宣传计划，力争以最少的投入，取得最大限度的经济效益。

3. 定期进行客户调查，要准确把握客户的购买动机。

五、营业预算管理

1. 营业预算、经费预算与营业实绩相结合，实行滚动式编制方法。

2. 建立健全经费使用办法和营业费预算管理办法。

六、营业所长的工作职责

1. 在全国各地设立营业所，营业所是企业机构的重要组成部分。营业所长在组织实施销售计划过程中具有非常重要的作用。

2. 营业所长负责制定本单位年度、季度和月份的营业方针和计划。其中涉及营业、总务、财务、劳动、进货等主要方面。

3. 营业所长应将各期的计划实施情况以及工作业绩定期向上级汇报。内容包括预算、决算、计划完成程度、存在的问题和以后要采取的对策等。

4. 将营业所的工作逐步规范化、制度化，其中包括业务报告制度、请假制度、指示命令制度、会议制度等。

5. 定期组织实施教育培训活动。

6. 制定销售人员的业务基准。

七、基础营销计划管理

1. 综合销售合同的签订，必须结合生产计划的完成情况，做到产销结合。

2. 不合格产品处理。在已销售产品中如发现技术问题，要无条件接受退货，并及时更换商品，或免费加工修理。此部分货款可以延期支付。

3. 与经销客户进行供货交易时，一般规定双方都能满意的货款支付期限，支付形式为现金或现金支票。

4. 本企业所属代理店必须依据营业部综合经营计划和购销合同中确定的责任销售价额，制定出经销计划。

5. 代理店的经营情况由本企业的派出机构负责监督指导。

6. 原则上，企业每月召开一次由代理店负责人参加的销售会议，主要讲销售方法和销售技巧，交流销售信息，探讨业务对策。

十、增产节约计划

（一）增产节约计划的基本含义

增产节约计划是企业为更好地节约原材料，提高劳动生产率而制定的一种生产性计划。

（二）增产节约计划的写作要点

通常来说，增产节约计划要包括以下主要条款：

1. 标题。标题写为"增产节约计划"即可。

2. 正文。正文部分要客观分析市场变化，要对增产节约提出比较具体的目标，并为计划的实施制定相应的步骤。

3. 落款。

（三）格式范例

增产节约计划

为不断提高产品质量，增加产品产量，降低消耗，增加积累，提高劳动生产率，特号召全公司开展增产节约运动。

我们奋斗的最终目标是：全年汽车产量比去年增产40％以上，同时节约费用12万元。为实现目标，要努力做到：

一、努力增加生产，产量增加40％以上

汽车是发展运输业的重要工具，我们必须努力增加产量，多为国家作贡献。公司去年生产汽车1.2万辆，今年计划生产1.68万辆，增长率为40％，具体措施是：

1. 认真改革不适应生产力发展的生产关系和不适应经济基础的上层建筑，加强对经济工作的指导。调整编制、体制，特别要加强对政治思想工作、技术工作、企业管理和生产指挥系统的领导，正确处理好军用品和民用品的关系。

2. 从小生产的旧模式中努力摆脱出来，努力向专业化、科学化发展。发动全体员工开动脑筋、想办法，向自动化、科学化、机械化进军，不断扩大生产能力。

3. 加强科学管理，按照工时定产额，按照设备能力、工艺装备组织生产，充分发挥生产能力。

4. 狠抓关键，集中力量攻克技术难题。

5. 深入开展以优质、高产、低耗、安全为主要内容的劳动竞赛，严格执行奖惩制度，公司总部与车间签订合同，做到多贡献、多收获。

十一、利润分配计划

（一）销售收入的增长情况

本年，虽然市场前景不是很乐观，但经过全体职工的共同努力，商品销售收入仍然达22099万元，比上年增长了8473万元，增幅也高于前几年，达到了39％。总的销售趋势是：

1. 在"十大鞋王"展销的带动下，各种名优、新商品增销×××万元。

2. 在夏季的空调电器热销中，比上年增销×××万元。

3. 冰箱、冰柜的销势很好，××系列销量达到1400多台，销售收入比去年增加×××万元。

4.在金秋购物期间,公司主动到农村接农民进城购物,增加销售收入×××万元。

5. 由于公司的多角度经营战略得到了落实，使营业收入增加了××万元。

二、费用支出

本年企业的费用总额达成协议3440万元，比上年增支399万元，其中，属于政策性增支的约120万元，工资分配制度改革增支102万元。各经营部门进行小规模装修增支17万元，其余160万元属于因物价上涨和因销售增加而增支的经营费用。总的看来是有增无减，继续呈上升趋势。

（二）利润实现情况

去年，公司的利润总额达550万元，比上年增长98万元，几个影响利润变化的主要因素是：

1. 由于商品销售收入上升幅度较大，使利润增加280万元。

2. 由于税制改革，将营业税改为增值税。体现在税前利润总额上则增加利润30万元。

3. 将已购建完工的固定资产贷款利息计入当年损益，直接影响利润减少××万元。

4. 由于职工福利费等扩大计提范围，提高提取比例，影响利润减少××万元。

5. 由于增加无形资产摊销，影响利润减少××万元。

6. 由于银行贷款利率提高，增加利息支出，影响利润减少××万元。

7. 由于实行住房公积金制度，使利润减少××万元。

总之，由于本年利润总额增幅很大，对于企业盈利能力低微已有一定改善。本年，公司能获得较好的经济效益和社会效益，主要是企业按照社会主义市场经济运行机制和宏观控制的要求，狠抓了以下几个方面的工作：

1. 在进货管理上，对各个经营部门均实行承包责任制，并用"反弹琵琶"的办法，以查验存货量来制约进货量，实行每半年由主管财务的经理亲自检查一次存货质量。为对存货量负责，每月还从职工工资中暂扣5％商品保证金，年末按审计的存货量程度返还。通过几年来对存货量的分段净化。本年年末的存货质量适销对路率已达到了95％以上。此外，在存货中实行三级预警制度，有力地促进了各部门尽快销售预警商品，从而盘活资金120多万元。

2. 在费用管理上，针对上半年增支数额过多的情况，于7月份专门召开了增收节支会议，并在内部实行了"代币券"的控制办法。从而使下半年费用支出有所减少，特别是办公费和运费都明显减少。

3. 在资金管理上，为提高资金使用率，一方面发挥内部银行的作用，在管好管活资金的同时，注重往来货款的清欠工作，一年共清欠38万元，实现了无挂账、无赊销、无悬账的"三无"目标。同时，还充分利用利息杠杆的作用监督各经营部门的资金占用。

4. 在物价管理上，公司为贯彻执行国家提出的宏观控制决策，抑制物价上涨，在本年税制改革前后出现涨价风时，公司领导专门作出了税制改革前后40天价格不变的决策，并在年前又一次提出"不受价格上涨冲击，保持价格稳定"的要求。这样一来，既发挥了国有大中型企业商品流通企业在平抑市场物价上的作用，又保持了企业良好的信誉。

5. 在制度建设上，考虑到过去的规章制度已经不能适应现代市场经济的发展要求，因此，主管财务的经理亲自执笔，重新建立新的企业财务管理制度，提出了许多适应现代企业发展的新思路，目前正在落实之中。

二、进一步提高产品质量

1. 组织全公司职工学技术、学管理，提高技术水平，使每个操作工人掌握现代化的技术水平，以适应生产发展的需要和提高产品质量的需要。

（三）格式范例

×××发展有限公司利润分配计划

公司实行企业化改革以后，执行统一上缴利润，统一计提利润留成和增长分成。为了促进各企业关心生产、增加利润，提高经济效益，做好利润留成再分配，在局主管处的指导协调和大力帮助下，公司于××××年××月××日制订了如下方案：

盈余公积金：按税后利润10％提取，盈余公积金已达注册资本50％时不再提取。盈余公积金主要用于保证重点项目、改造和扩大生产，也可用于弥补亏损或用于转增资本金。

公益金：主要用于企业职工集体福利设施支出。公益金在公司分配当年税后利润时，按照利润的5％～8％提取。

利润指标的确定和考核：首先由计划科按各厂生产能力，结合各类品种的安排，提供年度品种产量。由财务科根据上年实际利润，求出各品种利润和全部产品利润总额，并适当考虑营业外支出的条件下，确定年度利润定额，以此作为奖励基金分配的依据。利润定额确定后，遇有产品结构发生变化时，如内销品种改出口或安排新品种，影响利润部分，利润定额予以调整，不让企业吃亏。各企业按各类品种单位利润计算出利润定额，主要是解决安排品种时"挑肥拣瘦"的弊病和"苦乐不均"过大的问题，以促使企业充分挖掘内部潜力，增产适销对路的产品和促进节约，扩大盈利。

奖金分配办法：此项在利润分配中计入转作奖金的利润。各厂必须完成公司下达各项指标，按每月每人8元返回企业，以保证生产奖金的发放，四项指标中，每少完成一项，扣25％。

公司统一计提的奖励基金，减去每月返回企业的数额后，除留少量作为调剂使用外，节余部分根据企业完成利润定额的情况，采取半年预分，年终算总账的办法，按照超利润的比例，结合职工人数进行分配，即该厂职工人数乘以超利润定额比例，变成分数，以各厂分数之和，去除公司节余奖励基金，得出每分的分值，再乘该厂分数，即为该厂应得的奖励基金。计算公式如下：（略）

浮动奖金：公司根据上级部门的要求，在不同的时期，有不同的工作重点，结合奖金，确定浮动加奖条件。例如，为了奖励巩固提高和创新名牌产品，经主管部门鉴定，凡漏检率在1％以下，符合标准率在95％以上，每个名牌产品，增加超额利润率2％；银牌加3％；金牌加4％。

经济惩罚:

1. 重大事故造成死亡、火灾等,使国家财产遭受重大损失的,扣发奖金;

2. 违犯财经纪律较严重的,扣发奖金。扣罚办法,视情节严重程度,由公司领导决定。

××××年××月××日

十二、生产计划

(一)生产计划的基本含义

生产计划是企业为完成生产任务和生产指标,对企业内的各种生产活动进行综合规划和管理的书面材料。生产计划按时限来分通常分为长期生产计划、年度生产计划和短期生产计划。

(二)生产计划的写作要点

通常来说,生产计划的编写要遵循以下几个方面:

1. 市场分析。在编制生产计划之前,一定要进行广泛的市场调研,要多方面收集市场信息,要根据企业发展的实际需要,对所收集到的资料和信息进行客观的整理和分析,从中得出有效的信息。

2. 编制方案。在充分掌握市场信息的基础上,初步确定企业的各种生产计划指标,并做好生产计划的平衡工作,使计划真实可行。

3. 讨论分析。生产计划制定后,要在企业内进行讨论分析,要对计划的可行性和效益性进行综合评估。

4. 审批。上报相关部门进行审批。

(三)格式范例

1. 长远生产计划表

产品名称	线别	单价	月		月		月		月		月		月	
			数量	金额	数量	金额	数量	金额	数量	金额	数量	金额	数量	金额
合计产值														

制表:_____   制表日期: 年   月   日

2. 产销计划表

产品名称									
规格及售价									
产销计划	说明	数量	金额	数量	金额	数量	金额	数量	金额
	每年								
	旺季每月								
	淡季每月								
	设计产量								
	每年								
	旺季每月								
	淡季每月								
	设计产量								
	每年								
	旺季每月								
	淡季每月								
	设计产量								

制表：＿＿＿＿＿   制表日期：＿＿＿＿＿

3. 部门生产计划安排表

部门名称：＿＿＿＿＿＿＿

产品名称	产品规格	生产数量	人力	开始日期	结束日期	人力	开始日期	结束日期	人力	开始日期	结束日期	备注

经理：   审核：   拟定：

制表：＿＿＿＿＿   制表日期：＿＿＿＿＿

4. 生产计划综合报表

产品名称	目前库存量	单价	库存价值	估计每日销量	可销售日数	经济产量	使用单位				
							每日产量	需生产日数	预定生产日程		
									自	至	日数
合计											

制表：＿＿＿＿＿＿　　　　　　　　　　　制表日期：＿＿＿＿＿＿年月日

5. 月份产销计划汇总表

产品名称规格	本月销售预测	本月库存数量	本月生产数量	预计生产日数	开机台数	原料用量计划		

制表：＿＿＿＿＿＿　　　　　　　　　　　制表日期：　　年　月　日

6. 月份生产计划表（一）

生产批号	产品名称	数量	金额	制造单位	制造日程 起	制造日程 止	预出口日期	需要工时	估计成本 原料	估计成本 物料	估计成本 工资	附加值	备注

配合单位工时		预计生产目标		估计毛利	
准备组		产值		附加值	
质检组		总工时		制造费用	
包装组		每工时产值		估计毛利	

　制表：_____　　　　　　　　　　　　制表日期：　年　月　日

7. 月份生产计划表（二）

生产单位	生产项目	生产数量	预计日程 起	预计日程 止	安排人力	预计产值	原料成本	物料成本	人工成本	制造费用	制造成本	毛利

　制表：_____　　　　　　　　　　　　制表日期：年　月　日

8. 产销计划拟订表

产品名称	单价	销售		生产		存货		本月材料成本	本月人工费用	生产费用预计	销售费用预计	利益
		数量	金额	数量	金额	数量	金额					

制表：_____　　　　　　　　　　　制表日期：　年　　月　　日

十三、增产节约计划

（一）增产节约计划的基本含义

增产节约计划是企业为实现经营目标，从成本管理和产品产量等方面进行综合分析研究后得出的用来控制成本和提高产量的书面报告。

（二）增产节约计划的写作要点

增产节约计划通常要注意以下几个方面：

1. 增产节约的目标及指导思想；

2. 增产节约的具体方法；

3. 增产节约的期限；

4. 其他事项。

（三）格式范例

增产节支计划书

为提高公司劳动生产率，增强公司综合实力，提高公司产品竞争力，特制定本计划。公司的奋斗目标是：全年度变压器比去年增产 28％以上，费用节约 250 万元。

一、努力增加生产

变压器是发展电力工业、关联工农业生产的重要产品。我们决心努力增加生产，发挥规模经济效益。去年完成了变压器 140 万千伏安，今年计划生产 180 万千伏安，增产 40 万伏安，增长率为 28.5％。具体措施是：

1. 加强对经济工作的领导，特别要加强对技术工作、企业管理和生产指挥系统的领导。

2. 加强科学管理，按照工时定额、设备能力和工艺装备组织生产，充分发挥生产能力。

3. 狠抓关键，集中力量攻克高电压、大容量变压器中存在的技术问题。安排生产坚持难易结合，做到均衡生产。

4. 深入开展以优质、高产、低耗、安全和多积累为主要内容的劳动竞赛，严格奖惩制度，做到多贡献、多得奖。

二、进一步提高产品质量

1. 组织全体员工学技术、学管理，提高技术水平，使每个操作人员能掌握现代生产技术，以适应生产发展和提高产品质量的需要。

2. 改进生产工艺，保证产品质量的提高。全年减少返工工时 5000 个，节约返工成本 20 万元。

3. 在质量管理中做好三接三检工作，做到不合格零件不到下道工序，不合格产品不出厂。进行用户访问，实行"三包"，不断改进产品设计，不断提高质量，稳定一等品水平，争创优等品。

三、积极降低消耗

从我公司变压器成本的构成因素来分析，××××年，原材料比重已占 83.19％，因此，××××年，我们把降低消耗、节约原材料作为增产节支的一个重要工作来抓，全年节约材料费用 170 万元。

1. 提高钢材、矽钢片利用率，加强材料套裁利用，做到"投料算了用、大小套了用、余角边料综合用"。我公司钢材利用率去年为 93.71％，今年争取提高到 94％；矽钢片利用率由去年的 95.39％提高到 95.5％。全年预计用钢材 2000 吨。从利用率提高上节约 7.5 吨，节约资金 10 万元。

2. 建成第一车间和第一仓库，即修旧利废车间和仓库。修复利用已损坏的开关、闸刀、电气设备、电动机及工具等，节约开支20万元。

3. 做好废旧物资回收工作，全年回收废钢材70吨、有色金属10吨。

4. 进行产品设计改革，从改进产品设计中要效益。

十四、产品成本分析报告

（一）产品成本分析报告的基本含义

产品成本分析报告是企业对产品或服务价格形成的各个部分进行客观分析，从而作为对产品或服务进行定价依据的书面材料。

（二）产品成本分析报告的写作要点

通常来说，产品成本分析报告包括以下主要内容：

1. 产品的定价目标和定价范围；

2. 产品成本构成的客观分析；

3. 产品存在问题的分析；

4. 建议与意见；

5. 其他事项。

（三）格式范例

××公司电子商务成本分析报告

一、电子商务的定价目标

网上购物的成本包括上网费、信息费、网上支持、信息安全以及送货上门等所有费用的总和。这种费用的总和只有在低于传统方式购物的情况下，顾客才会乐于采购。此外，商品的外观、质量保证和送达时间、售后服务等一系列购物操作，必须能够满足顾客的购物心理，而且这种满足感至少不能低于传统方式购物的度量指标。

但总的来说，电子商务必须要让所有用户体会到"更快捷、更方便、更廉价"的基本特征，必须满足网上交易用户"放心、满意"的购物心态，这是电子商务定价的最终目的。

二、电子商务的成本分析

电子商务的成本指客户应用其中的软件配置、学习和使用、信息获得、网上支付、信息安全、物流配送、售后服务以及商品在生产和流通过程中所需的费用总和。

1. 技术成本

（1）软、硬件成本；

（2）学习成本；

（3）维护成本等。

2. 安全成本

（1）软、硬件的安装成本；

（2）安全协议规章学习；

（3）培训；

（4）技术学习等。

3. 配送成本

（1）存储费用；

（2）运输费用；

（3）配送人员的开支等。

4. 客户成本

（1）上网费；

（2）咨询费；

（3）交易成本；

（4）操作学习费用等。

5. 法律成本

（1）网上交易的司法裁定、司法权限；跨国、跨地区网上交易时，法律的适用性、非歧视性等；

（2）安全与保密、数字签名、授权认证中心管理；

（3）网络犯罪的法律适用性：包括欺诈、仿伪、盗窃、网上证据采集及其有效性等；

（4）进出口及关税管理：各种税制；

（5）知识产权保护：包括出版、软件、信息等；

（6）隐私权：包括对个人数据的采集、修改、使用、传播等；

（7）与网上商务有关的标准统一及转换：包括各种编码、数据格式、网络协议等。

6. 风险成本

风险成本是一种隐形成本，成本的形式不好确定，也不容易把握，如网站人才的流失，病毒、黑客袭击等。

三、问题分析

（略）

四、建议与意见

（略）

十五、产品定价分析报告

（一）产品定价分析报告的基本含义

产品定价分析报告是指企业根据市场环境和企业自身实力并结合最终经营目标确定产品或服务最终价格的文书。

（二）产品定价分析报告的写作要点

通常来说，产品定价分析报告包括以下主要内容：

1. 产品的定价目标和定价范围；
2. 公司的基本情况；
3. 行业的基本情况；
4. 销售具体情况；
5. 定价预测；
6. 其他事项。

（三）格式范例

××公司产品定价分析报告

一、公司简介

公司主要经营包装铝箔板制造和铝箔箱制造，主要产品有箱铝箔板、瓦楞原铝箔、涂布白铝箔板、瓦楞铝箔板及铝箔箱。本公司是目前全国最大的包装铝箔板生产厂家和国家大型一档造铝箔工业企业，产量规模和经济效益连续多年居全国首位，××××年被××市认定为高新技术企业，是国家重点扶持的重点大型骨干企业之一。

二、基本情况

1. 有利因素

公司所属包装铝箔板行业，属于"绿色包装"范畴，是国际市场发展的趋势。据调查，在美国，绿色环保包装更容易受消费者的青睐，而我国的消费者也正在成熟，国内企业的产品无论是在国际市场还是国内销售，都必将遇到绿色包装的问题，因而整个行业的发展前景看好。公司实行严格的成本控制，原材料（国内废铝箔）主要由控股子公司提供，享受税收优惠。另外公司废铝箔回收工艺较为先进，每吨铝箔浆耗费量低于全国平均水平，使得公司原料成本较低，与同行业其他公司相比，具有较大优势。

2. 不利因素

随着我国加入WTO，大量外资也随之而来，公司与新建的外资、中外合资企业相比，生产能力显得不足，规模效益也不明显。

一直以来，公司依靠举债经营，使得资产负债率较高，偿债风险较大。此次股票的发行，将使其资产负债率大大降低，偿债能力也将得到有效的改善。但是，随着公司偿债风险的降低，财务杠杆的作用对公司盈利能力的贡献也将受到很大的限制。同时，由于此次募股资金所产生的效用至少在短期内很难显现，因此在经营环境没有太大变化的前提下，公司目前所经营产品的较高盈利能力在短期内很难得到维持。

3．产品分析

公司隶属于包装铝箔板行业，成长性较好，主要产品销往经济发展情况较好、需求量大的地区，产品有一定的比价优势。

三、行业分析

1．铝箔浆行业基本情况

造铝箔行业隶属国民经济的基础原料产业，与国民经济和人民生活息息相关，其增长速度高于整个国民经济的平均增长速度。我国是造铝箔大国，也是消费大国，在总量上供不应求，在结构上高、中档产品的供求矛盾突出。根据国家统计局及海关总署的统计，2000年度我国铝箔及铝箔板消费总量为3615万吨，位居世界第二，而人均消费铝箔张29千克，仅为世界人均消费水平的一半，远远低于发达国家的水平。目前我国已从战略高度重视造铝箔业的发展，对此出台了一系列优惠政策，如将造铝箔工业列为经济结构调整的突破口之一、享有进口设备免征关税和进口环节增值税、暂停征收固定资产投资方向调节税等政策，相信以上政策的实施必将促进造铝箔行业的良性发展。但却给公司产品的销售带来一定冲击。近年来，国内各大铝箔厂都在进一步扩大生产规模，提高产品质量，降低产品成本，尤其是加入WTO以来，国外资本加速涌入，目前已相继在华南、华东地区建成较大生产规模的包装铝箔板合资企业，这使得行业内竞争不断加剧。但从进口铝箔浆及废铝箔来说，由于目前已实行零关税，加入WTO对此影响不大。由此可见，我国铝箔品市场隐藏着巨大的潜力。

2．包装铝箔板基本情况

虽然国内包装铝箔板产量从1995年至2000年每年以9％以上的高比率增长，但由于国产铝箔普遍存在技术含量低、质量差的特点，因此，国内对以木质纤维为原料的高档铝箔及铝箔板的消费需求仍然主要依靠进口来解决。其中包装铝箔板进口量占总量的72％。据统计，2000年度我国消费包装铝箔板2112万吨，占铝箔及铝箔板消费总量的58％，而产量仅为1690万吨，有422吨的缺口。由此可见，目前该产品的进口依赖性较强。包装铝箔板属于"绿色包装"材料，符合"绿色包装"材料的所有特点，即经济便宜、重量轻、便于贮存、易加工、废弃物可以自行降解且易回收利用等。根据《造铝箔工业"十五"计划和2015年长远规划》和国家轻工业局1999年1月公布的《关于近期轻工重点行业结构调整和技术进步的意见》，2005年我国铝箔及铝箔板产量将达到3800万～4000万吨，其中包装铝箔板1740万吨。消费量将达到4500万吨，其中包装铝箔板2020万吨，中、高档产品占80％，国家将重点发展牛皮箱板铝箔、高强瓦楞原铝箔、涂布铝箔板、高档新闻印刷书写铝箔等品种。但我们同时注意到，目前我国包装铝箔板产品的平均关税水平为15％，而WTO国家水平为5％～6％，因而，在我国加入WTO后，包装铝箔板产品的进口关税可能会降低10个百分点，国外同类产品进口关税的预期下调，将进一步增强进口产品的市场竞争力。

四、公司主要产品销售分析

从近3年的平均状况来看，公司的主要产品为箱板铝箔、瓦楞原铝箔和涂布铝箔板，该三种产品在公司销售收入中的比例基本保持稳定，可见箱板铝箔、瓦楞原铝箔和涂布铝箔板产销对公司经营影响很大。根据规划，2015年涂布铝箔板的产量将达到420万吨，比2000年增长223％，牛皮箱板铝箔产量将达到700万吨，比2000年增长400％。由此可见，公司主导产品均为国家重点支持产品，市场潜在需求较大，前景广阔。

单位：万吨

主要品种	近3年产量			现有年生产能力
	1998年	1999年	2000年	
箱板铝箔	50755	59009	88625	100000
瓦楞原铝箔	22663	27304	37860	40000
涂布铝箔板	6037	10425	10048	13000
瓦楞铝箔箱			678	1500

目前公司主要客户集中在华东地区及沿海省市，其中A省、B省、C省、D省及E省实现的销售量占公司销售总量的95％，在A、C、D三地的销售量占66％。上述市场对包装铝箔板需求量大，发展较快，缺口大量依靠进口弥补。近年来，国内大型造铝箔企业、外资及中外合资企业均将目标瞄准这块市场，特别是随着加入WTO，外资迅速进入，竞争将更加激烈。虽然公司产品目前在上述市场区域有一定的竞争优势，但由于近年来国内各大厂商纷纷扩大生产能力，与新建的三资企业相比，公司产能偏小，产品中产能最大的箱板铝箔的年生产能力也仅为10万吨，规模效应不明显，使得公司核心竞争力略显不足。此次公司陆续投入巨资加大产品的产能，产品的技术含量也将大为提高，这有助于形成规模效益，增强公司的核心竞争力。

从主要原料来看，以废铝箔及商品铝箔浆为主，原料成本占总成本的66％。

而其中又以废铝箔为主，商品铝箔浆为辅。由于无自制化学浆，不产生黑液，治污成本低。目前废铝箔原料主要由公司的控股子公司××公司提供。由于公司废铝箔回收工艺较为先进，加上公司属废旧物资回收企业，享受免征增值税的优惠，使得公司原料成本较低，与同行业其他公司相比，具有较强的优势。这是公司得以实施"同质低价"政策扩大销售的主要原因。

五、产品定价策略

根据公开资料，公司2001～2002年产品定价情况如下：

××公司产品定价情况

年份	产品销售收入	利润总额	产品单价
1998	×××××	×××××	×××××
1999	×××××	×××××	×××××
2000	×××××	×××××	×××××
2001	×××××	×××××	×××××
2002	×××××	×××××	×××××

从以上资料可知，近3年公司销售收入较快增长，2001年预计比上年增长3％以上，2002年预计增长26％。之所以得出以上结论主要是因为2001～2002年度，公司将部分机组进行技术改造，在2001年底完成，可望在2002年产生效益。实际上，造铝箔行业机组改造调试的时间较长，产品推出也要一个较长的推广期，企业达到如此高的增长率有一定的难度。因此，产品必须定在合适的位置，以助于企业利润的形成。

十六、技术改造计划书

（一）技术改造计划书的基本含义

技术改造计划书是指企业根据市场环境的变化并结合部门、行业、地区和企业的需要进行技术改造时形成的书面材料。技术改造计划书主要包括技术改造总体规划、行业技术改造计划和企业技术改造计划等。

（二）技术改造计划书的写作要点

通常来说，技术改造计划书包括以下主要内容：

1. 标题。

2. 正文。正文通常包括前言和计划事项两部分。前言要阐述计划的主导思想，计划事项要说明技术改造的基本任务、基本目标以及实施的具体步骤和方法。

3. 落款。

（三）格式范例

××公司技术改造规划

本公司拥有 12 家工厂、1 个研究所和 1 所职工大学，职工 1.2 万人，其中工程技术人员近 1000 人、工程师 400 余名。全公司生产的产品共有 17 个大类、381 个系列、1984 个品种，为国民经济各行各业提供各种家用设备，是全国家用设备行业中规模较大、产品门类比较齐全的一个工业公司。多年来，本公司认真贯彻国民经济调整的方针，开展了一系列改革：有步骤地从国外引进技术，改革传统的生产方式，组织流水生产线，不断改善经营管理，抓好职工培训，大大提高了生产效率和产品质量。

本公司根据新形势的要求和试点单位的经验，提出了分阶段实现全面改革生产组织形式的规划设想：

1. ××××年，本公司在抓好已建立的 5 条生产流水线的完善、巩固的基础上，通过鉴定验收，进一步在 16 个厂选择设计可靠、工艺稳定、批量较大的 20 种产品，先从装配部分着手，组织生产流水线，同时对加工装备、测试设备和管理技术进行改革，以达到能稳定生产符合国内外先进标准要求的产品，并为今后几年内行业生产每年递增 8% 的速度创造良好的条件。

2. "七五"期间，设想每个厂都有 1—2 条完整的生产流水线。这样，全公司就有 40～50 条流水线。流水线要从装配发展到加工，标准要更进一步提高，使全行业年产 10 万只以上的近 60 种家用设备元件，多数实行流水生产。

3. "八五"期间，也就是在 19××年前，全行业大批量的产品争取全部形成流水生产，并力争有几条线达到自动化、半自动化的要求。这样，就从根本上改变全行业大批量产品装配上的小生产方式，向现代化大生产迈进，为生产总值提高，实现翻一番打下扎实的基础。

4. 到××××年前，根据发展情况，流水生产线进一步采用新技术，大幅度提高流水线的生产效率，主要产品质量达到国际先进水平。为了切实实现这一改造规划，我们采取以下主要措施：

（1）作好产品的选择。上流水线的产品，要求设计定型，正在发展期的产品，批量在 10 万件以上，加工不很复杂，工序不太多，工位在 15 个以下。

（2）作好可行性分析。对流水线的技术经验水平，产品生命状况，投入产生情况，以及安全操作，工作条件等都要进行有根据的分析、论证，不能一哄而起。

（3）作好相应的生产手段的配套，实现专用工具和测试手段的相应配套。

（4）资金和技术力量。资金以自筹为主，技术力量以厂为主，厂、所、校协同合作。

（5）作好验收条件的制订。对生产流水线要做到建成一个，验收一个，成功一个。

××××年×月×日

十七、利润分配计划书

（一）利润分配计划书的基本含义

利润分配计划书是企业根据国家相关规定确定企业利润分配关系时形成的书面材料。利润分配主要指上缴国家的利润、所得税和企业自主分配利润等。

（二）利润分配计划书的写作要点

通常来说，利润分配计划书包括以下主要内容：

1. 标题。标题由计划单位名称和计划名称构成，如《××公司利润分配计划》。

2. 正文。正文要说明计划单位的基本情况和制定计划的指导思想以及利润分配指标和利润分配方法等。

3. 落款。

（三）格式范例

××公司利润分配计划

××公司实行企业化以后，统一上缴利润，统一按国家规定计提利润留成和增长分成。为了促进各企业关心生产、增加盈利，提高经济效益，做好利润留成再分配，在局主管处的指导和大力帮助下于××××年×月制定了如下方案：

盈余公积金：按税后利润10％提取，盈利公积金已达注册资本50％时可不再提取。盈余公积金主要用于保证重点项目、改造和扩大生产，也可用于弥补亏损或用于转增资本金。

公益金：主要用于企业的职工集体福利设施支出。公益金在公司分配当年税后利润后，按照利润的5％～8％提取。

利润指标的确定和考核：首先由计划科按各厂生产能力，结合大类品种的安排，提供年度品种产量。由财务科根据上年实际百元利润，求出各品种利润和全部产品利润总额，在适当考虑营业外支出的条件下，确定年度利润定额，以此作为奖励基金分配的依据。利润定额确定后，遇有产品结构变化时，如内销品种改出口或安排新品种，影响利润部分，利润定额予以调整，不让企业吃亏。各企业

153

按各类品种单位利润计算出的利润定额，主要是解决安排品种时"挑肥拣瘦"的弊病和"苦乐不均"过大的问题，以促使企业充分挖掘内部潜力，增产适销对路的产品和促进节约，扩大盈利。

奖金分配办法：此项在利润分配中计入转作奖金的利润。各厂必须完成公司下达各项指标（产量、质量、品种、利润），按每月每人8元返回企业，以保证生产奖的发放，四项计划指标中，每少完成一项，扣减25％，即按6元返回企业。公司统一计提的奖励基金，减去每月返回企业的数额后，除留少量作为调剂使用外，结余部分根据企业完成利润定额的情况，半年预分，年终算总账的办法，按照超利润的比例，结合职工人数进行分配，即该厂职工人数，乘以超利润定额比例，变成分数，以各厂分数之和，去除公司结余奖励基金，得出每分的分值，再乘该厂分数，即为该厂应得的奖励基金。计算公式如下：

实现利润—调整后利润定额：超定额利润

超定额利润/调整后利润定额：超额率

超额率×平均职工人数：该厂分数

公司结余奖励基金/各厂分数：每分的分值

该厂分数×分值：该厂应得奖励基金

浮动嘉奖：公司根据上级部门的要求，在不同的时期，有不同的工作重点，结合奖励，确定浮动奖条件。例如，为了奖励巩固提高和创新名牌产品，经主管部门鉴定，凡漏验率在1％以上，符标率在95％以上，每个名牌产品，增加超额利润率2％；银牌加3％，金牌加4％。染纱厂和整理厂制订符标条件，经公司批准后，亦执行上述嘉奖。

经济惩罚：①重大事故造成死亡、火灾等，使国家财产遭受重大损失的，扣罚奖金。②违反财经纪律问题较严重的，扣罚奖金。扣罚办法视情节严重程度，由公司领导决定。

××××年×月×日

十八、市场预测报告

（一）市场预测报告的基本含义

市场预测报告是指根据市场变化及市场调查的资料，对未来一定时期内市场的变化趋势进行预测、分析和推理后形成的书面材料。

（二）市场预测报告的写作要点

通常来说，市场预测报告主要包括以下内容：

1. 标题。市场预测报告的标题通常由预测时限、区域、目标和文种四部分组成。

2. 导言。导言主要用来揭示全篇的主旨，交代写作的目的和动机，介绍预测的方法与过程。

3. 正文。正文通常是对现状的分析、对未来的预测和经客观分析后的建议和意见。

（三）格式范例

铜市场预测报告

根据国家信息中心提供的消息，国内有关人士认为，2003 年下半年至 2004 年，铜市场供给将保持相对平稳价格小幅度攀升的态势。但由于各地经济发展不平衡，以及运输到货等因素的影响，少数铜品种在局部地区有可能发生较为明显的波动。

现对 2003 年下半年和 2004 年的市场情况分析如下：

国际铜市场仍将看好。在 2003 年下半年西方工业国家经济复苏的带动下，出现了世界范围的铜热，各国对铜需求增长，出口量锐减。当今世界最大的铜出口国——日本，因地震重建任务繁重，铜出口量大幅下降，进口量迅速上升。世界上许多铜厂都在寻找钢坯，以提高产品附加值。按这种趋势预算，2003 年至 2004 年，国际铜市场形势看好。

国际铜需求增幅不大。据预测，今年铜需求总量与去年相比，增幅不大，明年铜的需求增长不会太大，供求会达到大体平衡。

资源供给较为宽松。全年上半年，全球各铜企业都在贯彻"限平、停滞、增畅"和"限产压率"的举措，下半年供求形势转向平衡，各铜厂都会增加"高质量、多品种"的产品，占领市场，力争出口。今年仍然是这种趋势。明年铜的供求总体将逐渐平衡，但线材等品种有过剩的可能。由于全球钢铁企业的线材生产能力普遍提高，可能会导致普碳材供大于求。从而在品种、质量、价格上展开激烈的竞争，加大钢铁企业的销售难度。而在短时期内"二板一片"的产量难以大幅度提高，供不应求的局面难以改观，价格仍将居高不下。

根据有关部门的预测，今年铜资源量比去年有所下降。虽然今年资源供给少于需求，但由于有去年结转的大量库存，仍能实现供求平衡。明年铜的资源量增幅不会大，但由于需求也不会太旺，也可以达到供求平衡，有的地区还会比较宽松。

市场价格小幅上升。去年下半年铜价格总体平衡，今年可能会出现小幅度的波动，这种波动往往出现在一个地区，货紧时价格上涨，货到时价格又会下跌，但总的趋势是价格会在成本上升、出口价上升的推动下，小幅度上升，一般不会再次出现暴涨。

十九、市场动态报告

（一）市场动态报告的基本含义

市场动态报告是依据调查对市场发展变化进行描述的书面材料。

（二）市场动态报告的写作要点

1. 市场动态。对市场的发展变化进行客观公正的描述，使企业真正了解消费者的消费需求和购买能力。

2. 市场动态报告要求简明扼要，能迅速反映市场发展变化的情况。

（三）格式范例

××产品市场动态报告

随着对外开放的逐步深入和国内市场的不断完善，蚕丝产品越来越受到广大消费者的青睐。从目前的市场状况来分析，热销的蚕丝产品主要分为以下几类：

一是具有喜庆特点的蚕丝产品，如高雅的全毛毛毯、新型花边床上用品、豪华丝光绒等。二是具有保健功能的蚕丝系列，如护膝、护腰、神功元气带等。此外，还有中老年人喜爱的新颖羊毛衫、羽绒服等。三是具有益智特点的儿童用品。四是具有季节性特点的儿童系列用品。

未来几年，人们对蚕丝品的使用将普遍要求多功能，主要有以下几个特点：

1. 香味化。要求汗衫、毛巾、床单、被罩等都具有浓郁的香味。

2. 药物化。一些有防治脚气、预防流感和除臭功能的袜子将受到消费者的欢迎。

3. 运动化。蚕丝产品要适合不同年龄、不同职业、不同性别的着装特点，有各种运动图案的运动服装将会受到广泛的青睐。

4. 旅游化。着装舒适方便，美观大方的旅游服将受到消费者的欢迎。

二十、产销分析报告

（一）产销分析报告的基本含义

产销分析报告是对产品的生产和销售情况进行研究的一种文体。产销分析报告必须以市场为基础，应根据市场的变化结合企业的实际情况对企业的产销进行客观分析。

(二) 产销分析报告的写作要点

通常来说，产销分析报告主要包括以下主要内容：

1. 标题。标题要能够突出中心，抓住关键。

2. 正文。正文通常由基本情况和产销分析两部分组成。产销分析是整个报告的重点，要结合市场发展变化情况从销售信息中分析产销中客观存在的问题。

3. 结尾。结尾部分要提出正确的建议和意见，并注意署名和日期。

(三) 格式范例

××公司产销分析报告

××市城市社会经济调查队：

受国际环境及市场变化的影响，××××年，我市洗洁精、去污剂的价格均比较高，洗洁精消费浓缩，去污剂销售看好。××××年我市百货公司供销洗洁精5000箱，较前年减少400箱，减少8％，去污剂销售1200吨，较前年增长15％。洗洁精市场除本地产××牌洗洁精外，其他均是杂牌，质量低劣，价格高。而去污剂市场则商品丰富，除当地产××牌以外，还有××、×××、×××、×××、×××，均系名优产品，洗涤性好，去污性强，受到广大消费者的欢迎。

洗洁精市场不景气和去污剂市场相对理想的主要原因有：

1. 洗衣机家庭拥有量迅速上升，去污剂需求增加，洗洁精由于用途的缺陷，销量受到很大影响。

据我市500户居民家庭调查得知，××××年我市每百户居民拥有洗衣机90台，洗衣机的拥有量上升，去污剂需求量上升。洗洁精碱性大，不适合洗涤高档衣物，而随着人民生活水平的逐步提高，人们的服饰也逐渐向高档化发展，必然影响洗洁精的销售。另外，多用途的液体洗涤剂和专用洗涤卫生用品不断增加，使洗洁精的销售也受到了很大的影响。据对我市500户居民的调查得知，××××年我市居民对洗洁精的消费量下降了34％。

2. 价格因素对洗洁精、去污剂影响很大

近两年来，去污剂和洗洁精价格不断上涨。××牌去污剂由原来的每公斤3元上涨到现在的每公斤4元，洗洁精也由原来的每条不到1元，现在超过了1元，上升幅度很大。洗洁精、去污剂的价格上涨在很大程度上影响了市场销售。

3. 生产资金紧张，原材料价格放开使生产受影响

市场疲软波及大部分商品，造成国营企业经济利润下降，结算资金受债务困扰持续上升，经营资金十分紧张，无法在去污剂、洗洁精商品上投入大量资金，只能勉强维持经营。

4. 生产去污剂和洗洁精需要的原料不能保证，并且原料价格上涨过快，因而生产受到很大的影响。

二十一、风险性营销决策方案报告

（一）风险性营销决策方案报告的基本含义

风险性营销决策方案报告，是一种根据企业经营过程中可能出现的几种不同自然状态下的概率，通过计算值进行决策的一种方法。风险性营销决策方案通常有决策表分析法和决策树分析法。

（二）格式范例

××公司风险性营销决策方案报告

为了扩大市场竞争，经厂长会议决定，同意生产××新产品。为此需要建造一个车间，以保证××新产品有基本的生产条件。

这个车间，如果新建，需要投资120万元；如果在原有的基础上扩建，则需要投资40万元。未来5年年度投资销售利润的预测结果（略）。

根据上表所列各种自然状态所获得的效益，可以分别算出两种方案的效益期望值。

两个方案在5年中的效果：

新建车间：120＋120＋10：250（万元）

扩建车间：90＋90＋7.5：187.5（万元）

两个方案在5年中的净效果：

新建车间：250－120：130（万元）

扩建车间：187.5－40：147.5（万元）

两个方案在5年中的效率：

新建车间：130/120：1.09（万元）

扩建车间：147.5/40：3.68（万元）

由于扩建车间方案的效益比新建一个车间的效益高，所以应采用扩建车间的决策方案。以上方案，请领导裁定。

××公司

××××年×月×日

二十二、客户投诉处理报告

（一）客户投诉处理报告的基本含义

客户投诉处理报告是指企业对客户的投诉或抱怨进行记录与解决的汇报材料。

（二）客户投诉处理报告的写作要点

客户投诉处理报告通常包括以下内容：

1. 投诉的受理时间；
2. 投诉的受理者；
3. 投诉内容；
4. 原因调查；
5. 其他事项。

（三）格式范例

××公司客户投诉处理报告

一、投诉受理日期

_____

二、投诉受理方式

□信口　　　□FAX　　　□电话

□来访　　　□店内

三、投诉内容

1. 品质（有杂物）：_____

2. 品质（故障）：_____

3. 品质（损坏）：_____

4. 品质（其他）：_____

5. 数量：_____

6. 货期：_____

7. 态度：_____

8. 服务：_____

四、投诉见证人

_____

地址：_____

五、处理情况

1. 处理紧急度：

口特急　口急　口普通

2. 承办人：_____

3. 处理日：_____

4. 处理内容：_____

5. 费用：_____

6. 保障：_____

六、事由调查

1. 原因调查人员：_____

2. 原因：

□严重　　□偶发　　□疏忽大意　　□不可抗拒

3. 记载事项：

_____

七、检讨

（略）

第四章
战略企划文书

一、公司宗旨

（一）公司宗旨的基本含义

公司宗旨，是指公司发展战略企划的总指导思想和主要旨趣。良好的公司宗旨是现代企业能够迅速崛起的关键，也是现代企业长足发展的有力保证。

（二）公司宗旨的写作要点

通常来说，公司宗旨主要包括以下几个方面：

1. 公司的核心价值观；
2. 公司的基本奋斗目标；
3. 公司的成长；
4. 公司的利益分配。

（三）格式范例

公司宗旨

第一条　核心价值观

1. 追求

盛世科技的追求是在电子信息领域实现客户的梦想，并依靠点点滴滴、锲而不舍的艰苦追求，使我们成为世界级领先企业。

为了使盛世科技成为世界一流的设备供应商，我们将永不进入信息服务业。通过无依赖市场压力传递，使内部机制永远处于激活状态。

2. 员工

认真负责和有效的管理员工是盛世科技最大的财富。尊重知识、尊重个性、倡导集体奋斗精神，是我们事业可持续成长的内在要求。

3. 技术

广泛吸收世界电子信息领域的最新研究成果，虚心向国内外优秀企业学习，在独立自主的基础上，发展领先的核心技术体系，用我们卓越的产品自立于世界通信列强之林。

4. 精神

爱祖国、爱人民、爱事业和爱生活是我们凝聚力的源泉。责任意识、创业精神与团结合作精神是我们企业文化的精髓。实事求是我们行为的准则。

5. 利益

盛世科技主张在客户、员工与合作者之间结成利益共同体。努力探索按生产要素分配的内部动力机制。我们决不让"雷锋"吃亏，奉献者定当得到合理的回报。

6. 文化

资源是会枯竭的，唯有文化才会生生不息。一切工业产品都是由人类智慧创造的。盛世科技没有可以依存的自然资源，唯有在人的头脑中挖掘出大油田、大森林、大煤矿……精神是可以转化成物质的，物质文化有利于巩固精神文明。我们坚持以精神文明促进物质文明的方针。这里的文化，不仅仅包含知识、技术、管理……也包含了一切促进生产力发展的无形因素。

7. 社会责任

盛世科技以产业报国和科教兴国为己任，以公司的发展为所在社区作出贡献。为伟大祖国的繁荣昌盛，为中华民族的振兴，为自己的家人的幸福而不懈努力。

第二条 基本目标

1. 质量

我们的目标是以优异的产品、可靠的质量和有效的服务，满足客户日益增长的需要。质量是我们的自尊心。

2. 人力资源

我们强调人力资本不断增值的目标优先于财务资本增值的目标。

3. 核心技术

我们的目标是发展拥有自主知识产权且处于世界领先的电子和信息技术支撑体系。

4. 利润

我们将按照我们的事业可持续成长的要求，设立每个时期的合理的利润率和利润目标，而不单纯追求利润的最大化。

第三条 公司的成长

1. 成长领域

我们进入新的成长领域，应当有利于提升公司的核心技术水平，有利于发挥公司资源的综合优势，有利于带动公司的整体扩张。顺应技术发展的大趋势，顺应市场变化的大趋势，顺应社会发展的大趋势，就能使我们避免大的风险。只有当我们看准了时机和有了新的构想，确信能够在该领域中对客户作出与众不同的贡献时，才进入市场广阔的相关新领域。

2. 成长牵引

机会、人才、技术和产品是公司成长的主要牵引力。这4种力量之间存在着相互作用。机会牵引人才，人才牵引技术，技术牵引产品，产品牵引更多更大的机会。加大这4种力量的牵引力度，促进它们之间的良性循环，加快公司的成长。

3. 成长速度

我们追求在一定利润率水平上的成长的最大化。我们必须达到和保持高于行业水平、增长速度和行业中主要竞争对手的增长速度，以增强公司的活力，吸引最优秀的人才，实现公司各种经营资源的最佳配置。在电子信息产业中，要么成为领先者，要么被淘汰，没有第三条路可走。

4. 成长管理

我们不单纯追求规模上的扩展，而且要使自己变得更优秀。因此，高层领导必须警惕长期高速增长有可能给公司组织造成的脆弱和隐藏的缺点，必须对成长进行有效的管理，促使公司更加灵活和更为有效地发展。始终保持造势与做实的协调发展。

第四条 价值的分配

1. 价值的创造

我们认为，劳动、知识、企业家和资本创造了公司的全部价值。

2. 知识资本化

我们是用转化为资本这种形式，使劳动、知识以及企业家的管理和风险的累积贡献得到体现和报偿；利用股权的安排，形成公司的中坚力量和保持对公司的有效控制，使公司可持续成长。技术资本与适应技术和社会变化的有活力的产权制度，是我们不断探索的方向。我们实行员工持股制度。一方面，培养员工对公司的认同感，结成公司与员工的利益与命运共同体。另一方面，将不断地使最有责任心与才能的人进入公司的中坚层。

3. 价值分配形式

盛世科技可分配的价值，主要为组织权力和经济利益；其分配形式是：机会、职权、工资、奖金、安全退休金、医疗保障、股权、红利，以及其他人事待遇。我们实行按劳分配与按资分配相结合的分配方式。

4. 价值分配原则

销路优先，兼顾公平，可持续发展，是我们价值分配的基本原则。

按劳分配的依据是：能力、责任、贡献和工作态度。按劳分配要充分拉开差距，分配曲线要保持和不出现拐点。股权分配的依据是：可持续性贡献、突出才能、品德和所承担的风险。股权分配要向核心层和中坚层倾斜，股权结构要保持动态合理性。按劳分配与按资分配的比例要适当，分配数量和分配比例的增减应以公司的可持续发展为原则。

5. 价值分配的合理性

我们遵循价值规律，坚持实事求是，在公司内部引入外部市场压力和公平竞争机制，建立公正客观的价值评价体系并不断改进，以使价值分配制度基本合理。衡量价值分配合理性的最终标准，是公司的竞争力和成就，以及全体员工的士气和对公司的归属意识。

二、战略企划书

（一）战略企划书的基本含义

战略企划书，是企业对其发展战略进行整体规划，制定长远战略目标时形成的书面材料。

（二）战略企划书的写作要点

通常来说，战略企划书主要包括以下几个方面：

1. 战略企划书的名称及作者姓名；
2. 战略企划书的完成时间；
3. 战略企划的具体目标；
4. 战略企划的具体内容；
5. 战略企划的预算和进度；
6. 战略企划的实施；
7. 其他注意事项。

（三）格式范例

战略企划书

一、开拓市场新视点

面对日趋激烈的市场竞争和品牌、产品的多样化，我们迫切需要从战略上进行新的调整，从战术上进行更合理的安排，这也是本企划的直接目的。也就是说，在充分认识市场战略问题的基础上，具体实施这一方案。

1. 品牌、产品的多样化是否具有独特的目的与价值？在硬件和软件方面是否实现了差别化？其差别是否明显？

2. 消费者是以什么基准识别这些产品的？消费者是否具备充分识别这些品牌和产品的能力？是否因基准模糊，而陷入无所适从的状态？

3. 在开发新品牌或新产品时，以什么样的产品空白为目标？现有产品存在着哪些空白？

4. 多样化的产品与品牌存在着怎样的"补充关系"？它们是否因具有独立的目的与价值而相互补充；还是仅限于部分重复？

5. 主要商品与市场特色销售法是否是整合性的对应？两者之间是否存在重复或脱节？

6. 如何从对本公司的产品定位，以何基准细分产品，实现差别化和统一化？是否存在思维盲点？商品构成是否能反映消费者观念和价值的转变？

7. 本公司的产品构成中，应追加哪些产品？

二、目标及问题

本企划案的目标及问题如下：

1. 应追加的基准，以及具有创造性的差异是什么？

2. 对新产品应如何分类，其依据是什么？

3. 对提出的分类基准进行可行性分析。

4. 现行的产品体系以何基准建立，是否有必要对其进行考察，需要考察的依据是什么？

5. 具体提出"新产品分类基准"和"新产品分类体系"。

6. 对现有产品进行市场营销分析，为新产品开发战略提出合理化建议，并拟出大致草案。

三、企划程序

在充分把握企划课题的基础上，按照下列程序进行企划。如下图：

程序	内容
1	新商品基准的假设与设定
2	对现行商品基准的考察与修正
3	对急于新基准代表商品的综合评价
4	按组分析与评价
5	新商品分类基准与体系
6	现行商品群的市场营销分析
7	对新商品开发战略的制定与建议

四、企划方案

各程序的具体实施按下列方法进行调查研究：

程序1：新产品分类基准的假设与设定。

参与相同产品开发的研究人员，对重新构筑市场营销战略的新基准进行讨论，并系统地整理讨论结果。

步骤1：听取技术开发人员关于新产品开发的关键性介绍。

步骤2：通过对消费者意见的分析，讨论消费者实际选择品牌和产品时所重视的"商品特性评价项目"。

步骤3：在获取以上讨论结果后，产品开发人员进行集中讨论，主要考虑以下问题：

（1）根据产品手册，对其中关键点进行列表。

（2）对上表中的项目进行整理、分析和归纳，最终合并同类项。

（3）对新的关键点集体讨论分析。

程序2：对现行产品分类基准的考察和修正。

首先从历史的角度考察现行的产品分类基准的假设是基于何种思路，然后分析其在市场营销中存在的问题。

考察市场营销中存在的问题时，应注意以下几个方面：

（1）寻求作为新产品开发"转换点"的新思路及难点；

（2）为使产品和品牌多样化而创造特色及难点；

（3）将新品与现有产品差别定位的难点；

（4）制定对系列经销商有说服力的产品设计难点。

方法：商品开发成员进行集中讨论，对以下问题要得出结论：

结论1：本公司传统产品分类基准是什么？

结论2：它存在哪些问题？

结论3：在当前的市场营销中，存在什么问题？

结论4：新分类基准的开发方向是什么？

程序3：对基于新基准的代表产品做好综合评价。

从商品目录中选择本公司代表产品。选择的数量应在200种之内。

具体的评价方法是，将新基准变为标准化的"产品特性评价点"，被评价产品每一品种填制一张卡片，如下图。

产品名称		产品形态	
品牌		包装形态	
产品分类		使用方法	
容量		使用场合	
价格		特殊使用场合	
上市年度		包装特征	
主要成分		设计目标	
主要功能		附加价值	
颜色		特色销售方法	
形状		本色特性	
大小		销售路线	

续　表

产品名称		产品形态	
气味		生活方式	
触觉		代表性竞争品	
音质		企业名称	
开发关键		产品名称	
销售关键		品牌	
广告关键		价格	

步骤 1：由技术人员对产品特性进行评价；

步骤 2：根据消费者意见评价产品特性；

步骤 3：由产品开发人员对产品特性进行综合评价。

程序 4：组别分析与评价。

将以上 3 个阶段对产品特性识别的结果输入计算机，通过多变量解析方法，如因素分析、计量分析、分组分析等使之类型化。数据输入方法见下表：

		产品特性评价基准					
	指标 1	指标 2	指标 3	……	指标 48	指标 49	指标 50
对象商品	1						
	2						
	3						
	4						
	5						
	6						
	7						
	8						
	9						
	10						
	11						
	12						
	……						
	199						
	200						

具有代表性的因素分析法是"从因素分析到组别类型化"方法。其程序是：

（1）运用因素方法，选择出基本的"因子"。

（2）利用因素的符合模型，将对象产品类型化。

方法：对多变量指示与程序进行解析，然后对结果进行分组分析。

（1）对单项特征，进行多变量解析。如"硬件组"和"软件组"。

（2）合并多项特征，进行多变量解析。如将"硬件"和"软件"两个特征值输入，进行多变量解析。

（3）根据单独特征分组，典型的样本构成如下表所示。

（4）利用上述分析分别对"评价组"进行比较，其中包括"消费者"、"技术开发人员"和"产品开发人员"三组。

		产品特性评价基准						
		指标1	指标2	指标3	……	指标48	指标49	指标50
对象商品	1							
	2							
	3							
	4							
	5							
	6							
	7							
	8							
	9							
	10							
	11							
	12							
	……							
	199							
	200							

程序5：新产品分类基准与新产品分类体系。

上述一系列的计算均用计算机进行，但读取结果、评价、分析及提出战略方案则属于开发领域。

方法：对多变量解析的结果进行集中分析，仍采取集中讨论的方式。讨论主要题目为：

（1）为涵盖如此庞大且多样化的市场，应制定怎样的新产品分类标准？

（2）本公司拥有的产品体系，总体上应保持怎样的结构？

程序6：对现行产品的市场营销分析。

以上述过程得出的新视点为基点，实施对现行产品的市场营销分析。

方法：仍采用集体讨论的方式解决，讨论重点主要有以下几点：

（1）本公司产品涵盖怎样大组别市场？

A. 布局如何；

B. 薄弱环节；

C. 重复部分；

D. 不足部分。

（2）不同产品群取得怎样的营销成果？

A. 产品多样化效率与效果；

B. 竞争力。

（3）本公司在产品战略方面存在的问题是什么？

A. 从各产品的销售额来看；

B. 从各产品的市场份额来看。

程序7：对新产品开发战略的制定与建议。

三、经营战略

（一）经营战略的基本含义

经营战略是企业根据市场发展变化情况和企业实际状况对企业一定时期内生产经营进行整体规划的书面材料。

（二）格式范例

××公司国际经营战略

日本××公司生产的××相机，曾一度是摄影机的代名词。20世纪中叶，随着世界摄影工业的迅速崛起，一度独领风骚的日本某著名相机逐渐变得黯然失色。××公司的名牌相机粉墨登场，占领了大半个国际市场。作为日本极富盛名的跨国公司，××公司仅在1984年，就生产了540万台摄影机，占领相机生产总数的33％。其中35毫米单镜头反光相机成为世界最畅销的商品。1976年，××的单镜头反光摄影机被蒙特利尔奥运会组委会指定为大会的小式工作相机。从此，××相机赢得了全世界广大摄影家的高度评价，在一系列国际比赛中，发挥了巨大的作用。

一、健全研究开发机制

在××，有人说，"忘了技术开发，就不配称××"。××公司根据这一信条，不断健全研究开发机制。现在，××公司有3个研究机构：中央研究机构、生产技术研究所和合成件开发中心。这些研究机构各有侧重。中央研究机构是××公司技术中枢，它主要研究10年、20年乃至更长时间以后的未来尖端技术，例如电子材料、复合材料和光技术等；生产技术研究所侧重研究应用技术；合成件开发中心则集中研究半导体技术。

二、设立公司教育培训中心

为了进一步提高公司员工的知识水平和专业素质，××公司专门设立了公司的研修制度。××公司设有专门负责员工管理人员教育研究的中心。研修的类型大致有如下几种：

1. 新员工的研修。要求他们通过研修掌握一些基础技术。研修时间一般为2～3个月，前半段主要是理论学习，后半段到工厂实习。

2. 普通员工的研修。主要学习一些新技术。研修时间为平均每半年为2个星期。

3. 技术人员研修。主要学习一些尖端技术，通过研修进一步提高技术水平，加快技术革新步伐。每年的研修时间为半个月左右。

4. 管理人员研修。主管级人员通过学习企业管理方法和劳动法规，提高管理企业的水平。每年的研修时间为1个星期。

××公司不但培训人员不惜投资，在研究开发上更是不惜投入巨资，公司的研究费用一直占销售额的6％左右，研究人员则一直占全公司员工的15％左右。研究人员基本上都是硕士学位毕业生。××公司在放手使用他们的同时，还通过各种方式进一步提高他们的研究水平。公司每年都要把一些年轻有为、有发展前途的研究人员派往欧美等地的名牌大学或研究机构进修，并派一些有经验的研究人员参加美国或世界性科研项目。

三、确定两大战略目标

发展之初，××公司曾经定下了两个目标：一是赶超称霸世界的日本某著名相机；二是要打开美国市场。当初，日本某著名相机是凭借其先进的光学和精密机械实力而称霸世界的。现在，××公司的决策者从光学、电子技术的结合上，看到了成功的曙光。他们果断地将主要的技术力量投入到电子自动相机的研制上，同时采取自己倾斜政策，全力支持这个开发工程。

为了实现第一个目标，××公司首先对当时国际上最流行的相机加以改进，生产了性能较好的××相机，并把眼光投向广阔的国际市场。

为了实现第二个目标，××公司召集了最优秀的技术开发人员，决定开发新技术。经过夜以继日的钻研，终于找到了技术突破的关键：将光学技术与电子技术相结合，实现摄影机的电子化。几年以后，××公司已积累了足够的力量去攻占美国市场。于是在美国适时地推出了首创的带光敏"点服"的自动电子曝光相机，这种产品正好迎合了好奇、图方便的美国消费者的胃口，投放市场后，立即引起了很大轰动。××公司的自动相机以简便的操作、可靠的质量赢得了良好的信誉，产品在美国市场供不应求。

四、加大创新，赢得国际市场

××公司在经营业绩蒸蒸日上之时，将盈利的很大一部分用于提高生产效率和更新生产工艺流程设备。在生产工序上大量引进机械电子装置，以降低成本，提高自动化生产水平，并向摄影机自动化技术研究投入更多经费。××公司立志要创出自动化程序更高、性能更佳的产品。特别是当今时代，摄影领域发生了一场数字化的革命，一种全新摄影机——数码摄影机已经开始取代了传统相机的位置。在这次数字化革命中，××公司处于领先地位。

数码摄影机也叫数字式摄影机，是光、机、电一体化产品。数码摄影机的最大优势在于它的信息数字化。由于数字信息可以借助于全球的数字通讯网即时传送，所以数码摄影机首先可以实现图像的适时传递。数码摄影机的另一优势是其图像可下载到计算机上做任意加工、使用通用的图像处理软件，根据自己的需要润色成像，传统的暗房技术是难以实现的。××公司正是凭借着技术上的不断开发，把高科技应用于产品中，不断创造出新产品，实现了××相机在世界上的领先与超越。

在激烈的国际市场竞争中，××公司采取了"拿来主义"的方针，借用各先进技术公司的力量，开发高新尖端技术，以求在市场竞争的技术高度上摆脱对手的纠缠。为此，××公司先后与美国的××、日本的××公司签订了合作开发尖端技术产品的协议，使其在海外的发展迈入崭新的阶段。同时，××公司也采取了一般美国企业在国际市场上的通常做法：只要有进入市场的机会，就一定要抓住。20世纪60年代，××公司向美国市场正式推出自己的复印机。由于采用了先进的光学技术，××这种使用高感光度化学物质并带绿色绝缘层的滚筒式复印机，比美国××公司的产品还略胜了一筹。

20世纪70年代，××又生产出液体干燥式复印机，用普通纸和显像液即可进行干式复印。经过引进与消化吸收，××在市场上的竞争力进一步提高。××又把干式显像和光学纤维结为一体，代替过去那种体积大的透视系统，生产出用微处理器控制的小型复印机NP200型，其价格很低。该产品在美国市场推出不到半年时间，销售量增长近5倍。××还实行了产品多样化战术，新产品不断问世。××曾向市场推出超级×系列产品，这种复印机速度高达每分钟135张，比市场上销售的任何大型机器的速度都快，且耗能少。××采用多样化的手段把竞争对手逼得透不过气来。随着计算机市场的强劲发展所带来的对打印机的旺盛需求，××公司开始进入打印机领域。利用技术创新，××公司不断推出喷墨打印机新产品。近来，××公司更是一改往年一年发布2次新产品的定式，变成一年发布3次新产品。可以说，××新产品推出的频率之快、种类之多，还没有哪家厂商能与之匹敌。目前，××公司已经以超过市场份额半数以上的绝对优势占据打印机市场的榜首。

不但××公司的喷墨打印机占领了广大的市场份额，××公司的激光打印机也进入了世界领先行列。此后，××公司又推出了一系列适应市场需求的打印机，如环抱型的激光打印机，充分应用了生态技术，获美国环境保护厅授予"第一届能源型电脑奖"。××公司还成功地采用了半导体激光技术，使LBP减少至当时最小体积。后来又采用了暗盒形式，将激光扫描光学系统制成组件，进一步缩小体积并实现了维修简易化，使激光打印机在全球市场普及开来。作为各种办公设备的输出装置，激光打印机为××公司在竞争中增强势力创造了有利的条件。

四、战略分析

(一) 战略分析的基本含义

战略分析是企业根据市场发展变化情况和企业实际状况对企业一定时期生产经营活动进行整体分析研究时形成的书面材料。

(二) 格式范例

战略分析

一、环境分析

当今的××地区塑料工业非常繁荣，尤其是PVC塑料工业的发展，更是在国际市场上独领风骚。按产量与人口比例计算，美国约12公斤，日本约13公斤，但××地区约30公斤。目前××地区的PVC加工厂商已达2500多家，产品物美价廉，并输入世界各地。

××地区PVC树脂行销能力几乎达到100%，而其加工能力，也指PVC需求能力维持在90%，直接外销依赖很小，表明PVC工业是一个建立在下游加工基础上的工业。

××市场占有率为75%，生产产量1984年是1977年的1倍多，平均增长为12%，生产利用率高于日本。

××塑料公司战略制定至少有下列重大因素的综合考虑：

1. 欲确保下游加工国际竞争力，必须维护规模扩张策略，从而保持低成本优势。规模效应反映两大意义：

(1) 在一定规模内从事生产，产品成本受变动费用的影响极大；

(2) 在不同规模下从事生产，产品成本受固定费用的影响极大，应用扩张策略，必须以确保价格与原料来源为必要前提。

2. 由于产业政策强调发展上游工业，造成1978年以后乙烯供应不足，而且乙烯成本没有弹性。何况轻油裂解工业庞大复杂，维持单一供应商关系，显然不符合分散企业风险的经营原则。

3. 因为碱氯失衡引起氯气来源紧张，转向进口VCM及EDC是必然的。大致推算1979年以前每年约3万吨，1980年约15万吨，1983年以后超过20万吨。但问题的关键在于1980年前只是1种中间原料，还未进入大宗交易。

PVC生产企业属于生产导向型，基于以上认识，主要问题是缺乏资金。一旦原料价格变动，以及原料不能稳定供应，就会影响国际竞争力。所以确保资源来源，是最重要的目标，也是重要的企业责任。

二、提高经营层次

×国有丰富的资源，有取之不尽的盐矿，可以电解氯气作为EDC原料；丰富的石油和天然气，可以生产乙烯，再转制EDC、VCM和PVC。不但如此，其能源价格向来是世界最便宜的，这是×国石化业成本优势的关键。

鉴于在×国设厂有成本上的利润，不但可以确保××地区资源，而且可以借鉴×国先进经营方法，提高经营管理素质。经过认真分析研究，××公司制定了几项重大计划，并付诸实施，采取了如下步骤：

1. 垂直整合

从其企业发展历程来看，我们把××地区成功模式移植到×国去发展，比较容易成功。因此，决定以PVC原料厂做基础，同时发展下游加工，以扩大当地市场。

2. 水平整合

原计划与当地某碱氯公司合作，确保氯气来源，后来因其生产成本不具竞争性而撤销，转而收购13厂及14厂，以前者DEC供应12厂，VCM供应14厂；再者，因14厂PVC有市场，使分公司产品预售策略得以成功，一举解除了两厂产销困境。

3. 货畅其流

以往化学原料进口运输，处处受制于人，不但承担了昂贵的运费，时间也不容易掌握，的确不合理。不如建立一支化学船队，建立可靠的补给线；另外，经营化学船一定要有化学知识，这正是××公司优势所在。

（1）采取区间往返行驶方式，缩短营运周期；

（2）化学船系"移动工厂"，××公司的管理制度修改后就能使用；

（3）船员从工厂挑选，建立海陆培训制度；

（4）严格推行4项无缺点计划：无污染、无公害、无伤害和无延误。

4．投资计划的可行性

聘请专家对此投资计划从工程、技术、法律、会计、财务及企业管理等方面进行审查、考核，对投资计划的可行性进行科学的分析。

5．企业传统精神

××企业具有30年PVC生产及加工专业技术与经验，从工艺规程设计、设备采购、机械制造、运输装卸、工程发包，到现场安装、监工以至操作规程及试车工作，都不假外人。这种经营能力，可以节约大量的建厂费。

三、全球竞争战略

在当今市场竞争条件下，企业如果没有强大的综合竞争力，国际化、集团化发展就是缘木求鱼。××公司能有今天的成功，是与其多年来坚持不懈的努力是分不开的。

1．卓越成长

去年公司总营业额为1.2亿美元，比前年增长18％，排名×国当年全球500强企业第×××位。其中国外投资部增长幅度达20％。

2．市场领袖

以往PVC领袖首推JJS，但去年第二季度以来，××公司调整市场策略，稳定了PVC市场而大获全胜。××公司未来市场地位越来越引人注目。

3．稳健扩产

目前PVC生产能力：××地区××万吨，×国60万吨，合占世界产量6％。在PVC塑料方面：J—M在×国市场占有率为25％，仍为世界之首。目前正进行扩充，扩充后实力将进一步增强。

4．任重道远

四、进一步扩展战略

可喜的是，××公司已经成功地迈出了走向辉煌的第一步，××公司的路还很长，要解决的问题还很多，还需要一步一个脚印地走下去。尤其在全球竞争日益激烈的今天，要想生存和发展就必须放眼世界，就必须不断充实自己，提高自己，才能立于不败之地。

五、战略实施

(一) 战略实施的基本含义

战略实施是企业根据市场发展变化情况并结合企业生产经营目标在一定时期执行战略计划时形成的书面材料。

(二) 格式范例

××公司生产战略实施

××公司是以生产汽车为主的国际知名企业。该公司首创发明了"看板管理",在当今世界汽车行业激烈的竞争中取得了绝对优势,改变了汽车行业的竞争格局。这种战略的实质内涵是有效地处理了"生产"和"交换"的矛盾,即"扩大品种"与"提高效率"之间的矛盾。××公司从而迅速崛起,把欧美企业逼得走投无路,甚至使一些一度占据优势的欧美大企业,也逐渐丧失了主动权。

一、看板管理方式的动因

看板管理的雏形,可以追溯到 20 世纪三十年代末,迟至五六十年代,才最终确立其地位。在这以前,与宿敌××公司相比,无论在产品品种上,还是在产量与成本上,××公司均处于劣势,采用看板管理之后,才扭转了局面。

当时,××面临的一个棘手的难题,就是如何利用现有的生产设备来扩大品种,以适应市场与竞争的需要。减少品种,扩大批量,从而降低单值成本,提高生产线实动工时,提高劳动生产率,一直是汽车行业的增长与发展模式。韩国汽车工业××在 1908~1927 年内,在江丹工厂设立的车型汽车流水生产线优势就在于此。

如今,市场竞争条件发展变化,谁能在现有的生产技术基础上,在现有汽车质量与成本基础上,增加花色品种,谁就能赢得优势。一些欧美企业,没能看到这一点,采取了削减品种的战略,生产经营状况日渐恶化。

但是,要想增加汽车的品种,现有的生产方式是极其不适应的,势必要减少批量,花费一定的"工程转换"时间,调整生产线。那么,生产线与工人,只能停工等待,这是一种"花费"。另外,为了顺利地完成"工程转换",还要制定精确的作业计划与工作程序,而"在制品"必须入库保存,这将会大大增加转换、搬运、保管和管理费用,导致生产率下降,库存与成本增加。这是一种难以解决的问题。

二、看板管理方式的形成

　　××领导的课题研究小组认为，只要能够减少"零件生产转换"与"车型生产转换"的"调整时间"，就能增加"生产线调整"的频率或次数，从而，就能达到增加"车型品种"的目的。提高生产率，增加连续开动的时间，所以减少工人停工时间，部分抵消增加车型所带来的不利影响，并从车型增加中所获得的"竞争优势"与"推销好处"上获得补偿。首先，弄清楚"经济批量"。生产线调整所需要的时间越长，则批量成本就越高，这只能靠扩大生产批量来抵消成本的增加。降低生产线调整时间，无疑延长了生产线的实动工时，减少了每单位产品分摊的"调整费用"，这就可以缩小生产批量，为增加品种创造了条件。另一方面，减少批量，就可以减少库存量和库存保管时间，降低库存费用，反过来有利于进一步减少生产批量。

　　所以，这里的关键，是如何大幅缩短生产线调整时间，以及每批产品连续生产的时间，并提出了把每次产品转换、设备调整时间，降低到1分钟以内的具体目标。具体措施包括：重新布置机床和有关设备，以减少设备调整时间并减少库存；添置新设备，包括专用机械及备用机械，以减少转换时间；研制专门的工件工位器具，以减少存取时间；调整器具的存放位置，使器具的存放，靠近机床，以减少存取的时间等。

　　减少生产线或设备调整时间，只是看板管理方式形成的第一步，远不是××公司生产方式的全部，充其量只能是"一种前提"，"一个组成部分"或"一种生产新方式的组合要素"。因此，属于"生产管理"范畴。但是，这种生产管理或作业管理的变革，使××公司看到"多品种小批量"竞争战略的出路，找到从根本上改变竞争格局的思路，即在低成本高效率基础上，与竞争对手展开"品种"上的较量。

　　××公司在达到"生产线调整时间"的目标之后，进一步确立"减少产品搬运量"的目标。孤立地看，减少"搬出搬进"，"搬来搬去"的时间和作业量，依然属于"生产管理"的范畴。也有资料表明，在锻造、加工、抛光、电镀与组装等部门，实际用于本工序作业的时间，只占总劳动时间的5%～35%，其余40%～50%的时间，耗费在材料的搬入和成品的搬出。顺理成章，××公司进一步的目标，自然是减少搬运量和搬运时间，其具体措施是改变传统的工艺专业化原则，按对象专业化原则布置工作地与设备，把相关作业层可能地调整到一起，以减少来回搬运的作业量和时间。

　　这种生产作业过程的变革，意外地获得两种结果：一是减少了1/3作业面积与堆放在制品的面积；二是物流加工过程变得更加有序且畅顺，从而为"多机床管理"提供了初始条件。所谓××式机床管理，其目的不在于提高机床使用效率，而在于提高工作效率。具体做法是，把机床呈U字形布置，机床与机床之间用可控传送装置加以连接，以减少搬运的人力。训练工人掌握多种多台机床的操作技巧，包括转换、调整与小故障排除等，工人在数台机床之间巡回操作，依次把加工件装上机床、开动机床、卸下成品。机械加工完毕，则会自动关停，待工人巡回回来时再卸下。每个工人分管的机器台数和每次的加工时间，可以随时加以调整，以最大限度地提高工时利用率。

至此，减少设备的转换调整时间，缩短生产间隔期，调整设备布置，以减少搬运量，以及多机床管理体系确立等，使××公司发现工序之间的相互衔接、生产作业过程的有序性，乃是"效率"的来源，倘若增加品种、减少批量，仍然可以保持稳定的"生产秩序"，而不至于造成混乱。这样，"品种与批量"之间的矛盾，就可以在新的条件下达到"均衡"，使生产领域的变革，有了战略意义，使生产领域的变革成为企业在市场上克敌制胜的关键。

能够找到一种管理方式，在减少转换调整时间，减少搬运量的技术基础上，保持生产工序之间的衔接、稳定与秩序，高效率的多品种小批量生产方式就可以确立。以往各道工序的作业计划，是隔一两个星期制订一次，仅这一项工作就得花费不少时间。而且，按照这种管理方式，难以把各工序有效地衔接起来，相反，由于批量小，生产线连续作业时间短，产品转换频繁，混乱与失效是难免的，再详细精确的各工序计划，都难以调控瞬息万变的作业过程。多品种小批量的设想，很难转化为现实。

为此，××公司创造性地提出了"看板管理"的方法，具体做法是，只制订最终工序的作业计划，其他相关工序，只要按照最终工序或前道工序的作业，配合行动，每一道工序，只生产下一道工序所需要的产品数量；每一道工序，只按上一道工序要求的产品数量进行生产；并使用"看板"进行工序间产品需要量的联络。对加工作业过程，实施"即时控制"，使各工序之间保持均衡且有效的联系，保证生产线连续且有序运作。真正实现小批量、多品种、少运输、均衡化、低库存和高效率的目标。要使看板管理方式协调地进行，必须具备几个条件。

首先，要使各个作业衔接起来，如同树干与树枝的关系一样，零部件制造如同小枝叉，与局部组装的树枝相衔接，然后统一汇集在总装生产线的树干上。其次，要使各工序或作业点之间保持均衡，产品数量与时间之间要衔接。过快过慢，都会打乱上下工序的秩序。再次，各局部组装线，要有一定的弹性，以调节各作业之间的均衡与协调，避免局部组装线的停顿。适当的库存是必要的，万一出现废品或某零部件短缺，或机械故障，会牵一发而动全身，产生连锁反应，使整个生产线陷于停顿。

三、看板管理方式的战略意义

看板管理的战略意义就在于：第一，提高了工厂整体生产率；第二，缩短了生产周期。小批量、少运输、均衡化、低库存以及看板管理生产作业，既提高了整体生产率，又缩短了生产周期，从而，从根本上提高了企业的竞争能力与适应能力。所以说，这既是一种生产管理方式，又是一种战略，是一种从生产管理层次入手，谋求企业在市场竞争中赢得优势的"生产战略"。

看板管理方式，并没有改变现有的生产技术基础，而是巧妙地、当然也是艰难地把缩短转换调整时间、减少搬运时间、多机床管理、看板控制以及均衡生产等要素有机地组合起来，在整体上提高了生产率。

在生产单一品种的专业化工厂中，既不需要更换品种，以及为生产准备保险在制品，也不需要什么特别的管理费用，无需对生产过程实施变革。随着市场压力增大，需要逐渐增加品种时，制造工程的环节失调就会增加。在调整生产线、保管在制品以及额外运输方面，需要增加劳动时间和劳动量。随之而来的是协调、监督人员的增加。此外，为变换品种，消除多品种混流中的无序与混乱，需要更多的计划与管理人员，需要花费更多的间接劳动等等，势必在整体上降低劳动生产率。

看板管理方式的战略意义，不在于节省设备调整的直接费用，即直接劳务费用与停机时间的损失，直接费用在总成本中的比例很小。真正有意义的是节省了大量的"间接费用"，如同加工单一品种一样，当多品种之间的"转换"，不再增加间接劳动时，意味着消除了"批量"对"品种"的限制和综合效率或总成本的降低。对一家采用看板管理的加工企业来说，在"价格——品种"竞争中已经赢得优势。

采用看板管理方式的第二个战略意义，就是缩短生产周期。与历来那种品种转换迟缓、生产线一经开动就难以变化、材料及零部件搬运要花大量时间的工厂相比，采用看板管理的工厂，生产周期仅为1/5，也就是说，通过减少调整时间，减少搬运量，多机床管理以及看板控制，原来生产周期假如需要半年时间，如今只需要1个多月时间。

从竞争战略角度看，生产周期的缩短，意味着企业生产系统的弹性增强，意味着应变能力的提高，这在很大程度上缓解了产需之间的矛盾。看板管理的战略意义就在于此。只需要把握每年各品种的总要求，不必弄清各时期的需求量与需求结构；只需要简单地把每年的总需求量，参照历年的实际销售统计数据，按周平均分配或安排"生产进度"。实现"均衡生产"。这样，可以有效地稳定生产秩序，降低成本，提高劳动生产率。即使库存量会因产需不完全吻合而有所增加，也可以通过提高生产率得到的好处，予以弥补。不过，事实上，由于生产均衡化后，生产更为有序，消除了众多不稳定因素，包括在制品、保险库存在内的"总库存量"，不是增加，反而下降了。

看板管理的战略思想更为先进，它把对供需矛盾的解决，进一步在上述思路基础上演化，这就是"缩短生产周期"，以缩短均衡化生产的期间，从而使企业应付需求变化的能力大大提高，整个生产系统的弹性与效率也大大提高。

四、日本公司的财务战略

日本公司所采用的财务管理方法较为独特，其宗旨在于一切为发展服务。公司的经营者们把实现发展目标放在一切工作的首位，因而其财务战略也把发展作为最优目标。

（一）日本公司的财务战略优势

×××银行曾对日美半导体产业的财务政策，做了一次比较。在报告中，该银行一针见血地指出：日本半导体企业的竞争力，是靠其财务战略来支持的，并对美国厂商们又一次敲响了警钟。

×××银行的报告认为，目前美国在半导体领域，暂时保持着技术与产量的领先地位，能否保持现有的地位，取决于资金的筹措与投入。其根据是，日本企业正在不顾经济形势和经济环境，大量贷款，向半导体领域进行投资。

而在资金的筹措与投入上，日本公司具有相对优势。日本公司的贷款比例比美国企业高，因而，它们的资金成本就显得格外低，只需要较低的资金利润率就可以了。如果美国企业也能提高贷款比例，借到像日本公司一样多的钱，资金成本也同样可以大幅下降。问题是美国的商业惯例，是不允许像日本公司那样，可以无止境地贷款，一旦美国半导体企业的市场占有率下降，或被日本公司蚕食，产量与效率势必下降，最终反映到资本利润率指标上来；反过来削弱融资能力，资金筹措更趋困难，利润率进一步降低，形成恶性循环，企业就岌岌可危了。

在×××银行执行的当年，即1984年，日本半导体产业的设备投资首次超过了美国，日本公司的财务战略，已经开始生效。留给美国人的选择，只有两种，要么说服金融界，摈弃历来的商业惯例，要么把半导体产业，转移到海外工资水平较低的国家与地区。如果听任日本公司如此迅猛的扩张，而不采取措施，抵消他们的财务优势，美国半导体产业的惨败，只是时间问题了。日本企业采用这种扩张性财务战略，在尖端产业中，埋头扩大规模，产生了对美国企业强大的竞争压力，所向披靡。日本企业采取这种财阀战略的原因，在于企业、银行与股东三者之间形成的特殊关系，以及与这种三角特殊关系相对应的三者利益目标的协调与统一，这就是积极谋求发展企业，参与企业经营与投资银行以及追求股票价值的股东。三者都希望通过日本企业的扩张性财务，来谋求各自利益目标的最大化。而三者结成的这种特殊关系，也使日本企业能够或者只能采取这种扩张性的财务战略。

（二）积极谋求发展的日本企业

质优价廉的产品、高涨的市场需求和稳定的经济效益，是企业"发展"的必要条件。不管在日本，还是在欧美，这些条件没什么两样。要掌握资金的来源，并促进企业的发展，必须依靠企业的财务政策；而财务政策的关键，在于价格、借贷和红利分配。任何企业都会采取积极的财务政策，力争超出对手。然而，企业外商的经济关系不同,其财务政策扩张性程 序也不同。下表所列举的例子表明,财务政策的差异,会给企业发展带来极不相同的后果。

"A公司"是为暂居某行业为首的美国公司,"B公司"为屈居第二的日本公司。

A公司与B公司发展比较表

单位:10亿日元

	A公司(美国)	B公司(日本)
市场占有率(%)	50	10
年增长率(%)	15	30
负债与自有资本率	0:1	2:1
负债	0	6.7
自有资本	5.0	3.3
总资本	50.0	10.0
维持目前状况需追加投资额	7.5	3.0
销售额	50.0	7.17
销售成本	20.0	4.5
盈利	30.0	2.67
扣除贷款利息	0	0.67
扣除税金	15.0	1.0
纯利润	15.0	1.0
扣除红利	7.5	0
新借贷款	0	2.0
用于扩大额	7.5	3.0

这两家企业,在财务政策上有着鲜明差别,A公司保持高利润、高红利无借贷;B公司采取低售价策略,利润率较低,不发股息并借下巨额贷款。

A公司财务根底坚实,资金评析表上未欠1美分;B公司贷款与自有资本之比为2:1,债务相当沉重。为了保持发展速度,A公司每年需要追加15%的投资额;B公司为30%,这些追加投资金额,只能从企业利润提留,或者从外商贷款予以解决。

假定A公司不打算借贷,从内部的提留部分中解决追加投资金额,那么,必须提高产品售价,保证税后利润达150亿日元,其中一半用于支付利息,另一半用于设备投资即 75 亿日元追加投资金额，保证年增长率达到 15％。

单从财务结构上来看，B 公司远不如 A 公司，B 公司生产成本较高，售价却定得很低。从表上数据分析，B 公司税前利润率仅为 37％，而 A 公司为 60％，两者差距很大。如果扣除应支付的贷款利息，B 公司实际税后利润率仅为 14％，而 A 公司的税后利润率为 30％。

在这种情况下，B 公司为了保证 30％的增长率，必须再度向银行借款 20 亿日元，加上税后利润，即纯利润 10 亿日元，共 30 亿日元，作为追加 30％设备投资金额。B 公司的负债与自有资本的比率不变，仍然维持在 2∶1，同时，B 公司必须停付股息。

B 公司的这种财务政策，在企业竞争中变得十分有利。一是 B 公司售价低。尽管 B 公司的生产成本高于 A 公司 13％，售价却低于 A 公司 28％；二是 B 公司的发展速度快。尽管 B 公司不发股息，并欠下巨额贷款，但增长率却是 A 公司的 2 倍，可以设想，B 公司用不了多少年，就能赶上 A 公司。

日本企业这种采用积极的财务战略，在日本企业之间竞争同样有效。20 世纪 50 年代，本田在当时被东发公司逼得走投无路，就是依靠大量贷款，迅速扩大生产规模走出困境的。当时，本田摩托车的质量水平较高，但生产扩张速度却备受奚落，有人认为本田的扩张，过于冒险，自信过了头。理由是本田利润不及东发的一半，而贷款数额却是东发的 4 倍，贷款与自有资本的比率，高达 6∶1。

然而，正是这种扩张性的财务战略，使本田的扩大再生产投资急速膨胀起来，实现了 40％以上的年平均规模增长率，这一速度高出当时市场需求增长速度的 50％。与本田猛烈攻势形成明显的对比，东发反应迟钝、毫无生气。由此引起竞争格局的逆转，本田的市场占有率，从 1956 年的 20％，一举扩大到 1961 年的 40％，而东发却在同期，从 22％猛跌到 4％。

随着市场占有率的扩大，本田产量不断增长，达到东发的 10 倍，大大降低了产品的单值成本，进而，使本田的财力状况进一步改善，销售利润率回升到 10％。相反，东发却因产品积压、市场疲软，出现巨额亏损，不得不破除原有"财务稳健"的规矩，向银行借贷度日。至此，形势完全逆转，本田的贷款与自有资本比率为 1∶1，而东发为 7∶1。正常情况下东发可以从失败的教训中悟出"以贷款求发展"的道理，卷土重来。遗憾的是摩托车行业的黄金时期已经过去，市场需求的年增长率已经降至 9％，进入成熟期，胜负终成定局。1964 年，长期称霸摩托车行业的东发公司，最后宣告破产。

（三）参与经营与投资的银行

日本企业之所以能够冒着风险借到巨额资金，这和企业与银行之间的密切关系是分不开的，实际上日本银行本身就是贷款企业的股东，在利益上相互关联，并对企业的经营状况了若指掌。日立、三菱电机、东芝、日本电气等公司，都是某一银行系统的成员。

更重要的是，日本银行所承担的风险，并不像人们想像的那样高。长期以来，日本银行通行的惯例是"抵押贷款"，在贷出一笔款额时，通常需要一定的担保，而日本企业的担保能力，往往比资产平衡表上表面数据大得多。

以日立公司为例。第一，日立的资金平衡表中，列有当年无法回收的一笔有息债款72亿日元，这实际上是日立与子公司（日立信用卡）共同向消费者提供的分期付款项目。实际上日立的债权额，大大超过账上所反映的数字。

第二，日立把借给员工的各种垫付的借款，譬如，对超过一定标准的员工，提供低息住宅贷款，仅以将来的收入和住宅作担保等等，列入资金平衡表，在资金平衡表中，这笔垫款高达11176亿日元，分期偿还期为10～15年。

第三，在资金平衡表中，有价证券的估价大大低于现值。1981年3月31日，日立保有的有价证券，从账上反映出来的数字是486亿日元，这是按几十年前购进的股票价计算的，通常日本公司不倒卖证券，如果按现有价计算，当值11800亿日元。

第四，也是最重要的一点，就是对土地的估价。在资产平衡上，日立的土地资产估价过低，从1956年至1981年，日本的地价，实际升值150倍，可是在资金平衡表上，日立的地产价值，仍然按购入价计算，其账面数与实际价值差额，当在百万亿日元。资金平衡表上的这四项差别，即金融子公司债权债务的计算，职工的住宅垫款，有价证券的评估，以及房地产买入价与现值的差额，使日本企业的资产被大大低估了。可以说日本企业比较欧美企业，其财务状况毫不逊色。日本企业完全可以把这些低估了的"资产"作为理想的抵押品，向银行获取高额贷款。尽管日本公司在资产平衡表上反映出负债与自有资本的比例很高，但其融资能力并不低，就是这个道理。

更重要的是，日本公司与银行金融机构，有着千丝万缕的联系。它们互相持有对方的股票，交换各自的财务情报，并在金融投机中结为伙伴。以日立为例，它的资金平衡表上，列有大量的现金和有价证券。据估算，1981年3月31日，约有总额120亿日元的现金，作为定期存款，存入银行。这类似于一种投保，一旦出现急需资金的意外情况，可以从银行那里，痛痛快快地获得所需要的贷款。

企业与银行间结成这种关系，使企业一旦遭遇不测，甚至濒临破产，很容易得到银行的帮助。日本兴业银行在帮助日本企业复兴，发挥过重要作用。这家银行在战后对日产的振兴，在20世纪60年代重建"山一证券公司"，以及近10年内对日产氮肥公司与日航公司的整顿，起到了主要作用。

银行在插手帮助日本公司方面，几乎是不遗余力的，除了派人前往所联系的企业，帮助改善财务状况外，对陷入困境的企业，派出得力的管理人员，担任要取，甚至直接接管企业。如住友银行，在本系统系列企业东洋工业公司濒临破产之际，派出改组小组，直接接管企业。日本银行与企业之间这种独特的关系，可以用"相互依存、利益与共"加以概括，从而，拓宽了日本企业融资的自由度，增强了日本企业贷款的胆略。

（四）追求股票升值的股东

采取上述财务战略，常常使得产品定价过低，利润微乎其微，股息很少，企业负债累累，企业受制于银行等等，这不能不使人担心股东的利益。

令人不解的是，日本股东们对日本企业利润之低，居然少有怨言。在过去的5年中，日本大企业支付的股息，平均为股价的1.8%，××为1.3%，日立为1.7%，这相当于欧美竞争企业的1/4弱。并且日本普通股民或一般股东，对红利分配，以及对其他经营方针的发言权，几乎等于零。

红利既少，又没有经营上的发言权，看来向日本企业投资，是件得不偿失的事情。但是，要是股票能升值的话，股东也许大有赚头。

从过去10年的情况来看，日本企业的股价升幅大于美国企业。日本股东平均得到的股票收益，包括因股票升值获得的税前价差利益加股息，为股票购入价的175%，美国股东的收益为39%。日本股东的好处，显然要比美国股东大得多。换成具体金额的话，日本股东1973年每投资1.1万日元，到1983年共可获利约1.2万日元；而投资于美国企业的10美元，同期只能获利3.9美元。日本股东的股息收入，占总收益的11%，美国为8.5%；相反，日本股东因股市升值所得收入，是美国的40多倍。

从税后利益情况来看，日本股东的好处更为明显。尽管日本与美国政府，都对股息课以高税率，但是，日本股票升值的收益，却属于免税范围，这样一来，日本股东的税后利益，比美国股东更高。近5年中，日本股东税前收益率为94%，而美国为76%。而税后纯收益率，日本为92%，美国为48%。

日本股东参与经营管理的权力，只相当于美国的优先股股东。在公司有支付能力的条件下，他们可按照股份多少领取股息，除此之外，就没有任何权力。股息对于企业的竞争力，具有很大影响，弱小的企业尤其如此，经营不善、即将破产的企业，支付股息后所利无几，根本没有能力扩大再生产。这种情况，从财务状态中也能看出（见下表）。

表中所示，是日立、三菱电机和东芝三家企业的财力状况。三家企业中日立的业绩最好，其次是三菱，最后是东芝。

日立、三菱电机、东芝的财务状况比较表（1983年）

	日立	三菱电机	东芝
企业整体竞争力	强	中	弱
销售利润率（%）	3.8	2.2	1.6
总资本利润率（%）	3.8	2.5	1.6
贷款与自有资本比例	0.7：1	1.4：1	1.9：1
贷款利息占利润比重（%）	27	44	50
红利分配率（%）	14	27	45
企业利润贸成率（%）	86	73	55
企业利润贸成额（10亿日元）	540	110	90
可用以再投资的利润及追加贷款（10亿日元）	917	260	260

利润中可以再投资部分，日立最大，东芝最小，三菱居中，借贷比例也是竞争力越弱的企业越高。这说明竞争力弱的企业，为了维持现有地位，对贷款的依赖程度较高。不管动机与条件如何，控制股息分配、提高企业利润留成，以及前面所说的，增加贷款和压低售价，都将有利于市场竞争能力的提高。最终伴随着竞争能力的增强，像日立那样，财务状况变得越来越好，包括贷款与自有资本的比例降低等等。

一旦财务上进入良性循环，员工收入与利益，也开始上升。尤其是企业的发展，带动股票升值，使股票的利益目标与企业发展目标一致起来，股东可以全额获取股价上升所带来的收益，并免于征税。企业员工可望在企业竞争力增强、利润上升中，提高薪水等等。

因此，日本多数经营者的第一位目标是，提高市场占有率，即谋求企业发展，提高竞争能力；第二位是总资本利润率；第三位是新产品的开发；第四位才是股票升值。美国经营者则大相径庭，第一位是提高总资本利润率；第二位是股票价格上升；第三位才是扩大市场占有率。甚至有少数美国企业，把股票升值作为第一位目标。

日本企业选目标优先顺序，合乎竞争规律。企业只有在竞争中取得优势，才能增加利润，提高总资本利润率，而要取得竞争优势，首先必须拿出优良的产品，然后再陆续推出新产品，稳固领先地位。最终是否领先于竞争对手，还需从市场占有率指标来检验。为了保持和扩大市场占有率，尤其是主要产品畅销市场份额，必须进行必要的设备投资，扩大产量，提高或维持发展速度，即使出现亏空，即使获得不了股息，也在所不惜。如不这样做，就保不住自己的市场地位，而现有地位一经动摇，要想恢复很不容易。这一过程，必须咬紧牙，持续到在市场上取得决定性胜利为止。

一旦在争夺市场占有率上取得决定性胜利，利润自然滚滚而来，股价也会一升再升，丰田、松下、布里奇赖和本田等日本企业的发展过程，都证明了这一点。

六、经营战略计划

（一）经营战略计划的基本含义

经营战略计划是企业依据市场发展变化和企业经营目标、企业宗旨等，在广泛市场调研的基础上，对企业的各种生产经营进行整体性安排的计划方案。

（二）经营战略计划的写作要点

经营计划的写作要注意以下几个方面：

1. 企业的经营目标和企业宗旨；
2. 企业的产品开发及市场潜力；
3. 企业的可持续性发展战略及目标；
4. 可行性分析报告。

（三）格式范例

××公司经营战略计划

一、基本任务和总目标

从现在起到 2010 年是中国经济稳步发展的时期，根据本企业产品在市场中的地位和作用，公司制定 2003 年至 2010 年远景规划，使之成为公司各项工作的指导。

这个时期内的奋斗目标和工作重点是：研制尖端产品，赶上国际先进水平；进行部分产品的更新换代；新建和扩建部分生产车间；大量培训员工，促进技术进步；提高企业经营管理水平和经济效益。

二、发展规划

（一）企业发展规划：新建××车间，进行××产品的生产；扩建××车间，使×种产品的生产到 2010 年比现在提高×倍，年产量达到××万只；增加工程技术人员、技术工人和部分管理人员，使之从现有的××人，增加到××人。

（二）产品发展方向：与××研究所合作，积极研制××、××等新产品，其中××新产品要达到国际先进水平；以提高质量为中心，对现有的××等几种产品进行技术改造，使之符合国内和国际市场的需要。

（三）主要技术经济指标

1. 提高劳动生产率：随着新技术设备的应用和工人生产技术的提高，到2010年全年劳动生产率要比现在提高××％左右。

2. 增加总产值：在××车间的扩建和××车间的新建工程完成投产后，年总产值可达××万美元，比现在提高×倍。

3. 降低可比产品成本：通过提高劳动生产率，节约原材料、燃料等消耗，使可比产品成本到2010年比现在减少××％左右。

4. 加速资金周转：在产品增加的情况下，做到不增加流动资金，使流动资金的周转天数从现在的××天，降低到××天。

5. 提高盈利水平：在增加生产、降低消耗的基础上，力争2010年的利润从现在的××万美元，增长到××万美元。

三、为实现目标而采取的措施

（一）举办各种培训班，提高员工文化水平，学习先进技术，改善人员素质，使之符合企业发展的要求。

（二）加强企业文化的渗透，正确贯彻经济责任制。严格执行奖惩制度，切实做到权、责、利相结合。调动全体员工的积极性，不断提高生产技术和经营管理水平，实现各项技术经济指标。

七、战略企划管理条例

（一）战略企划管理条例的基本含义

战略企划管理条例是企业为加强内部管理，实现企业经营战略目标而制定约束性、规范性书面材料。

（二）格式范例

战略企划管理条例

第一章 总则

第一条 目的

为加强公司管理，提高公司现有资源利用率，实现公司经营战略目标，促进公司快速发展特制定本条例。

第二条 基本要求

1. 要做到规划与应变相统一。

2. 要力争达到权责明确。

3. 各项操作要求科学、规范、明确。

4. 控制与自主相统一。

第二章　基本原则

第三条　前瞻性

要不断创造机会和把握战略机会，分析机会存在的依据、特征，确定把握机会的方针和行为规范，寻找新的经营机会和经营领域。

第四条　创新性

要合理利用公司现有资源，不断完善战略企划方案，要使其不断得到创新和发展。

第五条　应变性

战略企划要突出人的主观能动性和自觉适应性，根据市场环境和公司现有状况，灵活地调整战略企划活动。

第六条　含糊性

跟踪公司有限且有价值的目标，组合相关的战略企划资源，确定相应的解决方法，充分发挥员工的创造性和能动性。

第三章　操作流程

第七条　主题的界定

1. 明确战略企划目标；

2. 战略企划问题列举；

3. 界定战略企划主题。

第八条　战略企划资料的搜集与分析

1. 现有资料搜集；

2. 市场状况调查；

3. 资料审核；

4. 资料分析。

第九条　战略创意的产生

1. 创意方法的选择；

2. 战略创意方案的制订。

第十条　可行性

1. 选择衡量标准；

2. 战略企划方案的对比评估；

3. 最终企划方案的确定。

第十一条　战略企划的模拟与评估

1. 战略企划的预算评估；

2. 战略企划的进度控制；

3. 战略企划的效果评估。

八、经营战略目标

（一）经营战略目标的基本含义

经营战略目标通常包括企业整体目标和企业部门目标，它是企业在一定时期内所要达到的经营目标。企业整体经营战略目标主要指企业年度经营方针；企业部门目标主要指企业经营管理中各部门具体的生产任务。

（二）格式范例

整体经营战略目标

一、企业总体目标

1. 预定偿还 1000 万元上年度短期借款，使负债比率低于 80％。

2. 促进全体员工同心协力，努力贯彻自主性的经营方针。

3. 营业额达到 2 亿元。

二、人事管理目标

1. 全公司总人数以 150 人左右为标准。

2. 确立职位分类、薪金体系。

3. 设定工作说明书。

4. 每年派 1 名员工到××国某公司进修。

5. 建立经理以上员工住宅制度。

三、营业、采购、生产目标

1. 设立 5 个分公司。

2. A 产品不良率降至 5％以下。

3. B 产品进口到岸价每吨控制在×××元以下。

四、会计、财务目标

1. 总资产尽可能控制在 5000 万元左右。

2. 营业外收入中的租金收入以每月 500 万元为目标。

3. 加强企划部门的预算控制。

部门经营战略目标

一、公司总体目标

1. 达到年销售额 3 亿元、利润率 10％的目标。

2. 在上年纯利率 10％的前提下，尽可能扩大市场占有率至 10％，使本公司在本行业中排名进入前 5 名。

二、总经理办公室目标

1. 拟出内部监察计划。

2. 希望各部门的计划制定工作于×月×日以前结束，以配合经营会议，并于×日内召开年度计划发布会。

3. 关于经营计划与实绩，应能以图表形式表示以获得整体印象，并拟出具体的图表管理方案。

4. 为新的组织拟订职务权限规则。

5. 做好新投资机会的投资报酬率分析。

三、生产部门目标

1. 拟订使产品合格率达到85％的计划。

2. 拟订适当计划，以使不良产品比率降到1％以下。

3. 以1200万元于×月份更换生产设备，以便能降低成本10％，把制造成本控制在2亿元以下。

四、总务部门目标

1. 拟出年内例行事项的实施计划表。

2. 拟订综合控制计划，重点放在推销员与管理职员上。

3. 订出计划，使达到附加价值150万元为提高工资20％的目标。

4. 拟订修订薪金与改善薪金体系的具体计划。

5. 提出具体的计划，于×月份增加餐厅设备。

6. 与有关人员协商，拟订员工的医疗计划。

五、营业部门目标

1. 拟订有关采购商品的计划。

2. 拟出销售目标3亿元、销售成本4000万元的月别、部门别的明细分担表。

3. 达到应收款回收85％的目标，并依顾客别与部门别制作回收的目标图表。

4. 按月拟订销售促进计划。

5. 把销售重点放在A、B、C三个产品上，希望能使其销售额达到总销售额的75％以上。

6. 拟出更换公司货车的计划。

六、会计部门目标

1. 下年度须把重点放在资金运用效率上，希望每月召开经营会议时，能提出月资金设计调度计划实绩对照表。

2. 拟定利益目标3000万元、销售目标3亿元、制造成本2亿元、销售成本4000万元、管理成本2000万元、资金成本1000万元，依月别再设定综合损益计划，另外还须拟定预算实绩表的格式。

3. 将管理费用区分为固定费用及变动费用两种，为加强预算控制，须拟订代金券制度运用方法。

4. 与制造生产部门联络，拟订可自金融机构贷款设备投资资金 2000 万元的具体计划。

5. 提出缩短折旧年限到下年度全部摊提完毕的改善方式。

九、经营战略方针

(一) 经营战略方针的基本含义

经营战略方针是指以企业的经营思想为基础，根据实际情况为企业实现经营目标而提出的一种指导方针。企业的经营战略方针分为基本经营方针和年度经营方针。

(二) 格式范例

经营战略方针

为加强公司管理，提高公司经济效益，特制定本经营战略方针。

1. 以顾客为上帝，在为顾客服务中发展自己；

2. 以最新最好的技术提高施工质量；

3. 认真负责地完成各项工作；

4. 团结合作，发挥公司的整体功能；

5. 保持健康的身体，愉快的情绪。

下面对这一基本方针的前几条作一介绍：

1. 关于"以顾客为上帝，在为顾客服务中发展自己"

这一条，是公司方针的集中体现。对顾客，必须怀着诚意提供服务。通过向顾客提供最好的产品和服务，使他们得到满足，不仅是有益于顾客的事，也是有益于公司的事。只有顾客对公司的产品和服务是满意的，他们才能从中得到收益，使其事业得到发展，而这反过来也会使公司在顾客中树立起好的形象，使顾客再次接受公司的产品和服务。

如果因为一时疏忽、工作做得不好，而受到顾客批评，应该认真接受批评，检查疏忽和失误，对顾客赔礼道歉。如果对顾客的批评置若罔闻，也不及时改进自己的工作，就会使公司在顾客中失去信任，这实际是一种自毁声誉的做法，是绝对不可取的。一定要看到这种做法的危害性，要树立"顾客就是上帝"的思想，以满腔热情认真地为顾客服务。

2. 关于"以最新最好的技术提高施工质量"

作为主要从事建筑工程的公司，必须充分看到施工质量对保证产品质量的决定性作用。在施工中，必须以认真负责的态度，把施工质量作为保持公司优势的生命线。而施工质量的提高，除了工作态度以外，还有赖于技术水平的提高，特别是先进技术的采用。因此，要积极进行新技术的开发和新工艺的研究，在这方面，要鼓励公司职工在技术革新和创意上下功夫。

3. 关于"认真负责地完成各项工作"

责任观念是做好工作最重要的因素。不管某人对某项工作如何熟悉、技术如何高明，如果没有负责精神，仍然做不好所承担的工作。负责观念是一种敬业精神，也是一种坚定的信念。对于工作负责的员工，要给予鼓励和奖赏，并委以重任；对于工作不负责任的员工，要予以处罚。

十、市场预测报告

（一）市场预测报告的基本含义

市场预测报告是相关专家根据市场变化和一定的经济理论，运用科学的方法和手段，将市场预测对象、预测区域、预测结果用文字表达出来的书面报告。

（二）市场预测报告的写作要点

1. 标题。标题通常由范围、成文对象、成文时间和文种组成。

2. 正文。正文由市场现状、市场预测和相应对策三部分组成。正文的撰写要求能够运用客观准确的数据，对市场作出准确的预测。

3. 其他相关事项。

（三）格式范例

市场预测报告

××市场移动电话从1995年1月开通后发展迅速，至1998年12月末，计费用户达9887户，年均增长3倍。为了摸清移动电话今后的发展前景、用户的消费心理与承受能力以及今明两年移动电话的需求量，我们进行了一次社会调查，经整理分析，其结论如下：

1. 目前移动电话在××市尚处在起步阶段，发展的高潮尚未真正到来。

2. 1999年、2000年两年的需求将分别达到1.3万户和1.6万户左右。

3. 目前移动电话的发展重点应放在宣传使用方法和搞好售后服务上，以便为发展高潮的到来打下坚实的基础。

4. 移动电话初费价格应该稳定一个时期，并尽量少出台类似降价性质的优惠措施。

一、移动电话市场概况

本次社会调查围绕"××市移动电话情况调查表"进行，其中市区以委托上门调查为主，农村以函调为主，调查表共设 19 个项目，比较全面地反映了移动电话的使用状况，用户的消费心理及对售后服务的意见，经汇总整理结论有：公司、厂矿与个体户是移动电话的三大用户。调查表明，现有移动电话用户的分布主要集中在各种公司、厂矿中，其次是村镇及以上的党政机关，个体户（指个体及私营经济用户，下同）也是使用者中一支不可忽视的力量。

具体分布如下表：

用户	所占比重（%）
机关团体	12.36
厂矿	31.36
公司、商业供销	30.51
个体	18.47
其他	7.3
合计	100

1. 移动电话收费价格已被大多数消费者所接受

移动电话的初装费价格已与乙种本地电话用户的价格持平，比住宅户的初装费仅高出 1500 元。调查中认为价格可以承受或勉强承受的用户占 73.9%，认为难以承受的占 26%。有意思的是，在全民单位中认为价格难以承受的占 30.7%，集体单位中认为价格难以承受的占 22.5%。从行业看，差别也十分明显：认为价格难以承受的单位在农林牧渔业中占 50%，为最高；在机关团体中占 35.5%；其他行业在 15%～25% 之间。据此，笔者认为在发展移动电话的外部环境没有大的变化的情况下，其价格可以稳定一个时期，各种优惠措施宜少出台，以防"买涨不买跌"的思潮再度左右市场。

2. 工作需要成为人们购买移动电话的首要考虑因素

尽管配备移动电话尚属高消费范畴，但在购买时已有 86.4% 的人（单位）将"工作需要"列为首要考虑因素，这是社会前进和经济发展的必然结果。购买时首先考虑单位效益的人（单位）为 8.9%，首先考虑价格的已下降到 3.7%，这从另一个角度说明了移动电话的价格基本已能承受。而首先考虑单位或使用人级别的仅占 1%，说明了人们的消费观念已经发生巨大的变化。这对发展移动电话业务来说是十分可喜的现象。

3. 目前移动电话使用者主要是单位负责人

移动电话的优越性是能在移动中随时接受或发布信息，特别适用于单位的决策者，所以作为移动电话的首批用户，目前基本上集中在决策者手中：

单位各层	移动电话分布情况（%）	无线寻呼分布情况（%）
单位决策层	83.2	23.9
中层人员	12	39.2
一般工作人员	4.8	36.9
合计	100	100

4. 移动电话开始向单位中层人员渗透

本次调查中发现移动电话有向中层渗透的迹象。某厂 3 个负责人，2 个中层干部均配备了移动电话。某厂中层以上 30 个干部，共配备移动电话 6 部，3 部在厂负责人中，3 部在中层中。某公司 8 个负责人，已有 6 部移动电话，30 个中层干部，已配寻呼机 12 部。这些例子说明了移动电话下一步发展目标将是没有配移动电话的决策层和已配移动电话单位的中层。调查显示了移动电话在发展过程中呈现出与本地电话和寻呼业务同样的轨迹：先决策层，后中层，再一般人员。

5. 配备移动电话的单位超过 25 家，配备移动电话的负责人已达 310 人，配备移动电话的个体户已近 120 人。已配备移动电话或寻呼机的单位（个人）在各自总数中所占比重为：

用户	移动电话（%）	无线寻呼（%）
单位	40.6	80.5
决策层人员	30.2	55.3
单位中层	1.9	35.1
一般人员	0.4	19
个体户	4.3	/

6. 移动电话潜在需求市场十分巨大

根据对调查表中有关数据的测算，××市各种单位决策层中尚有 1.4 万人未配备移动电话，单位中层人员中尚有近 4.4 万人未配备移动电话，尚未购置移动电话的个体户则高达 3.6 万户。即使以他们中的一部分作为市场的潜在需求量，这个数字也是十分巨大的。

预计今后两年的需求量如下表：

	1996 年需求量		1997 年需求量	
	比重（%）	数量（部）	比重（%）	数量（部）
单位决策层	22	4300	15.4	3000
单位中层	2.2	1000	4.5	2000
一般人员	0.2	200	0.6	500
个体户	10.5	4000	18.8	12500
合计	34.9	95000	39.3	12500

7. 用户对邮电工作基本满意

本次调查请用户对机子质量、通话效果、维修等售后服务作一评价，其中回答"很好"的为2.3％，回答"好"的为28％。回答"一般"的为60％，回答"差"的为9.1％，回答"很差"的为0.6％。在三个质量指标中，对机子质量的评价最高，很好与好的占44.9％；对通话效果的评价最差，差与很差的比重为20.4％。问卷中很多用户对邮局的各项工作给予较高的评价，表示感谢又寄以厚望；也有不少用户对服务态度提出了中肯的批评，工作人员能够体谅他们送修时的心情，能够耐心解答一个外行人的询问。相当一部分用户意见集中在通话效果上，邮局通过建站、扩容、一机二号已经或正在解决之中。有的意见很有见地，如认为信道忙应回说"稍后再打"，以区别关机；有的意见则可能纯属误解，如怀疑移动电话的"接线员分关系号与非关系号"。要求在话费收据后附清单的用户不少。

二、移动电话需求预测

移动电话从开通至今已有36个月，利用这30多个数据，我们建立了两个不同的数据模型：净增数模型和到达数模型。

1. 月净增数模型及预测

由于移动电话每月增加的数量波动甚大，少的时候仅100户左右，多的时候达500~600户。经分析，正负峰值多出现在扩容前后或优惠措施出台前后，但其月发展用户的数量在不断增长的总趋势仍十分明显。

公式：$Y：0.4516 \times 2 - 6.2241X + 141.82$（R2：0.6345）

其中：X—月顺序号，X（1992年7月）＝1

Y—月净增数预测值

本公式经F检验，多项式回归方程显著成立，可利用此式进行预测。经计算，1996年月净增用户需求将达850~950户，1997年月净增户需求将达1400户。

2. 到达数模型及预测

由于用户规模的不断扩大，到达数的发展轨迹则显得比较平滑。

公式：$Y：-0.003X4 + 0.349 \times 3 - 5.7935 \times 3$

$+140.94X + 72.19$（R2：0.9987）

其中：X—月顺序号，X（1992年8月）＝1

Y—到达数预测值

同样经F检验，此多项式回归方程显著成立，可利用此式进行预测。经计算，Y1996年12月：18795户，Y1997年12月：25647户，即1996年移动电话的市场需求将达到7000~8000户，1997年的需求量将达7000户。本可信。其中，模型二由于仅以时间作为变量，而未能考虑价格等因素变动带来的影响，预测值偏小；模型一由于受到月净增数值多少过于悬殊（其标准差???：158.27部/

月）的影响，决定系数 R，较小，不但预测数值区间范围较大，长期预测值（1997 年）又偏高。专家预测则是在定性分析基础上，综合调查表预测、模型一预测、模型二预测的结果，其前提则是发展移动电话业务的内外环境无异常波动。

十一、市场决策报告

（一）市场决策报告的基本含义

市场决策报告是根据企业规划和企业发展目标，充分结合市场调查和市场预测的各种信息情报，经分析研究从多种方案中选取一种优化方案时提供给决策领导参考的书面报告。

（二）市场决策报告的写作要点

市场决策报告通常由下列部分组成：

1. 标题。标题通常由单位名称、目标和文种组成。

2. 正文。市场决策报告的撰写要科学严密，决策必须建立在市场调查的基础上。正文部分要对决策目标和论证结果进行详尽阐述。

（三）格式范例

新产品的决策报告

为进一步满足市场需求，提高本公司的经济效益，开发多品种、系列化的新产品，考虑到本公司现有的具体情况，拟从下面三种可能方案中选择一个最优方案：

A. 改造部分加工车间，只需少量资金，可忽略不计；

B. 投资新建一个加工车间，但需资金 50 万元；

C. 将半成品承包给本公司待业青年生产，整机装配由本公司职工完成。依据资料：

1. 根据市场需求，初步估计按照自然状态，销路好、一般销路差、最差的概率比分别为 0.7：0.5：0.3：0.1。

2. 根据有关资料分析，采用一种方案的结果，5 年形成的生产能力及产生的经济效益如下表所示：

各方案 5 年的效益

单位：万元

销路效益 方案效益	A 方案	B 方案	C 方案
销路好（0.7）	800	1200	400
销路一般（0.5）	400	300	100
销路差（0.3）	－100	－200	16
销路最差（0.1）	－300	－700	－20

定量分析：

根据计算得出：

采用 A 方案，5 年的经济效益是 437.5 万元；采用 B 方案，5 年的经济效益为 537.5 万元；采用 C 方案，5 年的经济效益为 208 万元。

比较分析：

由此结果可以看出，采用 B 方案的经济效益最高，排除投资新建一个加工车间的费用 50 万元，仍比 A 方案要高出 50 万元，但此种方案必须预投资 50 万元。C 方案可解决本公司待业青年的就业问题，但经济效益太低。

以上分析，请领导决策时参考。

×××× 年 × 月 × 日

十二、CI 企划发展战略报告

（一）CI 企划发展战略报告的基本含义

CI 企划发展战略报告是根据市场变化和自身实力对企业的未来发展进行总体规划时形成的书面材料。

（二）CI 企划发展战略报告的写作要点

CI 企划发展战略报告通常包括以下几个方面：

1. 企业宗旨与企业经营目标；

2. 企业战略目标的具体任务；

3. 战略目标实施的步骤及方法；

4. 战略目标的可行性分析。

（三）格式范例

CI 企划发展战略报告（大纲）

一、企业发展战略目标

（一）定性目标

1. 目标方向：_____

2. 目标状态：_____

（二）定量目标

1. 产值：_____

2. 销售额：_____

3. 利税指标：_____

4. 产品系统定量指标：_____

5. 人才定量指标_____

二、实现战略目标的关键

1. 科技革命点：_____

2. 技术创新点：_____

3. 文化支撑点：_____

4. 品牌形象点：_____

5. 产品特征点：_____

6. 人才投资点：_____

7. 营销能力点：_____

8. 行为规范点：_____

三、战略方针

1. 战略思路：_____

2. 运作原则：_____

3. 操作步骤：_____

四、战略行为

1. 投资发展战略手段：_____

2. 人才战略手段_____

3. 管理战略手段_____

4. 营销战略手段_____

5. 财务战略手段_____

十三、CI 理念系统报告

(一) CI 理念系统报告的基本含义

CI 理念系统报告是企业用来解释、推广企业先进理念的一种建设性文件。

(二) CI 理念系统报告的写作要点

CI 理念系统报告书通常应包括以下几个方面：

1. 企业理念的内涵与外延；
2. 企业理念系统的基本功能；
3. 企业理念系统的内容及构成；
4. 企业理念系统应用；
5. 其他事项。

(三) 格式范例

CI 理念系统报告

一、企业理念系统的概念与涵义

1. 企业理念的概念：＿＿＿＿＿＿＿＿＿＿＿＿＿＿＿

＿＿＿＿＿＿＿＿＿＿＿＿＿＿＿

2. 企业理念的基本要素：＿＿＿＿＿＿＿＿＿＿＿＿＿

＿＿＿＿＿＿＿＿＿＿＿＿＿＿＿

3. 企业理念的内容构成：＿＿＿＿＿＿＿＿＿＿＿＿＿

＿＿＿＿＿＿＿＿＿＿＿＿＿＿＿

4. 企业理念的涵义：＿＿＿＿＿＿＿＿＿＿＿＿＿＿＿

＿＿＿＿＿＿＿＿＿＿＿＿＿＿＿

5. 企业理念的表现及形态：＿＿＿＿＿＿＿＿＿＿＿＿

＿＿＿＿＿＿＿＿＿＿＿＿＿＿＿

二、企业理念系统的基本功效

1. 导向功能：＿＿＿＿＿＿＿＿＿＿＿＿＿＿＿＿＿
2. 凝聚功能：＿＿＿＿＿＿＿＿＿＿＿＿＿＿＿＿＿
3. 识别功能：＿＿＿＿＿＿＿＿＿＿＿＿＿＿＿＿＿
4. 激励功能：＿＿＿＿＿＿＿＿＿＿＿＿＿＿＿＿＿
5. 规范行为功能＿＿＿＿＿＿＿＿＿＿＿＿＿＿＿＿
6. 辐射功能：＿＿＿＿＿＿＿＿＿＿＿＿＿＿＿＿＿

三、企业理念系统的设计宗旨

1. 高品位：＿＿＿＿＿＿＿＿＿＿＿＿＿＿＿＿＿＿

2. 务实性：＿＿＿＿＿＿＿＿＿＿＿＿＿＿＿＿＿＿

3. 系统性：＿＿＿＿＿＿＿＿＿＿＿＿＿＿＿＿＿＿

四、企业理念系统的内容构成＿＿＿＿＿＿＿＿＿＿＿＿＿

＿＿＿＿＿＿

五、企业理念系统的内容表述及论证＿＿＿＿＿＿＿＿＿＿

＿＿＿＿＿＿

六、附于理念系统的应用方案＿＿＿＿＿＿＿＿＿＿＿＿＿

＿＿＿＿＿＿

十四、CIS 手册

（一）CIS 手册的基本含义

CIS 手册是企业为逐步加强企业整体形象和强化营销而采取的标准化、科学化、系统化的视觉设计规范，从而引起受众对象认知和识别而形成的书面材料。

（二）CIS 手册的写作要点

CI 手册通常应包括以下几个方面：

1. 引进介绍；

2. 基本要素构成；

3. 应用要素构成；

4. 要素组合形态；

5. 标志；

6. 其他事项。

（三）格式范例

××公司 CIS 手册

一、企业形象和员工形象

企业形象和员工形象通常包括以下几个方面：

1. 总述：提出为什么要对员工形象提出要求，员工形象将对企业造成怎样的影响以及员工形象对外传播的意义等。

2. 语言素养：对员工日常交流提出具体要求，如见面语言、服务语言、询问语言、电话用语等。

3. 着装要求：对员工工作时的着装提出具体要求，尤其对负责公关和礼仪的员工要重点强调。

4. 日常礼仪规范：要明确对企业内日常礼仪进行规定。如见面与介绍礼仪、握手规则、来访接待规则、电话接待等。

二、员工管理规程

1. 总则：说明员工管理规程的总体要求；

2. 对员工的任免：包括对员工任用、解职（辞职、解雇、停薪留职、退休）等要求；

3. 考绩：说明考绩的具体要求与奖惩的具体要求；

4. 工作时间：上班时间的各种要求；

5. 请假与节假日：对员工请假制度作出详细规定，员工休假要严格按照国家规定执行；

6. 薪金供给：薪金规定、加班待遇、津贴等必须作明确的规定；

7. 安全卫生：要有明确的安全卫生管理条例。

三、人力资源管理规则

1. 总则：提出人力资源管理的范围，从业人员的职责以及从业人员的总体规定；

2. 任用：从业人员的任用条件、任用制度、任用规程等；

3. 服务：提出各项职务的说明及服务范围、服务规则、工作要求等；

4. 抚恤：提出抚恤的具体条件及规定；

5. 保险：提出保险的规则及权利；

6. 出差：提出出差的具体规则；

7. 福利及建议制度：提出对企业从业人员的福利待遇及相关事项，向企业提供意见与建议采纳后的奖励规定等；

8. 其他规定：除以上各项以外的其他规定。

四、员工出勤管理办法（略）

五、员工教育培训管理办法（略）

六、新进员工考核办法（略）

七、员工建议提案规程（略）

十五、市场调查报告

（一）市场调查报告的基本含义

市场调查是就商品或劳务在从生产者到消费者的过程中所发生的有关市场营

销问题的资料系统的收集、记录，进而进行认真的调查研究。市场调查报告就是在对调查得到的资料进行分析整理、筛选加工的基础上，记述和反映市场调查成果的一种商务文书。

（二）市场调查报告的基本种类

通常来说，市场调查报告包括以下几类：

1. 市场需求调查报告。市场需求调查报告主要是调查市场对本企业产品需求和影响需求因素的调查。

2. 竞争对手的调查报告。竞争对手调查报告主要就竞争对手的总体情况、竞争能力以及新产品的发展动向等进行调查。

3. 经营政策调查报告。经营政策调查报告主要就企业的产品、价格、广告和推销政策、销售和技术服务政策等进行调查。

（三）市场调查报告的基本格式

市场调查报告通常包括标题、前言、正文和结尾四个部分组成：

1. 标题。市场调查报告的标题通常有单行标题与双行标题两种形式。单行标题又分为公文式标题和文章式标题。双行标题是在正标题之后加副标题。

2. 前言。市场调查报告的写法不要求一致，但一般前言部分要交代写作的目的或动机，介绍调查的背景，调查的基本情况等。常见的写法有下面几种：

（1）新闻式；

（2）提问解答式；

（3）概括交代式；

（4）议论引用式。

3. 正文。正文是市场调查报告的主体部分，包括调查情况和调查者的观点。正文部分要具备以下内容：

（1）基本情况。基本情况要包括历史情况和现实情况。重点要放在对现实情况的介绍上，要求要如实地反映调查对象的现实情况。

（2）前景预测。市场调查报告要对市场进行合理的预测，以便企业作为生产经营的依据。

（3）措施建议。市场调查报告的建议或措施要有针对性和可行性。

4. 结尾。

（四）格式范例

调查报告

中国青少年研究中心联合北京、上海、广州、山东、甘肃、陕西等 6 个省（市）青少年研究所和广西壮族自治区团校，最近在全国 9 个省、市、自治区对青少年的消费观念、消费现状与趋势、消费结构进行了大规模调查。

一、青年消费观念更新

如今青年人的消费观念发生重大变化，把"节衣缩食"、"粗茶淡饭"的美德淡化了。许多青年注重："吃要讲营养，穿要讲式样，玩要讲多样，用要讲高档。"因此，在调查中问了青年对"四讲"问题的评价。

来自青年的反馈是：认为"符合现代生活方式"的占42.5％，认为"不合中国国情"的占21.3％，认为助长好逸恶劳的占7.2％，认为容易引入高消费误区的占23.9％，回答说不清的占5.1％。这表明当今相当多的青年的消费观念已经发生重大变化，有42.5％的人向往"四讲"的生活方式，但对"四讲"的生活方式持怀疑和否定态度的人数也多达52.4％。

二、消费现状与趋势

1. 饮食日益注重营养。在"您对饮食最注重的是什么"一问中，青年人回答"讲究营养"的占40.4％，为"方便省事"的占25.3％，"吃饱就行"的占23.4％，

2. 穿着注重"方便舒适"和"体现个性"。在青年回答"您对服饰穿着注重的是什么"一问的回答中，多达55.9％的青年把"穿着舒适"列为主要目标。其次才是"体现个性"。

3. 沿海地带青年人买大件消费品趋向高档化。据一些大城市及沿海经济发达地区调查，青年高档消费的指向产品，依需求人数比例的高低排列的顺序是：立体音响、空调、彩色电视、摩托车、电冰箱。

据调查分析电脑打字机和小汽车很可能在本世纪末、下世纪初列入新的"三大件"。

广东、上海、北京青年人需求彩电已被排列在第5、6位，排在第3位的是电脑或摩托车，而广西、山东、甘肃等地区彩电仍占据"三大件"之首。广东、北京、上海青年今天的消费指向是其他地区明天的消费趋势。

三、消费结构失衡

在调查中发现，现在青年人的消费结构有两个失衡之处：一是物质消费增长过快，精神消费则严重滞后；二是在精神消费中重娱乐消遣，轻读书学习。

据对9个省、自治区、直辖市的调查，青年人中"基本不买书和报"的人占被调查人数的12.6％，偶尔买点的人数占26.4％，把购买书报列为每月固定支出项目的却只有9.9％；家中基本没有藏书的青年多达34％，而拥有100册以上的人占28％。这种情况令人忧虑。消费失衡，不利于青年一代的健康成长。因此，结合加强爱国主义教育，鼓励和引导青年多读书、读好书，应当受到社会各界的关注。

十六、市场营销决策报告

(一) 市场营销决策报告的基本含义

市场营销决策报告是企业经营者为解决企业营销活动中出现的问题，根据企业的自身实力和经营目标，并结合市场调查、市场预测以及各种信息情报，进行分析研究，上报决策者的书面材料。

(二) 市场营销决策报告的基本格式

市场营销决策报告通常包括标题、签署、正文和结尾四个部分组成：

1. 标题。标题通常由时限、单位名称、目标和文种构成。

2. 签署。签署要标明决策报告的作者和单位名称。

3. 正文。正文是市场营销决策报告的主体部分，正文部分要具备以下内容：

(1) 决策目标。确定决策要解决的问题和要达到的技术经济目标。

(2) 依据资料。对资料要科学分类，合理利用。

(3) 设计方案。

(4) 比较论证。通过论证，用科学的方法选出最佳方案。

4. 结尾。

(三) 格式范例

××公司营销决策报告

我们运动鞋经营部为了能在运动鞋市场竞争中始终保持优势，本着薄利多销和勤进快销的原则，经我部群策群力，开展市场调查分析，决定将库存的夏装一律降价20％销售。如果库存的2万件夏装在今年夏季全部售出，可实现6万元盈利目标。

营销利润的预测结果如下表所示：

盈亏平衡图 （略）

市场占有率 （略）

经营完全率 （略）

盈亏平衡点计算公式 （略）

由于市场占有率为85％，经营安全率为95％，所以估计我部的夏装销售比较景气，实现目标的可能性很大。

以上方案，请公司领导裁定为盼。

××百货公司运动鞋经营部

××××年××月××日

十七、市场营销计划书

（一）市场营销计划书的基本含义

市场营销计划书是企业按照经营目标，依照市场调查、预测与决策等，对商品销售从时空和人力、物力及财力上作出具体安排。

（二）市场营销计划书的基本格式

市场营销计划书通常包括以下几个方面的内容：

1. 计划概要；
2. 企业营销现状；
3. 企业存在的问题；
4. 营销策略和目标；
5. 营销预算；
6. 营销监控；
7. 其他事项。

（三）格式范例

××公司年度营销计划

1、目标

销售额	×××亿美元
毛利	×××亿美元
毛利率	××％
净利	×××亿美元
市场占有率	××％

二、历史销售记录

	1998 年	1999 年	2000 年	2001 年
市场销售额总规模	××××	××××	××××	××××
××的销售额	××××	××××	××××	××××
××的市场占有率	××％	××％	××％	××％

三、市场占有率发展趋势

	1997 年	1998 年	1999 年	2000 年	2001 年
本企业	××％	××％	××％	××％	××％
××	××％	××％	××％	××％	××％
××	××％	××％	××％	××％	××％
××	××％	××％	××％	××％	××％
××销售网	××％	××％	××％	××％	××％
××销售网	××％	××％	××％	××％	××％

四、概述

西餐食品市场正在缓慢成长。传统的街区和郊区市场已经饱和，当前大多数的销售增长来自非传统销售网点，诸如机场、火车站、办公大楼所在地。

西餐食品自然集中于汉堡包、鸡和番茄酱的销售。某些新开业的专业化西餐食品销售网点，向成年人提供了更多的食谱选择。这些销售网点对×××形成了潜在的威胁，它们正在集中于单一的西餐食品和成年人市场而不是儿童市场。

随着这些专业化西餐食品销售链和新鸡味食品销售网点的诞生和开发，对市场营销努力作出改进的炸鸡都在不断地向汉堡包的销售进行挑战、施加压力。

从积极的方面来看，××公司以及××西餐店等在促销宣传方面都运作不力，处于弱势。概括起来，近几年积极和消极的事件大致如下：

积极的事件：

成功地向市场投入了各种色拉和三明治；

儿童对各种西餐的需求长久不衰并不断发展，趋势明显；

本公司游乐场成功地扩大着销售；

一直由本公司的西餐食品统治着早餐市场。

消极事件：

西餐食品的市场正在减缓；

非儿童市场对本公司的忠诚性正在缩减；

竞争对手多次向市场投入了"××西餐"；

寻求新销售网点的地盘越来越困难；

最近对本公司产品所进行的营养分析，结果是十分不利的。

五、竞争形势

××企业近几年来受到很大的创伤。它的广告宣传不得力，而且又没有开发新的产品。××企业唯一的积极因素是步本公司的××西餐后尘，模仿这一产品以及增加它的早餐食品的花色品种。

××正前进在增加它的销售网点的大道上，它也把三明治加入了它的食谱当中，其广告中"只有我们对鸡的烹饪才是正确的"这一口号十分有效。本公司估计××将继续增加它的销售网点。而且，××一旦建立起了足够的销售网点，也许会采取更大的广告宣传活动，它绝不会满足已经获得的成果。

六、价格对比

	低价餐	中价餐	高价餐
×××公司	×××	×××	×××
×××公司	×××	×××	×××
×××公司	×××	×××	×××
×××公司	×××	×××	×××
×××公司	×××	×××	×××
×××公司	×××	×××	×××
×××公司	×××	×××	×××

由此可见，尽管竞争对手之间存在着价格差异，大路货或独特风味都存在溢价。对西餐食品的每个竞争对手来说，顾客接受着相同的价格——价值关系，而顾客对西餐食品餐馆的选择则是根据他们的口味、偏爱或地理位置而不是价格。

建议在××××年××月将售价提高3％～5％。

七、问题与机会

问题：

1. 通过现场实验发现，顾客对本公司潜在的新西餐食品评价不高；

2. 适于本公司开设新销售网点的潜在地盘十分有限；

3. ××企业在经营成年人西餐食品方面表现出了极大的潜力；

……

机会：

1. 市场调查表明，顾客将会对本公司即将推出的自由挑选全营养小果子面包作出积极的反应；

2. 本公司在非传统开店的场所开设的销售网点相当成功；

……

八、营销行动

本公司处在一个平淡无奇的年份里。今年，它既没有为占领成年人市场推出一种新品种，也没有跟上竞争对手增设销售网点的步伐。本公司正准备检验一些新的市场观念。这些新的市场观念既能满足那些喜欢本公司传统西餐食品的顾客，又能满足那些喜欢标新立异、期待西餐食品有所变革的顾客。

本公司今年的目标除了保证全营养小果子面包出现在所挑选的市场上之外，

其他产品都应保持原有市场占有率。为了实现这一目标而采取的主要行动有：

不断加强对儿童的市场营销活动，以增强本公司产品对儿童的凝聚力；

继续进行幸福西餐的促销活动，继续增加本公司的游乐场数目；

以成年人细分市场为目标市场进行促销活动，每6个月组织一次促销性游戏；

在东北部和西海岸地区的大城市市场引入全营养小果子面包，并组织一次广播电台广告宣传活动，对全营养小果子面包进行大张旗鼓的宣传；

在成年人中开发出具有较强的顾客忠诚性的几种新观念；

以新思想进行市场试验，重新推出西餐食谱——双层干酪包，这种双层干酪包曾经是20世纪60年代流行的食谱，广告宣传着重"××××伴随我一生成长"；

继续增加在非传统设店的场所开设销售网点的数目。

九、次要行动

1. 扩大适合于地区合作团体用于他们自己的广告宣传活动的素材量；

2. 增加本公司主办的体育活动及其有关活动的次数；

3. 增加本公司媒体露面的次数；

4. 发布有关本公司西餐食品营养成份及含量的新闻报道。

十、市场定位

本公司是一个为家庭和成年人备办早餐、午餐和晚餐的西餐食品店。尽管汉堡包是主要产品，但本公司将努力推出可供顾客挑选的、花样繁多的食谱。本公司打算增设更新食谱并增设服务场所，以更好地满足不同顾客的口味。

十一、营销策略

1. 广告宣传活动

本公司将继续以重金作广告宣传，费用额将是最大竞争对手的3倍到4倍，以期获得更大的市场占有率。计划主要强调：

儿童导向型广告将在晚上和周末电视节目中以及在成年人广播电台节目中播出。这一广告宣传运动将分季进行：

第一季度：做成年人导向型游戏促销广告；

第二季度：在目标城市市场开展向顾客介绍各种全营养小果子面包的宣传活动。在非目标市场大做"这是×××绝佳风味"的黄金时刻广告。

2. 促销策略

尽管上两次促销最终提高了销售，但昙花一现，很快地又回到了一般水平。调查表明顾客认为促销的游戏活动太复杂。

今年，促销工作的担子重大，在游戏促销上的成功是至关重要的。因为今年西餐食品厂没有什么花样翻新，可能使销售有所下降，所以促销必须尽可能使这种潜在的销售下降不成为现实。促销活动的游戏必须比上次的简单，以便更多的人参与。

本公司委托了一个专业促销咨询公司帮助他们设计一些规则简单的游戏。有三个游戏正在小范围的顾客群中进行实验。在游戏中获得高分的消费者不仅可以获得西餐食品奖，而且还有中大奖的机会。这些大奖包括涉外旅行和小汽车。这种促销已经提上议事日程，将于第一季度与顾客见面。

3. 店内促销（略）

4. 店堂陈设（略）

5. 公共关系

今年计划举行3次大型的公关活动：（略）

6. 包装策略（略）

7. 市场研究

即对新西餐食品和各种分销策略进行市场研究。

（1）对新西餐食品的市场研究活动；

（2）对各种新分销选择进行市场实验。

8. 地区合作团体策略

9. 销售网点策略

本公司将继续在下列地区增设销售网点和特许经营店：（略）

十二、寻找商机

本公司预测有××‰的销售增长。由于西餐食品市场××‰的增长和预计本公司增加××‰的销售点，如果本公司能够保住目前顾客对它的忠诚度的话，那么××‰的销售目标应该能够实现。

本公司的两类关键顾客：

一是……

二是……

十三、时间表——第一季度

在下面这份时间表中，假设本公司将在执行这一计划前的3周通知它的销售网点。

××公司第一季度促销活动

活动项目	关键日期	数量	费用（万元）
元月 儿童节目广告 游戏促销广告 ‥‥‥‥‥ ‥‥‥‥‥ ‥‥‥‥‥ ‥‥‥‥‥ ‥‥‥‥‥ ‥‥‥‥‥	全月 全月	250 400	1500 2500
二月 ‥‥‥‥‥ ‥‥‥‥‥ ‥‥‥‥‥ ‥‥‥‥‥ ‥‥‥‥‥ ‥‥‥‥‥ 高校全明星赛新"×× 西餐"论坛 ‥‥‥‥‥ ‥‥‥‥‥	2月25日 2月25日		

十四、关键风险

本公司有重要的新产品投放市场，这还是4年来的头一次。因此，不敢断言这一计划将对克服这一缺憾有多大作用，是否会产生足够的影响。

××和××两个公司都在引入新产品或采用新的促销方式上犯了不可饶恕的错误，两家企业眼下都陷入了令人绝望的境地。然而，痛定思痛，他们也会孤注一掷，铤而走险。其中一两家有可能采取不为本公司所知的重大行动。今年，本公司可能找不到可容纳300个新设销售网点的场所。这对今年乃至将来的销售都将是不利的。

十八、确定性市场营销决策报告

（一）确定性市场营销决策报告的基本含义

确定性市场营销决策报告是指决策的自然条件是一种既定情况，即在已知未来可能发生情况的条件下，选择较好的决策方案。就商品或劳务在从生产者到消费者的过程中所发生的有关市场营销问题的资料系统的收集、记录,进而进行认真的调查研究。

(二)确定性市场营销决策报告的写作要点

确定性市场营销决策报告时,可以按照盈亏平衡分析法、线形规则和微分法等分析的结果进行比较论证。

(三)格式范例

××公司营销决策报告

为了确保本营业部在市场竞争中保持优势,本着薄利多销和勤进快销的原则,经我部门群策群力,开展市场调查分析,决定将往年库存的夏装一律降价30%销售。如果库存的夏装今年全部售出,可实现12万元的利润。

营销利润的预测结果如下表所示:(略)

盈亏平衡表:(略)

市场占有率及经营完全率表:(略)

盈亏平衡点表:(略)

由于市场占有率为70%,经营安全率为80%,因此估计夏装销售比较景气,实现目标的可能性很大。

以上方案,请公司领导裁定为盼!

××公司经营部

××××年××月××日

十九、未确定性市场营销决策报告

(一)未确定性市场营销决策报告的基本含义

未确定性市场营销决策报告是指决策人对未来的情况无法预测或估计,在很大程度上决定于决策者的主观判断的书面材料。

(二)未确定性市场营销决策报告的写作要点

撰写未确定性市场营销决策报告时要注意以下几个方面:

1. 先从每一个方案中选取一个最小的损益值,然后再从最小的损益值中选取一个最大值作为决策值。

2. 决策者对市场销售前景保持乐观态度,其决策是选取最大损益值。

3. 在未确定型决策中,先求出各方案的最大后悔值,再选择其中最小的后悔值来进行决策。

（三）格式范例

××公司营销决策报告

为不断扩大经营范围，创造更好的经济效益和社会效益，保证公司经营目标的顺利实现，特制定本报告决策。

现将三种方案实施、扩大经营范围后物资的吞吐情况以及在计划期内实现后每年的损益值大致估计如下表：（略）

通过以上三种方案实施后的各种情况估计来看，改建原有仓库比新建一座仓库和扩大原有仓库的效益高，所以建议采用改建原有仓库的决策方案。

以上方案，请公司领导审裁。

××公司基建科

××××年××月××日

二十、营销策划书

（一）营销策划书的基本含义

营销策划书是企业根据市场变化和企业自身实力，对企业进行整体规划的计划性书面材料。

（二）营销策划书的写作要点

撰写营销策划书时要注意以下几个方面：

1. 标题。标题通常由两部分组成，即策划的对象名称和文种。

2. 文头。文头部分要写清策划案的名称、策划者的姓名、策划案完成的日期、策划案的目标。

3. 正文。正文通常由策划案的详细说明、市场状况分析和策划案三部分组成。在策划书中，市场状况分析要写清产品市场规模、竞争品牌的销售量与销售值的比较分析、竞争品牌市场占有量的比较分析、竞争品牌促销活动的比较分析、竞争品牌公关活动的比较分析等。

（三）格式范例

"××按摩鞋垫业"深圳市场行销与广告策划案

名称："××按摩鞋垫业"深圳市场行销与广告策划案

策划单位：广东省××广告有限公司

策划人：××××××

撰稿人：×××

完成日期：××××年××月××日

一、前言

随着改革开放的逐步深入与市场经济迅速发展，人民群众日常消费品的消费需求也日益加大，商品市场出现无限商机。

作为广东省省会的深圳，几年来，在广东省委、省政府的努力推动下，商贸城的建设已初具规模，深圳人民也在外部强势冲击力的影响下，逐步接受了许多新的消费观念，而大规模的按摩鞋垫业连锁经营在广东尚属首次。对于这样一个新生事物，消费观念逐步开放的深圳市民必将给其以更多的关注，它对喧嚣的商城也必将注入一股清新的空气。

从××按摩鞋垫业5年来的发展状况看，××在规模上的发展是较为迅速的，它代表着未来中国零售业的发展方向，前景异常广阔。但就目前而言，尤其是针对一个区域市场来讲，如何充分发挥团体以及规模优势，最大限度地开拓市场，才是至关重要的问题。

另外，从宏观方面来看，加速发展连锁经营已是势在必行。首先，中国可能加快加入WTO的步伐，入世后的中国零售业市场，必将会受到外资零售业巨头的冲击；其次，国家外经贸部目前已透露：将外商投资零售商业企业试点区域扩大到全国省会城市、直辖市、计划单列市和经济特区，进一步加快对外开放步伐；再次，目前，国内的重点零售企业还在亏损与负债中硬撑门面，但全国的不少城市已被国外零售商相继抢滩登陆了。在这种形势下，加快发展步伐，树立品牌形象，抢在外资巨头大规模"入侵"以及其他国内重点零售业"苏醒"之前尽快占领市场已是大势所趋。

因此，在深圳这样一个商厦林立、超级市场繁多、批发市场混乱的城市，如何才能使××按摩鞋垫业从诸多商场中脱颖而出独占鳌头呢？

（一）本建议的主旨

1. 让更多的人树立连锁经营店购物的消费观念；

2. 连锁经营要突出购物方便，服务周到的特色；

3. 规模经营，降低成本，价格低廉；

4. 统一配货中心，质量可靠，渠道顺畅，款式新颖；

5. 免费维修，解除后顾之忧；

6. 扩大××按摩鞋垫业的影响力，树立××按摩鞋垫业的品牌形象。

（二）本策划书建议实施期

自 1999 年 11 月 1 日至 1999 年 12 月 1 日。

（三）本策划书广告预算以 70 万元为范围。

二、市场信息

（一）市场性

1. 按摩鞋垫作为生活消费品，对于每个人而言都必不可少，且每人日常拥有量在 4～8 双之间。

2. 由于收入差别决定了消费层次的差别，高、中、低档按摩鞋垫的市场被人为的购物环境所分割。

3. 大商场内存在加价的随意性和质量的以次充好，使人们逐渐对综合性商场的按摩鞋垫的质量产生怀疑。

4. 批发市场的鱼目混珠现象使许多消费者望而却步。

5. 售后服务工作在此行业尚未引起商家重视，对于消费者是可望却不可及的事情。因此可判断按摩鞋垫业连锁经营的市场发展已经到了可开发的阶段，并且可预计市场的起飞期将迅速来临。

（二）商业机会

1. 近几年，深圳各大商厦除极个别外，普遍处于亏损状态，市场攻势受挫。

2. 在目睹了××商场由盛到衰的迅速蜕变之后，深圳人的消费观念正日趋理性。

3. 由于近年来深圳商业零售市场比较混乱，所以预计在发动强大宣传攻势的两个月之后才能树立起较为清晰的品牌形象。

4. ××按摩鞋垫业有着良好的竞争优势和先进的连锁经营模式，在各个商场广告投入量均处于弱势期内发起强势攻击，着重宣传××的与众不同之处，即运用 USP 理论指导宣传与攻势，足可起到立竿见影之效。

（三）市场成长

1. ××按摩鞋垫业 5 年来的良好业绩，可说明连锁经营导入市场的安全性。

2. ××按摩鞋垫业导入市场后受到普遍性的接受，说明了传统经营模式的缺陷以及连锁经营的发展前景之广阔。

3. 按摩鞋垫属生活必需品，连锁经营普及后的市场量及市场规模庞大。

4. 生活水平的提高，收入中上阶层迅速增多，且更注重生活质量的提高以及购物过程的便捷性和购物环境的舒适性。

（四）消费者接受性

1. 按摩鞋垫类销售市场较为杂乱，处于群龙无首的状态。

2. 连锁经营属新生事物，容易激起人们的好奇心理。

3. ××按摩鞋垫业的 USP 和浓郁的企业文化可给受众以深刻印象。

三、市场研究

（一）设定对象

1．"0～10岁"：此年龄层属无购买能力或不能决定购买场所的人，予以排除。

2．"11～17岁"：此年龄层忙于上学或升学考试，但自主性或自立性已较强烈，成为影响家长购物决策的重要力量。

3．"18～28岁"未婚男女：正处在恋爱季节对穿着较为重视，在此方面的开销较大，乃为重要对象。

4．"29～50岁"已婚女性：不仅自身对穿着重视，而且会决定"0～10岁"儿童乃至"11～17岁"少年以及5中已婚男性的购买，乃为重中之重之对象。

5．"29～50岁"已婚男性：此层人群家庭压力较大，工作繁重，不会花费许多时间去购买，至多是陪同，乃次要对象。

6．"50岁"以上：除了特殊身份（如高级主管）外，在此方面不会过于重视，然而由于按摩鞋垫是必需品，仍不失为一潜在消费群体，但至多列为次要对象。

（二）市场预估

1．导入期市场：以"18～28岁"未婚男女和"29～50岁"已婚女性为潜在目标消费群，其中以20％的中上阶层为主要目标消费群。

2．成长期市场：加上"11～17岁"少年以及"50岁"以上老人为目标群。

3．饱和期市场：再加上"29～50岁"已婚男性，为目标群。

（三）竞争环境

1．竞争对象

（1）市内各大商厦及周边按摩鞋垫城均为竞争对象，但大部分商场处于亏损或负债状态，市场攻势不强，应把×××（品牌名称）列为主要竞争对象。

（2）××按摩鞋垫业以全新面孔出现，经营方式灵活，应占据或逐步扩大深圳市按摩鞋垫业高、中、低档消费市场。

2．广告力量

（1）×××（品牌名称）等商场以前多投入POP方行，现多投报纸广告。

（2）××按摩鞋垫业宜从电视、户外、报纸三方面发起高密集度的全面攻势。

3．竞争分析

（1）×××（品牌名称）系先导品牌，自有其稳固地位。

（2）××按摩鞋垫业尚处前期导入，品牌宣传阶段。

（3）×××（品牌名称）在深圳的购物场所中已取得暂时的领导地位。

四、消费者研究（潜在目标消费群体）

（一）动机

1. 尝试新的消费方式。

2. 享受周到服务与公平价格。

3. 感受连锁经营下购买环境与文化理念。

（二）性格

1. 容易接受新生事物。

2. 追求时髦，紧随消费潮流。

3. 购物挑剔，但对价格不是非常关心。

4. 注重生活质量，希望与众不同。

（三）习惯

1. 不定期地大量购物。

2. 喜欢逛商场。

3. 一般不与小商贩讨价还价。

五、营销上的不利点与有利点

（一）不利点

1. 主要竞争对手占领市场时间长，市场强，财力足，市场影响力大。所以我们必须在营销策略广告表现上均采取超高格调，并使用高密集的预算战略来克制竞争对手。

2. 消费者习惯于到百货商场及综合性商场购物。

（解决办法）

引导消费者树立新的消费观念，让其明白片面追求方便会付出价格高与质量次的双重代价，以瓦解竞争市场现有实力。

3. 初期目标较大，不易实现。

（解决办法）

运用攻击性的宣传主题，以 USP 忠实顾客，争取客户。

4. 产品单价低，开发费用过弱

（解决办法）

针对主要目标消费群，采取多方攻势，以求量与质的密集效果，甚至在第一期登陆成功后，追加预算乘胜追击。

（二）有利点

1. 连锁经营，成本较低。

2. 规模经营，易产生知名度。

3. 品牌代理，无质量问题。

4. 其他商场经营有缺陷。

5. 售后服务良好，以取得受众信任。

六、营销途径

（一）导入期的途径

指导原则：在全面发起高密集度的广告宣传攻势的同时，辅之以独特的营销及促销策略。

以下是 8 种营销策略，可全面同步进行，亦可有选择地配合广告推进来进行。

1. 以"穿好按摩鞋垫来××啦！"为倾诉主题，以《××报》广告为辅助，在商场门口或大厅展开促销活动，以吸引客户。此处需与极具吸引力的报纸广告、夸张性的平面广告以及专业的服装界人士密切配合。

2. 赠单只文化按摩鞋垫：设计制作出极具个性和表现力以及较高文化品位的装饰按摩鞋垫（亦可实穿）赠给客户，以传播××按摩鞋垫业的文化理念经营理念与经营模式，并可在一定程度上扩大销售。

3. 赠××袜：根据产品互补性原则，设计制作出精美的××袜，赠送给顾客。（此乃配合性小活动，可有多种选择）

4. 征文活动：与××报社或××早报报社联办主题为"按摩鞋垫的故事"征文活动，融亲情、爱情于一体，借以弘扬××文化，扩大××的社会影响力和社会美誉度。

5. 寻按摩鞋垫活动：在全深圳市乃至全省范围内展开"寻找最老的按摩鞋垫"的活动，掀起一股潮流。可从历史式样等方面把关，而后在此基础上举办"××按摩鞋垫业文化展"。

6. "××模式"宣传月：在深圳市各大公司广场举办"××按摩鞋垫业"、"××模式"宣传活动。

7. 公益活动：在深圳市各重要十字路口警亭处设置"××便民服务站"，设置水瓶、水杯、气筒等物品，并与下岗职工相联系，以设置宣传点。

8. 高校巡礼：以赞助或承办"广东省首届高校毕业生就业培训系列报告会"的形式，在广东省各个高校进行巡讲，以宣传连锁经营，弘扬××理念。

如活动可以安排在澳门回归及元旦节，则上述活动可与大气候相结合，扩大宣传攻势。

（二）成长期的途径

该步行动应在导入期结束之后，对前期工作作一全面检测与评估，再行安排巩固性的宣传与广告攻势以及长期性的营销策略。

七、广告创意

（一）指导原则：追求与众不同，标新立异，产生强烈的吸引力和震撼力。

（二）设定战略

1. 为造就高的广告注目率，使用极具杀伤力的否定攻击法。

2. 为诱发消费者需求及加速购买行动的感性诉求利益催促法。

3. 为提高差异性的肯定法。

4. 为增进广告记忆，使用"一步一个脚印"的音效与字体的突出表现。

（三）广告主题

1. 电视篇

画面一：一健壮的成年人背着行囊在山间小路上前进，满脸汗珠，但步伐强劲有力。

画外音："阔步前进！"

画面二：一年轻漂亮的小姐与一男士在跳舞（重点突出女郎），舞姿优美，面带微笑。

画外音："轻舞飞扬！"

画面三：一西装革履的商人神采奕奕地走进会议室，脚步铿锵有力，满脸自信。

画外音："足下生辉！"

画面四：一群儿童在做游戏，口唱儿歌"你拍一，我拍一，穿××布按摩鞋垫，真开心"，天真烂漫，活泼可爱。

画外音："健康成长！"

画面五：一足球运动员在球场上带球疾进，大力抽射，球应声落网。

画外音："步步为赢！"

（注：以上画面均把人物脚部设为特写。）

画面六：（××（品牌名称）标志）（字幕）××按摩鞋垫业，连锁经营（字幕叠加，转换颜色）××，一步一个脚印！

画外音：（男中音，浑厚有力）："××，一步一个脚印！"

2. 户外篇

方案一：

（1）市区灯杆悬挂之条幅："您知道吗，××（品牌）来咱深圳啦！"、"××（品牌名称），一步一个脚印！"

另外，设计制作两支超规格按摩鞋垫的模型，固定在条幅的两边，造成立体感，给人以强烈的视觉冲击力。

（2）设计制作一只巨型模具按摩鞋垫，悬挂在××广场显要位置，模型上可打上"××，一步一个脚印！"及××标志。

（3）面的车：流动的面的车可到达市区的每一个角落，将会给更多的人带去××的信息。广告词缆一设置，另可打上地址。

方案二：

（1）把市区灯杆悬挂之条幅改制为一只大型模具（即一只按摩鞋垫的模样，可视为皮按摩鞋垫、布按摩鞋垫或卡通按摩鞋垫），外印广告词及标志，让深圳市的主干道上全部挂上"××按摩鞋垫"，足可引起轰动效应及媒体关注。但此举易引起争议，有待进一步讨论。

（2）与方案一中的1、2相同。

（3）报纸篇。

因报纸广告要配合营销措施的进度投放，所以，在此，暂不予设计报纸广告，有待活动内容确定后再行确定。

八、媒体预算

（一）电视广告

从电视台的收视率潜在目标消费人群的分布与习惯以及广告效果等因素考虑，建议从××频道、××频道、××有线3家电视台来投放。

1. ××频道

据1998年3月××频道深圳地区大规模问卷调查结果显示，90.26％的观众把××频道作为收看的首选频道。

××频道大套餐18次/天联播，15秒532次/月，报价66万元/月，优惠70％，合计19.8万元/月。

2. ××频道

××热线前15秒，60次/月，报价10.5万元/月，优惠50％，合计5.25万元/月。

时间：20：17—20：20（首播），12：20（次日重播）

3. ××有线

新闻后4次/天，一分钟专题，报价2000元/天，优惠53％，合计2.82万元/月。

（二）户外广告

1. 市区灯杆悬挂条幅（3.5m×1.5m）：报价800元/周/条，优惠45％，计440元/周/条。建议悬挂100条，4周时间，共计1.76万元/月。

2. 巨型模型按摩鞋垫悬挂费用另计。

3. 面的车：35元/辆/月，建议安排1000辆，合计3.5万元/月。

（三）报纸广告

考虑到深圳地区的实际情况，建议只投放《××报》。

《××报》，半版，报价3万元，优惠27％，即2.19万元，投放次数视每周促销活动量与周期而定，暂定为6期，合计13.14万元。促销活动费用另计。

二十一、营销推广方案

(一) 营销推广方案的基本含义

营销推广方案是企业根据市场变化，结合企业经营目标推销产品或服务的营销推广计划。营销推广方案必须具有真实性和可操作性。

(二) 营销推广方案的写作要点

营销推广方案的写作通常要注意以下几个方面：

1. 要注意对消费群体的分析；

2. 要注意对营销策略的分析；

3. 操作过程要详细具体；

4. 对各个营销网点的营销计划要具体；

5. 各种促销活动也要具体；

6. 其他方面。

(三) 格式范例

××公司市场推广方案

一、消费群分析

(一) 目标消费群构成

1. 有一定经济收入者，购车的目的是改善交通条件，方便工作。

2. 城镇与乡村的公务人员，如行政、税务、公安、邮政人员，一般由单位或共同出资购买，其目的是方便工作。

3. 从事贸易、贩运的个体户，购车的目的是节约时间，方便运输，提高工作效率。

4. 追求时尚的青年男女，购车的目的是享受生活，方便工作。

(二) 农村市场消费群心理分析

1. 有明显的从众心理和趋同性，听熟人介绍或看他人购买。

2. 购买前是理性的，但由于受自身经济收入及对电动助力车的知识了解程度的限制，在购买过程中容易因营业员的介绍而被诱导，所以又是感性的。

3. 影响产品购买因素的排序依次是价格、款式、质量、品牌、服务。

4. 选购时，喜欢找已有电动助力车的用户或者懂电动助力车、汽车维修的技术人员联同挑选。

（三）对电动助力车的需求特征

1. 价位及排量：

跨骑式：3000～4000元，90～100CC四冲程；5000～6000元，125CC四冲程。

坐骑式：2000～4000元，50～60CC小踏板；3500～5000元，90～100CC大踏板。

2. 性能：

结构简单、坚实耐用、操作简单、外观华丽。

（四）问题点

1. 消费观念、消费习惯很难改变。

2. 信息量少，且分散，信息传播慢。

3. 密集县镇网点要耗费较大人力、物力和财力。

（五）营销状况分析

1. 优势（机会点）：

（1）品牌知名度高，品牌价值31.02亿元，居行业之首。

（2）网络全，60个异地业务部，621个专卖店，4500余个销售网点，2800余个服务网点。

（3）品种多，100余个品种。

2. 劣势（问题点）：

（1）由于产品结构的原因，以往只重视在重点地区城市市场的宣传推广，品牌并没有深入人心，特别是农村市场知之甚少甚至产生误解。

（2）产品价格、政策、分销策略变化太快，网络不稳定，网点虽多，但至少有一半作用很小或不发挥作用（包含专卖店）。

（3）产品虽多，但真正的品牌产品并不多，除了个别产品在全国有些影响外，在西北、华北等地某个品牌如今已落得和杂牌车相提并论。

二、营销策略

（一）营销模式：消费者购买的心理过程，是一个信息获取、理解、比较、判断过程。据调查，目前至少有70％的农村消费者对××（品牌名称）不甚了解，××（品牌名称）在农村消费者心目中没有一个固定的、鲜明的、良好的形象，所以很难产生联想、记忆。找到一种简单易行、花钱少、见效快的让农民直接获取信息的营销策略，已成为第一个需要解决的重要问题。

通过调查了解到，70％以上的农民购车是通过熟人介绍的。由此推论，如果这熟人是一位有一定声望、较有影响力的人，由这个人进行信息传播，将会对购车者产生极大的影响。初步设定营销传播步骤如下：××（品牌名称）产品——村长——村民——××（品牌名称）产品。

（二）实战经验：1999年1月某业务部实现销售回款640万元，2月份480万元，该业务部刚成立时间回款不足100万元。经验在于"拉网式宣传，地毯式销售"。

（三）具体方法：（略）

三、具体操作

（一）设定范围：以全国72万个村计算，除去：

1. 西藏、云南、贵州、四川、广西等山高路远，不适合电动助力车骑乘及不懂汉语的少数民族地区。

2. 内蒙古、新疆、远离经销点的地区；

3. 甘肃、陕西、宁夏、青海等没有能力购买的穷困地区。

4. 广东、浙江、苏南等不宜采用这种营销方式推广的经济发达地区。

选择所在的县和邻近地方有××经销点或专卖店的20万个村，通过邮局，给这些村的村长（书记）寄关于××的资料。

（二）资料内容：寄给村长、书记的××（品牌名称）集团的资料包括：

1. 品牌内涵诠释：中国驰名商标证明复印件；四连冠金桥奖证书复印件；世界名牌消费品证明复印件；1998年实际购买品牌第一证明复印件；1999年购物首选品牌复印件；连续三年产销量、出口量全国第一证明复印件；售后服务全国优秀单位，全国首推0公里服务证明复印件。

2. 企业发展历程，所获荣誉。

3. 产品介绍，几个典型的适合农村市场的车型。

4. 服务宗旨、措施：0公里服务、巡回检修、上门服务等。

5. 导购手册：电动助力车有关知识如选购、驾驶维修保养等，并巧妙地联系到本品牌产品。

（三）资料形式：

1. 企业介绍。

2. 各种设计新颖的宣传海报．带年历、老黄历（农村有人迷信），注重装饰性、实用性。

3. 导购手册。

4. 企业画册（精美，有保存价值）。

为了使更多的农村消费者对邮寄的宣传资料感兴趣，增加对信息的接受量，采用了有奖问答形式，具体办法如下：

（1）在海报的一角印上设计统一的问答题（10题左右），并注明答案在企业介绍综合折页和导购手册中，请向村长（书记）借阅查询。村民可另附纸回答问题，寄往××集团，参加抽奖。

（2）农村一般以村（组）为最小单位混合居住，由于劳动协作关系，彼此都很熟悉，喜欢互相走动，且农民有串门的习惯，所以在同一个村信息传播很快。

（3）海报数量少，村长一般会将资料首先借给和自己关系较好的人，采用这种办法是为了让更多的人留心阅读海报有关信息，寻找答案，此方法会在村中形成一个热点。

四、网点建设

网点建设的关键是重点捕捞，树立典型，制造热点。根据每个地区的销售情况建立××（品牌名称）村、××（品牌名称）乡、××（品牌名称）县。

（一）目前情况：

已有业务部60个，专卖店621个，118个在县镇。1999年准备建立300多个××（品牌名称）县，上半年建成100个，第三季度建成100个，第四季度建成100个。销售网点增加至4500余个，服务网点2800余个。

（二）成为××（品牌名称）县的必要条件：

1. 市场占有率在30％以上，并且逐年增加。

2. 市场占有率在20％以上，但通过一系列促销，使该县××车的认知率明显提高，且增长率在10％以上。

3. 该县有3个村被确定为××（品牌名称）村，引起邻近乡村的注意。

以上满足1条，均可发展为××（品牌名称）县。

（三）成为××（品牌名称）县的充分条件：

1. 该县（含县级市、地级市周边）有××（品牌名称）经销店，且经销店对经销××（品牌名称）很有信心。

2. 该县所属××（品牌名称）业务部工作认真，热心组织或全力支持总公司促销活动。

3. 最好能得到该县领导的重视，对此事感兴趣。

（四）成为××（品牌名称）村的条件：

1. ××（品牌名称）车市场占有率在40％以上，且逐年增加。

2. ××（品牌名称）车市场占有率在30％以上，但通过搞活动，××（品牌名称）车销量倍增。

（五）实施方法

1. 选择重点开发的农村市场，如山东、江苏、浙江、安徽、河北、山西、甘肃、宁夏、湖北、湖南、辽宁、吉林、黑龙江等，由业务部选择有市场潜力、重点开发的县镇，集中兵力，重点攻破。

2. 销售总部和代理广告公司组织促销服务人员，分成小组同业务部工作人员到重点开发建设的××（品牌名称）村，开展全方位的宣传促销活动。方法有：

（1）媒体以县镇（转播台）的电视为主，选择当地农民喜好的电视剧（农村人多喜欢港台武打片或言情片），在片头中打出"赞助播出"字幕及企业形象、产品广告。

（2）在经销店、电动助力车销售集中的地方、维修店悬挂××（品牌名称）彩色横幅、彩旗、张贴宣传画。

（3）组织大篷车到各村镇进行展示宣传，介绍新产品，巡回服务。

（4）组织各业务部、经销单位拜访县、镇、村有关领导，宣传介绍产品和本企业。

（5）让乡长在镇上播放××（品牌名称）的电视广告，在村上播放××（品牌名称）的广播广告。

五、现场促销

（一）联合所有的××品牌专卖店开展"百城千店赞××（品牌名称）"活动。具体做法如下：

1. 悬挂统一的"百城千店赞××（品牌名称）"的彩色横幅2～3条，（店外1条，店内1～2条）。

2. 店内张贴"传播助力知识，推荐国优名牌，服务千家万户"的海报2～3张。

3. 每个星期天确定为"服务咨询日"。

4. 每个星期六定为"巡回服务日"，有条件的专卖店可在各镇上开展宣传活动，也可以到××（品牌名称）车比较集中的村上开展上门服务。

5. 在销售现场，在较大的专卖店（含店中店）安排两名小姐佩带"百城千店赞××（品牌名称）"的绶带，进行导购。

6. 为营造气氛，还可搞游戏活动。

以上方式由专卖店进行细化管理、组织实施。

（二）其他宣传方法

1. 增加刷墙广告，1999年要再刷写1000条。必须统一形式，提高档次，统一宣传口号，在一些国道、省道由总公司统一组织人员刷写。

2. 通过在各乡镇的中巴车体上做车体广告，车内派发××（品牌名称）的宣传资料。

3. 在各县镇"摩的"（乡镇常用的助力出租车）上刷写××（品牌名称）广告，向"摩的"司机赠送印有"××（品牌名称）"字样的××（品牌名称）文化衫。

4. 通过××网络给各地经销单位寄企业宣传画册，加深其对××（品牌名称）的全面了解。

5. 有条件的专卖店可配置电视、VCD机，现场播放××（品牌名称）广告介绍××（品牌名称），VCD光盘由总公司统一制作。

（三）资金预算

不超过500万元。

（四）效果评估

销售收入同比增长30％以上，市场占有率提高3％～5％；××（品牌名称）的知名度提高1倍上下；全面提升了品牌形象。

第五章

公关广告文书

一、公关调查书

（一）公关调查书的基本含义

公关调查书也叫公关调查表，是企业为实现经营目标开展公关活动时设计的一种调查文书。公关调查书的设计要以公关目标为基础，同时要对被调查对象的心理进行准确的把握。

（二）格式范例

调查问卷

亲爱的顾客：

为进一步提高服务质量，更好地为广大顾客服务，本公司特设计了这张问卷调查表。请您对下面的问题进行作答，并于3天内将表格送回商场询问处。凡送回问卷者，均可获得精美纪念品1份。谢谢您的支持、合作！

×× 公司公关部

××××年×月×日

1. 您在本商场购买过商品吗？

买过（ ） 　　　　　　　未买过（ ）

2. 您到本商场是因为（可从中选几个答案）：

①商品丰富，便于挑选（ ）

②商品质量好（ ）

③购物环境好（ ）

④营业员服务态度较好（ ）

⑤方便，离住地较近（ ）

⑥顺路（ ）

3. 您认为本商场哪个柜台的商品陈列比较好？

小百货柜（　　）　　　　　　文具柜（　　）

纺织品柜（　　）　　　　　　针织品柜（　　）

鞋柜（　　）　　　　　　　　眼镜柜（　　）

4. 请您对下面几个商场的商品丰富情况用1、2、3、4、5的顺序排列出来。

五星（　　）　　　　　　　　百货大楼（　　）

华联（　　）　　　　　　　　皇城（　　）

商贸中心（　　）

5. 您对本商场的卫生状况有什么看法？

很好（　　）　　　　　　　　好（　　）

一般（　　）　　　　　　　　差（　　）

很差（　　）

6. 您对本商场营业员的服务有何建议？

您的姓名_____　　　　　　年龄_____

性别_____　　　　　　文化程度_____

职业_____

二、公关企划书

（一）公关企划书的基本含义

公关企划书是企业根据市场发展变化和企业经营目标，运用科学的、系统的方法对企业生产经营进行统筹规划的一种文书。

（二）公关企划书的写作要点

公关企划书通常应具备以下内容：

1. 公关企划活动的主题；

2. 公关活动的目标；

3. 对公关企划的综合分析；

4. 公关活动的流程；

5. 公关活动的经费预算等；

6. 其他事项。

（三）格式范例

××公司公关企划书

一、活动主题

万名大学生与"××口香糖"为您服务。

（说明：主题的拟定应言简意赅，并易于公众理解、记忆。本次活动将素有"天之骄子"之称的大学生与高科技产品"××口香糖"联系起来，体现"××口香糖"的质量与品位。）

二、活动目标

通过大学生宣传及上门为消费者服务，在目标国各城市普及、宣传、提高××口香糖的知名度，增进消费者对××口香糖的品牌、特性、功能以及价格的理解，并通过后续的公共关系活动，树立××公司尊重科学、关心青年学生身体健康、积极服务于社会的企业形象，提高××公司的美誉度。

（说明：活动目标既应与企业总体目标相一致，又应能够体现某次活动的具体特点。简言之，活动目标应是企业总体目标在某次活动中的具体体现。）

三、综合分析

（一）企业概况（略）

（二）产品简况——××口香糖系全天然生物型口香糖，内含丰富的天然生物活性物质丝肽及表皮生长因子（该项发现获 1986 年诺贝尔生理学医学奖），可直接为口腔粘膜吸收，能促进细胞新陈代谢，集洁齿、治疗、营养三功能为一体，有药物口香糖之功效，无药物口香糖之副作用。

（三）市场分析——××口香糖目前生产量为 800 万支，其中××市场占总销量的 32％，××公司现已陆续在××等数 10 个大中城市设立了销售网点。

（四）消费者分析——××口香糖系第三代产品，它的价格约高出其他口香糖的 1 倍，其潜在消费者主要是城市居民中收入和文化程度较高者。

（说明：在单个活动的企划书中，综合分析可以略去，但企划者必须对上述企业、产品、市场、消费者 4 个方面的情况有较深入的了解，否则企划就难免不切实际。）

四、基本活动程序

（一）选择 2002 年 3 月 18 日为"××口香糖直销日"，并落实该活动于同日在××等 10 大城市举行。

（二）2002 年元旦前后，派员与上述 10 大城市的大学联络，每校落实参加直销活动的大学生 500～1200 名，其中，××等有条件的城市同时组织人数在 100～200 人的大学生自行车宣传队，每城市各一支队伍。

（三）2002 年 3 月 18 日 9 时，各城市大学生自行车队沿拟定线路作"闹市行"，沿途向市民散发××口香糖宣传品，同时，参加直销活动的大学生走进千家万户进行宣传和直销活动。

（四）在直销活动结束后1个月内，××公司在××大学举办音乐晚会一台，并赠公共关系书籍500本。

五、传播与沟通方案

（一）在活动进行前一天，在××市的《××报》与××市的《××报周末版》上刊登宣传广告。

（二）预先与××电视台、《××报》等媒介联系，争取在活动后开始陆续展开新闻报道。

（三）由进行宣传和直销的大学生向消费者宣传××口香糖的基本特性，并散发单页宣传品。

（四）由选修公共关系理论与实务课程的××大学数百名学生撰写该项活动的个案分析，并择优寄往《××公共关系报》、《××公共关系导报》等媒介。

（说明：该方案包括通过传播媒介和直销人员的口头沟通两种途径，宣传××口香糖及此次直销与公共关系活动。）

六、经费预算

（一）印制宣传品10万份及制作宣传绶带500条，约0.2万美元。

（二）活动预告的报纸广告费及媒介报道安排费用0.4万美元。

（三）10位销售活动监督、协助人员差旅费，以90美元/人计，共900美元。

（四）大学生宣传车队劳务费：××、××等城市队员约500人，以10美元/人计，共5000美元。

（五）音乐晚会费及赠书活动费用：音乐会一场300美元，500本公共关系书籍400美元，共700美元。

七、计算效果

全部活动花费在1万～12万美元，如果活动能安排妥当，达到预期目标，其效果肯定大于用这部分经费进行单纯的广告宣传所带来的效果。

三、公关评估报告

（一）公关评估报告的基本含义

公关评估报告是公关人员根据市场情况对公关目标及公关预测效果等上报主管部门的书面资料。

（二）公关评估报告的写作要点

公关评估报告通常应具备以下内容：

1. 公关企划活动的主题及背景分析；
2. 调查分析及存在的问题；
3. 解决问题的策略和办法；
4. 公关活动的流程安排；
5. 公关活动的经费预算和效果评价；
6. 其他事项。

（三）格式范例

公关评估报告

一、背景

××公司是计算机主板生产厂家，在全球同行业中首屈一指。该公司的业务大多数是围绕微处理器开展的，业绩相当不错，效益很好，公司销售额年增长率大约为30％。在该公司将最新一代的微处理器——××处理器投入全面生产的时候麻烦出现了，该公司被告之：××主板在数学运算能力上存在问题，在研究一些复杂的数学问题时，机器出现了除法错误。

二、调查

（一）内部调查

对此问题大家并不陌生，这是由于主板上的一个微小的设计错误引起的，在90亿次除法运算中会出现一次错误。该公司研究后认为该错误产生的时间远远晚于主板的半导体出现其他问题的时间。

（二）外部调查

外界对××公司出现的这一错误极为关注：

1. 在国际互联网上人们展开了"××CPU中故障问题"的讨论。

2. 《××周报》的头版头条详细而且准确地刊登了因特网上的有关内容。

3. 电视新闻记者来了，态度非常冷淡，并制作了一个令人不愉快的电视片断，决定在次日播出。

4. 每一家报纸都在报道这件事，如《××主板出现故障，计算准确性无以保证》、《××事件——买还是不买》，等等。

三、待解决的问题

由于主板问题的出现，用户开始要求更换主板，而××大型IT公司以××公司的主板为主体而生产的PC机（个人电脑）也遭到了冷落。

（一）外部待解决的问题

1. 应顾客的要求，对符合退换要求的应立即予以退换，不符合退换要求的予以说明。

2. 与用户共同查看研究分析的结果，并把有关此事的白皮书报告送交他们审阅，尽量使用户放心使用该主板。

3. 对外界打来电话询问该事件的人予以解释，尽量满足其要求。

（二）内部待解决的问题

1. 公司雇员都是近10年间进入××公司的，这些年公司业务蒸蒸日上。现在，他们预期的成功成了泡影，雇员心神不宁，甚至感到恐惧。

2. 公司每天都要处理30人以上的投诉，投诉者挤满了房间，有的坐在书柜上，有的走来走去。

四、策划与决策

面对如此巨大的内外压力，公司改变了以前的战略思想，经过策划作出了最新决策。

（一）为所有要求更换部件的用户更换了部件，无论他们是用机器作统计分析还是玩电子游戏。

（二）对公司的这一决定进行宣传，使用户通过大众媒体得知这一信息，并对公司形象作一番全新的打扮。

（三）提高员工的工作士气。

（四）公司抽调出许多人坐在接待桌前，接电话、记名字、记地址，为几十万拥有此类主板的人进行了更换工作。

（五）把生产线上的旧材料全部拆卸抛弃，以加强生产的过程，加速新老设备更替进程。

五、公共关系战略与活动计划

（一）内部公共关系

公司有难，雇员有责。为挽救公司的损失，尽快扭转被动的局面，公司采取各种措施提高员工的士气，并在此基础上加深了老板与员工之间的友谊。

（二）外部公共关系

由于主板事件，公司的美誉度受到了极大的破坏，在人们的心中造成极坏的影响。为此，公司采取了一系列措施以重新塑造公司的形象，挽回公司的信誉。

1. 召开新闻发布会。会上就该公司的改革策略作了宣布，并告诉社会公众，公司在没有出现主板问题之前就已重视这一问题并早已研制出可以克服该缺点的主板，现在正批量生产以加速更新的进程。

2. 更新标识形象。公司的形象在这一风波后受到影响，为此，公司在对外宣传上的口号做了一定的修改，使其更适合××公司的发展。

3. 向此次主板风波涉及的社会各界公众作出道歉，对由使用该主板造成不良后果的人表示愿意赔偿其一定的损失。

六、效果与评价

公司的这一策略收到了良好的社会效果，达到了预期的目的。

（一）新闻报道

1. 就在前不久还在批评××公司的《××周报》，现在也对××公司的这一做法表示赞同。

2. 各大新闻报、商业报都对××公司的这一做法作了全面而细致的报道，并对其做法大为赞扬。

3. 新闻媒介大肆宣传××公司的做法。

（二）公众反映

××公司的这一做法得到了社会公众的一致认同，对其做法表示满意。

1. 他们中有的人打电话向其表示祝贺，有的人写来了祝贺信，还有的人专程送来了饮料和盒饭。

2. 公众对××公司的偏见消失了，由以前对该公司所生产的主板的冷漠变成了争相去购买该公司的产品。

（三）员工反映

雇员的态度变了，由以前的沮丧、恐惧变成了高兴。公司的形势的转变使得雇员又恢复了原来的自信，他们满怀信心地投入到工作中去。经过数月的奋战，××公司耗费巨额资金才解决了主板风波。该巨资主要是更换部件的费用，还包括从生产线上拆卸下来的旧材料的价值，这相当于半年的预算，以及××处理器5年的广告费用。××公司从此走上了全新的企业发展之路。

四、公关人员素质测定书

（一）公关人员素质测定书的基本含义

公关人员素质测定书是企业为全面考核公关人员，用系统、规范、科学的命题对企业公关人员进行综合考核的一种书面材料。

（二）格式范例

公关人员素质测定书

下列各项中，除最后一小题为1分外，其余各条均为1.5分，满分100分。对每个小题的回答，肯定得分，否定不得分。

1. 思维

（1）观察问题是否细心？

（2）对问题反应是否敏捷？

（3）分析问题是否深刻？

（4）是否善于思考、勤于分析？

（5）是否在不同的环境中都能发现问题？

（6）遇事是否冷静？

2. 能力

（1）是否有制定计划方案的能力？

（2）能否合理地分授职权？

（3）能否用人所长、调动部属的积极性？

（4）能否组织好会议和活动？

（5）能否协调不同性格的人一同工作？

（6）能否与各种不同性格的人打交道或共事？

（7）能否适应不同的环境？

（8）口头表达是否清楚、伶俐？

（9）是否有通过谈吐摆脱僵化局面的能力？

（10）是否有撰写新闻稿件和其他有关文稿的能力？

（11）是否能恰当使用"动作语言"和"体态语言"？

（12）是否能总体估量组织内外的各种关系？

（13）对不同意见是否有分析概括能力？

（14）是否有解决各种偶发事件的能力？

（15）做事是否富有想像力和创造力？

（16）能否尽快恳切地承认自己的错误并坦然接受惩罚？

3. 知识

（1）是否大学毕业？

（2）是否经过公共关系学方面的专门学习与训练？

（3）是否掌握了经济学方面的基础知识？

（4）是否掌握了社会学方面的基础知识？

（5）是否掌握了经营和管理学方面的基本知识？

（6）是否掌握了市场营销方面的基本知识？

（7）是否了解传播学方面的基本知识？

（8）是否对心理学感兴趣？

（9）是否受过哲学和逻辑学的思维训练？

4. 品德

（1）为人是否公道正派？

（2）说话办事是否诚实可靠？

（3）是否有明断是非的能力？

（4）做事是否有良好的责任感和道德感？

（5）能否以大局利益为重？

（6）是否相信人性本善说？

（7）是否对他人有信任感？

（8）是否有同情心，关心他人并赢得同事的信任？

（9）是否遵守诺言？

（10）是否谦虚、严谨？

（11）是否有高尚的情操？

5. 性格

（1）是否性格温和、待人和气？

（2）是否有幽默感？

（3）待人接物是否从容不迫、大方有礼？

（4）能否往来于大庭广众之前而不胆怯？

（5）是否自信、乐观？

（6）是否有韧性、耐性？

（7）是否有决心和毅力面对困难和挫折？

（8）做事是否果断？

（9）思维是否敏捷？

（10）是否健谈且有吸引力？

（11）仪表是否动人？

6. 其他

（1）是否有较强的上进心和进取精神？

（2）是否有较强的自学能力？

（3）每天是否读书看报？

（4）是否善于处理尴尬的局面？

（5）对人对事是否有好奇心并保持浓厚兴趣？

（6）能否当一个好听众，欣赏别人的谈话？

（7）能否做好每一件小事？

（8）有无与新闻界打交道的经验？

（9）是否有广告、推销方面的经验？

（10）是否有社会交际和社会活动经验？

（11）是否了解舆论调查和民意调查的方法？

（12）是否有谈判经验？

（13）是否掌握公共关系日常工作的某些技术？

（14）是否有奉献精神？

五、公关人员资格鉴定书

(一) 公关人员资格鉴定书的基本含义

公关人员资格鉴定书是企业为全面考核公关人员，用系统、规范、科学的命题对企业公关人员进行综合能力鉴定时所用的一种书面材料。

(二) 格式范例

公关人员资格鉴定书

下列问题，每小题答案为"是"者，计1分，答案为"否"者，计0分。满分为44分。

1. 谈吐

(1) 是否有幽默感？

(2) 谈吐能否吸引人？

(3) 谈吐是否轻松？

(4) 是否有通过谈吐摆脱僵化局面的能力？

(5) 能否通过谈吐化解各种矛盾？

2. 智慧

(1) 对人对事是否有好奇心并保持浓厚兴趣？

(2) 是否精于观察他人的言行？

(3) 能否当一个好听众，欣赏别人的谈话？

(4) 是否善于处理尴尬的局面？

(5) 写作是否流畅？

(6) 每天是否抽空读书看报？

(7) 做事是否富于想像力和创造性？

3. 阅历

(1) 阅历是否丰富？

(2) 是否了解世界各国的风俗习惯？

(3) 是否了解××国家各地的不同风俗习惯？

(4) 是否了解××国家各民族的民族特点？

(5) 是否了解各宗教信仰的特点？

(6) 是否能与各种类型的人打交道？

4. 胆识

（1）是否有战略眼光，能否制订长期的公共关系规划？

（2）是否能为长期规划的实现做好充分准备？

（3）是否能做好每一件小事？

5. 技术

（1）是否能够独立撰写各类新闻稿件？

（2）是否掌握摄影技术？

（3）是否了解美工技术？

（4）是否掌握演讲技术？

（5）是否有较好的演讲口才？

（6）是否了解广告技术？

（7）是否掌握打字技术？

（8）是否能够运用计算机进行信息传播？

（9）是否懂得各种印刷规则？

（10）是否掌握公共关系礼仪？

6. 精神

（1）是否有进取精神？

（2）是否有奉献精神？

（3）是否有感染别人的精神？

7. 经验

（1）是否有新闻工作的经验？

（2）是否有与新闻界打交道的经验？

（3）是否有广告、推销方面的经验？

（4）是否有人事管理方面的经验？

（5）是否有社会交际或社会活动的经验？

（6）是否从事过舆论调查和民意测验？

（7）是否有谈判方面的经验？

（8）是否有教学方面的工作经验？

（9）是否有财会方面的工作经验？

8. 其他

能否尽快恳切地承认自己的错误并坦诚地接受惩罚？

对以上问题的回答，27分以下者，不适合从事公共关系工作；27分以上为及格，但需设法弥补自己的弱点，才可能从事公共关系工作；31分以上者，有资格从事公共关系工作；35分以上者，可成为合格的公共关系工作者；39分以上者，可成为公共关系方面的专家。

六、公关危机处理书

（一）公关危机处理书的基本含义

公关危机处理书是公关人员解决公关危机时的书面材料。公关危机的处理通常包括问题分析、解决问题的方法与措施、危机处理的效果综合分析等。

（二）格式范例

××公司公关危机处理书

××公司自1991年成立以来，各项事业得到了蓬勃发展，尤其在新产品的开发方面，更是取得了可喜的成就。××公司于××××年生产的镇痛剂"××"，据估计此保健品在世界各地的使用者已超过6000万人，已经取得了广阔的市场发展前景。

××制保健品集团总经理在某一星期六早晨首先发现问题。他接到总公司电话说，在××国发现7个人的死亡和"××"有关。他决定立即收回××国市面上的"××"，同时进行所谓的与该保健品有关的死亡事件的调查工作。

××制保健品集团总经理要立即决定是否在另外一个国家市场中也收回该保健品。他立即打电话和其他董事以及××制保健品集团的公共关系主任商量，决定在××国调查没有分晓前，在另外一个国家市场中收回该保健品。

公共关系主任要草拟一个备忘录（即公关方面的应急方案），提交次日早晨召开的全体董事紧急会议考虑。

"备忘录"的基本内容如下：

致：总经理（执行董事），××制保健品集团

自：公共关系主任

事由：收回"××"，等待××国调查结果，应采取的公关行动。

前言：××制保健品集团决定立即收回（另一国家）市场中的"××"，等待××国调查结果。

一、情况

"××"销路很好，目前在另一国家使用者超过百万人，××公司从事制造、包装和销售该保健品者为数不少。到目前××国有7人死亡和该保健品有关，据了解这只是暂时传说，经调查后将会澄清。

二、问题

"××"多年来因品质优良、疗效可靠，已经声誉卓著。我厂在此次危机中一

定要维持企业的信誉，要予人以行动负责和关心消费者利益的形象。问题是必须采取行动尽量减少××制保健品集团的信誉受损程度，绝对不能使危机成为丑闻。

三、目的

该保健品极可能会再次推入市场，因此一切有关的报导必须真实，必须使公众知道本集团完全可靠。我们的目的是要维护本公司品质优良、疗效可靠的声誉。

四、公众对象

主要对象有：

制保健品工人　　　推销人员　　医师

用保健品人　　　　公司股东　　医保健品卫生部

五、信息

本公司要传播给各公众的信息主要是：多年来本公司认真努力生产、销售各种保健品，对减少患者的痛苦贡献不小。本公司是个负责任的公司，以关心人民福利为首要目标，盈利还在其次。因此我们已经收回市面上的"××"。

同时对制保健品工人的未来要提出保障，但不可提出不能兑现的诺言（"××"可能停止供应，要向工人说明事实）。

六、传播渠道

医院、医师、保健品剂师采用直接邮件，地区销售经理电话通知，由他们召开推销人员紧急会议传达，会议中可分发特撰文件；

制保健品工人也可举行此种会议以说明情况，分发合适的文件；

消费大众（用保健品者）用报纸、广播传递；

股东及股票持有人除通过消费大众渠道外，还要草拟信件寄去；

相关医保健品卫生部门可直接用电话通知。

在此期间，公司方面对上列公众提出的问题（和要求）要乐于回答，要指定一位熟悉全部问题的发言人，随时答问。电话接线员要了解情况，能应付询问，特别是媒体的询问。

七、工作计划

1. 所有信件要尽快寄出，即在未来24小时内寄出。

2. 召开推销人员及制保健品工人会议时所需文件一定要在会中分发。

3. 推销人员要在明晨开会，尽快通知，不能赶来的开会者要尽快邮寄去有关资料并在电话中详细说明情况。

4. 和制保健品工人举行的会议可在明晨召开。我们不可听任谣言形成和流传开去。

5. 迄今为止，本公司任何人均不得对传播媒介直接谈话，但是应该有一个完整的、充分的声明，要在明日正午前传播，使明天晚报可以发表，而后天可见于各国发行的报上。本公司在实施此工作计划时要始终表示乐于合作的态度，要采取完全公开事实的政策。

6. 评估。报纸发行后就可以知道公众的初步反应。现在最好等待星期二各国报纸刊出全部声明后再作估计。

7. 修改。我们要准备以本计划工作所得结果的评估为根据来考虑如何对本公司持续进行的公共关系活动加以改进。

八、结论

董事会应将本建议作为十分紧急的事件加以考虑。要使本公司保持负责任、爱护顾客的声誉，就必须立即采取行动。在现阶段中很难预言"××"将来是否能再推入市场。不论日后如何决定，都要审慎实施本公共关系工作计划。

七、广告策划书

（一）广告策划书的基本含义

广告策划书是企业为加强营销，树立企业形象，在对市场进行广泛调研的基础上，结合企业经营战略和经营目标制定的企业广告策略的一种计划性文书。

（二）广告策划书的写作要点

广告策划书的写法根据广告目标的不同有多种写法，通常来说，应具有以下内容：

1. 前言。前言部分要对企业概况、策划目标等作出简要分析。

2. 市场调查和市场分析。市场分析主要包括同类产品的分析，背景资料的分析，同类产品的竞争状况分析。

3. 企业经营目标和经营战略。广告策划书的制订要根据企业总体经营目标和企业经营战略综合分析，同时，要对竞争对手的经营目标和经营战略有彻底的掌握，力争做到有的放矢。

4. 企业产品分析。要对竞争对手的产品进行准确的分析，才能通过比较找出差距，才能对广告策略有准确的定位。

5. 公关广告战略部署。

6. 媒介战略部署。

7. 广告预算及分配。

8. 广告设计及效果评估。

9. 其他事项。

（三）格式范例

电视广告策划书

基本式电视广告文稿的内容阐述广告主题、广告构思、拍摄要求、音乐要求、演员要求表达形式等外，还有画面的详细描述。画面的详细描述，实际上是一种分镜头脚本，它把拍摄的内容、形式更具体化了。如下例电视广告文稿：

广告名称：××汽车公司

广告客户：××汽车公司

广告长度：45 秒

设计说明：

△××汽车公司在前一年的广告中着重强调该公司实力，广告诉求点是安全感。经过一年的宣传，××汽车公司得到大众的信赖，人们普遍树立起这种观念：乘坐××汽车公司的班车，安全，可靠。

△经过大量的调查，该公司发现同行业的其他各家汽车公司也在做诉求点相同的广告，而大众对本公司的安全感已树立，因而确定了今年广告的另一个诉求重点：服务一流！

△本广告设计就是通过一般小故事来说明××汽车公司一流的服务态度，让大众体味到一种亲切、温馨气氛。乘我们公司的汽车，就好像在自己家里一样的舒适，会受到无微不至的关怀。

△表达形式：故事版。

△演员要求很严，要求专业演员。一位有风度的中年男士、其妻子及女儿；车姐一位；主角是男士。

△画面主角色彩：蓝、白。（天空和汽车）

△拍摄地点：车场。

△画面配乐：开始、结尾均用汽车起动的实况，有力、有气势。中间镜头，可用轻松、温馨的钢琴小曲。

△本片着重画面人物的演技，通过这个故事，反映××汽车公司的服务周到。本片的目的是创造一个舒适、温馨的气氛。

画面说明：

镜头一：车场全景。××汽车公司的一架汽车正慢慢行驶，镜头慢慢推近车身。

要求在阳光灿烂的晴天里，上午 11 点左右。

镜头二：特写：××汽车在镜头横穿过，××汽车公司的字样、标志出现，从右到左。（切）

镜头三：接着追拍汽车着陆，在汽车的右前方拍。

镜头四：中景。车舱内，旅客们陆续站起来，离开车舱。一位中年男士站起来，伸了一下腰，面带微笑地走向镜头。（切）

镜头五：车舱内旅客移动缓慢，男士低头看车舱外的人，在寻找……

镜头六：镜头透过车窗，推近出口处，一位年轻的女士带一小女孩在等人。

镜头七：男士手提旅行箱，兴奋地走向妻子、女儿（拥抱），把女儿举起来……放下女儿，在口袋里找东西——送女儿的礼物。

镜头八：男士面部特写：找不到礼物后的沮丧、烦躁的表情。他把小礼物丢在车舱里了！

镜头九：这时一位车姐手拿着男士落在车舱里的礼物走过来，送还给男士（车姐的出现有点神不知鬼不觉的）。

镜头十：男士惊喜的表情；女儿高兴的小脸，抬头看父亲；妻子喜悦的心情……车姐微笑地转回身……

镜头十一：汽车起动，从左到右，出现"××汽车公司"字样（特写）。画外音（男声，中音，充满激情）："××服务，无微不至！"

八、广告实施计划书

（一）广告实施计划书的基本含义

广告实施计划书是企业为更好地实施广告策划方案而进行整体规划时所形成的书面材料。

（二）广告实施计划书的写作要点

广告实施计划书应具有以下内容：

1. 市场调查和广告目标调查；
2. 广告目标和广告任务；
3. 广告对象及广告策略；
4. 广告预算；
5. 广告实施和广告效果评估；
6. 其他事项。

（三）格式范例

公司广告实施计划书

一、广告目的

谋求××男性美容保健品，在上市初期四个月中（本年8～11月）以88.9万元广告预算，造成很哄动的知名度，并能有良好的指名购买率，从而普遍受消费者欢迎。

二、市场分析

男性美容保健品（发胶、发蜡、面霜、刮胡泡、刮胡水等等）在××地区市场中被认为是大众化的消费品。大众化的产品在市场中销售时首先普及知名度，次为创造知名度。知名度高，知名度强，产品的销路才能容易获得拓展。

当前××市场中男性美容保健品计有下列 10 余种牌子。

（略）

××牌之男性美容保健品 YG5 上市虽不久，但因××地区市场中极多消费者对××牌的商标有很大的信任，随之对 YG5 亦多好感。

发蜡中，以××牌销路最好，采用报纸广告多。

头发水中……推出此类头发水。

花露水中……

爽身粉中……

上列各种品牌的知名度均很高，欲与此 10 余种同类产品竞销，必须先从打开知名度做起，使消费者深切明白了产品的名称与内容，进一步追求改变消费者的使用习惯，而渐渐改用××。

××在国际市场中虽已具有深厚的地位，但在××地区，一般消费者对之尚陌生。在运用广告后，其知名度当较一般在国际市场中无名之产品容易打开。

此外，××地区市场中，一般的男性消费者对美容保健品的使用尚不普遍，若能采取教导性的广告方法，并配合销售广告，则有益于促使消费者数量增加。

三、广告重点

以"×××××××，×××××××"两句为主题，并配合显示男性优美风采的图片，以求吸引消费者的注意力。

以"××××××××××××××××"一句为副题，说明此种产品在国际市场已有很高价值，以增加消费者对产品的信任。

第一个月之广告（即上市最初广告）拟普遍运用报纸、电视两大类媒体。

从第二个月起，即减少运用报纸，着重运用电视等媒体。

四、诉求对象

以 25～45 岁之男性消费者为主，并促使其妻子及女友们，为其丈夫或男友购买此种美容保健品。根据调查统计，××年初，25～45 岁之男性人口数字如下：

（略）

此一数字，在××地区人口总额中占 13％强。

再根据较保守之估计，此一数字中，已婚男性及拥有女友的男性当占 3/4，因此诉求对象中又可增加 10％之女性消费者，合计占 23％。25～45 岁男性均有普通消费能力，若再退一步估计，××地区 1785 万人口中，有 20％可作此种美容保健品之诉求对象。

五、诉求地区

以……等五大都市以及消费力量都较强之县与镇为重点。

消费力量较弱之乡镇为次要地区。

六、广告进行方法

1. 上市之初，选择14家发行量高的报纸在第一版刊登半13批或半10批广告，各报轮流刊登，连刊14天。第二个月起，每月只选择最主要之报纸，刊登3次或4次半10批广告。

2. 自上市之日起，选择两家电视台，在甲级时间每周作5次插播，每次30秒，连播4个月。

七、广告预算分析

1. 上市之初之报纸广告方面，所选择之14家报纸名单如下：（略）

（以上7家每一家各刊半10批一次，第一版）

此部分小计广告费用为×××××元。

第二个月至第四个月报纸广告方面，选择《××日报》等7家，轮流在第四版再刊半10批10次。预定第二个月刊出4次，第三、第四两个月各刊出3次。此部分小计广告费用为×××××元。报纸广告之费用预算，合计为×××××元。

（详见附表A和附表B）

附表A

报纸广告

报纸名称	版位	篇幅	广告费实价（元）
《××日报》	第一版	半13批	×××××
《××报》	第一版	半13批	×××××
《××时报》	第一版	半13批	×××××
合计			×××××

附表B

报纸广告

报纸名称	版位	篇幅	第二个月刊出		第三个月刊出		第四个月刊出	
			次数	广告费实价	次数	广告费实价	次数	广告费实价
《××日报》	第四版	半10批	1	××××	1	××××	1	××××
《××报》	第四版	半10批	1	××××	1	××××	1	××××
合计			4	××××	3	××××	3	××××

2. 电视广告方面，所选择之两家电视台，名单如下：

　　××电视台（创立已有多年，拥有极高收视效果的商业电视台），每周在甲级时间中插播 30 秒广告 3 次。××电视台（虽创立时间不长，但也是在节目表现方面已渐渐具有竞争力的商业电视台），每周在甲级时间中插播 30 秒广告 2 次。此部分 8～11 月 4 个月中，共插播 87 坎，费用预算合计为××××元（详见附表 C）

　　附表 C

电视广告

电视台	时段	时长	每周次数	四周次数	广告单价	广告费小计
××视	甲	30 秒	3	52	×××	×××
××视	甲	30 秒	2	35	×××	×××
合计				87		×××

　　3. 电影院广告方面，所选择放映之地点如下：

　　××市（××地区消费力最强之国际性都市）

　　××市（××地区中部富有消费力之都市）

　　在此四大都市选择 10 家票房纪录最高之电影院，每天各放映 1 分钟广告影片 2 场，从 8～11 月共 4 个月。每月需费××××JL，此部分小计广告费用为××××元（详见附表 D）

　　附表 D

电影院广告

放映地点	放映场数	每家每日放映场数	每家每月单价（元）	广告费每月小计（元）
××市	××	××	××	××
××市	××	××	××	××
××市	××	××	××	××
××市	××	××	××	××
每月合计	××			××
4 个月合计				××

　　4. 杂志广告方面，所选择之 2 家杂志如下：

　　××周刊（××地区杂志中发行量最高的一种，每期发行量已超出×万份），在此杂志刊出广告 4 次。××月刊（读者多为知识分子之杂志），在此杂志刊出广告 2 次。此部分计广告费用为××××元（详见附表 E）。

附表 E

杂志广告

杂志名称	版位	次数	广告费单价（元）	广告费小计（元）
××周刊	内页全页	4	×××	×××
××月刊	内页全页	2	×××	×××
合计	内页全页			×××

5.4个月广告预算费用合计：

报纸广告为×××××元（约占32.6%）

电视广告为×××××元（约占52.6%）

合计××××××元

6. 广告主预定之广告预算为××××××元，本计划所拟之预算略超出×××
××元。

八、效果预计（略）

九、此4个月之广告计划在执行后，预计可收获三种具体效果：

1. ××之知名度定可在全××地区之诉求对象中普遍打开，使得此种男性化
妆品之知名度绝不低于其他任何牌子之男性化妆品。

2. ××之指名购买率将可不断提高，且能使一般消费者渐渐养成使用××之
习惯，进而使若干使用其他品牌化妆品的消费者，改用此种品牌。

3. 能增进男士们修饰自己的心理，使××产品的销路逐步打开。

九、广告策划方案

（一）广告策划方案的基本含义

广告策划方案是企业广告策划人员为实现企业经营战略目标而提出决策、实
施决策、检验决策而编制的设想性文书。广告策划方案通常包括市场调查、战略
制定、策略制定、公共关系、促销活动等。

（二）格式范例

××公司广告策划方案

为实现公司经营目标，提高公司经济效益，并迅速提高公司知名度、美誉度，
特提交本方案。

一、销售目标（广告目的）

本策划旨在通过系列广告战略的实施，不断提高 A 牌羽绒服产品在市场占有率，提高其知名度和美誉度，不断提高 A 牌形象，建立、健全销售网络，形成稳固的国内市场。实现以国内市场为主的销售战略，充分利用生产设备的生产能力，增加产量、销量，加速资金周转，使企业得以大力发展。

掀起羽绒服的社会消费热，使人们认识到羽绒时装具有光泽好、轻巧、柔软、艳丽、舒适、御寒力强的特点，使消费者养成以穿着 A 牌羽绒服时装为自豪的荣誉感，使 A 牌羽绒服产品在国内同类产品中从知名度到销售量均居领先地位，力争实现 1990 年内销 30 万件的目标。

二、企业、市场情况分析

（一）企业概况（略）

（二）原料及特点（略）

（三）加工程序（略）

（四）主要产品

企业的主要产品有无羽绒（白、青、紫）羽绒服、羽绒短裙、羽绒连衣裙、羽绒披肩、羽绒围巾等。现正逐步开发和研制绒兔毛混纺、变形羊毛绒混纺、丝绒混纺、羽绒精纺面料、羽绒大衣呢等系列产品，并同时生产羽绒时装。产品质量达到国内、国际先进水平，A 牌羽绒服获 1987 年国家优质奖。羽绒服款式新颖、规格齐全、色泽流行，穿着轻巧、柔软、高雅舒适。

（五）企业优势（略）

（六）羽绒类产品优缺点（略）

（七）国内销售的地区、渠道、数量

内销地区主要是北京（40％）、上海（30％），其他城市有广州、西安、大连、桂林等，在这些城市中，主要在大饭店、旅游场所销售，实际顾客也多是外宾。目前一年在国内销售 10 多万件。

（八）竞争对手

国内竞争厂，北京有 3 家（B 牌）、上海 1 家、内蒙古 4 家、新疆 4 家。在全国，本厂目前是设备最先进，产量最大的厂，且厂址在原料产地（主要原料产地在河北以北、内蒙古、甘肃等）。中国是世界上最大的羽绒服生产国，占全世界产量的 60％，东胜就占 20％。全国年产 100 万件，其中天山 22 万件，东胜 40 万件，上海 20 万件。国内很多厂，如北京、天山等厂也是合资厂，设备也较好，但从总体来说，生产规模、产量、质量、设备先进程度等，××厂属领先地位（××厂产量占全球 1/5）。

（九）以往的宣传情况（略）

（十）目前销售存在的问题

内销存在五个问题：（1）消费水平限制；（2）对产品的认识不足；（3）牌子

知名度不高，宣传不够；（4）销售网络不健全；（5）竞争对手强大（如 B 牌）。

（十一）集团宗旨（略）

（十二）经营范围

以经营原绒、无毛绒制品及其他混纺制品为主，同时开展技术咨询、管理咨询和成果转让业务。

综合上述情况归纳如下：

北京地区，销售羽绒服品种的主要有 B 牌、A 牌，大致各占 50％。

价格：B 牌偏高，A 牌偏低或一般。

质量：两个牌子都较好。

款式：B 牌款式多样，颜色较多，A 牌款式和颜色单调。

销量：B 牌占 60％，A 牌占 40％。

知名度：B 牌 100％，A 牌 80％。

三、广告对象（目标消费者）

（一）产品定位

羽绒服在国内尚属高档消费品，宣传对象应以高收入且讲究穿戴、具有高消费意识、追求时尚的阶层为主。现阶段应把北京 B 牌羽绒服视为竞争对手。

（二）潜在消费者分析

现阶段应以下述对象为主：

（1）高收入文艺工作者；

（2）高收入的年轻工作人员；

（3）合资企业的文职商务人员；

（4）高级职员；

（5）从事外贸工作的职员；

（6）从事公关工作的人员；

（7）高收入的城市个体户；

（8）其他高收入、追求时尚的人；

（9）来华旅游、工作的外宾及港澳同胞。

四、广告地区（目标市场）

（一）市场分布

宣传地区首先应考虑到羽绒服商品目前尚属高档产品，接受它的一般是经济发达地区、并且是高收入和高消费地区。目前这一地区以沿海地区及几大城市为主，如北京、天津、上海、南京、福建、广东、海南、深圳、山东、成都、哈尔滨、沈阳、大连等。

（二）销售季节分析

我国气候夏天普遍高温，冬天南暖北寒温差大，这一气候因素决定了不同地区的销售淡季、旺季、周期不等，时装作用、御寒作用的选择不同。安排广告攻势，以及建立销售网点均应考虑上述因素。

五、广告战略

（一）战略说明

本广告策划面对中国市场，分为两大类广告（公司形象和公司产品）。广告发布之前必须根据长期和短期的广告目标，把广告表现形象统一起来。例如：印刷媒体要设计一个统一的表现格调，如厂标、商标、模特、字体、背景、颜色、设计技巧等。因为我们搞的是一个大规模的广告活动，人们是通过不同的媒体看到的，因此，广告格调要设计相同，使消费者容易留下深刻印象。另外特别强调的是产品包装物品的图、文、色的设计及广告主题，也要和媒体的相同，这样广告效果更好。另外，已经定下来的公司形象，商标图文颜色、字形等设计及主题表现不要轻易改变。一个名牌的创立不容易，它可能要使用几十年、上百年，经常改变它的形象，就是在浪费广告费。

此外，在制定广告战略时，还应总结、比较出产品优点，找出竞争对手一时无法赶上的特色，当然在质量、包装、销售网点上比竞争对手更好。广告战略与战术的规定，均应以市场调查、产品定位、销售对象定位和市场定位为依据。

（二）广告阶段的研究

A牌羽绒服产品七个广告阶段：

（1）从消费者不知道市场中有这种商品，做到让消费者开始知道有这种商品；

（2）从消费者开始知道这种商品，做到让消费者对之逐步加以了解；

（3）从消费者了解了这种商品，做到让消费者对之渐渐有好感；

（4）从消费者对这种商品产生好感，做到让消费者再显露偏爱；

（5）从消费者对这种商品已产生偏爱，做到让消费者有购买欲望；

（6）从消费者对这种商品已有购买欲望，做到促使消费者采取购买行动；

（7）从消费者已购买这种商品，做到让消费者继续不断购买。

这个过程也就是通常所说的引起注意、产生兴趣、建立好感、产生购买欲望、促成购买行为。

注：每一个阶段所花费用和精力，不应该平均分摊，要根据竞争对手的强与弱，销售地区的大小而定。

近期目标：A牌商品已上市，所以已经过了第一阶段，建议（1）、（2）、（3）阶段合并进行。

动用各种媒体，进行广告宣传，定向宣传。媒介采取渐进式加密集式的方式，提高知名度，树立名牌形象。

中期目标：（4）、（5）、（6）阶段合并进行，密集式媒体攻势，掀起社会性羽绒服热，增加产品介绍，加深牌子介绍，促进销售及提高指名购买率。

第（7）阶段只需要保持广告力度。

（三）媒体组合

媒体组合考虑的因素：

1. 消费品：不是原料半成品，应采用综合性媒介，广告对象接触的媒介；

2. 高档消费品：需认真考虑说服消费者的工作；

3. 消费者受限制：高收入、高消费和时装意识；

4. 市场受限制：沿海城市、经济发达地区、高收入地区；

5. 商品本身特点：款式变化快，要体现形体、颜色、质感；

6. 广告表现形式；

7. 销售网。

本策划媒体组合：

印刷媒体：（略）

邮递广告、招贴、样本小册子、说明书、销售点彩旗：（略）

电波媒体：（略）

电视广告是采用的主要媒体之一，电视广告形式可以充分表现羽绒服的颜色、质感、款式、形体效果。

电视专题片、资料片：（略）

户外媒体：路牌

其他：（略）

（四）促销活动组合

暂建议采用下列促销活动：

1. 时装表演销售会；

2. 羽绒服知识有奖竞赛；

3. 新闻发布会（记者采访团）；

4. 公共关系。

（五）其他有效的广告手段（略）

（六）不可忽视的广告策略重点

1. 用什么方法使商品在消费者心目中建立深刻难忘的印象；

2. 用什么方法刺激消费者，产生购买兴趣；

3. 用什么方法改变消费者的使用习惯，使消费者终止购买过去常用的名牌，改购广告主的名牌；

4. 用什么方法扩大广告主商品的销售对象；

5. 用什么方法使消费者购买了一次，再乐意继续不断地购买。一个精湛的标题，一幅突出的画面，都可代表一种方法。另外，广告战略中还应注意以下问题：

（1）公司形象广告设计；

（2）商品广告的设计；

（3）包装及其他相关内容的设计；

（4）各个媒介配合时间和地区的安排要合理。

比如：开始时印刷、电波媒体一齐上，过一段时间采用减少印刷媒体，以电波媒体为主的战术。

六、广告战术（媒体及促销项目的具体计划）

实施广告战术时，一定要把 A 牌产品销售网络、货源情况考虑进去。如果这样大规模的长时间的广告攻势开始了，而产品销售网络和货源跟不上，就等于销售和广告脱节，不仅达不到广告目的，而且浪费了大量的人力、物力和广告费。今年是市场导入期，而 A 牌产品国内销售又是薄弱环节，所以难度大。考虑到今年××厂把内销量定得很高，所以我们决定今年的广告攻势先从上海、广州、深圳等城市做起，逐步扩大市场。全年全国的宣传要做，同时加大促销地区的媒介频率，形成广告攻势，希望达到创名牌、促销售、促成果的目的。

七、广告主题、广告创意、不同阶段的广告创意

1. 在宣传本产品品牌和导入市场阶段，广告着重于对羽绒特点、制造工艺的介绍，突出原料优势，采用对比等手段，主要诉诸消费者理智。同时表现羽绒服的质感、光泽和手感，以感情表现感染消费者，并通过"优惠销售"等信息促使消费者购买。

2. 在产品进入市场，销售得到进一步进展以后，广告应进一步表现商品高贵、温柔和华丽的特点，主要诉诸感性，渲染一种高雅浪漫、温柔华丽的情调，在消费者心目中树立 A 牌羽绒服是人人追求的高档消费品的信念。

在本产品的品牌知名度达到一定程度的时候，广告力求简练，突出草原风格，不断重复商标品牌，巩固和提高商品在消费者心目中的形象。

关于色彩主调：（略）

广告口号：

本着表现创意和易记易读的原则，试拟广告口号如下：

"闻名世界的 A 牌羽绒服，说不尽的高雅！"

十、广告计划方案

（一）广告计划方案的基本含义

广告计划方案是企业根据市场变化和企业自身实力制作广告计划所形成的书面材料。通常来说，广告计划方案包括广告目标以及为实现广告目标而采取的方法和步骤。广告计划方案按时间来分，可分为长期、中期及短期计划。广告计

方案按广告媒体来分，可分为媒体组合计划和单一媒体计划。广告计划方案的内容通常包括广告调查、广告任务、广告策略、广告预算和广告工作活动计划等。

（二）广告计划方案的写作要点

广告计划方案通常由以下几个方面组成：

1. 前言。前言要明确广告计划方案的任务和目标。

2. 市场分析。市场分析主要由经营分析、产品分析、市场分析和消费者分析三部分组成。

3. 广告战略。广告战略要对具体效果有明确计划。

4. 广告地区。

5. 广告对象。对广告对象要作出正确分析。

6. 广告策略。广告策略要对广告实施的具体细节作出规定。

7. 广告预算。广告预算要根据企业实际情况和市场变化具体规定。

8. 广告效果。

9. 其他事项。

（三）格式范例

××公司广告计划方案

一、广告目的

为扩大××男性化妆品销售，提高企业经济效益，进一步提高企业知名度和美誉度，特制定本计划方案。

二、市场分析

男性化妆品（发胶、发蜡、面霜、刮胡泡、刮胡水等等）在我国台湾市场中，被认为是大众化的消费品。大众化的产品，在市场中销售时，首重普及知名度，次为创造知名度。知名度高，产品的销路才能容易获得拓展。当前台湾市场中，男性化妆品，计有下列10余种牌子。

1. C牌：产品有营养乳液、修容霜、养发精、美发蜡、修容露、营养霜、蜂蜜柠檬香皂、透明发蜡等。

2. D牌：产品有面霜、发蜡等。

3. E牌：产品有面霜、发蜡等。

4. F牌：产品有面霜等，

5. G牌：产品有面霜、养发霜等。

6. H牌：产品有美容泡、整发露、刮胡泡等。

7. I牌：产品有面霜、发蜡、止痒洗发水、喷发胶水等。

8. J牌：产品有爽身粉、花露水等。

9. K牌：产品有爽身粉等。

10. L牌：产品有爽身粉、发油等。

11. M牌：产品有爽身粉、发蜡等。

C牌之男性化妆品，上市虽不久，但因台湾市场中极多消费者对C牌的商标有很大的信任，随之对C牌亦多好感。发蜡中，以顶好牌销路最好，采用报纸广告多。

洗发水中，以I牌销路最好，但自本月份起，D牌亦已推出此类洗发水。

花露水中，J牌占市场总销售量的70%。

爽身粉中，以L牌销路最大。

上列各种品牌的知名度均很高，欲求与此10余种同类产品竞销，必须先从打开知名度做起，使消费者深切明了产品的名称与内容，进一步求改变消费者的使用习惯，而渐渐改用××。

××在国际市场中，虽已具有深厚的地位，但在台湾地区，一般消费者对其尚陌生。在运用广告后，其知名度当较一般在国际市场中无名之产品，容易打开。

此外，台湾地区市场中，一般的男性消费者，对化妆品的使用尚不普遍，若能采取教导性的广告方法，配合销售广告，则有益于促使消费者增加。

三、广告重点

以"×××××××，×××××××"两句为主题，并配合显示男性优美风采的图片，以求吸引消费者的注意力。

以"×××××××××××××××××"一句为副题，说明此种产品在国际市场已有很高价值，以增加消费者对产品的信任。

第一个月的广告（即上市最初广告）拟普遍运用报纸、电视两大类媒体。

从第二个月起，即减少运用报纸，着重运用电视、电影两类媒体。

四、诉求对象

以25～45岁之男性消费者为主，并促使其妻子或女友，为其丈夫或男友购买此种化妆品。根据调查统计，××年初，25～45岁之男性人口数字如下：

年龄（岁）	人数（人）
25～29	490935
30～34	441439
35～39	446446
40～45	406962
总计	1785782

此一数字，在台湾地区人口总额中占13%强。

再根据较保守之估计，此一数字中，已婚男性及拥有女友的男性，当占3/4；

因此诉求对象中，又可增加 10％之女性消费者，合计即占 23％。25～45 岁男性，均有普通消费能力，若再退一步估计，台湾地区 1785 万人口中，有 20％可作此种化妆品之诉求对象。

五、诉求地区

以台北、高雄、台中、台南、基隆等五大都市以及消费力量都较之县与镇为重点。

消费力量较弱之乡镇为次要地区。

六、广告进行方法

1. 上市之初，选择 14 家发行量高的报纸在第一版刊登半 13 批或半 10 批广告，各报轮流刊登，连刊 14 天。第二个月起，每月只选择最主要之报纸，刊登 3 次或 4 次半 10 批广告。

2. 自上市之日起，选择两家电视台，在甲级时间，每周作 5 次插播，每次 30 秒，连播 4 个月。

3. 自上市之日起，在台北市选择票房纪录最高的 4 家电影院；在台中、台南、高雄 3 大都市，各选择两家电影院，每日各放映两场短片（60 秒钟），连映 4 个月。

4. 选择 2 家发行量最大之杂志，××周刊及××月刊，在最重要销售期中（如中秋节及郊游季节）刊登全页广告，以求配合发挥效果，杂志广告预定刊登 6 次。（注：该项如加上详细战术步骤，内容将更加生动。）

七、广告预算分析

1. 上市之初之报纸广告方面，选择之 14 家报纸。

此部分小计广告费用为 NT＄175104 元（详见附表 A）。

第二个月至第四个月报纸广告方面，选择 7 家报纸，轮流在第四版，再刊半 10 批 10 次。预定第二个月，刊出 4 次，第三、第四两个月，各刊出 3 次。

此部分小计，广告费用为 NT＄116480 元（详见附表 B）

报纸广告之费用预算，合计为 NT＄291584 元。

附表 A 报纸广告

报纸名称	版位	篇幅	广告费实价（元）
××日报	第一版	半 13 批	NT＄21294.10
××报	第一版	半 13 批	NT＄21294.10
××时报	第一版	半 13 批	NT＄21294.10
合计			NT＄175104.00

附表 B 报纸广告

报纸名称	版位	篇幅	第二个月刊出		第三个月刊出		第四个月刊出	
			次数	广告费实价（元）	次数	广告费实价（元）	次数	广告费实价（元）
××日报	第四版	半 10 批	1	NT＄	1	NT＄		
××报	第四版	半 10 批	1	NT＄	1	NT＄		NT＄
合计			4	NT＄	3	NT＄	3	NT＄

2. 电视广告方面，所选择之两家电视台，名单如下：

××电视台（创立已有多年，拥有极高收视效果的商业电视台），每周在甲级时间中，插播 30 秒之广告 3 次。

××电视台（创立时间虽不长，但也是在节目表现方面已渐渐具有竞争力的商业电视台），每周在甲级时间中，插播 30 秒广告两次。

此部分 8～11 月 4 个月中，共插播 87 次，费用预算合计为 NT＄800.00 元（详见附表 C）。

附表 C 电视广告

电视台	时段	时长	每周次数	四周次数	广告单价	广告费小计（元）
×视	甲	30 秒	3	52	5400.00	NT＄280800.00
×视	甲	30 秒	2	35	5400.00	NT＄189000.00
合计				87		NT＄469800.00

3. 电影院广告方面，所选择放映之地点如下：

台北市（台湾地区消费力最强之国际性都市）

台中市（台湾地区中部富有消费力之都市）

高雄市（台湾地区南部富有消费力之港口都市）

台南市（台湾地区南部富有消费力之都市）

在此 4 大都市，选择 10 家票房纪录最高之电影院，每天各放映 1 分钟广告影片两场，从 8—11 月共 4 个月。每月需费 NT＄24800.00，此部分小计广告费用为 NT＄9200.00（详见附表 D）。

4. 杂志广告方面，所选择之两家杂志如下：

××周刊（台湾地区杂志中，发行量最高的一种，每期发行已超出×万份），在此杂志刊出广告 4 次。

附表 D 电影院广告

放映地点	放映家数	每家每日放映场数	每家每月单价（元）	广告费每月小计（元）
台北市	4	2	NT＄3600.00	NT＄14400.00
台中市	2	2	NT＄2000.00	NT＄4000.00
台南市	2	2	NT＄1400.00	NT＄2800.00
高雄市	2	2	NT＄1800.00	NT＄3600.00
每月合计	10			NT＄24600.00
4个月合计				NT＄99200.00

××月刊（读者多为知识分子之杂志），在此杂志刊出广告两次。此部分小计广告费用为 NT＄34000.00（详见附表E）。

附表 E 杂志广告

杂志名称	版位	次数	广告费单价（元）	广告费小计（元）
××周刊	内页全页	4	NT＄6000.00	NT＄24000.00
××月刊	内页全页	2	NT＄5000.00	NT＄10000.00
合计	内页全页			NT＄34000.00

5. 4个月广告预算费用合计：

报纸广告为 NT＄291584.00 元（约占 32.6％）；

电视广告为 NT＄469800.00 元（约占 52.6％）；

电视广告为 NT＄99200.00 元（约占 11.0％）；

杂志广告为 NT＄34000.00 元（约占 3.8％）。合计 NT＄894584.00 元。

6. 广告主预定之广告预算为 NT＄889358.00 元，本计划所拟之预算略超出 NT＄5226.00 元。

八、效果预计

此4个月之广告计划在执行后，预计可收获三种具体效果：

1. ××之知名度，定可在全台湾地区之诉求对象中普遍打开，使得此种男性化妆品之知名度，绝不低于其他任何牌子之男性化妆品。

2. ××之指名购买率将可不断提高，且能使一般消费者渐渐养成使用××之习惯，进而使若干使用其他品牌化妆品的消费者，改用此种品牌。

3. 能增进男士们修饰自己的心理，使××产品的销路逐步打开。

十一、促销计划书

(一) 促销计划书的基本含义

促销计划书是企业根据市场变化和自身实力在制定促销计划过程中所形成的书面材料。促销计划是企业为进一步维护老客户和挖掘新客户而制定的计划。

(二) 格式范例

××公司促销计划书

第一条　为不断加强公司营销管理，提高公司营销水平，特制定本计划书。

第二条　为促使目前既有客户及未来预定客户的购买，以董事长名义向客户寄发委托函。常务董事及经理须拟定日程，拜访主要客户，并借机了解市场情况，加强彼此的联络与友好关系。

1. 函件内容须依收件人的具体情况而决定。

2. 函件内容包括介绍公司的现状、未来的发展前景等等。

3. 了解客户的不满，听取意见以设法改善现状。

4. 访问之前，应先与负责人员进行讨论以研究访问方法。

第三条　邀请主力客户及购买能力可能增加的客户，举行洽谈会，以促成交易。

1. 洽谈会以董事长或常务董事为主体。

2. 问候方式须巧妙得当，掌握销售计划的根本主题。

3. 洽谈会应依地区、产品种类，分别举行。

第四条　开拓新交易或提高现有的交易额，除要积极实行计划外，还要致力于设置有一定基础条件的代理店。

1. 通过工商名录、专业厂商名录、电话簿或其他方式取得批发商、销售店、加工业者等的名单资料后，应立即制定开拓计划。

2. 有效地与协会、交易银行、相关公司往来，凭借其帮助来拓展交易。

3. 对于新开发的客户，应事前进行充分的信用调查。

4. 确立代理店的交易规定，以充实代理店的体制。代理店体制应依商品种类来建立。

第五条　销售设有特卖制，采取自主诱导购买的方式。这种方式应在交易的清淡时期及产品推出太慢时采用。

1. 特卖的对象区分为零售商与代理店，并设定特卖期间。

2. 对于特卖地区、特卖品种、数量及奖励内容都须仔细研究。

第六条 对交易客户设立交易奖励制度，以此促进购买欲望。

1. 实施时，先以特定地点为主，接着再依顺序逐渐对外扩大。

2. 将每个客户的平均购买额区分等级，再依等级发给奖金或按比例退还部分金额。奖励期间以1个月左右为主，每段期间再各自制定截止日期。

3. 交易方式另采用预约制度，利用预约方式进行交易者，届时可依比例退还部分优待额。不依规定时间交接货品时，依本公司的另行规定处理。

4. 对于销售业绩良好的交易客户，公司将为其负担半额的广告费，或另外赠送其他商品，以示奖励。

第七条 对于新闻发布或新产品推广，公司将举行单独或联合展示会、样品展示会，以扩大宣传。原则上按下列四点实施：

1. 展示会由公司单独举行，或借助其他单位的帮助，或协同批发商共同举行，也可由业务部负责举办。

2. 会场展示适用于本公司的新产品。

3. 举行展示会时，除了要选择会场场地之外，对于展示内容也须加以考虑。

4. 样品展示会及展示会中，可直接接受订单或预约。

第八条 对于销售人员应依开拓新市场，提高销售额等绩效加以区分，发给奖金，以示激励。

1. 本奖励以一定期间为限。

2. 对于开发新客户一项，必须令其事前提出有关对方的调查资料。奖金应于交易拓展成功后的第3个月，以不同等级的平均额作为激励奖金。

3. 当过去3个月的平均额超过上年度同月份一个月平均额的3成时，则视为对提高销售有贡献，并依据一定的比率（或一定的金额）发给奖金。

第九条 业务部应根据客户别（或商品别），将销售额、收款、销路不佳商品与畅销商品等等，做成当月份的合计，并累计、增减统计资料，再将此统计数字与过去实绩进行比较，以掌握销售额及回笼资金的预会。预估确定后，指示给各负责人并进行督促（在每月例行销售会议上，也应督促要求）。

第十条 业务部须就各地区、客户及业界的需求动向等状况进行调查，以便修正自己的销售计划并督促、指示销售人员增加销售。

第十一条 业务部须针对各销售人员的活动及实绩，制作有关其能力与实际绩效的比较统计表，同时提出批评与检查，借此提高销售人员的效率及业绩。

——第六章——
财务资产报告文书

一、财务计划

（一）财务计划的基本含义

　　财务计划是企业根据国家相关产业政策，并结合市场需求和自身实力，有计划、有目的地编制自己的经营计划，提出经营目标，安排生产经营活动，保证生产经营各项活动顺利进行并取得最大经济效益的一种文书。财务计划是企业经营计划的重要组成部分，财务计划的编写应根据企业经营计划的要求来完成。

（二）财务计划的写作要点

　　财务计划的编写，通常要注意以下几个方面的问题：

　　1. 财务计划的编写必须符合国家相关法律法规的要求；

　　2. 财务计划的编写要在认真调查研究的基础上能够切实解决存在的问题

　　3. 财务计划中所引用的各种数字资料和引文必须准确无误；

　　4. 财务计划要言简意赅，层次清楚。

（三）格式范例

××公司××××年财务计划

　　我公司在公司董事会的正确领导下，××××年取得了可喜的成绩。在新的一年里，根据上年公司目标的完成情况以及各部门的发展情况，特编制了"××××年财务计划"。

　　一、编制依据

　　主要根据

　　1. 以上年各项指标完成情况和今年的各项经济技术计划为基础；

　　2. 目前已签订的供应、销售合同和可能达成的协议。

　　二、几项经济技术指标的说明

1．××××年计划工业产值××××万元．为上年的××％，比上年增长××％，全员劳动生产率增长×××％。

2．降低产品成本××％，降低额××××万元，可比产品成本降低××％，降低额×××万元。

3．在增加产品销售收入××％的基础上，××××年计划利润××××万元，比上年增长××％。

4．计划产值利润率××％，比上年增长××％，资金利润率××％，比上年下降××％。

5．为生产需要，今年计划增购设备三项，价值××××万元。

三、计划中的几个问题

1．在计划内的产品销售收入中，还有××××万元的销售合同没有签订；

2．原材料中的钢材×××吨需要市场调节解决，价格将增加××％，对降低产品成本有很大影响；

3．现有资金还有一定缺口，本年需要贷款××××万元，主要解决钢材的购入资金。

四、几项措施

1．公司各部门及车间要对××××年财务计划进行认真讨论落实，作为全年奋斗目标。

2．抓紧一切时间和机会进行××××年的采购和销售合同的签订落实。

3．董事会具体落实增产增值，增利润、节料、节电、节煤、节木、节水、节办公费用、节非生产人员、节运输费以及节省、切不必要的开支，严肃财经纪律，降低产品成本，提高企业管理水平。

4．要求各部门每月××日向财务部门提出下月各类用款计划和经销收入计划，财务部门将各部门计划进行试算平衡，对计划执行中的问题提出具体意见。

5．按季节进行财务计划执行情况分析，不断改进工作，堵塞漏洞，提出措施，保证××××年的财务计划全面实现。

××××公司

××××年××月×日

二、财务分析报告

（一）财务分析报告的基本含义

财务分析报告是企业根据市场信息和会计核算提供的相关资料，从企业经营成果和经营目标所反映的财务指标出发，对企业的各种经济活动进行分析研究的书面材料。在现代企业中，合理的财务分析常常能为企业的迅速发展提供有力的保障。财务分析报告的内容通常包括企业固定资产的使用情况和使用效率，企业流动资金的使用情况和效率情况，企业负债情况和偿债能力等。

（二）财务分析报告的写作要点

财务分析报告一般要说明以下问题：

1. 简单介绍企业财务的基本情况；
2. 分析说明存在问题的原因；
3. 总结经验并提出相应建议和意见；
4. 提出改进措施和方法；
5. 要言简意赅，层次清楚。

（三）格式范例

×××发展有限公司××××年财务分析报告

在公司董事会的正确领导和全体员工的共同努力下，××××年我公司顺利实现预期经营目标，公司综合实力得到了很大的提高，公司综合竞争力大大加强。公司的经济形势很好，出现了产值、利润稳步增长的好局面，各项主要经济技术指标都创历史最高水平。现将其全面财务活动作如下的分析：

一、公司预计经济指标完成情况

工作量计划为××××万元，实际完成××××万元，完成计划的××％，为去年的××％。

全员劳动生产率，计划为××××元，按同口径计算实际完成×××元，为计划的××％，为去年的××％。

工程优良品率，计划为××％。全年验收评定的单位工程个数×××个，其中优良品×××个，优良品率为××％，为计划的××％，为去年的××％。

降低成本率，计划为××％，实际完成××％，完成计划的××％，为去年的××％（去年为××％），即今年比去年提高了××％。

利润总额，计划为×××万元，实际完成×××万元，为计划的××％，为去年的××％，产值利润率计划为××％，实际完成××％，比计划提高了××％，比去年提高了××％。

产值资金率，计划为××％，实际完成××％，比计划节约了××％，与去年相同。

（一）施工生产计划完成情况

××××年我公司完成工作量×××××万元，是我公司历史最高水平。但施工特点是施工点多线长、收尾工程较多、年初任务不足，这样全线施工面未能全面开展，因而上半年公司只完成工作量××××方元，仅占年计划的××％。下半年任务过重，但经过努力还是能超额完成全年计划。

（二）财务、成本计划完成情况

1. 工程成本完成情况的分析

全年工程预算成本为××××万元，实际完成×××万元，降低×××万元，降低率××％，超额完成了计划，比计划提高了××％，比上年提高了××％。分析其原因，有两个方面，一方面是由于今年完成的工作量较上年有所增加；另一方面是改进安装工艺、大幅度提高了工作效率。

具体分析：本年由于多完成工作量，其单位成本下降，而增加的降低成本额有××万元；而降低率比上年提高××％，相应增加的降低成本额为××万元。

从成本项目分析来看，管理费超支××万元，其主要原因是施工点分散，外地工程多，差旅费支出较大，非生产人员增多造成的。

2. 利润完成情况的分析

公司全年实现利润×××万元，超额完成了与总公司签订的经营承包合同规定的利润总额×××万元，超额××％，比上年增长××％，超过了产值增长的速度。这样，不仅为国家提供了较多的上缴税利，同时公司留利和职工个人收入也有了较大的增长。

××××年均利润及人均收入与上年对比如下：

项目	××××年	××××年	增长	％
人均利润	××元	××元	××元	××
人均工资收入	××元	××元	××元	××
其中：人均奖金	××元	××元	××元	××

3. 流动资金运用情况的分析

全年定额流动资金平均占用额为×××万元，产值资金率为××％，比计划××％节约了××％，与上年相同，年末定额流动资产实际占用额为×××万元，比年初增加了××万元，增加了××％。在年末占用额中，其中材料、低值易耗品等资产占用了×××万元，超占了××％，占用了专项资金。公司年末各项应交未交款项尚有××万元，年末银行存款余额××万元，不足交欠款。而应收工程款年末数额达×××万元，形成资金紧张，应采取措施压缩库存，抓紧收取工程款。

4. 专项资金收支情况的分析

更新改造基金：年初余额×万元，本年提取××万元，本年支出××万元，年末结余××万元，减去未完工程占用×万元，实际结余×万元。

大修理基金：年初余额××万元，本年提取×××万元，本年支出×万元，减去未完工程占用的××万元，年末结余××万元。

职工福利基金：年初余额××万元，本年提取×××万元，本年支出×××万元，年末结余××万元。

公司专项基金状况，总的来看是向好的方向发展。但是，在职工福利基金中按工资总额×××％提取的医药费始终发生超支，提取额为××万元，而实际支出达××万元，当年超支×万元，比上年超支数又增加了×万元。主要是医药费的管理上存在一些问题，患者用药存在浪费现象。

二、存在问题

通过分析，总的来看我公司××××年各项财务指标完成得比较好。但是从以上分析资料中，也可以看出我公司在管理工作上还存在一些薄弱环节和问题：

1. 施工任务多变，计划安排衔接不上，生产不够均衡，上半年完成工作量仅占全年实际完成工作量的××％，而下半年占××％，这说明全年的施工生产任务不够均衡。

2. 公司管理费发生超支××万元，占预算成本的×××％，应该引起重视。

明年是进行全面经济体制改革和"双增双节"运动的一年，我们将在新的一年里进一步搞活企业、搞活生产，把公司各方面的工作在现有的基础上提高到一个新的水平。

三、改进措施

1. 以改革的精神，层层全面落实经济承包责任制，继续实行按产值和利润双挂的工资基金含量包干办法。以不减国家税利为目标，公司及各部门、施工队都要实行包干。

2. 加强管理的基础工作，搞好单位工程管理，提高经济效益。各单位结合"双增双节"的要求，发动群众清仓挖潜制定规划措施，要在现有的管理上逐步运用现代化的科学管理方法，结合实际运用价值工程、目标成本管理、ABC管理法、电子计算机等。

3. 在资金管理上，要实行公司内部计息办法，为了解决公司与各单位，以及各单位之间相互拖欠款项。公司从××××年起采取欠款一律实行由拖欠单位按期向被欠单位支付利息的办法，用经济杠杆手段来促使各单位加强资金管理，积极收取工程款，减少资金占用，加速资金周转。

4. 要严格执行财经纪律，加强法制观念，坚决纠正新形势下所发生的新的行业不正之风，要学习各种法律，如《合同法》、《会计法》，坚决依法办事。

×××发展有限公司

××××年×月×日

三、财务成本分析报告

(一) 财务成本分析报告的基本含义

财务成本分析报告是企业根据国家相关法律法规和自身财务状况，综合运用各种经济手段对企业的财务进行分析的书面材料。

(二) 格式范例

××公司财务成本分析报告

根据市政府有关部门规定，我厂今年实行"国家征税、资金付费、自负盈亏"的经济责任制。半年来，通过增产增收措施，在提高劳动生产率、加速资金周转、增加盈利方面取得了比较理想的效果。根据我厂的具体情况，现将生产、利润、成本三方面的经济活动进行初步分析。

一、经济指标完成概况

1. 工业总产值：完成××万元，为年计划的××‰，比上年同期增长××‰。

2. 产品产量：甲产品完成××××，为年计划的××‰，比上年同期增产××‰；而乙产品完成××××，为年计划的××‰，比上年同期增产××‰；丙产品完成××××，为年计划的××‰，比上年同期增产××‰；丁产品完成××××，为年计划的××‰，比上年同期增产××‰。

3. 全员劳动生产率：为本年××元/人，比去年同期提高××‰。

4. 产品销售收入：实现××万元，占工业总产值的××‰，比上年同期上升××‰。

5. 利润：

(1) 实现利润总额：××万元，为年计划的××‰，比上年同期增长x×‰；

(2) 应缴利税：××万元，为年计划的××‰，其中应缴所得税××万元。资金占有费××万元，已全部按期缴纳。应缴上年利润××万元，已全部按期缴纳。

(3) 企业留利：××万元，比上年全年实际所得增长××‰，其中，分配上年超收尾数××万元。

6. 成本：全部商品总成本××万元，比上年同期上升××‰，百元产值成本××元，比上年同期上升××‰。

7. 资金：定额流动资金周转天数为×××天，比计划加速××天，比上年同期加速××％。百元产值占用金额流动资金××元，比上年同期下降××％。

定额流动资金平均占用金额××万元，比上年同期下降××万元。

在以上各项指标中，工业总产值、利润、资金周转已分别超过了历史最好水平。

二、生产任务完成情况分析

从产品结构变化看：

产品名称	本年 1～6 月占比重	上年同期占比重	本年比上年
甲	××％	××％	××％
乙	××％	××％	××％
丙	××％	××％	××％
丁	××％	××％	××％
其他	××％	××％	××％

从增产比重看：

产品名称	比上年增产	占增产百分比
甲	××	××％
乙	××	××％
丙	××	××％
丁	××	××％
其他	××	××％

从完成供货合同看，乙、丙产品均在××％以上，而甲仅完成××％。

以上数值表明，我厂上半年抓乙和丙的增产效果是好的，成绩是昭著的。这两种产品产值的增长占全部增产的××％～××％。

甲产品虽然也有增产，但幅度不大，同年计划相比还未过半。在结构上，它在全厂产值中比例由全年××％下降到今年的××％，同时由于完成供货合同差，拖期交货情况较为突出，从而影响了经济效益的全面提高。我厂是专业××生产厂，如何组织好甲产品生产，按时保质地完成供货任务，不断满足市场需求，这是下半年摆在我厂面前极为重要的任务。

三、利润指标分析

今年比上年增长利润总额××万元。

1. 产品销售利润因素分析

影响因素	单位	本年1～6月实际	上年同期实际	本年比上年	影响利润部分
销售收入	元	××××	××××	××××	××××
销售成本率	%	××××	××××	××××	××××
销售现金率	%	××××	××××	××××	××××
销售利润率	%	××××	××××	××××	××××

2. 其他销售利润及营外支出因素分析

影响因素	单位	本年1～6月实际	上年同期实际	影响因素
其他销售利润	元	××××	××××	××××
营外支出	元	××××	××××	××××
合计	元			

以上数据表明：今年我厂产品销售利润与上年相比是下降的。主要原因是销售税率的上升，今年工商税务改征增值税后，上半年我厂由于税率的上升，多缴税×××元，减利×××元。同时销售成本上升××%，减利×××元。但是，上半年我厂大抓了产品销售工作，同上年相比，增加销售收入×××元，收入增加使利润实现额上升×××元，增减因素相抵消后，净增利润×××元。因此今年利润总额上升的主要因素是销售收入的增长。同时要看到，虽然我厂今年在增产和销售上上升幅度较大，但是产品销售成本并没有下降，经济效益并没有提高，这就应进一步从产品成本上分析原因。

四、成本分析

项目	单位	本年1～6月实际	上年同期实际	本期比上年
商品产值	万元	××××	××××	××××
全部商品总成本	万元	××××	××××	××××
百元产值成本	元	××××	××××	××××
其中材料	元	××××	××××	××××
工资	元	××××	××××	××××
费用	元	××××	××××	××××

以百元产值成本指标进行对比，可以大致说明我厂成本升降原因。增产、提高劳动生产率使百元产值中的工资成本相对下降，其中工资相对下降××%，费用下降××%。突出的因素是材料成本上升××%，从而抵消了工资、费用的下降，净升××%。

按产品类别分析单位产品材料成本：

平均单位产品材料成本：

主要产品	单位	本年实际	上年实际	本年比上年
甲	元/套	××××	××××	××××
乙	元/根	××××	××××	××××
丙	元	××××	××××	××××

从上表看出，每一种产品的原材料上升幅度都很大，其中甲产品每套上升××元，乙产品每根上升××元，丙产品每百元产值上升××元，按总产量计算，共上升材料总成本为××元。

××公司

××××年××月××日

四、 财务评价报告

（一）财务评价报告的基本含义

财务评价报告是企业根据国家相关法律法规，并运用企业有关财务指标，对本企业一定时期内具有的运营能力、偿债能力和盈利能力等有关财务状况所作的自我总结和自我评价的一种文体。

（二）格式范例

××公司财务评价报告

××××年，我公司按照"务实、创新、提高、发展"的宗旨，积极上进，不断开拓，及时紧抓改革开放的有利契机，全面发挥企业的技术优势，形成从建筑工程设计、施工到建筑材料用品配套供应"一条龙"服务的经济实体，全年为国内外客户装修了××项工程，取得了较好的经营业绩。

一、盈利能力分析

××××年，公司的工程结算收入共达××万元，比上年的××万元增加了××％；实现利税××万元，比上年的××万元增加了××％。据此计算，销售利税率达到××％，比上年的××％提高了××个百分点；资本金利润率达到××％，比上年的××％提高了××个百分点；资产报酬率达到××％，比上年的××％提高了××个百分点。这表明，企业的盈利能力已比前两年有较大的提高，但与同行业中某些高效益的大型装饰工程企业相比，本公司仍未摆脱"低效益"的局面。

项目	××××年	××××年
销售利税率（％） 利税总额（万元） 工程结算收入（万元）		
资本金利润率（％） 利润总额（万元） 资本金总额（万元）		
资产报酬率（％） 利润总额（万元） 平均资产（万元）		
资产净利率（％） 税后利润（万元）资产总额 （万元）		

二、营运能力分析

××××年，公司通过提高机械化作业水平，加快施工进度，缩短工期，控制、压缩存货，减少资金占用和损失浪费，企业营运资本周转率和存货周转率都有一定的提高。

（一）营运资本周转率

公司本年的营运资本为××万元，比上年的××万元增加××‰；营运资本周转率为××次，比上年的××次提高了××次。

项目	××××年	××××年
工程结算收入（万元） 年初营运资本（万元） 年末营运资本（万元）		

上年营运资本周转率：工程结算收入／（年初营运资本＋年末营运资本）÷2＝××次

本年营运资本周转率：××次

（二）存货周转率

公司本年的存货周转率达到××次，比上年××次提高了××次；存货周转天数已由上年的××天缩为××天，缩短了××天。

项目	××××年	××××年
存货周转率（次） 销货成本（万元） 平均存货（万元）		

上年存货周转天数：360/存货周转率：××天

本年存货周转天数：××天

三、偿债能力分析

××××年，由于公司的盈利增多，负债减少，企业的偿债能力也有明显的变化。

（一）长期偿债能力

截至年末，公司的资产总额为××万元，比上年的××万元增加了××％；负债总额为××万元，比上年略有减少。按此计算，资产为负债的××倍，资产负债率已由上年的××％降至××％。这表明，公司的长期偿债能力较强，负债经营的程度也是不高的。

项目	××××年	××××年
资产负债率（％） 负债总额（万元） 资产总额（万元）		

（二）短期偿债能力

截至年末，公司的流动比率为 X∶Y，速动比率为 A∶B，均比上年有较大的提高，并已达到正常的比值。

项目	××××年	××××年
（1）流动比率		
流动资产（万元）		
流动负债（万元）		
（2）速动比率		
速动资产（万元）		
流动负债（万元）		

××公司

××××年×月

五、财务预测报告

（一）财务预测报告的基本含义

财务预测是指企业根据自身财务活动的历史资料，结合现实情况和市场变化情况，对企业未来财务活动与财务成果进行的预计和测算。财务预测报告主要包括销售预测报告、成本预测报告、利润预测报告和资金预测报告等组成。

（二）财务预测报告的写作要点

财务预测报告一般由标题、正文和落款三部分组成：

1. 标题。标题通常由预测对象、预测范围、预测时间和文种四个要素组成，如《××公司××××年财务预测报告》。

2. 正文。正文一般由基本情况简介和预测分析两部分组成。

3. 落款。落款要签署单位名称和报告完成日期。

(三) 格式范例

关于明年公司销售收入、成本、利润、资金需要量的预测

××经理：

经技术改造后，我公司的产品结构有了很大的变化，A、B、C等优质产品的产量逐步提高，1—9月份的产品销售收入为××××万元，比上年同期上升××%。根据销售部门估计，全年销售收入可达××××万元左右，销售收入利润率可达××%。

现按您的指示，对我厂明年的销售收入、成本、利润和资金需要量做如下预测，供参考：

(一) 销售收入预测

1. 预测数据

(1) 本年销售收入×××万元；

(2) 预测明年销售量增加××%；

(3) 预测明年销售单价上升××%。

2. 预测方法

按"因素分析法"预测，其计算公式为：

明年销售收入：本年销售量×（1＋预测明年销售量增长率）×（1＋销售单价上升率）

(二) 利润总额预测

1. 预测数据

(1) 预计明年销售收入×××万元；

(2) 预测明年的销售收入利润率为××%。

2. 预测方法

按"相关比率法"预测，其计算公式为：

明年的利润总额：预计明年的产品销售收入×预计明年的销售收入利润率

(三) 成本费用预测

1. 预测数据

(1) 预计明年销售收入×××万元；

(2) 预测明年利润总额×××××。

2. 预测方法

按"倒扣计算法"计算，其计算公式为：

预测成本费用：预计销售收入－预计利润总额

（四）资金需要量预测

1. 预测数据

（1）基期资产负债表上的资产总额×××万元；

（2）预测期销售增长率为××％；

（3）预测期新增零星开支数额×××万元；

（4）基期随销售变动的资产额×××万元；

（5）基期随销售变动的负债额×××万元。

与销售有关部门的资产		与销售有关部门的负债	
项目	金额（万元）	项目	金额（万元）
货币资金	××××	应付账款	××××
应收账款	××××	应付票据	××××
应收票据	××××	未收税金	××××
存款	××××		
合计	××××	合计	××××

2. 预测方法

按"销售收入百分比法"预测，其计算公式为：

$F=FO+K(A-L)+M$

上列公式中：

F代表预测期资金需要量；FO代表基期资产总额；K代表预测期销售收入增长率；A代表基期随销售变动的资产；L代表基期随销售变动的负债；M代表预测期新增的零星开支。

综合以上四方面的预测情况，明年我公司财务变动的大致情况是：

（1）销信收入有可能达到××××万元，比今年增长××％左右；

（2）利润总额预测为××××万元，比今年增长××％左右，销售收入利润率可能达到××％，成本费用利润率达到××％左右；

（3）成本费用总额预测为×××万元，比今年增长××％；

（4）资金需要量预计要增加××万元，这个数额，尚可由公司内部自行解决。

以上几个预测数，尚需要与公司内生产、销售部门共同研究论证。我们认为，明年我厂的财务状况如能按上述测算实现，其前景是比较可观的。

×××公司财务部

××××年××月

六、中期财务报告

(一) 中期财务报告的基本含义

中期财务报告书是企业根据自身经营情况向公司股票持有者报告上半年经营业绩与经济效益状况，并对下半年的经营进行展望，预测以后几年的盈利状况、资金投向、发展规划等的书面性报告。

(二) 中期财务报告的写作要点

中期财务报告一般由以下内容组成：

1. 公司财务状况分析；

2. 公司经营情况介绍；

3. 股权结构变化情况；

4. 相关文件资料；

5. 其他事项。

(三) 格式范例

××公司财务中期报告

本公司董事会愿为本报告内容的真实性、准确性和完整性负共同及个别责任，并确信未遗漏致使本报告含有误导成分的重大事项。本报告内容由本公司董事会负责解释。

一、财务报告

(一) 简化的财务报表（见表1、表2，未经会计师事务所审阅）

表1 资产负债表（简化且未经审计）

××××年×月30日（单位：元）

摘要	××××年6月30日	××××年12月31日
日流动资产	1418316899.73	1359909425.81
长期投资	43549563.66	48865348.66
固定资产净值	219189948.19	223386570.88
在建工程	38933284.08	38762315.32
无形资产及其他资产	20433288.39	20357939.55
负产总计	1743208444.85	1694067061.02
短期负债	856084366.14	881931045.18
长期负债	112664315.92	120168346.13
股东权益	774459762.79	691967669.71
少数股东权益		

表2　利润表（简化且未经审计）

××××年1月1日至6月30日（单位：元）

摘要	××××年1~6月	××××年1~6月
月主营业务收入	285446233.90	242391650.68
主营业务利润	6502753.50	32170284.94
其他业务利润	−310291.0	1103720.84
投资收益	16167113.09	15484291.56
利润总额	23330021.24	5044293.98
应交所得税	3430458.19	7566643.19
税后利润	19899563.05	42877649.21
每股收益Ⅰ	0.067	0.199
每股收益Ⅱ	0.064	0.149
每股净资产	2.503	2.252
净资产收益率	2.7%	6.61%

（二）财务报表注释

1. 公司执行的会计政策和方法，与上一年度报告相比，没有重大改变。

2. ××××年上半年本公司主营业务利润比去年同期下降79.79%，主要原因是：

（1）市场竞争加剧，原材料价格大幅上升以及部分产品价格下调；

（2）与去年同期相比，外汇价差减少，财务费用相对增加。

3. 截止到××××年6月30日，本公司股本总额为3.09亿股，比年初增加2.14亿股，主要是本公司上半年实施配股所致。配股后的股权结构为：国家股58.18%，社会公众股40.05%，公司职工股0.09%，法人转配股1.67%。

4. 截至××××年6月30日，本公司尚余分配利润1.7亿元，其中××××年以前未分配利润为1.5亿元，按照本公司股东大会决议精神，此部分利润在送股结束后将转作任意盈余公积金。

二、经营情况的回顾与展望

（一）上半年经营情况回顾

××××年上半年，公司继续转换经营机制，以增强企业活力，提高经济效益，在以医药业作为龙头产业的同时，积极稳妥地挖掘公司在房地产、金融、进出口业务方面的潜力。上半年，医药主业根据市场需要进行了产业结构调整。研究所把一些投资少、效益好的品种调到前边并加快了课题开发的进度，以提高经济效益。

上半年获得批文的产品已有 16 个，取得了较好的经济效益。在股票、期货等金融业务方面，面对股市低迷的局面，投资公司能够抓住时机，及时调整投资结构，上半年在金融业务方面获利 1000 万元左右。

（二）下半年计划

1. 狠抓新产品开发、生产、销路，以××系列为新龙头，尽快形成新的效益支持品种。

2. 狠抓产品质量。质量是效益的基石，要培养员工"无质量就无效益"的思想，把退货减少到最低限度。

3. 抓好老产品的换档升级工作，把合理提价融入到换档升级工作中。

4. 理顺经营、生产、供应、财务部门的合作关系，减少内耗。

5. 狠抓经营工作，理顺经营部对驻外办事处的管理，调动销售人员的积极性，搞好新药的促销工作，抓紧货款的回收。

6. 继续抓紧房地产的建设及售房工作，尽快形成效益。

7. 尽快完善金融证券业务，抓好股票、期货等方面的投资工作，并配备高素质人员，使投资公司的盈利能力逐年增大。

三、发行在外股票的变动和股权结构的变化

1. 根据股东大会决定，并报××市证券委员会、××市国有资产管理办公室、中国证券监督管理委员会批准，公司于××××年×月按每 10 股配售 1.5 股的比例向全体股东配股，其中国有股股东放弃配股权，以每张权证 0.10 元转让费有偿转让给社会公众股东。至××××年×月×日止，实际配股 2137.55 万股，其中，社会公众股及公司员工股配股 1620 万股，国家股转配 517.55 万股，共计募集人民币 6412 万元，扣除配股承销费用人民币 139 万元，实际股款人民币 6273 万元。

2. 本次配股计划募集资金收入约折人民币 12960 万元（未扣除费用），本公司有意将该募集款作如下用途（略）。

3. 截止到××××年 6 周 30 日，本公司股本结构如下（单位：万股）：

股份类别××××年 12 月 30 日××××年 6 月 30 日

（1）尚未流通股份

A. 国家股 18000（62.5％）18000（58.18％）

B. 国家股转配 517.55（1.67％）

C. 内部职工股 1800（6.25％）29.28（0.09％）

尚未流通股份合计 19800（68.75％）18546.83（59.95％）

（2）已流通股份 A 股 9000（31.25％）12390.72（40.05％）

（3）股份总额 28800（100％）30937.55（100％）

4. 前 10 名最大股东名单（截至××××年 6 月 30 日）

股东名称	股份（万股）	比例
××市国有资产管理办公室	18000	58.18％
××有限公司	500	1.62％
××	131	0.42％
××××证券	100	0.32％
××××	96.07	0.31％
××××	81.39	0.26％
××××	80.08	0.26％
××××	79.07	0.26％
××××	76	0.25％
××××	65.636	0.21％

四、重大事件揭示

1. 本公司××××年度股东大会于××××年×月×日上午在企业集团员工之家三楼召开。股东大会决议刊登于《××时报》、《××证券报》。

2. 本公司股东大会通过的配股计划经中国证券监督管理委员会复审通过，于××××年×月×日完成，社会公众股配股部分已于××××年×月×日上市交易。

3. 本公司内部员工股1770.72万股，于××××年3月10日上市交易。

4. ××××年度股东大会决议通过的××××年度分红方案为：每10股普通股送1股红股，分红派息工作于××××年7月份完成，所送红金中可流通部分的1242万股已于××××年7月13日上市交易。

5. 本报告期内无重大诉讼及仲裁事项。

五、备查文件

（略）

×××股份有限公司董事会

总经理：×××

××××年××月××日

七、年度财务报告

（一）年度财务报告的基本含义

年度财务报告书是企业根据国家相关规定和企业自身经营情况，在每个年度结束后由注册会计师审计公司的财务状况和经营管理情况的书面材料。

（二）年度财务报告的写作要点

年度财务报告一般由以下内容组成：

1. 公司财务状况分析；
2. 公司经营情况介绍；
3. 对募集资金的运用情况说明；
4. 相关文件资料；
5. 业务展望；
6. 其他事项。

（三）格式范例

××公司年度财务报告

重要提示：

本公司董事会愿就本报告所载资料的真实性、准确性和完整性负共同及个别责任，并确信未遗漏任何致使本报告内容有误导成分的重大事项。本报告内容由本公司董事会负责解释。

一、公司简况

（略）

二、近3年财务指标

（见表1）

表1 近3年财务指标

指标	单位	20××	20××	××××	××××比19××年
营业收入	万元	5966	4988	3833	20
其中：主营业务收入	万元	5947	4988	3833	19
利润总额	万元	2801	1606	994	74
税后利润	万元	2380	1324	637	80
资产总额	万元	20083	17627	6319	14
股东权益	万元	18400	16423	3511	12
每股净资产	元	2.09	2.05	1.12	2
每股收益（加权平均）	元	0.27	0.23	0.20	17
每股收益（年末股本）	元	0.27	0.17	0.20	59
每股红利	元	0.22	0.08	——	175
股东权益比率	％	91.6	93.2	55.6	−2
净资产收益率	％	13.7	13.3	18.8	3

三、年度分配情况

本公司董事会经研究决定，建议××××年度的利润分配及分红方案为：

1. 法定公积金10％，公益金10％，分红80％；

2. 每10股送红股2股，派现金红利0.70元。分红不足部分由资本公积金转入。

以上方案尚需经股东大会表决通过，分红方案尚需报有关主管部门批准后生效。

四、业务回顾

1. 一年来经营业绩

××××年，在公司全体员工的共同努力和全体股东的大力支持下，公司以市场为导向，根据市场要求，积极调整产品结构，开发新产品，落实贷款催收责任，狠抓产品质量和公司内部各项基础管理工作，实现了经济效益的较大幅度增长，完成税后利润2380万元，达到盈利预测值的100.00％。在××××年度中国500家最大工业企业及行业50家企业评价中，本公司位于"中国××制造业最佳经济效益企业"第××位，"中国××最大工业企业"第××位，"中国××最佳经济效益工业企业"第××位。公司产品在××××年国际中、小企业新产品、新技术展览会上荣获金质奖。

产品的销量逐年上升，与去年相比，增幅最高达到40％；不仅如此，全员劳动生产率（按工业增加值计）也比上年增长25％；各项产品质量稳定；公司未发生重大安全事故。

2. 实际经营与盈利预测对比，具体指标见表2：

表2　实际经营与盈利预测对比

指标	单位	年完成	年计划	比计划
主营业务收入（不含税）	万元	5947	5641	5.4
主营业务利润	万元	1691	1850	－8.6
投资收益	万元	1113	946	17.6
利润总额	万元	2801	2796	0.2
上交所得税	万元	420	419	0.2
税后利润	万元	2380	2377	0.1
每股收益（加权平均）	元	0.27	0.27	0
每股收益（年末股本）	元	0.27	0.27	0

五、对前次募集资金的运用情况的说明

××××年×月我公司股票上市发行，实际募集资金包括另两家发起人（×

×国际信托投资公司、××国际贸易有限公司）共9536万元。公司在多方位、多渠道利用好募集的同时，还积极认真、实事求是地按招股说明书确定项目开展工作，说明如下：

投资3500万元用于扩大现有产品生产能力项目，至××××年底，实际投入3296万元，其中用于质检培训中心41万元。

投资622万元兴建综合车间项目。自××××年底开始动工兴建，已投入资金32万元兴建××车间项目，并与台方合资建立"××有限公司"以扩大规模。

××大厦和地下停车场投资项目。经董事会研究决定，从宏观调控大局考虑，结合我公司实际情况，暂缓该项目的建设，将资金投入上述其他项目以获取效益。

六、股本变动情况

（二）持有本公司发行在外普通股的前10名最大股东持股情况和比例

股东名称	持股数（万股）	占总股本（％）
××公司	4400	50
××国际信托投资公司	880	10
××贸易有限公司	880	10
××集团股份有限公司	165	1.875
××保健食品有限公司	77	0.875
××证券公司证券业务部	47.3	0.537
××水泥厂	33	0.375
××保健品实业有限公司	22	0.25
××××劳动服务公司	16.5	0.1875
××民航经营开发公司	11	0.125

（三）董事、监事及高级管理人员变更情况及持股情况

公司第八次董事会决定，×××不再任××实业股份有限公司董事，同时辞去董事长职务，并一致推选公司总经理××担任董事长，空缺董事由以后股东大会确认。

公司其他高级管理人员××××年度内无变更情况。

本公司原200万职工内部股，经有关部门批准，除公司董事、监事及高级管理人员中7名持股者所持有的1.88万股外，企业的198.12万股，已于××××年7月中旬上市交易。

七、重要事项

本报告期内本公司无重大诉讼、仲裁事项。

××××年×月×日本公司董事会制定了××××年度配股方案，每10股配

2.7 股，配股价暂定为 3 元左右，确切价格待实施配股方案时再视行情确定。

本方案尚需经股东大会表决，报政府有关部门审批，并经中国证券监督管理委员会复审后，方可实行。

八、业务展望

1. 继续抓紧完成以下投资项目：

（1）新建质检培训大楼；

（2）新建综合车间；

（3）与台方合资生产××；

（4）根据××技术研究中心的实际情况，计划投资 150 万元资金，逐步扩大规模。

2. 继续加强全面质量管理，进一步深入贯彻落实 GMP 认证工作，深入宣传贯彻 GB/T1900－IS0900 系列标准。根据现代企业制度的要求，强化企业管理，做好各项基础工作，做到向管理要效益。

3. 狠抓经营，进一步加强销售，调整产品结构，积极开拓市场，落实货款回笼。

4. 结合市场需求，多途径、多方位抓好新产品的研制开发，以及老产品的技术和用途方面的研究工作；同时加强与我省边境地区的合作，开发利用××资源。

九、其他事项

1. 公司基本资料（略）

2. 公司资料查询情况（略）

十、经有关从事证券业务资格的会计师事务所审计的资产负债表、利润表和重要的财务报表附注说明

（一）审计报告（略）

（二）资产负债表、利润及利润分配表、财务状况变动表见附表（略）

（三）财务报表附注说明（略）

1. 主要会计政策（略）

2. 变化较大的资产、负债项目说明（略）

3. 经营业绩（略）

4. 主要税项（略）

××实业股份有限公司董事会

××××年××月××日

八、财务评价报告

（一）财务评价报告的基本含义

财务评价报告是企业根据《企业财务通则》的要求并按依法理财原则、资本保全原则、收益与风险均衡原则等，对本企业一定时期内具有的偿债能力、营运能力、营利能力等财务状况、经营成果所作的总结和评价。

（二）财务评价报告的写作要点

财务评价报告一般由以下内容组成：

1. 公司财务状况分析；
2. 公司经营情况介绍；
3. 盈利能力分析；
4. 营运能力分析；
5. 偿债能力分析；
6. 其他事项。

（三）格式范例

××公司财务评价报告

××××年，××工程总公司按照××××的宗旨，抓住改革开放步伐加快的有利时机，努力发挥企业的技术优势，积极拓展装修业务，形成了从建筑工程设计、施工到建筑材料用品配套供应"一条龙"服务的经济实体。全年为国内外客户装修了××项工程，取得了较好的经营业绩。建筑工程质量良好，使公司知名度和竞争力进一步提高，公司的盈利能力、营运能力和自我发展能力均有所增强。

一、盈利能力分析

××××年，公司的工程结算收入共达××万元，比上年的××万元增加了××％；实现利税××万元，比上年的××万元增加了××％。据此计算，销售利税率达到××％，比上年的××％提高了××个百分点；资本金利润率达到××％，比上年的××％提高了××个百分点；资产报酬率达到××％，比上年的××％提高了××个百分点。

这表明，企业的盈利能力已比前两年有较大的提高，但与同行业中某些高效益的大型装饰工程企业相比，本公司仍未摆脱"低效益"的局面。

项目	××××年	××××年
（1）销售利税率（％）利税总额（万元）1 程结算收入（万元）		
（2）资本金利润率（％）利润总额（万元） 资本金总额（万元）		
（3）资产报酬率（％）利润总额（万元） 平均资产（万元）		
（4）资产净利率（％）税后利润（万元） 资产总额（万元）		

二、营运能力分析

××××年，公司通过提高机械化作业水平，加快施工进度，缩短工期，控制、压缩存货，减少资金占用和损失浪费，企业营运资本周转率和存货周转率都有一定的提高。

（一）营运资本周转率

公司本年的营运资本为××万元，比上年的××万元增加×××％；营运资本周转率为××次，比上年的××次提高了××次。

项目	××××年	××××年
工程结算收入（万元） 年初营运资本（万元） 年末营运资本（万元）		

上年营运资本周转率：工程结算收入/（年初营运资本＋年末营运资本）/2－××本年营运资本周转率：××天

（二）存货周转率

公司本年的存货周转率达到××次，比上年××次提高××次；存货周转天数已由上年的××天缩为××天，缩短××天。

项目	××××年	××××年
存货周转率（次） 销货成本（万元） 平均存货（万元）		

上年存货周转天数：360/存货周转率：××天

本年存货周转天数：××天

三、偿债能力分析

××××年，由于公司的盈利增多，负债减少，企业的偿债能力也有明显的变化。

（一）长期偿债能力

截至年末，公司的资产总额为××万元，比上年的××万元增加了×××％；负债总额为××万元，比上年略有减少。按此计算，资产为负债的××倍，资产负债率已由上年的××％降至××％。这表明，公司的长期偿债能力较强，负债经营的程度也是不高的。

项目	××××年	××××年
资产负债率（％）		
负债总额（万元）		
资产总额（万元）		

（二）短期偿债能力

截至年末，公司的流动比率为 X：Y，速动比率为 X：Y，均比上年有较大的提高，并已达到正常的比值。

项目	××××年	××××年
（1）流动比率		
流动资产（万元）		
流动负债（万元）		
（2）速动比率		
速动资产（万元）		
流动负债（万元）		

××工程总公司

××××年××月

九、财务统计分析报告

（一）财务统计分析报告的基本含义

财务统计分析报告是企业财务部门为经济工作提供统计资料，反映统计调查、统计分析和监督情况的一种书面材料。

（二）财务统计分析报告的写作要点

财务统计分析报告一般由以下内容组成：

1. 购入分析；
2. 消耗分析；
3. 效益分析；
4. 产出流向分析；
5. 其他事项。

（三）格式范例

××厂财务统计分析报告

分析摘要：××厂是我国大型××制造企业，按国际标准和国家最新技术标准，生产×××××类型××、××、××等几个品种。经营管理情况复杂，工序环节多，产品结构变化大。我们利用填报的××××年××省投入产出调查表，合计××指标数值，以及已有的投入产出辅助成果，第一次把企业内部与企业外部的经济联络以及企业内部的经济关系全部反映出来，使我们详细地系统地掌握了当年全部购入物资的来源与分配消耗构成。机床生产与社会各经济部门之间的经济联系和机床的销售去向，确切地反映了固定资产和流动资金的增减变化情况，以及新创造价值的构成情况，并对企业经营管理活动进行了综合分析。

一、购入物资分析

××××年我厂购入的物资总金额中，省内产品占××％，省外产品占××％，其他占××％。在全部购入物资总额中，按工业部门划分，属于黑色金属冶炼加工的产品占××％，电力工业占××％，煤炭和石油产品占××％，建筑材料及建筑业产品占××％；以上6个部门的工业产品占我厂购入物资的××％，是我厂物资消耗的重点。特别是××金属的购入量占总金额的一半以上，说明我厂要搞好物资管理，应该在××金属的购入与管理方面狠下功夫。弄清与哪些物资部门有联系，确定合理的供货地，以减少运输费用。把这个重点抓住了，我厂物资管理的经济效益将会有显著提高。

二、物资消耗分析

在全年购入的物资总额中，物资消耗占××％，用于增加固定资产的占××％，其他占××％。从物资消耗的比重看，产品消耗占主要部分。再从工业生产物资实物量消耗分析看，在××生产过程中，直接消耗的物资主要有金属材料、燃料、动力和工具。其中钢材每天平均需要量为××吨，燃料油××吨，煤××吨，电××万度。按物资消耗量分析，在万元产值中，物资消耗总量为××元，其中××金属加工业的产品为××元，有色金属加工业的产品为××元。从单位产品耗用量看，每台××产品平均投入的××原料××公斤，××原料××公斤。

三、产出效益分析

××××年我厂生产××产品××台，产值××万元。出售半成品及工业性作业产值为××万元，合计现价工业总产值为××万元。创造工业净产值××万元，占工业总产值的比重为××％，比上年提高了××％。主要是由于工业总产值比上年提高了××％，物耗只比上年提高了××％，同期净产值比上年提高了××％。万元产值的构成中，材料消耗为上年的××％，动力、燃料消耗为上年的××％，这两项指标说明由于产量的增长使万元产值中原材料比重降低，经济效益也比上年提高。

四、产出流向分析

××××年×××产品产量××台，上年生产由用户退货××台，本年收入量合计为××台。本年销售量××台，按实物量计算商品销售率为××％。在销售产品中，售给本省的占××％，售给省外的占××％，出口的占××％。说明产品的覆盖面较大。通过上述分析，我们对全厂的耗用物资、货源构成、物耗去向，核算了大量的系数，这对确定企业的中长期计划有重要的作用。如××××年确定机床产值××万元，根据测算系数，需要钢材××吨，实际耗用量为××吨，这是由于钢材利用率提高了××％，节约钢材××吨，系数测算与实际耗用的误差率为××％。预计经过几年的实际测算和系数的调查，将对计划的编制起到更大的作用。

十、财务控制报告

(一) 财务控制报告的基本含义

财务控制报告是企业向上级主管部门反映有关企业日常财务控制情况的报告文件，主要包括成本费用日常控制报告、经营收入日常控制报告、材料采购成本控制报告等。财务控制报告的写作要坚持实事求是的原则。

(二) 财务控制报告的写作要点

财务控制报告一般由以下内容组成：

1. 标题。财务控制报告的标题一般由制文单位、时间、控制目标和文种构成。

2. 正文。正文由措施、效果和结论三部分构成。措施主要用来说明财务控制的主要做法，效果主要用来说明财务控制取得的最佳效果，结论主要是对财务控制存在的问题提出相应的建议和意见。

3. 具名和日期。

4. 其他事项。

(三) 格式范例

××公司往来账款日常控制报告

总公司：

根据公司关于加强往来账款日常控制的通知精神，我公司加强了对往来账款的日常控制工作，现将一年来对往来账款的日常控制情况报告如下：

一、基本情况

公司年末往来账款金额×××万元，较年初减少×××万元，其中应收账款余额×××万元，较年初减少×××万元，应付账款余额×××万元，较年初减少×××万元。应收账款周转率××%，比上年减少××%，应收账款周转天数为××天，比上年减少××天。

二、加强日常控制措施

1. 制定信用政策。往来账款的日常控制中，我们注意掌握顾客的信用资料，根据客户的品质、还债能力、资本实力和客户在市场上的竞争能力，对客户的信用状况作出综合评定，评定客户在市场的竞争能力等，对客户的信用状况作出综合评定，评定客户信用等级，并根据客户的信用等级结合本企业产销能力和风险承担能力，制定本企业的信用政策，作为对往来账款进行规划和控制的原则。

2. 加强了应收账款的催收工作。除制定信用政策和管理制度作为往来账款的控制原则外，我们还加强了对应收账款的催收工作，建立了一个能够及时提供应收账款最新情况的管理信息系统，财会部门定期编制"往来账款分期明细表"全面提供往来账款增减变化及构成情况，以便及时掌握和清算。制定了合理的收账政策。对发生的应收账款进行及时催收。在收账程序上一般采取信函通知、电话催收、派员催收和通过法律手段等。

3. 建立、健全往来账款的结算管理制度。一是建立定期的往来款项审核制度，定期对往来款项进行会审检查；二是建立定期的对账制度，通过定期发函与往来单位进行逐笔核对；三是建立往来账款的审批制度，对购销活动，必须按照计划，实行合同管理，有明确的标的、价格、数量、结算方式、结算时间以及违约责任，并经有关部门及领导批准；四是及时准确地作好往来账款的财务处理，避免造成呆账坏账损失。

总之，一年来加强对往来账款的日常控制工作，取得了较好的成绩，没有发生大的呆账坏账损失，往来账款余额中没有长期不清的往来款项，往来账款余额控制在合理的范围之内。

×××公司财务部

×××　年××月

十一、资产周转报告

（一）资产周转报告的基本含义

资金的周转是指资金从其参与生产经营过程的初始形态，经过一系列生产经营阶段，最终又以初始形态回归，叫资金的循环。资产周转报告就是指财务部门向领导部门或决策者所提供的关于资金周转、运用、利用效果等方面的信息。

（二）资产周转报告的写作要点

资产周转报告通常包括标题、正文和落款。正文要明确一些指标，如总资产周转率、固定资产周转率和流动资产周转率等。

（三）格式范例

资产周转报告

总经理：

按照您的指示，现将本公司××××年度资产周转情况报告如下：

××××年，由于进口服装增加，产品销售收入上升幅度较大，负债减少，公司资产周转率比上年有较大的提高。据计算：

一、总资产周转率

××××年，公司产品销售净额已达××××万元。比上年的××××万元增长××％；总资产平均余额为××××万元，比上年的××××万元减少××％，故而总资产周转率已由上年的××％提高到××％。

××××年总资产周转率：××次。

对××××年公司总投资周转率提高的情况若加以具体分析，大致情况是：受服装销量增多的影响使总资产周转率提高××％。

××××年总资产周转率：××％。

总差异：××％。

二、固定资产周转率

××××年，本公司固定资产平均净产值为××××万元，比上年的××××万元减少××％。在产品销售净额有较大增加的情况下，公司本年的固定资产周转率比上年的××次增加了××次。

××××年固定资产周转率：××次。

上年固定资产周转率：××次。

三、流动资产周转率

××××年，公司流动资产平均余额为××××万元，比上年的××××万元增长××％，但因产品销售净额增长幅度大，故而公司的流动资产周转率仍然达到××次，比上年的××次提高了××次。

××××年流动资产周转率：××次。

上年流动资产周转率：××次。

上述三方面数据表明，××××年本公司在运用现有资产增产增效方面已经取得了较好的成效。但从流动资产的同转情况来看，则没有达到预期的目标，这主要是受应收账款余额和存货增长的影响所致。如果流动资产周转率能进一步提高，公司的资产周转速度还可以进一步提高。

××××公司财务部

××××年××月××日

十二、资产评估报告

(一) 资产评估报告的基本含义

资产评估报告是指对资产评议和估价的书面材料。资产评估必须在一定的经济环境中进行。资产评估报告必须事实充分，数据准确，层次清楚。

(二) 格式范例

资产评估的报告

××××年×月×日至×月×日，受××市产权交易所的委托，我们对××市第×丝纺公司的全部资产进行了评估。

一、评估说明

这次评估，是在××市丝绸工业公司对××市第×丝绸公司资产核实审计的基础上进行的。评估的主要目的是弄清××市第×丝绸公司的全部资产及其价值，以及生产、经营等方面的利弊，给××市第×丝绸公司兼并××市第×丝绸公司提供可靠资料。(以下评估的指导思想、依据、范围、方法、过程等略)

二、企业概况

××市第×丝绸公司是股份制企业，隶属于××市丝绸工业公司。该公司建于××××年，于××××年改为××市丝绸器材厂。××××年×月与××市织毯公司合并，定名为××市织毯公司，××××年改名为××市第×丝绸公司。××××年×月又与××市织毯公司分离，至今仍命名为第×丝绸公司。

该公司现有员工××人。主要生产人造花提毛毯，产品单一，设备利用率低，经营管理不善，产品质量不佳，市场销路不畅，竞争能力很差，仅××××年×月～×月就亏损××万元，总计已资不抵债××万元。

三、企业资产评估

(一) 固定资产投资评估

××市第×丝绸公司现有固定资产为××万元，比丝绸工业公司核查审计结果下降××万元，主要是三项：

1. 锅炉净值为××万元，因炉膛需要改造，没有自动上煤和消烟除尘设施，不能交付使用，评估为××万元，下降为××万元。

2. 房屋××平方米，评估为××万元，下降××万元。

3. 设备（略）。

（二）流动资产评估

全公司现有流动资产为××万元，比丝绸工业公司核查审计结果下降××万元，主要是四项：（略）

（三）专项资产评估

该公司现有专项资产为××万元，原××万元一笔转到固定资产内，属于重复计算，应予提出；××××年×月×日与××市织毯公司分离时的××万元已不存在。

根据上述评估结果，××市第×丝纺公司总资产应为××万元。负债××万元（银行借款××万元，信托借款××万元，应付货款××万元，应付税金××万元，应交管理费××万元，其他应付款××万元，专项应付款××万元，专项借款××万元，药费未支××万元，应付工资调后半年未补××万元）。这样，资产和负债相抵后，资不抵债××万元。

（四）无形资产评估（略）

四、企业财务分析评估（略）

五、企业环境条件评估（略）

六、存在的问题

（一）有争议的汽车和羊毛价值的问题。

经过反复商议评估，汽车两辆（日野、拉达），按传统定位价扣除折旧后，进行增值；羊毛2吨多，自行采购，按现行市场价扣水分杂质××％后，进行增值。（其他问题略）

七、总评估

（略）

八、几点建议

××市第×丝绸公司是全国较大的股份制丝绸企业，生产规模大，实力雄厚，尤其在近几年的开放、改革的招标承包中，各项工作都发展很快，仅今年前×个月，就实现利润××万元，上缴利润比去年同期增长××％。××市第×丝绸公司和××市第×丝绸公司是同一行业，一个是精纺，一个是粗纺，有利于互助，符合行业结构优化组合；××市第×丝绸公司将××市第×丝绸公司兼并后，可以发挥自身技术优势，转移产品，扩散工艺，试制粗纺毛呢新产品；这种优势企业兼并劣势企业，有利于扶植××市第×丝绸公司进行技术改造，救活这个濒临破产的企业。所以，我们建议××市丝纺公司兼并××丝纺公司。

（其他建议略）

九、参加资产评估人员名单（略）

十、附件（略）

十三、验资报告

（一）验资报告的基本含义

验资报告是指企业委托注册会计师，对单位的实收资本及其相关资产、负债的真实性、合法性进行审验后发布的书面审验意见。验资报告通常要写明收件人、范围段、说明段，要有签章和会计师事务所地址及报告日期等。验资报告要具有真实性和合法性。

（二）格式范例

××公司验资报告（1）

××：

我们接受委托，对拟设立××有限公司截至××××年×月×日的实收资奉及相关的资产和负债的真实性和合法性进行了审验。在审验过程中，我们按照《独立审计实务公告第1号——验资》的要求，实施了必要的审验程序。××有限公司的责任是提供真实、合法、完整的验资资料，保护资产的安全、完整，我们的责任是按照《独立审计实务公告第1号——验资》的要求，出具真实、合法的验资报告。

××有限公司申请的注册资本为××元。根据我们的审验，截至××××年×月×日，××有限公司已收到其股东投入的资本××元，其中实收资本××元，资本公积××元。与上述投入资本相关的资产总额为××元，其中货币资金××元，实物资产××元，无形资产××元。

附件一：投入资本明细表

附件二：验资事项说明

×××会计师事务所（公章）

注册会计师：（签名盖章）

地址：

报告日期：××××年×月×日

附件一：

投入资本明细表

被审验单位名称：　　　截至　年　月　日　　　货币单位：元

投资者名称	注册资本		投入资本				
	金额	出资比例	货币资金	实物资产	无形资产	合计	占投入资本比例

编制单位：××会计师事务所　　　　注册会计师：填表人：

附件二：

验资事项说明

一、组建及审批情况

拟设立的××有限公司经××（审批部门）××字××号"××"（批文名称）的批准，由××（以下简称甲方）和××（以下简称乙方）共同出资组建，现正申请办理工商登记注册手续。

二、申请的注册资本及出资规定

根据经批准的合同、协议、章程的规定，××有限公司申请的注册资本为××元，由甲、乙双方分××期于××××年×月×日内缴足。甲方应出资×××元，占注册资本的××％，出资币种为××，出资方式为货币资金××元，实物资产××元，无形资产××元；乙方应出资××元，占注册资本××％，出资币种为××，出资方式为货币资金××元，实物资产××元，无形资产××元。

三、实际出资情况

甲方合计投入××元，包括：于××××年×月×日缴存××银行××临时账户（账号：××）××元；于××××年×月×日投入实物资产（具体名称、数量、规格等），作价××元；于××××年×月×日投入无形资产（具体名称、有效状况等），作价××元。合计××元。

乙方合计投入××元，包括：于××××年×月×日缴存××银行××临时账户（账号：××）××元；于××××年×月×日投入实物资产（具体名称、数量、规格等），作价××元；于××××年×月×日投入无形资产（具体名称、有效状况等），作价××元。

四、其他说明事项（略）

企业变更验资报告（2）

××：

我们接受委托，对××有限公司截至××××年×月×日止的注册资本、投入资本变更情况的真实性和合法性进行了审验。在审验过程中，我们按照《独立审计实务公告第1号——验资》的要求，实施了必要的审验程序。××有限公司的责任是提供真实、合法、完整的验资资料，保护资产的安全、完整，我们的责任是按照《独立审计实务公告第1号——验资》的要求，出具真实、合法的验资报告。××有限公司变更前的注册资本和投入资本分别为××元和××元，××有限公司变更后的注册资本为××元。根据我们的审验，截至××××年×月×日止，××有限公司增加（减少）投入资本××元，变更后的投入资本总额为××元，其中实收资本××元，资本公积××元。盈余公积××元（其中公益金××元），未分配利润××元。与上述变更后投入资本总额相关的资产总额为××元，负债总额为××元。

附件一：变更前后注册资本、投入资本对照表

附件二：变更前后资产、负债和所有者权益对照表

附件三：验资事项说明

×××会计师事务所（公章）　　　　　中国注册会计师：（签名盖章）

地址：　　　　　　　　　　　　　报告日期：××××年×月×日

附件一：

变更前后注册资本、投入资本对照表

被审验单位名称：　　　　　截至年　月　日　　　货币单位：元

股东类别及名称	注册资本		投入资本				
	金额	出资比例	金额	比例	金额	比例	增（减）额比例

编制单位：××会计师事务所　　　　　注册会计师：　　　填表人：

附件二：

变更前后资产、负债和所有者权益对照表

被审验单位名称：　　　截至　年　月　日　　　　货币单位：元

资产和负债项目	变更前余额	变更后余额	所有者权益项目	变更前余额	变更后余额
资产：			所有者权益		
流动资产			实收资本		
固定资产净值			盈余公积		
在建工程			其中：公益金		
无形及其他资产			未分配利润		
资产合计					
减负债					
流动负债					
长期负债					
其他负债					
负债合计					
所有者权益合计					

编制单位：××会计师事务所　　　注册会计师：　　　填表人

附件三：

验资事项说明

一、变更前后基本情况

（详细说明变更前后有关公司的基本情况、变更原因及变更审批情况。）

二、注册资本及投入资本的变更情况

（详细说明变更前后的注册资本、投入资本、投资主体、出资比例、出资方式、出资期限等情况。）

三、债务清偿或债务担保情况

（详细说明被审验单位对变更前业已存在的债务的清偿或担保情况。）

四、其他说明事项。

十四、资产清算报告

（一）资产清算报告的基本含义

资产清算报告是出资单位因某种原因不得不终止法人资格时对公司资产清算

时提交的书面报告。

（二）资产清算报告的写作要点

资产清算报告一般应包括以下内容：

1. 企业按照国家相关法律法规对企业财产进行清算和处置。

2. 要编制企业解散日的会计报表和财产目录。

3. 债权、债务清算，剩余财产分配，债权人确认等。

4. 其他事项。

（三）格式范例

××资产清算报告

××合资××有限公司清算委员会：

我所接受贵公司清算委员会的委托，聘请我所注册会计师为清算委员会的委员，参与和办理贵公司的企业清算工作。并根据中华人民共和国有关中外合资企业的法规，公司的合同、章程和董事会提出的解散申请书以及有关部门的批准文件，对公司的有关账簿、报表进行了全面清查，对固定资产及剩余财产等进行了清点。现将清算结果报告如下：

一、对会计账册，解散日会计报表的验证。根据有关规定和查账程序进行了审核验证，并编制了清算结束日损益表，资产负债表（表略）。

二、关于固定资产评估，是参照国际惯例和我国有关固定资产产权变更的规定进行的。经清算核实，公司的固定资产评估结果是：评估总值减除已提折旧的评估值为××万美元，增值××万美元，增值率××％。并对剩余财产按照合同、章程规定的账面净值法进行了分配。

三、关于债务清算和债权人确认问题。在生产经营过程中，公司向当地中国银行借款××万美元，未清还债务，通过召开债权人会议，明确按照原借款协议书由乙方负责清偿。

四、清算损失和收益的处理

（略）

××会计师事务所

注册会计师×××

××××年×月×日

十五、查账报告

(一) 查账报告的基本含义

查账报告是查账员向单位或委托查账单位查账单位报告查账经过和结果的书面材料。公司查账是为了更好地监督企业经营活动的合法性和检查财经纪律的执行情况。

(二) 查账报告的写作要点

查账报告的写作要遵循实事求是的原则,查账报告中的数字和材料要引用准确,分析要符合国家法律法规。

(三) 格式范例

查账报告

受××公司委托,对该公司××××年×月至××××年×月发生的往来账目及××××年底出现的商品盘亏×××万元问题进行了账面查核。

该公司提供了上述期间的会计账簿×本、会计凭证×本、仓库数量账×本及部分仓柜月报表(不齐全、不衔接)。

委托的具体要求是查核往来账户的余额是否有误,并对商品盘亏额从场面进行查找。

兹将查核结果及问题分析报告如下:

一、核查结果

共查出错账、漏账、重账和本应及时结转的有关部门账目共××笔。其中:

在上述三项××笔应调整的账目中,净调减商品账××××万元,因此盘亏××××万元不实,现调整为盘亏××××万元,见附表(略)。

二、问题分析

在查出的应调账目中,大多出现以下6种情况:

1. 计算差错和串户现象得不到审核……

2. 入库单重复,会计做账也随之重复。

3. 委托代销商品的"进销差价"(即代销手续费收入)结转不及时……

4. 价格变动未及时调整商品账的"进销价"……

5. 仓库或柜组向供方退货或向外发出代销商品时手续不齐全、责任不明,甚至单据也不转给会计……

6. 不及时对账……

鉴于该公司各仓柜账、表、证资料不全，财务上也缺少××××年度的销售分柜账，且在上述一年半时间里先后四易主管会计，四易仓库保管，且移交均为非正式造表又无人监交，各柜组的人员、组织形式也多次变动，加上对商品的进、拨、转、退某些环节手续不严，因此对账面的有关往来账户除账面查找外，还应与对方逐笔核对，以进一步搞清账面不真实的现象。总之，核查虽然发现以上问题，但不等于账目全清，盈亏都实。特此报告如上。

××会计事务所（章）

会计师：×××××

××××年××月××日

十六、企业诊断报告

（一）企业诊断报告的基本含义

企业诊断报告是企业管理人员或相关专家，根据企业发展的具体要求，对企业经营生产过程中存在的问题进行调查研究和科学分析，并提出改进方案，帮助企业用科学、规范的管理方法提高管理水平和经济效益的一种书面材料。

（二）企业诊断报告的写作要点

企业诊断报告的写作通常包括以下几个方面：

1. 标题。标题要写出受诊断企业的名称和诊断的类别，如《关于××××的诊断报告》。

2. 前言。前言又叫引言或导语，主要写明诊断的依据和所达到的目的；成员的简单介绍；诊断的内容、范围和经过。

3. 正文。正文要明确企业诊断的基本任务和相应改进建议和意见。

4. 结尾。要表明对受诊断企业的号召和鼓励。

（三）格式范例

关于××有限责任公司综合管理诊断报告

一、诊断概要

根据××有限责任公司的书面申请，经市企业管理局批准，由××单位的×××、×××、×××等同志组成管理诊断小组，对××有限责任公司进行全面诊断。诊断组由×××任组长，×××任副组长，从财务管理、劳动人事、经济责任、供应销售、技术质量等6个方面进行专业诊断。

诊断的任务是通过对该公司企业管理的全面诊断，提高其管理水平，进一步增强企业综合管理能力。诊断的重点是找出提高××利用率的途径。诊断的目标是提高企业经济效益，保证实现××××年实现利润××××万元的计划。

整个诊断工作自××××年××月××日开始，至××××年××月××日结束，共计××天。诊断过程分为预诊断、主体诊断和总结报告3个阶段。诊断阅读资料××份，收集数据××个，绘制分析图表××份，应用现代化诊断技术和方法××种。在全厂各级领导和广大职工的热情支持下，诊断工作取得了预期的效果。

二、诊断评价

××有限责任公司建于××××年×月，是个有××历史的××企业。公司占地××××平方米，生产面积××××平方米，拥有固定资本原值××××万元，净值×××万元。现有职工×××人，其中管理人员××人，占职工总数的××％；工程技术人员××人，占职工总数的××％。

（一）成绩

近几年，该公司通过整顿和改革，生产有了较大发展，经济效益不断提高，整个经营状况的主导方面是好的。××××年主要经济技术指标均创历史最高水平；工业总产值达到××××万元，比上年增长××％；利润总额为××××万元，比上年增长××％；实现利润计划为××××万元，比上年增长××％。诊断认为，该厂完成××××年计划以及实现今后的发展目标，主要有以下几个有利条件：

1. 企业领导班子基本符合"四化"标准。调整后的厂领导班子，有会计师××人，工程师××人，助理工程师××人，平均年龄××岁，既有企业管理经验丰富的老同志，也有年富力强的中青年知识分子，文化结构、知识结构、年龄结构都得到明显改善。

2. 企业素质已有提高。在企业整顿的基础上，建立健全了经济责任制，严格贯彻奖惩制度，加强了思想政治工作，职工普遍关心工厂的发展前途，精神面貌发生了很大的变化。技术基础和管理基础工作得到了加强。积极推进全面质量管理、目标管理、价值工程等现代化管理方法。现有两种产品获省、市优质产品称号，其他产品畅销，有一定竞争力。

3. 企业活力有所加强。现在基本完成了企业领导体制的改革，稳步实现了由党委领导下的厂长负责向经理负责转变。从××××年第一季度的情况来看，在原材料涨价因素高达××万元的情况下，该公司果断采取措施，分解指标，落实责任，充分挖掘内部潜力，努力降低成本，仅压缩"两费"开支一项就降低成本×××万元，扩大产量、降低单耗××××万元。

（二）存在的问题

该厂虽然对完成××××年计划作了较大努力，但是主要计划指标完成情况不容乐观。××××年×月至×月实现利润×××万元，为年计划的××％；完成工业总产值×××万元，为年计划的××％，产值利润增长相差悬殊。预计到年底可实现利润×××万元，与计划相比差额××××万元。据诊断，影响完成××××年经营目标的主要问题是：

1. 物质消耗高。××利用率是反映××企业效益的一项综合指标，××××年该厂××利用率计划为××％，而××××年×月至×月实际只达到××％。经诊断，在影响××利用提高的诸因素中，"人"的因素占××％，其中：××供应不及时、不足额占××％，设备真空度低占××％。

2. 全面质量管理在实施过程中有差距。生产中缺少工序控制，管理点活动没有开展起来，质量检查还处于"死后验尸"的落后状态。而产品合格率的统计数字并不能真实地反映生产过程的质量全貌。

3. 企业管理基础工作薄弱。在劳动定额上缺少个人的工时记录和定额的统计分析，管理人员分工过细，脱产人员过多。在物资管理上，历史资料和统计数据不完整，产品破损和物资保管损失很大。计量工作还有空白。劳动定额没有体现"平均先进"的原则，实物劳动生产率全国平均水平为××吨，而这个厂只有××吨。劳动定额落后。

十七、个人财务工作报告

(一) 个人财务工作报告的基本含义

个人财务工作报告，又叫专业工作自我总结，是指对个人参加财会工作以来遇到问题和积累经验的总结。

(二) 格式范例

自我总结

我于××××年×月毕业于××经贸大学，同年×月分配到×××公司一直工作到现在，从事会计工作××年。

一、不断学习，更新知识

我××××年×月从××经贸大学财政金融系工业会计专业毕业。在校期间系统地学习了经济、财会基础理论和专业知识，还学习了英语。工作以后除了运用我所学到的理论知识指导工作以外，还有针对性地自学了"工业企业经营管理"、"工业企业会计"等有关专业知识。××××年，我参加了××工业部同××工学院共同举办的会计干部训练班，专门学习、研究了现代管理方法的理论和实际问题，并把管理会计、经营决策、长期投资决策和技术经济预测作为重点，进行了系统的研究。通过学习，丰富了知识，开阔了眼界，使我的预测、决策能力进一步提高。××××年，我还参加了一次市经委举办的现代化管理学习班，学习的课程有：《价值工程》、《ABC管理法》、《目标成本管理》、《市场预测》和《经营决策》共计5门课程。经考试获得结业证书。通过自学和多次参加培训，使我比较系统地掌握了财务会计理论知识和现代化管理知识，××××年×月我参加全国会计专业技术统一考试取得会计师资格。我的外语，主要是在大学读书时打下的基础。毕业以后又继续自修，目前已达到借助词典可笔译一般资料的水平。××××年4月我通过了全国职称外语（英语人文综合类B级）的统一考试。

二、业务能力在逐步提高

我到××××公司后，先在车间参加劳动锻炼1年，以后留在车间做核算员。从此便开始了我的会计工作。从××××年×月到××××年×月，我一直在财务科做生产费用审核与核算、往来结算、固定资产核算、成本核算、利润核算以及总账核算和编制会计报表等工作。××××年×月我开始担任领导职务，由副科长逐级晋升到副处长。在这段时间里，我从管理入手，不断完善规章制度建设，主持修订了《成本管理制度》、《流动资金管理制度》、《固定资产管理办法》、《材料核算办法》等制度，并参与了《岗位责任制》、《经营承包责任制》和《经济责任制考核办法》等制度的制定。在技术改造指挥部财务科工作时，还制定了《技政建设资金管理办法》、《工程结算审定办法》等。同时，又在厂内划小核算单位实行厂内货币结算办法，将房产、物资、医院等部门划为独立核算单位，仅物资处独立核算以来，即为企业增加收益××万元。

×××公司属大型企业，财会业务比较复杂。作为财务负责人，当遇到工作中的疑难问题而向领导提出决策意见时，既要严肃认真地执行政策法令和制度，又不能脱离企业的具体条件和实际可能，其难度是可以想见的。但这些年我在领导岗位上没有发生过大的失误。××××年面对原、燃材料涨价的不利情况，我经过调查研究，具体体算了两笔账，提出了向管理要效益的意见，通过提高劳动生产率，增加产品产量，使工资总额降低，同时采取成本控制目标责任制，降低废品率，节约原材料。意见被领导采纳实施后，由于克服了众多减利因素，使当年实现利润总额仍比上年增长×％。在推行现代化管理方法方面，我重点抓了目标成本、责任成本和质量成本核算，即根据企业生产经营总方针确定了各车间的目标成本，并建立了各种保证体系。由于按目标成本组织核算，增强了内部消化能力。××××年利润总额比上年增长×％。××××年我提议在厂内建立微型电子计算机局部网络系统，经过国家、省、市三级主管部门和市电子办公工同进行技术鉴定，得到专家们的一致肯定。

总之，我这×年的专业工作，是从做具体工作开始逐步担任领导职务，由低到高循序渐进的。随着时间的推移和工作岗位的变化，工作经验逐渐丰富，业务能力逐步提高，已具备主持、指导一个较大型企业财务会计管理工作的实际能力。

三、在我工作过的各个岗位上都取得了一定成绩，作出了一定贡献

从参加工作到现在，不管是做具体工作还是担任领导职务，我都努力地工作。由于工作成绩突出，从××××年到现在，我三次被评为公司先进工作者。××××年由于在全厂推行目标成本，建立各种保证体系，取得了显著的经济效益，受到了上级部门的表扬。在企业建立微型电子计算机局部网络系统，获得了市经委和市企业管理协会授予的工业企业现代化管理成果二等奖。××××年以来，我结合工作实际撰写了多篇文章，在全国性刊物和省级刊物上发表的有×篇（见《论著目录调查表》），其中《推行目标成本不断提高经济效益》一篇被省财政厅和省会计学会评为优秀论文，颁发了证书。本人编写的《工业会计核算》一书，已由××出版社正式出版发行。

除了撰写论文，我还应邀担任专业方面的授课工作。××××年市经委举办了有××人参加的厂长短期学习班，我自编教材讲授了"怎样抓财务会计工作"课，为厂长们抓好财务会计工作提供了思路，大家反映较好。

四、认真贯彻法规制度，维护财经纪律

认真贯彻执行法规制度，是每个会计人员的职责。10多年来我除了严格执行法规制度以外，还注意抵制违反法规制度和财经纪律的行为，注意处理好坚持原则同灵活变通的关系，做到既把好监督关，又实事求是地解决实际问题。在每年一次的财务税收大检查期间，都组织自查，查出问题主动纠正。从××××年以来，公司在有关部门的多次审计中均未有发生偷税、漏税、罚款等情况。10多年的工作实践，使我深深体会到：作为一名财会人员，要做好财务会计工作，除必须坚持原则，自觉维护财经纪律外，还应坚持不断学习，以提高自己的业务能力和工作水平，更好地为企业生产经营服务。

报告人：×××

××××年×月×日

十八、专题财务工作报告

（一）专题财务工作报告的基本含义

专题财务工作报告是企业根据市场变化和企业实际情况，对企业的某项财务工作或某一财务问题综合分析研究后形成的书面报告。

（二）专题财务工作报告的写作要点

专题财务工作总结的写作通常包括以下几个方面：

1. 标题。标题一般由总结的篇章结构和总结的种类两项构成，如《财产清查工作总结》。

2. 正文。专题财务工作报告的正文部分要明确取得的成绩和总结出的经验，通常用纵式结构。

3. 落款。包括署名和日期。

（三）格式范例

××公司××××年财产清查工作总结

按照国家相关规定和企业内部综合管理办法，经上级领导批准，我公司从去年×月份开始，对全公司固定资产、流动资产和账内账外物资进行了全面清查，同时还按总公司的要求，结合开展了清产核资工作与处理超储积压物资工作，取得了较好的效果。

（一）基本做法

我公司的财产清查和核资压库工作，大体是按以下四个阶段进行的：

1. 准备阶段。去年×月，在总会计师的主持下，以财务科为主，并抽调有关科（室）、柜组人员，组成了由×××、×××等人参加的清产核资小组。在明确任务、统一认识、制定财产清查工作计划的基础上，总会计师还对小组人员进行了为期两天的业务辅导。

2. 总结清查阶段。从×月×日开始清查，到×月×日止全部结束，历时×个月。

3. 处理阶段。用将近一个月的时间，对存在的问题，基本上查明了原因，分清了责任，并及时进行了处理。

4. 建制阶段。即在清查处理的基础上，针对各方面出现的问题，建立健全了固定资产管理、仓库管理等八项制度。

（二）清查出的主要问题

在这次财产清查中，共查出盘盈账外固定资产××种、×××台件，估价入账原值××万元；盘亏固定资产××种、××台件，原值××万元；报废待批固定资产××种、××项，残值××万元；查出盘盈账外物资××种，××万元；盘亏物资×××种，××万元；削价待批物资×××种，×万元。

（三）主要收获

1. 摸清了家底。我公司账面固定资产原值为××××万元，清产后实际为××××万元。通过这次财产清查，对我公司的固定资产基本上做到了数量清、价值清、质量清，从而为加强企业经营管理奠定了基础。

2. 果断处理超储积压物资，减少了损失。经核对共查出积压物资××××万元，已处理×××万元，占×％；划出闲置可外调的固定资产××万元，占固定资产总值的×％。

3. 在财产清查的基础上，按照合理可行的原则，重新核定了流动资金定额，将原定额×××万元调整为×××万元，资金周转天数由原定的××天改写为××天。

4. 对已查清的物资，分别记入账卡，指定专人保管，并严格了手续制度，使财产管理纳入正轨。总之，这次财产清查暴露出来的问题是比较严重的，我们一定要从中吸取教训，采取相应措施，解决企业内部管理松弛和浪费较大的问题。

××××公司

报告人：×××

××××年×月×日

十九、综合财务工作报告

（一）综合财务工作报告的基本含义

综合财务工作报告，又叫财务工作总结，是通过对企业财务工作的分析和研究，对企业一定时期内财务工作的全面回顾和检查，并从中总结经验，发现不足，用以更好指导今后工作的书面材料。

（二）综合财务工作报告的写作要点

综合财务工作报告的写作通常包括以下几个方面：

1. 标题。标题一般由单位名称、报告时间和文种三部分组成，如《×××公司××××年财务工作总结》。

2. 正文。正文的开头部分用来阐述基本情况，主体部分主要是成绩和经验的总结，结尾部分要进行相应的号召。

3. 落款。落款部分要签署单位名称和日期。

（三）格式范例

××公司××年财务工作总结

多年来，我公司在主管局和各有关部门的指导与大力支持下，以"一开四促，三外并举，劳务为主，外资为重，经贸结合，全面发展"为宗旨，全面开拓，努力经营，积极组织创汇，××××年实现营业收入××××万元，实现净利润×××万元，全面完成了原定的各项经济指标，取得了较好的经济效益。本年我们所以能取得较好的财务成果，主要是公司上下齐心合力狠抓以下几方面的工作：

（一）坚持"三外并举"，全力开拓经营

一年来，面对国际、国内经贸市场竞争激烈的新形势，公司上下进一步树立主动出击、积极进取的观念，坚持"三外并举，全面发展"的方针，全力开拓经贸业务，取得了良好的效益。

1. 广开渠道，扩大新的创收门路

××××年，我们一方面利用出国洽谈、国内接待、信函往来等方式及时同客户沟通信息，广泛征求客户意见和要求，妥善解决同国外客户在以往合作中出现的各种问题，进一步巩固与××国××公司等一些老客户的合作关系；另一方面，又采取走访、联谊等方式，接待××个新的外商团组，同近××名外商进行经贸洽谈，并主动加强同省、市各对外窗口单位的联系与合作，发展结识了一批新客户，多方开拓了信息渠道和合作渠道，为进一步开展对外经贸工作，扩大创收，奠定了基础。

2. 进一步开拓市场和项目，努力增加创汇

一年来，我们通过市外经委、市总工会、市侨办等十几个单位以及目前在国外工作、学习的同志的联系、介绍，继续探索扩展国外市场，特别是加强了同美国、日本、阿联酋、南非、韩国、匈牙利等国家和地区扩展劳务业务及经贸业务的合作，在行业工种上除向海外继续增派厨师、面点师、服务员外，我们还同日本××美容学校达成了外派美容、美发、建筑等研修生的使用合作，组织我市饮食服务业管理人员赴日本、美国考察项目。全年共向海外增派劳务人员××人，派出考察研修人员××名，创汇××万美元，比上年增加××万元，增长××％。

3. 加强了海外投资设点工作

为适应继续在日本开拓市场的需要，年初我们投资×××万日元与日方客户合资筹建××会社，作为驻日办事机构，并派驻专人作为商务代表，从而为继续扩展同日本的劳务、商贸业务合作提供了便利条件。全年仅在日本进行的商贸业务就创汇×××万日元，并达成了×项新的劳务输出意向。

4. 认真总结经验教训，继续扩展国内贸易

今年除重点抓好对去年各项贸易的收尾工作，及时处理遗留问题收回贷款之外，还认真总结经验教训，在搞好市场调查、了解市场行情的基础上，开展了粮油外贸供货业务，实现销售收入××万元，获利××万元。

（二）加强对全局外向型经济工作的指导

今年，公司在搞好自身实体经营的同时，还积极承担了饮食服务系统的对外招商、办理涉外手续及传递外经贸信息等项工作。先后为××宾馆、××饭店、××培训学校等×家企业联系招商引资事宜，并为××宾馆等×家企业办理了出国考察、洽谈劳务输出业务的手续。并组织×家企业参加了"××市××联谊会"、"××国际经济技术合作洽谈会"。由本公司参与指导、筹办的"中日合作××餐饮有限公司"项目也于×月×日正式签约，由日方投资的××××万日元也已全部到位，预计明年年初即可运行营业。此外，我们还按主管局的要求在深入调查研究的

基础上，编制了《××××－××××年引进外资扩展大中型饮食服务企业的规划》，为进一步发展饮食服务系统外向型经济提出了具体构想和意向。

（三）在深化企业改革中，进一步完善了承包经营责任制

××××年，我们在深化公司内部三项制度改革中，本着"承包到部、责任到人"的总原则，进一步完善了承包经营责任制，与劳务部签订了以"包死原有项目，确保利润基数，开拓新上项目，创收净利分成，实行责任抵押，事故差错扣补"为主要内容的承包合同，同贸易部签订了"包死基数，保证上缴，超额分成"为主要内容的承包经营合同。同时与办公室等综合部门签订目标责任状，进一步明确公司与各部门、各部门与每一名职工责、权、利的划分，有力地调动和激励了公司干部职工的积极性、主动性和创造性。

（四）建立和完善了各项财务制度，加强了会计基础工作规范化的管理

××××年，在强化企业财务账目、资金、外币、现金管理的同时，起草通过了《财务部工作职责》、《出纳员岗位责任制》、《会计人员岗位责任制》、《医药费报销制度》等，进一步完善和理顺了财务管理体制。

××××年，我们虽然在各项工作中取得了一定成绩，但从总体上讲，仍存在着工作抓得不实、不细、不深的问题，突出表现在：

（1）在思想观念转变上，还有相当一部分同志没有真正形成一切以市场为中心的观念，危机感不强，纪律松懈。

（2）队伍建设还有一定差距，许多同志在工作态度、工作作风、工作效率等方面还不适应外经工作的需要。

（3）企业管理不够严格，在基础管理、资金管理等方面都存在一些漏洞。

××××年是公司发展关键的一年，我们要继续贯彻落实局外经贸工作会议提出的战略方针，加快步伐，抓住机遇，团结拼搏，克服一切困难，努力推动外经贸工作再上一个新台阶。

××××公司

报告人：×××

××××年×月×日

二十、合资经营可行性研究报告

（一）合资经营可行性研究报告的基本含义

合资经营可行性研究报告是在合资企业正式组建以前，由投资方或咨询单位就该合资项目建设的必要性、可能性和可行性进行技术论证和经济效益分析评估后写的一种书面材料。

（二）合资经营可行性研究报告的写作要点

合资经营可行性研究报告通常由以下几部分组成：

1. 合资企业基本情况概述；

2. 企业生产安排；

3. 企业管理安排；

4. 物资供应安排；

5. 技术和设备；

6. 环保和安全；

7. 财务评价和分析；

8. 其他事项。

（三）格式范例

中外合资经营可行性研究报告

一、基本概况

（一）合资公司名称、地址和经营情况：

名称：××丝织有限公司

法定地址：××市高新技术开发区

经营范围和规模：生产各色丙纶丝织带及丙纶丝成品。自产自销（国内外销售）。年产各色丙纶线 630 吨，各色丙纶带 200 吨，总计为 830 吨。

（二）合营双方及负责人

大陆方：××市××采购供应店（以下称甲方）

法定地址：××市××路××号

法定代表人：×××

国籍：中国

主管部门：××市××贸易公司

澳方：澳门××贸易有限公司××贸易行（以下称乙方）

法定地址：澳门××道××号××中心××室

法定代表：×××

国籍：中国

（三）合营公司投资总额及注册资本

合营公司投资总额为 280 万美元。投资总额包括：建设投资 200 万美元，流动资金 80 万美元。

合营公司注册资本总额为 200 万美元。

双方出资比例及盈利成分：

甲方占投资总额的 50％，其中需投资外币 95 万美元。

乙方占投资总额的 50％，计 100 万美元。

盈利按双方出资比例分成。

流动资金 80 万美元由合资企业从中国银行贷款解决。

双方以资金为投资方式，合营双方应在从营业签发之日起的 6 个月内缴清。合营合同规定分期缴纳出资时，合营各方第一期出资不得低于各自认缴出资额的 15％，并在从营业执照签发之日起 3 个月内缴清。

甲、乙双方将资金和双方确以的实物凭证汇入××银行"××有限公司"账户。在当地工商、税务部门注册登记。

（四）合营期限

双方商定合营期限为 11 年，自签发公司营业执照之日起计算。

（五）合营的背景及双方企业条件

1. 合营的背景

在××××年×月××节期间，澳门××贸易行×××总经理应邀来××参观。××省外经委、××市外经委、供销合作社的主要领导与×××总经理进行了两次有诚意的洽谈，对双方合资兴建丙纶丝织带的项目取得了一致意见，并签订了意向书（见附件一）。之后经××市××贸易公司、××供销合作社同意，甲方于××××年×月×日提出了《关于在××高新技术开发区兴建××合资聚丙烯纺织带生产项目申请报告》（见附件二），于××××年×月经××市高新技术开发区管理委员会×开管文（××）××号文《关于在××高新技术开发区兴建"××丝织有限公司"项目建议书的批复》（见了附件二）批准后，甲方对国内原材料及产品市场进行了充分的调查，并了解了国外市场的现状。对生产设备的价格、性能也进行了询问和了解，又进行了本项目经济效益的初步分析，并按规定委托中国银行××国际信托咨询公司对乙方进行了资信调查。在以上工作的基础上，甲、乙双方于××××年×月在××再次对可行性研究中的有关情况、产品销售、国内外产品销售价格、经济分析等问题进行了充分的协商和研究，并取得了一致意见后，双方真诚地表示愿共同投资，共同经营，共担风险，高效率地完成项目建设，使产品早日投入国内外市场。

2. 合营的必要性（略）

3. 双方企业条件

甲方创建于 1979 年，属市供销社领导的国有企业，现有员工 100 人，固定资产 1100 万元，流动资金 2000 万元，总建筑面积 2000 平方米，年销售额 1 亿元，利税达到 250 万元，有较高的生产管理水平和丰富的外贸经验，资金来源充足。目前，甲方为适应国内外市场的变化，拟求境外企业合作，以发展规模生产为重点，引进先进设备和先进技术，生产高质量产品，返销国际市场，为国家创取外汇。

乙方为澳门注册公司，注册时间为1979年10月，有进出口业务经营权。乙方为专营化纤制品的专业公司，拥有先进的工艺技术和生产设备，有较好的资信和较强的返销能力。在中国澳门、泰国等地已开办6个厂，经济实力雄厚。

（六）可行性研究报告的主要结论

通过对本项目进行的合营条件、产品方案、生产规模、市场需求、材料供应、厂址、能源供应、交通运输条件、技术设备、工艺条件以及经济分析、财务评价等一系列可行性研究，确定本项目符合国家利用外资的方针政策，并且条件有利、建设周期短、效益显著，产品绝大多数外销，可为国家创收大量外汇。部分产品内销，对推动和促进经济发展，增加企业收入和国家税收都有明显效果。

二、产品和生产安排及其依据

（一）生产计划规模

1. 产品名称规格名称：

各色丙纶丝、各色各种丙纶丝织带。

规格：符合国际通用标准。

2. 两年产量规划

每年按300个工作日（常年生产），每日三班制（法定假日除外），生产量为830吨。第一年度为415吨，第二年度以后达830吨。

（二）市场研究与预测

1. 国内市场

通过国内市场调查，发现高强力丙纶丝用途广泛，而国内很少生产。该产品可用于工业、农业、生活等所需品，如旅行包（袋）用布、各种背包带、旅游帐篷、海上用品和装饰用品，可以代替棉纺、丝织品，在20年内畅销不衰，因此市场前景良好。

2. 国外市场

国际上丙纶丝的销售市场较好，××××年世界丙纶丝产量为95万吨，预计到××××年为140万吨。日本、韩国有少量生产，不能满足日益增加的需求量，因此本产品由乙方负责返销70％用于出口，打入国际市场，特别是东南亚市场是完全有把握的。

（三）产品销售方案

本项目年产量的70％，即581吨由乙方负责销售出口，其中30％，即249吨的产品除可在国内市场销售外，还可直接对外销售或委托外贸公司对外销售。内销部分由甲方负责。

三、物资供应安排（略）

四、生产技术工艺及设备（略）

五、合资企业组织机构

（一）董事会

自本项目可行性研究报告批准和甲、乙双方签订合同生效后，由甲、乙双方组成董事会，董事会为合营公司最高权力机构，决定合营公司一切重大事宜。

董事会由 5 名董事组成，其中甲方委派 2 人，乙方委派 3 人，董事长由甲方担任，总经理由乙方担任，双方共同参加企业经营和管理，确保公司经营方针得以实施。

（二）机构及员工总数（略）

1. 组织机构

全部管理人员和生产工人 100 人，其中高级管理人员 4 人，中级管理人员 6 人，职员 10 人，固定工人 80 人。总经理、副总经理、总工程师由董事会任命，其他各类管理技术人员、工人由总经理聘任，其人员来源，采取向社会招聘合格人员的方式解决。

2. 工资水平

			混色组
董事会	总经理室	生产部	抽丝组
			收丝组
			包装品管组
			筒子组
			卷带组
			织带组
			整经组
			延伸组
			机修组
		技术部	
		供销部	
		财务部	
		行政部	

为进行财务评价及经济分析的可行性研究，甲、乙双方对记入本报告的总成本预测表中的工资额水平协商结果为：暂按每人每月××元人民币计算，其中包括员工劳动保险、福利费用和国家员工的各项补贴等。

六、环境污染治理和劳动安全

本项目在生产过程中无有害有毒废水、废气排出，故不产生环境污染。

七、建设方式、建设进度安排

本项目由甲、乙双方合资建设，并充分利用××市高新技术开发区的有利条件，合资企业采用厂房租赁形式（包括水电气等供应的设施配套工程），以减少基建投资资金和施工时间，得到投资省、效益快的效果。

本项目用地20亩左右，建筑面积5000平方米。

（一）建筑物：厂房1000平方米，仓库3000平方米，办公楼及其他1000平方米。

（二）动力：根据港方提供的设备清单，本项目用电负荷为200kW。

本项目每小时用蒸汽1吨，生产用水3吨/日，生活用水5吨/日，年需用水2400吨。

本项目在生产过程中不用蒸气，只需提供取暖用气。

所需用地、电、水、气由开发区统一安排。项目的征地、基建由甲方负责，工厂建好后，租给合资企业，每年租用费53万元。

本项目的建设实施进度计划：于××××年×月立项目建议书及签订中澳（门）双方的意向书，××××年×月完成可行性研究报告，于××××年×月双方签订合同之后进行生产设备考察。定货时间约需3个月，于××××年上半年度设备到货并进行安装、调试、投入试生产。

生产进度计划：于××××年完成并投产，生产量为50％，即415吨，到下一年全部生产量达到830吨。

八、资金筹措

（一）投资总额

本项目投资为280万美元。

建设投资：200万美元。

流动资金：80万美元。

（二）资金来源和筹措

甲方：自行筹措100万美元，占建设投资50％。

乙方：出资100万美元，占建设投资50％。

流动资金80万美元，由合营企业向银行贷款。

本项目所需厂房、场地、水电配套设施等均采取租赁方式，故不计入投资中，租赁费用、场地使用费等均纳入产品成本。

九、外汇收支安排

外汇收入为合营公司产品由乙方包销出口总产值70％的产品而得，合营11年内外汇收入为1585万美元。

外汇支出为70％产品所需的主要原、辅材料，乙方利润分红，乙方股本等。合营期11年内外汇支出为395万美元。

合营期 11 年内外汇节余为 187 万美元。

因此，本项目有很好的创汇能力，同时有偿还银行外汇贷款的能力。

外汇收支平衡表见附表 9。

十、财务评价与经济分析

本项目的财务评价与经济分析采用动态和敏感性分析等方法，全面对项目的财务、经济效益、风险程度、盈亏平衡、外汇平衡等作出分析和结论。结果如下：

（一）销售收入、成本及利润

（1）合营期 11 年内，总计销售收入 2567 万美元。

（2）合营期总成本为 1919 万美元。

（3）合营期提取折旧费为 149 万美元。

（4）合营期缴所得税为 70 万美元。

（5）合营期提取三项基金为 106 万美元。

（6）合营期可分配利润 423 万美元。

合营期双方可分配项目：可分配利润＋折旧费＋三项基金，总计为 678 万美元。

甲方占 50%，分配 339 万美元。

乙方占 50%，分配 305 万美元。（扣出 10% 汇出税）

销售利润率为 16.50%。

（二）财务成果

（1）净利润计算和分配表（见附表 1）。

（2）现金流量测算表（包括还本期测算）（见附表 2）。本项目还本期为 4.40 年（静态）。

（3）大陆方贷款还本付息估算表（见附表 3）。

本项目贷款偿还期为 4.23 年，自××××年开始至于××××年初全部还清本息。

（三）经济收益率

内部收益率为 28.50%（见附表 4）

（四）不确定性对全部投资收益率的影响

1. 敏感性分析（见附表）

固定资产投资增加 10% 时，内部收益率为 26%，比基本数值减少 9%（见附表 5）。

销售价格减少 10% 时，内部收益率为 17.73%，比基本数值减少 38%（见附表 6）。

经营成本增加 10% 时，内部收益率为 21%，比基本数值减少 26.30%（见附表 7）。

2. 盈亏平衡分析（见附表 8）

本项目盈亏平衡点为 69.22％。

（五）外汇收支平衡表（见附表 9）

本项目合营期末（××××年）外汇结余 187 万美元。

（六）基础数据

1. 建设投资估算表（见附表 10）

2. 投资总额和资金筹措表（见附表 11）

3. 销售收入和工商税估算表（见附表 12）

4. 总成本预测表（见附表 13）

（七）财务评价及经济分析结论

本项目从净利润、现金流量、内部收益率、外汇收支平衡表等所反映的数字分析，合营公司财务前景比较乐观，平均每年可分配利润 38.47 万美元，占基建投资 19.23％。甲方贷款本金和利息共计 1093 万美元，在 4.23 年内即可还清。投资回收期为 4.4 年，盈亏平衡保本点 69.22％，内部收益率为 28.5％，本项目的经济效益是可观的。

主要附件：

附件一：××市××采购供应站与澳门××贸易公司成立合资企业意向书（略）

附件二：关于在××高新技术开发区兴建××合资聚丙烯纺织带生产项目的申请报告（略）

附件三：××高新技术开发区管理委员会×开管文（××××）××号批复文件（略）

附件四：进口设备清单及投资（略）

附表 1：净利润计算和分配表（略）

附表 2：现金流量测算表（略）

附表 3：大陆方贷款还本付息估算表（略）

附表 4：投资总额内部收益率表（略）

附表 5：投资增加 10％内部收益率表（略）

附表 6：销售收入降低 10％内部收益率表（略）

附表 7：经营成本增加 10％内部收益率表（略）

附表 8：盈亏平衡表（略）

附表 9：外汇收支平衡表（略）

附表 10：建设投资估算表（略）

附表 11：投资总额和资金筹措表（略）

附表 12：销售收入和工商税估算表（略）

附表 13：总成本预测表（略）

二十一、财务管理办法

（一）财务管理办法的基本含义

财务管理办法是企业根据市场变化和自身实力及其经营目标，对生产经营过程中所需要的各种资金的形成、分配和使用时所制定的综合性管理办法。对现代企业来说，良好的财务管理是企业一切财务活动依法规范、有效进行的有力保证。财务管理办法的主要内容有：资金筹资管理、流动资产管理、对外投资管理、成本费用管理、流动资产管理、收入、利润及分配管理。

（二）财务管理办法的写作要点

财务管理办法通常由标题、正文和落款三部分组成：

1. 标题。

2. 正文。正文部分多采用分章分条的写法，开头是总则，主要说明制定办法的依据、范围对象和目的等。中间主体部分是具体条文，要分若干条详细叙述。结尾部分是附则，用来说明财务管理办法的修改权、执行日期等。

3. 落款。

（三）格式范例

××公司财务管理办法

第一条　总则

（一）为规范公司财务管理，提高公司综合竞争力和经济效益，根据国家的相关方针、政策，结合公司实际情况和市场发展变化情况，特制定本办法。

（二）公司财务管理的基本任务是：做好各项财务收支的计划、控制、核算、分析和考核工作，依法合理筹集资金，参与经营投资决策，有效利用公司各项资产，努力提高经济效益。

（三）公司财务管理基本原则是：建立健全企业内部财务管理制度，做好财务管理基础工作，如实反映企业财务状况，依法计算和缴纳国家税收，保证投资者权益不受侵犯。

第二条　资金筹集管理

（一）本公司筹集的资本金为国家投入的国家资本金；本公司所属企业筹集的资本金，为本公司的法人资本金。

资本金是指企业在工商行政管理部门登记的注册资本。

资本金在生产经营期间，投资者除依法转让外，不得以任何方式抽走。如需增资，应经公司董事会研究决定，依照法定程序报经工商行政管理部门办理注册资本变更登记手续。

（二）本公司和所属企业的所有者权益除实收资本外，还包括资本公积、盈余公积和未分配利润。其中资本公积和盈余公积经公司董事会研究决定，可以按照规定程序转增资本金。

（三）本公司和所属企业，通过负债方式筹集的资金，分为流动负债和长期负债。

1. 流动负债，包括短期借款，应付及预收账款、应付票据、其他应付款等。其中应付及预收账款、应付票据等负债，应由销售或营业部门负责，财务部门积极配合。短期借款及其他负债则由财务部门负责筹措其发生和偿还。各部门自行筹措的短期经营性借款，除总经理批准的以外，财务部门不负责偿还。

2. 长期负债，包括长期借款、应付债券、长期应付款等，均由总经理授权，由财务部门负责筹措其发生和偿还。

财务部门在筹措短期借款、长期借款等负债时，应考虑是否有利于生产经营或投资项目及财务风险等情况。

第三条　货币资金管理

（一）货币资金日常收付管理

1. 在财务部门设置专职出纳员，负责办理货币资金（现金、银行存款）的收付业务。会计不得兼任出纳，出纳不得兼任其他业务工作，除登记现金、银行存款日记账外，不得保管凭证和其他账目。

2. 所有现金和银行存款的收支，都必须先通过经办会计在审核原始凭证无误后填制收付款凭证，然后由出纳检查所属原始凭证是否完整后办理收付款，并在收付凭证及所附原始凭证上加盖"收讫"或"付讫"戳记。

3. 对零用现金实行定额备用金管理制度：各部门零用现金定额规定如下：

生产部×××元　　经销部×××元　　综合部×××元

工程部×××元　　办公室×××元

（1）各部门单项支出在1000元以下的，先在备用金开支，然后汇总填制"备用金支付单"，将取得的合法发票单据附在后面，经本部门负责人签批后，到财务部门办理审核报销手续，由会计填制"付款凭证"，凭此到出纳处领取现金，以补充部门备用金。

单项在1000元以下的零用支出，所取得的发票单据要在月末之前及时报销不得跨月。

（2）各部门单项支出在1000元以上的，不能在备用金中支付。应由用款部门填制"请款单"，经规定的审批人签批后，到财务部门办理预支款手续，由会计填制"付款凭证"，凭此到出纳处领取支票或现金。

用款部门在购置物品经验收或付费等手续办妥后，需及时将取得的合法发票单据（在发票背面要注明用途，有经办人、验收人、审批签字）附在原"请款单"存根联后面，到财务部门办理单项报销手续。如预支款与实际支付不一致时，应在报销时办理多退款（或少补款）手续。

单项在 1000 元以上的支出，所取得的发票单据要及时报销，不得挂账。

（3）审批权限规定：

①××××元以下支出，由部门负责人审核批准；

②××××元以上支出，由各部门负责人审核后报总经理审核批准；

③专项用途资金支出，在确定的金额内，由总经理或分管副总经理审核批准；

④××××元以下办公性支出，由财务部门负责人审核批准；

⑤因经营需要代收代付款项，由财务部负责人审核批准，但必须坚持先收后付，不改变原款形式及用途原则。

（二）现金管理

（1）所有现金业务收入，应当日送存开户银行；所有支付的现金，应从库存现金限额中支付或从开户银行提取，不得从公司现金收入中直接支付，即坐支；因生产经营需要从开户银行提取现金，应据实写明用途。

（2）按照国家现金管理规定，库存现金只能用于工资性支出、个人福利劳保支出、农副产品收购、差旅费、零星开支、备用金及银行结算金额起点以下的小款项。其他特殊情况使用现金需经总经理和财务部经理批准。

（3）库存现金限额为××××元，每日的现金结存数，不得超过核定的限额，超过部分应及时送存银行，不准以白条抵库存。企业单位之间的经济往来，一般应通过银行进行转账结算，不准出借银行账户和套取现金。

（三）银行存款管理

（1）支票付款必须经过两人或两人以上的签章方为有效。支票和财务专用章，必须分别掌管，不得由一个人包办。

（2）必须按顺序号签发支票。签发支票在支票备查簿上签名登记。

（3）不准出租出借银行账户，不准签出空头支票和远期支票，不准套取银行信用。

（4）不准签发空白支票，如确属需要，也要填写签发日期和款项用途，并规定最高限额。

（四）其他货币资金管理

（1）根据业务需要合理选择银行汇票、银行本票、信用卡、信用保证金等结算工具。

（2）及时办理结算，对逾期尚未办理结算的银行汇票、银行本票等，应按规定及时转回。

（3）按照会计制度的规定核算货币资金的各项收支业务。

（五）现金日记账按币种设置，银行日记账要按账号分别设置，每日要结出余额。库存现金的账面余额要同实际库存现金每日核对相符。银行存款账面余额每月要与银行对账单核对调节相符。

第四条　对外投资管理

（一）长期投资包括股票投资、债券投资和其他投资

1. 长期投资项目要在市场预测的基础上，立项进行可行性研究，考虑资金的时间价值和投资风险，经经理办公会研究决定后进行，并由总经理授权负责长期投资项目的部门和主要负责人。对外合资合作参股项目，必须严格按照国家有关规定办理海关、工商、税务等手续。财务部门要为决策提出参考意见，履行严格的财务手续，督促、检查项目的执行和效益情况。

2. 健全股票、债券和投资凭证登记保管和严格记名登记制度。主管长期投资的业务部门，要有两人以上的人员共同管理，对股票、债券和投资凭证的名称、数量、价值及存放日期做好详细记录，分别建立登记簿。除无记名证券外，企业购入的应尽快登记于企业名下，不得登记于经办人员名下。

3. 对长期投资业务做好详细记录，建立定期盘点制度。对所属企业，每隔半年（经营年度）清点（清理）一次资产负债和检查经营情况；对非控股企业必须每年进行一次投资和收益检查工作。对股票和债券投资，由财务部门做好会计记录，对每一种股票和债券分别设立明细账、并记录其名称、面值、证券编号、数量、取得日期、经纪人（证券商名称）、购入成本、收取股息或利息等。对个别其他投资也应设置明细账，核算投资及其投资收回等业务。每年至少组织一次清查盘点，保证账实相符。

4. 如长期投资出现亏损或总经理认为有必要时，公司视情况授权财务部或委托会计师事务所，对亏损单位或项目进行审计，并据此对亏损予以确认，作出处理决定。

5. 公司所属企业因故撤销、合并、出让时，应按《公司法》的有关要求，认真做好债权债务的清理工作。

（二）短期投资

1. 短期投资业务，要由总经理授权的主管业务部门和主要负责人办理该项业务。一般按照经办提出——主管审核——总经理批准——实际投资——验收登记——到期收回等程序办理。

2. 有价证的会计记录、登记保管、定期盘点等制度可参照长期投资办法进行。

3. 短期投资如出现亏损时，公司授权财务部对业务部门经营情况进行审计，并报总经理批准后列亏。如出现较大亏损，公司可委托会计事务所对该经营项目

进行审计。

（三）对外大额存款

1. 对外大额存款业务，由总经理授权财务部负责办理。一般按信用调查——利息比较——主管审查——总经理批准——对外存款——到期收回等程序办理。

2. 对大额存款利息商定要有两人在场，还款收回、利息收入等要做好详细记录，及时入账，要注意合法性和正确性。

第五条　销货与货款管理

（一）企业的销货业务应统一归口由销售或营业部门办理，其他部门及人员未经授权不得兼办。销售业务一般按接受订单——通知生产——销货通知——赊销审查——发（送）货——开票——收票结算等程序办理。

（二）销售或营业部门根据生产经营目标和市场预测，编制销售或营业收入计划，承接购货客户的"订货单"，通知生产部门组织生产、加工等业务工作。

（三）销售发票由财务部门专人登记保管，领发给销售或营业部门负责开票，发出销货通知给仓库发货和运输部门发运或送货。

（四）销货业务的货款，应全部通过财务部门审核结算收款，在发票上加盖财务收款专用章。赊销业务应经过信用审查，财务部门应将销货发票与销货单、订货单、运（送）货单相核对。

（五）由销货或营业部门制订价格目录或定价办法及退货、折扣、折让等问题的处理规定，由财务部门进行审核监督。

（六）销货业务发生的退货、调换、修理、补件等三包事项，同样通过销货或营业部门按规定办好业务手续后，凭证到财务部门办理结算或转账等手续。

第六条　购货与付款管理

（一）企业的购货业务应统一归口由供应部门负责办理，其他部门人员未经授权不得兼办。购货和付款业务一般按请购——订货——到货——验收——付款等程序办理。

（二）供应部门应根据生产经营需要和库存情况编制采购供应计划，对计划采购订货要签订合同或订货单。合同订单要求条款清楚、责任明确、内容全面，按合同承付货款有据，拒付有理。

（三）市场临时采购，由使用部门根据需求提出"请购单"，报经供应部门审批后办理。较大采购项目须报总经理批准。

（四）所有购货业务做到：情报准、质量好、价格低、数量清、供货及时、运输方便、就地就近。

（五）采购到货，要由仓库和质量检验部门进行数量和质量验收，并有仓库保管员、质量检查员及有关负责人在验收单上签章。

（六）购货付款手续，不论是计划合同订货还是市场临时采购，均由供应部门办理，按规定到财务部门办理请款付款手续。

（七）到货验收后，由供应部门请款，经办人将审核无误的订货单、验收单、发票账单附在请款单第一联后，经有关业务主管审批后，到财务部门办理审核报销转账手续。

（八）财务部门将从仓库签收的一份验收单与供应部门报销转来的发票账单所附的一份验收单进行核对，以掌握购货业务的请款、报销及在途物资的情况。

第七条　生产成本与费用管理

（一）有关生产业务由生产部门负责。对于原材料的消耗及成本费用的发生和控制，应由生产部门和财务部门及有关部门建立成本责任制。严格成本费用的开支范围和开支标准，节约消耗，减少费用，降低成本。财务部门应建立成本控制和成本核算制度。

（二）建立严格的领退料制度，按计划消耗定额发料，按实际消耗计算材料成本。

（三）加强人事和工资的管理，严格考勤，核实工资的计算与发放，正确处理工资及福利费的核算与分配。

（四）重视制造费用发生的核算与分配。注意物料消耗、折旧费的计算、费用项目的设置筹是否合法合理。

（五）生产成本、运输成本、营业成本的计算要真实合理，不得乱挤乱摊成本。要划清在产品与完工产品和本期成本与下期成本及各种产品成本之间的界限。

（六）对期间费用、管理费用、财务费用、营业费用、销售费用的项目要合法合理，支出要符合开支范围和开支标准，凭证手续要符合规定。

第八条　存货与仓库管理

（一）加强存货和仓库的管理，建立仓库经济核算，搞好有关基础工作，做到账、卡、物、资金四一致。

（二）对存货数量较大的企业，应实行"永续盘存制"。建立收发存和领退的计量、计价、检验及定期盘存（每半年一次）与账面结存核对的办法。基本期耗用或销货成本，按领发货凭证计价确定。

（三）对存货实行永续盘存制有困难的企业，可实行"实地盘存制"，即期末存货没有明细账面余额，是通过实地盘存来确定期末存货，其本期耗用或销售成本，按下列公式计算：本期耗用或销货成本：期初存货成本＋本期购货成本－期末存货成本。

（四）存货计价方法。

按实际成本进行日常核算的，采用加权平均法计价；

按计划成本进行日常核算的，采用计划价格计价，期末分摊价格差异。

（五）领用低值易耗品，采用一次摊销。如一次领用数额较大，影响当期成本费用，可通过待摊费用分次摊销。对在用低值易耗品由使用部门和主管部门进行登记管理。

第九条　工薪与人事管理

（一）职工的聘用、解聘、离职和起薪、停薪及工资变动等事项，应由人事部门及时以书面凭证通知财务部门和员工所在部门，作为人事管理和计算工资的依据。

（二）工资的计算和支付，要严格按照考勤制度、工时产量记录、工资标准及有关规定，进行计算和发放。并根据工资总额和国家规定的标准，正确计提应付职工福利费、职工教育经费、工会经费。

（三）对职工的责任赔款，应由有关业务部门和人事部门根据劳动法规，并经职工本人签字同意后，方可转财务部门扣款。

（四）领取工资均应由本人签章。本人不在应由其指定人员或其同组人员代领，并由代领人签章。在规定期限内未领取的工资，应退回财务部门的待领工资，记入"其他应付款"账户。

（五）根据成本核算办法，将工资及职工福利费，按职工类别合理分配计入产品直接工资成本、制造费用、销售费用、管理费用等有关账户。

第十条　收入、利润及其分配管理

（一）当期实现的主营业务收入——销售收入、运输收入、营业收入、经营收入，要全部及时入账，并和与之对应的销售成本、运输成本、营业成本、经营成本相互配比，减去当期应交的营业税金及附加和期间费用后的余额，即为主营业务利润，要能反映出企业的主要经营成果。

（二）当期实现的其他业务收入要全部及时入账，并和与之对应的其他业务支出相配比，求出其他业务利润。

（三）按规定计算投资收益，对投资收益的取得要合法，确定要符合权责发生制，计算要合规，入账要及时，处理要恰当；对投资损失的计算要合法、正确，实事求是。

（四）对营业外收支项目的设置要合法、合理，收支项目的数额要真实、正确，账务处理要恰当。

（五）企业利润总额按照国家规定作相应调整后依法缴纳所得税，然后按规定的顺序和一定比例进行分配。

（六）企业发生年度亏损，可用下一年度的税前利润弥补；下一年度的利润不足弥补的，可以在5年内延续弥补；5年内不足弥补的，用税后利润弥补或者经董事会审议后依次用企业盈余公积、资本公积弥补。

第十一条　固定资产管理

（一）实行财产主管部门、财产使用部门和财务部门综合核算管理的分工负责制。

1. 财产主管部门——为本公司工程部门（或公司指定部门），负责固定资产登记管理、建设和购置、处置和报废等业务；

2. 财产使用部门——负责固定资产的合理使用，保管维修；

3. 财产核算管理部门——为本公司财务部，负责固定资产的核算，综合价值管理，每年组织清查盘点一次。

（二）固定资产的建设与购置，一般按下列程序办理：

1. 申请购建——由使用部门提出增加固定资产的报告，交主管部门进行可行性研究后，提出购建报告；

2. 审核批准——报总经理审核批准；

3. 对外订货——由主管部门负责对外订货，签订建设安装工程合同；

4. 建设安装——由主管部门负责监督施工单位施工，按工程进度付款；

5. 验收使用——由主管部门组织验收，交付使用部门使用；

6. 结算付教——根据固定资产购建报告，订货、验收单、工程合同、完工交接单、竣工决算、发票收据等凭证单据，由主管部门审核无误后报总经理批准，到财务部门办理付款结算手续。

（三）固定资产的处理与报废

固定资产的停用、出售或报废处理，均由保管使用部门提出意见交主管部门审核，报总经理批准后进行处理，并报财务部门审核后作账务处理。

第十二条　分析和考核管理

（一）本公司和所属企业，可按照行业的特点，使用下列财务评价指标：

1. 流动比率：流动资产/流动负债×100%

2. 速动比率：（流动资产－存货）/流动负债×100%

3. 应收账款周转率：销售收入/应收账款平均余额×100%

4. 存货周转率：销货成本/平均存货×100%

5. 资产负债率：负债总额/资产总额×100%

6. 资本金利润率：利润总额/资本金总额×100%

7. 营业收入利润率：利润总额/营业收入×100%

8. 成本费用利润率：利润总额/成本费用总额×100%

（二）分公司和所属企业内部，可实行分部核算。自定目标，核定收入，控制成本，提高效益，责任考核，资产承包及超额有奖的办法；自定财务和效益考核指标及具体管理办法。

第十三条　内部审计

（一）公司设专职内部审计机构和人员，负责对公司各部门和所属企业的内部审计工作。

（二）公司每年对所属企业进行一次年度审计。

（三）如董事会或总经理认为必要，可随时对所属企业进行专项审计。

第十四条 附则

（一）本制度经公司董事会批准，并报主管部门和财政、税务机关审核备案后，于××××年×月×日起实行。

（二）本制度由公司财务部负责解释。

××××公司

××××年××月××日

二十二、资金综合管理办法

（一）资金综合管理办法的基本含义

资金综合管理办法是企业根据市场变化和自身实际需要制定资金管理办法，从而对企业资金的提取、使用等进行控制和管理，达到资金的合理化利用。资金综合管理办法主要包括资金预算管理办法、资金控制管理办法、现金收支管理办法等。

（二）资金综合管理办法的写作要点

资金综合管理办法通常包括以下内容：

1. 要明确资金管理办法的制定的目的和标准；

2. 资金管理的行为准则与处理办法；

3. 资金管理办法的生效时间及实施程序等。

（三）格式范例

资金管理办法

第一条 为加强对公司系统内资金使用的监督和管理，加速资金周转，提高资金利润率，保证资金安全，特制定本办法。

第二条 管理机构

1. 公司设立资金管理部，在财务总监领导下，办理各二级公司以及公司内部独立单位的结算、贷款、外汇调剂和资金管理工作。

2. 结算中心具有管理和服务的双重职能。与下属公司在资金管理工作中是监督与被监督，管理与接受管理的关系，在结算业务中是服务与被服务的客户关系。

第三条 存款管理

公司内各二级公司除在附近银行保留一个存款户，办理小额零星结算外，必须在资金部开设存款账户，办理各种结算业务，在资金部的结算量和旬、月末余额的比例不得低于80％，10万元以上的大额款项支付必须在资金管理部办理，特殊情况需专题报告，经批准同意后，方可保留其他银行结算业务。

第四条　借款和担保业务管理

1. 借款和担保限额。集团内各二级公司应在每年年初根据董事会下达的利润任务编制资金计划，报资金管理部，资金管理部根据公司的年度任务，经营发展规划，资金来源以及各二级公司的资金效益状况进行综合平衡后，编制总公司及二级公司定额借款，全部借款的最高限额以及为二级公司信用担保的最高限额，报董事会审批后执行。

年度中，资金管理部将严格按照限额计划控制各二级公司借款规模，如因经营发展，贷款或担保超限额的，应专题报告说明资金超限额的原因，以及新增资金的投向、投量和使用效益，经资金管理部审查核实后，提出意见，报财委、董事会审批追加。

2. 集团内借款的审批。凡集团内借款金额在300万元（含300万元，外币按记账汇率折算，下同）以内的，由资金管理部审查同意后，报财务总监审批；借款金额在300万元以上的，由资金管理部审查，财务总监加签同意后报董事长审批。

3. 担保的审批。各二级公司向银行借款需要总公司担保时，担保额在300万元以下的由财务总监审批，担保额在300万--21000万元的，由财务总监核准，董事长审批。担保额在21000万元以上的，一律由财务总监加签后报董事长审批，并经董事长办公会议通过。借款担保审批后，由资金部办理具体手续。对外担保，由资金部审核，财务总监和总裁加签后报董事长审批。

第五条　其他业务的审批

1. 领用空白支票。在资金部办理结算业务的企业，可以向资金部领用空白支票，每次领用张数不超5张，每张空白支票限额不超过5万元，由资金部办理，领用空白支票时，必须在资金部有充足的存款。

2. 外汇调剂。集团内各二级公司的外汇调剂由资金部统一办理，特殊情况需自行调剂的，一律报财务审批，审批同意后，方可自行办理。

3. 利息的减免。凡需要减免集团内借款利息，金额在5.1万元以内的，由资金部审查同意，报财委审批，金额超过5.1万元，必须落实弥补渠道，并经分管副总经理加签后，报财委审批。

第六条　资金管理和检查

资金部以资金的安全性、效益性、流动性为中心，定期开展以下资金检查和管理工作，并根据检查情况，定期向财委、总经理、董事长作专题报告。

1. 定期检查各二级公司的现金库存状况；

2. 定期检查各二级公司的资金部的结算情况；

3. 定期检查各二级公司在银行存款和在资金部存款的对账工作；

4. 对二级公司在资金部汇出的 10 万元以上大额款项进行跟踪检查或抽查。

第七条 统计报表

各二级公司必须在旬后一日内向资金部报送旬末在银行存款、借款、结算业务统计表，资金部汇总后于旬后两日内报财委、总经理、董事长。

资金部要及时掌握银行存款余额，并且每两天向财务总监及副总监报一次存款余额表。

资金预算管理办法

第一条 目的及依据

为提高本公司经营绩效暨配合财务部统筹及灵活运用资金，以充分发挥其经济效用，各单位除应按年编制年度资金预算外，并应逐月编列资金预计表，以便取得资金运用的最高效益，特制定本制度。

第二条 资金范围

本办法所称资金，系指库存现金，银行存款及随时可变现的有价证券而言。为定期编表计算及收支运用方便起见，预计资金仅指现金及银行存款，至于随时可变现的有价证券则归属于资金调度的行列。

第三条 作业期间

1. 资料提供部门，除应于年度经营计划书编订时，提送年度资金预算外，应于每月 24 日前逐月预计次 3 个月份资金收支资料送会计部，以利汇编。

2. 会计部应于每月 28 日前编妥次 3 个月份资金来源运用预计表按月配合修订。并于次月 15 日前，编妥上月份实际与预计比较的资金来源运用比较表一式三份，呈总经理核阅后，一份自存，一份留存总经理室，一份送财务部。

第四条 内销收入

营业部门依据各种销售条件及收款期限，预计可收（兑）现数编列。

第五条 劳务收入

营业部门收受同业产品代为加工，依公司收款条件及合同规定预计可收（兑）现数编列。

第六条 退税收入

1. 退税部门依据申请退税进度，预计可退现数编列；

2. 预计核退营业税虽非实际退现，但因能抵缴现金支出，得视同退现。

第七条 其他收入

凡无法直接归属于上项收入皆属之，包括财务收入、增资收入、下脚收入等，其数额在 10 万元以上者，均应加说明。

第八条　资本支出

1. 土地：依据购地支付计划提供的支付预算数编列；

2. 房屋：依据兴建工程进度，预计所需支付资金编列；

3. 设备分期付款、分期缴纳关税等：会计部门依据分期付款偿付日期予以编列。

资金控制办法

第一条　目的

为提高本公司经营绩效及统筹与灵活运用资金，以充分发挥其经营效用，除应按年编制年度资金预算外，并应逐月编列资金预算表，以便达到资金运用的最高效益，特制定本制度。

第二条　资金范围

本制度所称资金系指库存现金、银行存款。

第三条　作业期间

1. 资料提供部门，除应于年度经营计划书编订时，提送年度资金预算外，应于每月24日前逐月预计次3个月份资金预计及次月份日期别预计收入与支付金额资料送会计部门以利汇编。

2. 会计部门应于每月25日前编妥次3个月份"资金来源运用预计表"按月配合修订，并于次月15日前编妥上月份实际与预计比较编制"资金来源运用比较表"各一式三份，呈总经理核阅后，一份自存，一份送资金预算控制，以此为预算控制的依据。

3. 会计科应在各部门资金预计表上列入资金编号，并于每月25日前，将次月奖金预计支出项目逐日逐笔汇总于"支出明细汇总表"一份会计自存，一份送出纳部门，供出纳人员每日资金调度的参考。

第四条　内销收入

1. 营业部依据销售目标及各种销售条件与收款期限，预计可收取金额填列于"收支预计表"；

2. 已收票据的兑现金额，由会计科按实填列。

第五条　退税收入

1. 退税部门依据申请退税进度预计可退现数编列；

2. 预计核退营业税虽非实际退现，但能抵缴现金支出，应视同退现。

第六条　其他收入凡租金收入、下脚收入、利息收入等由会计科预计的。

第七条　资本支出

1. 土地：经办部门依据购地支付计划提供的支付预算数编列；

2. 房屋：依据同建工程进度，预计所需支付资金编列；

3. 设备分期付款、分期缴纳关税：会计科依据分期付款偿付日期予以编列；

4. 机器设备、预付工程定金：依据工程合同及进度，预定支付预算及外购L/C开立计划，预计支付资金编列。

第八条 原物料支出

（一）原料

1. 采购依据产销计划预计各种原料耗用量参酌最近库存量与在途量分别设定采购数量，并按最近单价预计付款日期列入原物料资金预计表；

2. 如需外购时，应注明预计L/C开发日期，以为购料借款的依据。

（二）物料

1. 大宗及常备物料比照前项原料的预计方式办理；

2. 小额与零星材料则依据以往实际发生数预计。

第九条 薪资支出

总务科依据产销计划等资料及现有人数与薪资最近发生数，斟酌预计支付数编列全公司预算。

第十条 经常费用

（一）外协工缴：外协经办部门应参照外协厂商别约定付款条件等资料，斟酌预计支付数编列。

（二）制造费用：会计科依据生产计划与参酌上月份实际发生数剔除异常部分予以预计。

（三）销售费用。

1. 营业部门变动费用部分依据销售计划分别预计；

2. 固定费用部分由会计科依据产销计划与参酌上月份实际发生数剔除异常部分予以预计。

（四）管理费用：会计科参酌以往实际发生数及管理部门工作计划的支出分别预计。

（五）财务费用：出纳应依据各银行贷款利率及资金调度情况，核算利息支付编列。

第十一条 其他支出

凡不属于上列各项的支出皆属之，包括偿还长期借款等。

第十二条 异常说明

会计科应按月编制资金来源运用比较表，以了解资金实际运用情况，其因实际数与预计数比较每项差异在10％以上者，应由资料提供部门填列"资金差异报告表"列明差异原因，于每月10日前送会计部门汇编。

第十三条 资金调度

（一）本公司经营资金调度由财务人员负责筹划；

（二）出纳人员每日下班前应结算当日库存现金，银行存款结存及次日到期的应收应付票据金额以了解次日资金余缺情况。

第十四条　调度作业

1. 财务部每日调度前应编制"资金动态及调度处理表"；

2. 为使资金有效灵活运用，财务部应于每周五拟定次周资金调度计划，编制"资金调度计划表"。

第十五条　实施与修改本制度呈总经理核准后实施，修改时亦同。

公司现金收支管理办法

第一条　本管理办法所指的收入金额，是指由财务部汇入各单位银行账户内的金额，支出金额则仅指各单位的费用。各单位应行支付的一切费用，包括可控制费用与不可控制费用，均应自财务部汇入之金额中支付。

第二条　各单位的可控制费用统一于每月月底前由财务部就下月份各单位的费用概算一次（必要时得分次）汇入各单位的银行账户内备支。

第三条　各单位的收入款项除财务部汇入的款项外，一律不得自行挪用单位内收回的应收账款（包括现金及支票），其收回的应收账款，应依账款管理办法的规定，悉数寄回总公司财务部。

第四条　现金收支旬报表的填写应一次复写两联，第一联于每旬第1日（即每月1日、11日、21日）中午以前就上旬收支逐项编制妥，连同费用科目的正式收据或凭单呈单位主管签核后以限时转送寄送财务部；第二联由各单位自行汇订成册作为费用明细账，并凭此于月底当天填制"费用预算分析表"。

第五条　现金收支旬报表中的编号系指费用的笔项而言，采用每月一次连续编号方式，月内的每月编号应相互衔接并连续编至当月月底止，次月1日再重新编号。

第六条　现金收支旬报表上科目栏中类别的填写，系指依所发生的各项费用其分属类别，分别以"营"或"服"或"管"等字表示，其性质的区分如下：

1. 营业费用：凡属营业人员（包括营业主任及外务人员）所发生费用；

2. 服务费用：凡属服务人员（包括服务主任及服务人员）所发生的费用；

3. 管理费用：凡营业费用及服务费用外所发生的一切费用。

第七条　现金收支旬报表上科目栏中的"名称"系指各项费用的科目名称，其明细如下：

1. 营业费用：即营业人员（包括营业主任及外务员）所发生的下列诸费用：

（1）汽车诸费：营业人员汽油、机油、过桥费、寄车费等；

（2）旅费：营业人员计程车资及营业员因业务之需所付的差旅费；

（3）公共关系：营业人员因业务上应酬所需支付者；

（4）薪工津贴：营业人员薪资（包括本薪、机车津贴、交际津贴、成交奖金、各项加给及值班费用）；

（5）坏账：账款尾数无法收回，或倒账公司损失。

2．服务费用：即服务人员（包括服务主任及服务员）所发生下列诸费用：

（1）汽车诸费：服务人员所支之汽油、机油、过桥费、寄车费等；

（2）旅费：服务人员所支之计程车资及服务人员因服务的需要所支的差旅费；

（3）公共关系：服务人员因服务上的需要所支的交际费；

（4）薪工津贴：服务全体同仁的薪资（包括本薪、机车津贴、绩效奖金、加给及值班费等）；

（5）坏账：账款尾数无法收回者。

3．管理费用：凡营业费用及服务费用外所发生的费用：

（1）汽车诸费：营业人员及服务人员外所支付的汽油、机油费；

（2）旅费：营业人员及服务人员外所支付的车费或出差旅费；

（3）运费：装载货物所支付的费用；

（4）文具用品：日常所用的文具纸张等；

（5）清洁费用：清洁公司所支的费用；

（6）邮票：邮寄函件及包裹的邮资及购邮票等；

（7）电话费：业务上的长途电话及市区电话；

（8）电报费：业务上的需要而拍的电报；

（9）电力费：用电所支付的费用；

（10）自来水费：用自来水所支付的费用；

（11）修理费：汽车修理及保养等；

（12）人事广告费：刊登招员启事等；

（13）报章杂志：订阅报章杂志所支付的费用；

（14）固定薪资：营业人员及服务人员外的薪资；

（15）公共关系：营业人员及服务人员外所支付的交际费；

（16）租金支出：房屋的租金；

（17）税捐：支付营业印花税；

（18）其他变动费用：凡未能列入该分类科目的费用。

第八条　上述所列项目，会计员应按其性质区分（即营业费用、服务费用、管理费用等），妥予分类报支，不得相互混淆。

第九条　各单位与总公司间如有代收或代支事项发生时一律以"内部联络函"联系之，其作业规定如下：

1．各单位代总公司或其他分公司收款时应于收款的当日以"内部联络函"述明代何单位收款。代收现金应先换购汇票，若代收票据须注明代收票据内容，并连同票据一起寄送总公司财务部，由财务部负责通知被代收单位入账的同时将入账情形回复代收单位。

2. 总公司代分公司收款时，应于收款的当月，由财务部以"内部联络函"述明代收款项内容，若为票据应注明票据内容，通知被代收单位，款项则暂代留存，被代收单位于接获财务部的通知时，应即于当天的"收款及成交奖金明细表"上加入该笔账款，增加其收款总额，并将入账情形回复财务部。

3. 各单位代总公司支付款项时（如押标金、权限内购入的生产器具及服务部汽油或单价在100元以上的工具、油墨等）不得记入现金收支旬报表，唯应另行备忘登记，应于每旬寄送"现金收支旬报表"时另以内部往来联络函将所代支的款项明细及总额述明后连同单据一并寄送总公司财务部，由财务部凭以汇入该笔款项。若为紧急代支事项必须立即处理时，除以电话通知财务部电汇处理外，仍应填具"内部往来联络函"述明以资凭证。

4. 总公司代各单位支付费用款项时，（如预付房租等）应由财务部于每月25日前以联络函通知被代支单位依虚收虚付方式在其"现金收支旬报表"上自勾"收入金额"栏内径行加入该笔款项。同时在"支付金额"栏内，直按矍入该笔费用款项以增加账面的收入金额与费用金额。

第十条　各单位全体员工的借支总额在3.1万元以内者得经单位主管核准后由首存现金中先行借支，并限于每月10日发薪时一次扣回，其借支总额超过3.1万元者，应依权责划分逐笔专案报备核准后始得由财务部汇寄支付。

第十一条　每月月底当天，各单位会计员应凭留存之当月份该单位"现金收支旬报表"，依费用类别分别统计其当月份各项费用的总额，详填于"费用预算分析表"中呈单位主管就可控制费用中的各项费用，并对其实际与预算的差异详加分析。

第十二条　"费用预算分析表"一式两联，各单位应于每月3日前将此表（两联一起）连同"直线单位经营绩效评核表"一并寄送总公司业务部，由业务部据以查核与"直线单位绩效评核表"所填的费用数字无误后，即转送财务部复核并呈具所属副总经理填具总评后第一联由财务部留存，据以分析全公司费用差异，第二联寄回各单位存查。

第十三条　"费用预算分析表"上的费用率系指当月份的费用与营业额的百分比，"本月费用预算"一栏之计算公式如下：

（1）本月"营业费用"预算：上月营业费用×（1±本月营业收入成长率）；

（2）本月"服务费用"预算：上月服务费用×（1±本月服务收入成长率）；

（3）本月"管理费用"预算：上月管理费用×（1±本月营业及服务总收入成长率×20％）。

第十四条　本办法由财务部呈总经理核准公布后实施，修订时同。

业务准备金处理办法

第一条 各部门须依上月底信托资金余额（万位数以下不计）的 SU/oo 提拔为业务准备金，由公司会计科汇入各部门银行户头内以应业务急需，但最高不得超过 5 万元整。

第二条 每月信托资金金额变动时，由会计科依前条比例核算后于月初拨补之，如业绩降低时得收回之。

第三条 各部门应书面立保管条存会计科备查。

第四条 该项准备金仅限于业务上临时急需、信托单质押贷款、中途解约本益金三种情况，其他非属急需业务支付事项应一律先将文件送达信托科整理后由会计科统汇，不得动用该准备金。

第五条 有关业务准备金的支付应编制转账收入传票：周转金及相关科目，并以简复表述其内容，连同有关文件当天通知公司会计科。

第六条 会计科接获上项有关文件应立即会同各相关部门处理，并补足准备金。

第七条 各部门收受的信托资金，应全部交给公司以利资金调度，不得留存或留用。

第八条 总务关系及其他采购款应依照前颁周转金处理办法支付与业务准备金分开处理，并将前颁办法命名为"总务周转金处理办法"额定周转金 1000 元继续使用单独处理。

第九条 上述各项规定各部门未能依规定处理者，按其情节轻重论处，其部门主管并应负全责。

第十条 本办法经呈董事长核准后施行，修改时亦同。

××公司零用金管理办法

（一）本管理办法将有关零用金设置划分如下：

1. 公司本部由财务部负责各单位之零星支付；

2. 工地总务组负责设置零用金管理人员，尽可能由原有办理总务人员兼办，必要时再行研讨设置专人办理。

（二）零用金额暂定，工地每月经常保持 5 万元，将来视实际状况或减或增，再行研办。

（三）零用金借支程序如下：

1. 各单位零星费用开支，如需预备现金，应填具零用金借（还）款通知单，交零用金管理人员，即凭单支给现金；

2. 零用金之暂支，不得超过 1.1 万元，特别事故者应由企业部经理核准；

3. 零用金之借支，经手人应予一星期内取得正式发票或收据加盖缝手人与主管之费用章后，交零用金管理人冲转借支，如超过一星期尚未办理冲转手续时得将该款转入经手人私人借支户，并于当月发薪时一次扣还。

（四）零用金保管及作业程序如下：

1. 零用金之收支应设立零用金账户，并编制收支日报送呈经理核阅；

2. 零用金每星期应将收到之发票或收据，编制零用支出传票结报一次，送交财务部；

3. 财务部收到零用金支出传票后，应于当天即行付款，以期保持零用金总额与周转；

4. 财务部收到零用金支付传票，补足零用金后，如发现所附单据有疑问，可直接通知各部经手人办理补正手续，如经手人延搁不办则按照有关规定办理；

5. 零用金账户应逐月清结。

（五）零用金应由保管人出具保管收据，存财务部，如有短少概由保管人员负责赔偿。

（六）本管理办法送呈董事长核准后实施。

二十三、成本预算报告

（一）成本预算报告的基本含义

成本预算报告是企业财务部门通过对预建项目的综合分析对项目所需经费提前预算时形成的书面材料。

（二）成本预算报告的写作要点

成本预算通常要注意以下几个方面：

1. 成本费用期限的确定；

2. 生产规模的综合评估；

3. 产品初步方案；

4. 总成本预算；

5. 其他事项。

（三）格式范例

××公司成本预算报告

一、期限的确定

根据项目建设进度和主要设备折旧年限确定本项目计算期。项目建设期2年，投产期××年，达产期××年，项目总测算期为××年。

二、具体规划

根据相关部门批准，本项目的生产规模为年产片剂××吨，胶囊××粒，戒毒针××支，粉针分装××支。主要产品有：××片剂、××针水剂、××胶囊和粉针分装系列。

经单位技术和相关专家的分析研究，认为原定生产规模过大，市场容量有限，且产品销售有一个逐渐增大的过程，投资大、投资落实较难。按原1994年5月初步设计确定的第一期工程生产规模，即××片剂/年，精制胶囊××粒/年，戒毒针××支/年，粉针分装××支/年为宜，考虑今后扩大生产规模的需要厂房设计面积等不作调整，预留生产规模扩大所需，设备投资、生产成本和费用按调整后的测算。

三、总成本预算

成本中各项费用计算说明：

1. 工资总额和职工福利费。该两项费用按职工人数（设计定员）乘以工资或福利费指标计算。

项目年工资总额：183（人）×6000（元/人）＝110（万元）

职工福利费：110（万元）×14％＝15（万元）

2. 外购原材料、外购燃料及动力。外购原材料及燃料动力费用以建设期的市场价格为参考依据，适当考虑物价上涨因素进行测算。

3. 折旧费。固定资产折旧日按类别采用直线折旧法分别计算。房屋、建筑物折旧年限30年，年折旧日率3.23％；机器及设备折旧年限14年，年折旧率6.93％。为简化计算，预备费用、固定资产投资方向调节税、建设期利息计入固定资产原值。

4. 无形资产及递延资产摊销。土地使用权、技术转让费、勘察设计费等无形资产，按10年摊销。建设单位管理费、工程前期费用、生产职工培训费、联合试运转费、办公生活家具购置费、城市基础设施建设费等递延资产（费用），按5年摊销。

5. 修理费。大中小型修理费分别列入制造费用或管理费用，为计算方便不单独列项计算，按折旧费的50％估算。

6. 生产经营期发生的长期借款利息、流动借款利息等均以财务费用的形式计入总成本费用。固定资产投资借款按××％计算，流动资金借款按年利10.98％计算。

7. 其他费用。为计算方便，将制造费用和管理费用、销售费用等作适当的归并（按销售收入的15％计算），均列入其他费用。

附表：成本管理类表格

生产成本预算表

成本项目	月份		月份		月份		月份	
	预算金额	%	预算金额	%	预算金额	%	预算金额	%
原料成本								
物料成本								
直接工资								
奖金								
加工费								
消耗费								
电力费								
差旅费								
修理费								
保险费								
运费间接投资								
间接物料								
租金								
水电费伙食费								
医药费								
杂费								
期初在制品								
期末在制品								
制造成本毛利								
生产价值								

产品成本记录表

制造号码													
产品名称规格					生产数量	生产日期							
月份	直接材料			直接工人			制造费用						
	日期	领料单号	原物料	单价	数量	金额	日期	凭证号码	部门	金额	日期	凭证号码	金额

成本预计表

成本项目			单位	预计数				说明
				耗用量	单价	单位成本	％	
制造成本	变动成本	直接材料						
		直接工人						
		变动制造费用						
		其他变动费用						
		······						
		小计						
	制造成本合计							
期间费用	销售费用							
	管理费用							
	财务费用							
	小计							
总成本								

主管盖章 _____　　　　　　　制表人盖章 _____

成本费用控制表

期间 科目	本月		上月		本年累计		去年累计	
	金额	％	金额	％	金额	％	金额	％
销货收入净额								
代销收入								
销货收入净额								
直接原料								
直接人工								
制造费用								
销货成本合计								
员工薪资								
文具用品								
交通费								
保险费								
交际费								
邮电费								
佣金支出								
运费								
差旅费								
广告费								
修理费								
……								
营业费用合计								

核准：_____　　复核：_____　　制表：_____

二十四、成本控制报告

（一）成本控制报告的基本含义

成本控制报告是企业各部门对本部门成本控制情况进行客观反映的书面材料。

（二）成本控制报告的写作要点

成本控制报告通常要注意以下几个方面：

1. 成本控制的目标以及控制依据；
2. 成本控制的具体方法；
3. 成本控制取得的成效；
4. 相关合理化建议或意见；
5. 其他事项。

（三）格式范例

材料采购成本控制情况报告（1）

××经理：

为了进一步控制材料采购成本，提高产品利润率，××××年，我部门采取了积极有效的措施，材料采购成本控制情况取得了一定的成绩，现将我们的具体做法报告如下：

一、采取生产、供应、财务相结合的办法，坚决避免材料采购过程中的盲目性。

过去，我公司80％以上的材料均由供应部直接采购，并负责材料的验收、发放和保管。现今市场变化快，公司产品结构复杂，品种繁多，大量或成批采购容易造成库存积压。据计算，截至××××年末，我公司库存材料为780万元，×××年增加到960万元，其中，重复采购的物资就达70万元以上。对此，财务部及时设计并推行了《材料月份用款计算表》。具体做法如下：

1. 要求由各部门按产品的市场实际需求量提出生产用料申请表；
2. 由供应部汇总填写《材料月份用款计算表》；
3. 经仓库保管员核对库存量后，报送生产部总调度；
4. 生产部根据生产情况核实批准，在"备注栏"中示明采购急缓程度，送财务部材料核算室核算价格；
5. 最后再由财务部经理根据资金情况批准"实支数"。

实行管理控制办法一年来，取得明显的效益，仅避免重复采购一项就节省20

万元，另外还拒付价格过高的材料 27 万元，经磋商而降低采购价格使费用支出减少 15 万元。

二、采购物资实行"四同"（即同品种、同型号、同名称、同技术要求），对材料购入价格进行比较分析。

实行这个办法以来，直接减少因信息不灵、不准而高价购买材料的损失达 25 万元，并使采购人员的价格观念、成本意识有所增强。此外，我们还订阅了《价格信息》等报刊，搜集我公司需用材料的价格，定期了解原料公司的价格变动情况，还对 11 种占公司材料采购成本较大的物资制定了目标限价。自财务部材料核算室进行"四同"材料价格比较分析后，过去那种舍近求远、质次价高的不合理问题得到了有效控制，人为的扩大采购成本问题也得到基本解决。

三、采用"ABC 管理法"，重点控制，严格审核。

将现代化管理办法"ABC 管理法"直接应用于材料采购成本控制上，收到了良好的效果。经分类，划分出 A 类消耗物资 11 项，这类物资占采购品种 5%，但却占采购资金 50% 以上。我们对这 11 项消耗材料重点进行市场价格调查，并查阅各种价格资料，结合国家有关物资的价格政策，制定了"目标采购限价表"及相应的奖罚办法，收到了立竿见影的效果。采购人员通过多渠道、全方位奔波，在这方面共节约材料成本费 21 万元。

四、全面控制，有效节约材料采购成本中的运杂费开支。

近年来，运杂费占材料采购成本的比重越来越大，为了控制材料采购的运杂费，降低采购费用，经走访市内各货场、运输公司，收集整理国家对运杂费的价格政策、限价措施，决定运输物资优先使用本公司运输工具，在本公司车辆紧张而需用社会运输工具时，实行及时限价送货，这一举措使我公司的材料采购运杂费成本大幅度下降，仅××××年一年就节约费用 3 万元。

五、建立材料采购价格档案，形成价格监督体系。

为有效降低采购成本，把收集到的价格资料分门别类归档立册，形成内部价格档案。对采购质优价廉物资的员工予以奖励。价格档案同时也为我们实行计划成本核算提供了依据。如××××年我公司供应部与江苏某公司订购醋酸人造丝，通过查阅"物资价格档案"发现其价格高于市场最新价，即予拒付，后经磋商，按市场最新价付款，共为企业挽回经济损失 2.72 万元。

上述几点是我们在探索材料采购成本控制中的一点收获，今后随着现代管理方法的推广，我公司对材料采购成本的控制会更加合理，更加有效。

××公司财务部

××××年×月×日

成本控制的报告（2）

××董事长：

为抓好公司成本控制，提高公司产品经济效益，增强公司综合实力，我们积极采取了一系列成本控制措施，努力推动双增双节活动的深入开展，仅在×××× 年就产生直接经济效益××万元。现将我们的做法报告如下：

一、实行目标成本分解，加强成本的事前控制

1. 通过量本利分析，按已确定的目标成本值×××万元制定出全年的成本控制计划，并按成本控制计划的指标要求制定出各种优质产品所需原材料、燃料、动力等消耗定额和可变性费用支出的标准。

2. 根据已经确定的定额消耗指标，把可实现的目标成本按部门分解成分指标，下达到各个部门。

3. 各部门按照总部下达的指标，结合实际情况进行指标的第二次分解．将指标分解到本部门的班组、机台和个人。这样，就将目标成本指标控制工作具体化，即：场部控制大指标，车间控制分指标，班、机台、个人控制小指标，人人都有控制指标，每个指标都被人所监控，形成一个"横到边，纵到底"的指标层层分解、层层落实、层层控制、层层考核的有机整体。

二、加强目标成本的适中控制

在实际工作中，我们还运用一些简单易行的科学管理方法，对生产经营进行全过程的成本控制。

1. 对供应过程的控制

在保证生产正常的前提下，加强材料采购、材料保管、材料发放的控制方法：

（1）按"×××管理法"进行物资管理；

（2）按"三比采购"的原则进行材料采购，努力做到降低材料采购成本；

（3）实行限额领料制度，加强材料发放的控制。

2. 加强生产过程的监控

（1）修订不合理的定额。主要是加强定额管理，我公司原来执行的费用控制定额是企业整顿时制定的。近几年，由于客观情况有较大的变化，原来的定额已远远适应不了现代化管理的要求。为此，我公司相继修订了《×××公司财务管理制度》、《××公司费用开支实施办法》以及《目标成本管理手册》等，对物资消耗定额、劳动定额、设备完好率、工时修理定额、可变性费用定额都作了合理的调整。同时，还结合经营承包责任制制定出严密的管理制度，来保证各项定额的执行。

（2）加强能源管理，降低能源消耗（略）。

（3）加强工具用具管理，实行工具用具费用包干使用办法（略）。

（4）实行"两费分离承包"办法，努力降低生产部门的成本。

所谓"两费分离承包"，就是将部门的全部生产费用分解为固定费用、变动费用，对固定费用、变动费用分别计算、分别考核、分别承包。

（5）大力开展修旧利废活动，提高材料利用率，降低产品成本。

公司积极开展修旧利废活动，努力堵塞一切漏洞，对边角余料多次量体裁衣，合理使用，对报废机器设备进行零、部件更换等修旧利废，全场共成立修旧利废点12个，由24人进行修复工作；两年共节约费用10余万元。

（6）建立健全各组经济核算制度，加强生产组的成本控制。

各组经济核算工作的好坏，直接影响目标成本的实现。因此，我公司相应建立各组经济核算板、个人修旧利废板及个人工具使用情况进度板，并号召全体员工大力开展节约活动，还与承包责任制相联系，既增强了员工勤俭节约的自觉性，又提高了公司经济效益。

3. 加强销售环节的控制

为了使目标成本计划能够顺利实施，×月末，公司在不考虑固定成本变化的基础上，再一次运用量本利分析法，分析变动成本的控制情况与目标成本的差距。××××年年初，目标成本总额为3323万元，目标固定成本为2228.2万元，目标单位产品变动成本为9.50元/吨，单位产品信价为63.13元/吨。××××年×月末共产××59.7万吨，发生变动费用为608.3万元。将××生产情况与目标成本值进行量本利分析比较后，得出：在不考虑固定成本变化的基础上，×月末的变动成本实际发生额（608.3万元）比按目标单位变动成本总额（9.50×59.7：567.2万元）超支41.1万元。这就要求我公司在下半年的经营管理过程中，必须抓住各项费用支出的控制，才能达到目标成本的要求。

三、加强目标成本管理的事后控制

目标成本管理不仅要进行事前控制、事中控制，还要进行事后控制。在目标成本管理的事后控制中，我公司致力于目标成本的信息反馈和分析工作，找出问题，及时地制定改进措施，使目标成本管理具体化、系统化、科学化。

总之，公司通过实行全场经营管理，全过程成本控制，业已取得了令人满意的成绩，并拟在此基础上进一步加以完善，以便使公司的经济效益能够继续保持较高的水平。

××××公司

××××年×月×日

二十五、成本分析报告

（一）成本分析报告的基本含义

成本分析报告是企业各部门对本部门成本情况进行客观反映的书面材料。

（二）成本分析报告的写作要点

成本分析报告通常要注意以下几个方面：

1. 成本分析报告的目标及方法；

2，基本生产经营情况；

3. 生产目标和生产指标的完成情况；

4. 利润分析；

5. 其他事项。

（三）格式范例

财务成本分析报告

根据公司加强成本管理和成本控制的统一部署，我们积极采取各种措施强化内部管理，增收节支。前几个月通过增产增收措施，在提高劳动生产率、加速资金周转、增加盈利方面我们都取得了较好效果。根据我公司的具体情况，现将生产、利润、成本三方面的经济活动进行初步分析。

一、生产任务完成情况

1. 工业总产值：完成53.74万美元，为年计划的53.7％，比上年同期增长15.7％。

2. 产品产量：甲产品：完成1190.84单量（标准套），为年计划的47.6％，比上年同期增产4.46％；乙产品：完成917件，为年计划的44.1％，比上年同期增产16.7％；丁产品：完成155副，为年计划的77.5％，比上年同期增长307.9％。

3. 全员劳动生产率：为16.28美元/人，比去年同期提高10.5％。

4. 产品销售收入：实现52.27万美元，占工业总产值的97.26％，比上年同期上升33.1％。

5. 利润：

（1）实现利润总额4.57万美元，为年计划的57.13％，比上年同期增长18.8％。

（2）应缴利税2.52万美元，为年计划的63％，其中应缴所得税2.21万美元，已按期缴纳；资金占用费 0.25 万美元，已全部按期缴纳；应缴上年利润 0.15 万美元，已全部按期缴纳。

（3）企业留利 2.55 万美元，比上年全年实际所得增长 55.9%，其中，分配上年超收尾数 0.1 万美元。

6. 成本：全部商品总成本 45.19 万美元，比上年同期上升 17.4%；百元产值成本 84.07 美元，比上年同期上升 1.21%。

7. 资金：定额流动资金周转天数 148.4 天，比计划加速 11.6%，比上年同期加速 28.6%。

百元产值占用金额流动资金 40.08 美元，比上年同期下降 8.72%。

定额流动资金平均占用金额 43.08 万美元，比上年同期下降 2.24 万美元。

在以上各项指标中，工业总产值、利润、资金周转已分别超过了历史最高水平。

二、生产任务完成情况分析

从产品结构变化看：

表 1　××公司产品结构对比表

产品名称	本年 1~6 月占比重	上年同期占比重	本年比上年
甲	55.2%	61.4%	−6.2%
乙	21.5%	16.8%	+4.7%
丙	18%	17.9%	+0.1%
丁	2.3%	0.6%	+1.7%
其他	3%	3.3%	−0.3%

从增产比重看：

表 2　××公司产品增产情况

产品名称	本年比上年增产（万美元）	占增产百分比
甲	1.15	15.8%
乙	3.76	51.6%
丙	1.39	19.2%
丁	0.98	13.4%
合计	7.28	100.1%

从完成供货合同看，乙、丙产品均在 90% 以上，而甲仅完成 53%。

以上数值表明，我公司上半年抓乙和丙的增产效果较好，成绩显著。

这两种产品产值的增长占全部增产的 70%。

甲产品虽然亦有增产，但幅度不大，同年计划相比还未过半。在结构上，它在全厂产值中的比例由去年 61.4% 下降到今年的 55.2%，同时由于不能严格执行供货合同，拖期交货情况较为突出，从而影响了经济效益的全面提高。因此，如何组织好甲产品生产，按时保质完成供货合同，不断满足市场需要，成为下半年摆在我公司面前极为紧迫的任务。

三、利润指标分析

1. 产品销售利润因素分析

表3　××公司产品销售利润因素分析表

影响因素	单位	本年 1～6 月实际	上年同期实际	本年比上年	影响利润总额
销售收入	美元	522678	392700	＋129987	＋15638
销售成本率	％	83.26	82.97	＋0.29	－1515
销售现金率	％	5.56	4.0	＋1.56	－8154
销售利润率	％	10.18	12.03	－1.85	＋5696

2. 其他销售利润及营业外支出因素分析

表4　××公司其他利润及营业支出因素分析表

影响因素	单位	本年1～6月实际	上年同期实际	影响利润
其他销售利润	美元	4375	1815	＋2560
营外支出	美元	9384	8105	－1279
合计	美元	13759	9920	＋1281

以上数据表明：今年我公司产品销售利润与上年相比是下降的。主要原因是销售税率的上升，上半年我公司由于税率上升1.56％，多缴税8154美元，减利8154美元。同时销售成本率上升0.29％，减利1515美元。但是，上半年我公司大抓了产品销售工作，同上年相比，增加销售收入129978美元，收入增加使利润实现额上升15638美元，增减因素相抵后，净增利润7246美元。因此，今年利润总额上升的主要因素是销售收入的增长。同时要看到，虽然我公司今年增产和销售上升幅度较大，但是产品销售成本并没有下降，经济效益并没有提高，这就应进一步从产品成本上分析原因。

四、成本分析

1. 从百元产值成本指标对比分析说明公司成本升降原因

表5　××公司产品成本分析

项目	单位	本年1~6月实际	上年同期实际	本期比上年
商品产值	万美元	53.74	46.46	＋7.28
全部产品总成本	万美元	84.09	82.58	＋1.51
百元产值成本	美元	32.98	24.85	＋8.13
其中：材料	美元	11.79	14.11	－2.32
工资	美元	39.32	43.92	－4.6
费用	美元	45.19	38.5	＋6.69

　　增产、提高劳动生产率使百元产值中的工资成本相对下降。其中，工资相对下降2.32％，费用下降4.6％。突出的因素是材料成本上升8.13％，从而抵消了工资、费用的下降，净升1.21％。

　　2. 按产品类别分析单位产品平均材料成本

表6　××公司单位产品平均材料成本

主要产品名称	单位	本年实际	上年实际	本年比上年
甲	美元/套	88.89	61.77	＋27.12
乙	美元/根	54.88	49.97	＋4.91
丙	美元/件	24.2	20	＋4.2

　　从上表可看出，每一种产品的原材料上升幅度都较大。其中甲产品每套上升27.12美元，乙产品每根上升4.91美元，丙产品每件上升4.2美元，按总产量计算，材料总成本共上升4.3万美元。

××× 公司

×××年×月×日

二十六、财务分析

（一）发展计划摘要

　　××产业有限责任公司向医院和实验室引进各种革新的、艺术等级的新产品的使用。它的总部在××市，它的产品是通过直销的方式，即与顾客进行面对面的接触来销售的。这一经营计划只是我们整个的企业计划过程的第一步，我们将在每一季度对之进行修改。我们打算在接下来的10个月中进入全面运营状态，并创造每年××万美元的收入。明年我们获取成功的至关重要的因素依其重要程度进行排列，主要有以下几点：

1. 在医疗保健及相关产业中用高质量的新颖的产品来满足需求。

2. 提供高于行业平均水平的技术和顾客服务。

3. 财务控制和现金流量计划。

××产业有限公司是一个相当新的公司，并力图在保健品行业中找到自己恰当的位置。基于我们对未来 3 年中财务方面的规划和设计，销售收入将突破××万美元，净利润将达到××万美元。

（一）目标

（1）向太平洋沿岸的西北部地区介绍××防护手套生产线；

（2）保持 32％的利润增长率；

（3）到××××年底销售收入达到每月××万美元，到××××年底达到每月××万美元。

（二）任务

××产业有限公司的任务是向保健品行业推出革新的产品，同时稳步提升自身利润和公司价值。

（二）公司情况

××产业有限责任公司向××地区的医院、实验室、急救中心和公安部门分销新型医疗保健产品。它的顾客包括医疗从业人员，如医生、护士、实验室技术人员、紧急医疗技术专家，还包括警察、消防机构和监狱人员。

（一）公司所有权（略）

（二）公司历史（略）

（三）公司产品（略）

××产业公司产品发展与现在市场的需要紧密相关。

1. 医疗保健行业越来越多地将注意力集中于人们对传染性疾病的预防需要，例如……

2. 替代品和设备替换部分的需求是目前消费的一部分，并由最初的设备制造商们提供。

3. 在目前，人们往往很难以能够支付得起的价格从市场上获得所需的产品。

（四）公司的地址

（三）产品及服务

××有限责任公司向太平洋沿岸西北部地区的医院和实验室销售产品，它也服务于消防和公安部门、急诊救助服务和看守所。

（一）产品及服务说明

截至××××年×月，××有限责任公司已拥有 36 条生产线，其中一些具有广泛的消费者基础，但非垄断。

1. ××牌防护手套这项产品，是一种用天然橡胶制成的、具有垄断性的产品，它专门用来……

2. 分析器零件产品专门生产血液分析仪器中的重复替换仪器部件，这一生产线的主要目的是……

3. ××零售生产线是从西班牙引进的一条专业生产线，它为实验室中特殊疾病的测试和诊断提供仪器，而这些产品很难在国内获得，因此需求量很大。

4. 原料质量控制产品是在西班牙制造的，它为实验室中诊断试验的实施提供了有效的质量控制。由于在西班牙的制造成本很低，再加上低廉的转让价格，这一生产线的创利能力将十分可观。

5. 风湿症产品生产线也来自西班牙，它为医院、实验室中的风湿性关节炎的检测及血清测试提供了简捷的诊断方法。

6. 器具产品生产线是对其生产线的补充，使××产业有限责任公司能够以较低的成本进入资本设备市场，这一生产线正在扩展之中。

（二）重要特点

××有限责任公司的产品具备几个重要的特征，使之区别于其他产品并被认为更具竞争力。

（产品特点说明略）

（三）销售艺术

（略）

二十七、市场分析

根据医疗仪器公告中心的数据，××××年市场对于橡皮手套的需求按其最终价值计算大约是××万美元。在美国，保健品行业正处于变化阶段，但对实验室诊断测试的销售量仍能达到××亿美元左右。在橡胶手套行业的市场领导者包括几大企业，分别为××公司和××保健公司，而诊断数据测试品的市场却极为分散，包括上百家规模各异的制造商。

（一）行业分析

保健品行业是一个极为集中的市场，从服务的角度而言，仅有几家主要的大型企业能维持，而且这些大企业每年公布的年度收入也不过几百万美元，他们所占的份额，尚不足整个保健品市场需求的1%，这主要是由于他们低下的服务致使经营费用过高造成的。

为了在这一行业中生存，将自己的公司建成一个具有创新精神、良好信誉和服务导向的企业是至关重要的。我们将尽量减少与大型企业的竞争，提供与他们不同的产品，从而降低我们的经营风险。

1．市场参与者

在诊断品行业出现了以下几家市场领导者：

（1）××有限公司

制造实验室用的诊断器具，其市场范围遍及全球。由于与××机构签有合约，它在××方面具有垄断势力。

（2）（略）

2．市场划分

这个市场中大约有4～5家大型企业居于统治地位（占有70％的市场份额）；有5～7家中等规模的制造商和分销商占据另一重要部分（20％的市场份额）；余下的10％在小型企业中进行划分，例如像××有限公司这样的企业。

（二）成功的关键

在这一行业中成功的关键在于：

（1）营销

抓住新产品的投放、商业展览和顾客的反馈。

（2）产品的质量和承受力

（3）服务

货物的按时运送，具有专业知识的人才，全心全意为顾客服务以赢得顾客的满意和信赖。

第七章
金融地产文书

一、股票承销协议书

（一）股票承销协议书的基本含义

股票承销协议书是股票发行当事人与证券经营机构之间经过协商达成协议后，由证券经营机构负责销售股票并收取承销费用的合同。

（二）股票承销协议书的写作要点

通常来说，股票承销协议书由以下内容组成：

1. 发起人及承销机构的名称、住所及法定代表人的姓名；
2. 承销方式；
3. 承销股票的数量、种类、金额和发行价格；
4. 承销期限；
5. 承销付款的计算方法、支付方式和支付日期；
6. 违约的责任；
7. 其他事项。

（三）格式范例

股票承销协议

协议编号：＿＿＿＿＿＿

甲方：××股份有限公司（简称甲方）

乙方：××证券经营所（简称乙方）

经甲、乙双方友好协商，就乙方负责承销甲方股票一事，达成如下条款，共同遵守。

第一条　承销方式：＿＿＿＿＿＿＿＿＿＿＿＿＿＿＿＿＿＿＿＿＿

第二条　承销股票的种类：＿＿＿＿＿＿＿＿＿＿＿＿＿＿＿＿＿＿＿

第三条　承销股票的数量：＿＿＿＿＿＿＿＿＿＿＿＿＿＿＿＿＿＿

第四条　承销股票的金额：＿＿＿＿＿＿＿＿＿＿＿＿＿＿＿＿＿＿

第五条　承销股票的发行价格＿＿＿＿＿＿＿＿＿＿＿＿＿＿＿＿＿

第六条　承销期限：＿＿＿＿＿＿＿＿＿＿＿＿＿＿＿＿＿＿＿＿＿

第七条　承销付款日期：＿＿＿＿＿＿＿＿＿＿＿＿＿＿＿＿＿＿＿

第八条　承销付款方式：＿＿＿＿＿＿＿＿＿＿＿＿＿＿＿＿＿＿＿

第九条　承销费用的计算方式：＿＿＿＿＿＿＿＿＿＿＿＿＿＿＿＿

第十条　承销费用的支付方式：＿＿＿＿＿＿＿＿＿＿＿＿＿＿＿＿

第十一条　承销费用的支付日期：＿＿＿＿＿＿＿＿＿＿＿＿＿＿＿

第十二条　违约责任：＿＿＿＿＿＿＿＿＿＿＿＿＿＿＿＿＿＿＿＿

第十三条　其他事项：＿＿＿＿＿＿＿＿＿＿＿＿＿＿＿＿＿＿＿＿

甲方　　　　　　　　　　　　乙方

（章）　　　　　　　　　　　（章）

法定代表人（章）　　　　　　法定代表人（章）

住所　　　　　　　　　　　　住所

银行账号　　　　　　　　　　银行账号

　　　　　　　　　　　　　　　　　　　　　　年　　月　　日

二、借款担保书

（一）借款担保书的基本含义

借款担保书是借款当事人约定第三人为借款担保人时向银行出具的保证书。

（二）借款担保书的写作要点

通常来说，借款担保书由以下内容组成：

1. 担保金额；

2. 担保范围；

3. 担保期限；

4. 其他事项。

（三）格式范例

不可撤销担保书

××××分行：

　　根据＿＿＿（借款人）的申请，贵行同意向其提供外汇贷款（大写）＿＿＿美元（或其他外币），配套人民币贷款（大写）＿＿＿元。本保证人同意为该项贷款担保。

特此开立本保证书，向贵行担保下列各项：

第一条　本保证书为无条件、不可撤销的保证书，担保贷款本金为____元整（大写），和该贷款项下所发生的利息和费用。

第二条　本保证书保证归还借款人在____字第____号贷款项下不按期偿还的全部或部分到期贷款本息，并同意在接到贵行书面通知后14天内代为偿还借款人所欠借款本息，如我单位不能履行上述担保责任时，接受你行委托我单位开户行从我单位账户中扣收全部贷款本息，如账户中存款不足，我单位将继续负责偿还借款人应偿付贷款本息及费用。

第三条　本保证书在贵行同意借款人延期还款时继续有效。

第四条　本保证书是一种连续担保和赔偿的保证。不受借款人接受上级单位任何指令和借款方与任何单位签订的任何协议、文件的影响，也不因借款人是否破产、无力清偿借款、丧失企业资格、更改组织章程以及关、停、并、转等各种变化而有任何变化。

第五条　本保证人是上级主管部门发给营业执照的法人，并有足够偿还借款的财产作保证，保证履行本保证书规定的义务。

第六条　本保证书自签发之日起生效，至还清借款人所欠的全部借款本息和费用时自动失效。

保证人：（公章）　　　　　　法定代表：（盖章）

保证人地址：

保证人开户银行及账户：

　　　　　　　　　　　　　　　　　　　　年　　月　　日

附1：

抵押合同

抵押人（以下称甲方）：_____

抵押权人（以下称乙方）：_____

为确保____年____字第____号合同（以下称主合同）的履行，甲方愿意以其有权处分的财产作抵押。乙方经审查，同意接受甲方的财产抵押。甲、乙双方经协商一致，按以下条款订立本合同。

第一条　甲方用作抵押的财产为（详见抵押财产清单及财产有效证书）：____
_____
_____

第二条　本合同项下抵押财产共作价（大写）____元整，抵押率为____％，实际抵押额为____元整。

第三条　抵押财产的保管方式和保管责任如下：

1. 抵押财产中的＿＿待甲、乙双方封存后，由甲方自行保管；抵押财产中的＿＿由甲方自行保管，甲方应妥善保管抵押财产，在抵押期内负有维修、保养，保证完好无损的责任，并随时接受乙方的检查。

2. 抵押财产中的由甲方交乙方保管，并由乙方向甲方一次性收取＿＿元整的保管费，乙方应妥善保管抵押财产，不准挪用抵押财产。

第四条　甲方应按乙方要求，对抵押财产中的＿＿办理财产保险，并将保险单交乙方保存。投保期限应长于主合同约定的借款期限。若主合同项下借款延期，甲方须办理延长投保期的手续。保险财产如发生灾害损失，乙方有权从保险赔偿中优先收回抵押贷款。

第五条　甲方用作抵押的有价证券在抵押期内到期时的处理方式，甲、乙双方约定如下：

（略）

第六条　在本合同有效期内，甲方不得出售和馈赠抵押财产；甲方迁移、出租、转让、再抵押或以其他任何方式转移本合同项下抵押财产的，应取得乙方书面同意。

第七条　本合同项下有关的公证、保险、鉴定、登记、运输及保管等费用由甲方承担。

第八条　本合同生效后，如需延长主合同项下借款期限，或者变更主合同其他条款，应经抵押人同意并达成书面协议。

第九条　在本合同有效期内，甲方如发生分立、合并，由变更后的机构承担或分别承担本合同项下义务、甲方被宣布解散或破产，乙方有权提前处分其抵押财产。

第十条　出现下列情况之一时，乙方有权依法定方式处分抵押财产：

1. 主合同约定的还款期限已到，借款人未依约归还借款本息或所延期限已到仍不能归还借款本息。

2. 借款人死亡而无继承人履行合同，或者继承人放弃继承的。

3. 借款人被宣告解散、破产。

处理抵押物所得价款，不足以偿还贷款本息和费用的，乙方有权另行追索；借款偿还贷款本息还有余的，乙方应退还给甲方。

第十一条　抵押权的撤销：

主合同借款人按合同约定的期限归还借款本息或者提前归还借款本息的，抵押权即自动撤销，乙方保管的甲方财产和财产保险单应退还给甲方。

第十二条　本合同生效后，甲、乙任何一方不得擅自变更或解除合同。需要变更或解除合同时，应经双方协商一致，达成书面协议。协议未达成前，本合同各条款仍然有效。

第十三条　违约责任：

1. 按照本合同第三条第1项的约定，由甲方保管的抵押财产，因保管不善，造成毁损，乙方有权要求甲方恢复财产原状，或提供经乙方认可的新的抵押财产，或提前收回主合同项下贷款本息。

2. 按照本合同第三条第2项的约定，由乙方保管的抵押财产因保管不善造成毁损，甲方有权要求乙方恢复抵押财产原状；或者要求乙方赔偿其因此而遭受的损失。

3. 甲方违反本合同第四条的约定，乙方可以停止发放主合同下贷款或视情况提前收回已发放的贷款本息。

4. 甲方违反第五条约定，擅自处分抵押财产的，其行为无效。乙方可视情况要求甲方恢复抵押财产原状或提前收回主合同项下贷款本息，并可要求甲方支付贷款本息总额____％的违约金。

5. 甲方因隐瞒抵押财产存在共有、争议、被查封。被扣押或已经设定过抵押权等情况而给乙方造成经济损失的，应给予赔偿。

6. 甲、乙任何一方违反第十条约定，应向对方支付主合同项下贷款总额____％的违约金。

7. 在本合同有效期内，未经抵押人同意，变更主合同条款或转让主合同项下义务的，甲方可自行解除本合同，并要求乙方退回由乙方保管的抵押物。

8. 本条所列违约金的支付方式，甲、乙双方商定如下：

第十四条　双方商定的其他事项：

第十五条　争议的解决方式：

甲、乙双方在履行本合同中发生的争议，由双方协商或通过调解解决。协商或调解不成，可以向合同签订地人民法院起诉，或者向合同签订地的合同仲裁机构申请仲裁。

第十六条　本合同由甲、乙双方法定代表人或法定代表人授权的代理人签字并加盖单位公章，自主合同生效之日起生效。

至主合同项下借款本息全部还清时自动失效。

第十七条　本合同一式两份，甲、乙双方各执一份。

附：抵押财产清单及财产有效证书一式____份。

甲方：（公章）　　　　　　乙方：（公章）

法定代表人：（签字）　　　法定代表人：（签字）

（或其授权代理人）　　　　（或其授权代理人）

住所：　　　　　　　　　　住所：

邮政编码：　　　　　　　　邮政编码：

开户金融机构：　　　　　　开户金融机构：

账号：　　　　　　　　　　　账号：

年　月　日　　　　　　　　　年　月　日

签订合同地点：　省（市）　市　县（区）

注：如果合同当事人为非法人单位，应由其主要负责人或主要负责人授权的代理人签字。

附2：

动产质押合同

出质人（以下称甲方）：＿＿＿＿＿＿＿＿

质权人（以下称乙方）：＿＿＿＿＿＿＿＿

为确保＿＿＿年＿＿字第＿＿＿号合同（以下称主合同）的履行，甲方愿意以其有权处分的财产作质押。乙方经审查，同意接受甲方的财产质押。双方经协商一致，按以下条款订立本合同：

第一条　甲方用作质押的财产为：（附详细质物清单及出质人所有权证明）

（1）质物名称：＿＿＿＿＿＿＿＿＿＿＿＿＿＿＿＿＿＿

（2）规格：＿＿＿＿＿＿＿＿＿＿＿＿＿＿＿＿＿＿＿＿

（3）数量：＿＿＿＿＿＿＿＿＿＿＿＿＿＿＿＿＿＿＿＿

（4）账面价格：＿＿＿＿＿＿＿＿＿＿＿＿＿＿＿＿＿＿

第二条　本合同项下质押财产共作价人民币＿＿＿＿（大写）元整，质押率为％，实际质押额为＿＿＿＿（大写）元整。

第三条　甲方应在本合同订立后5日内将质物移交乙方占有，双方商定移交事项如下：＿＿＿＿＿＿＿＿＿＿＿＿＿＿＿＿＿＿＿＿＿＿＿＿＿＿＿＿＿
＿＿＿＿＿＿＿＿＿＿＿＿＿＿＿＿＿＿＿＿＿＿

第四条　在质押有效期内，乙方应负责妥善保管质物，并不得挪用，甲方一次性向乙方支取保管费＿＿＿元整。

第五条　甲方应按乙方要求，对质押财产中的＿＿＿办理财产保险，并将保险单交乙方保存。投保期限应长于主合同约定期限。如主合同经双方同意延长期限的，甲方应办理延长投保期限的手续。保险财产如发生意外损失，所得赔偿金应由甲方到＿＿＿银行办理专项存款，并将存款单交由乙方保管。

第六条　在本合同有效期内，甲方如需转让质物，须经乙方书面同意，并将转让所得款项交＿＿＿银行专项存储，存款单交由乙方保管，或者以该款项提前清偿债务。

第七条　本合同项下有关公证、保险、签订、登记、运输及保管等费用由甲方承担。

第八条　在本合同有效期内，甲方如发生分立、合并，由变更后的机构承担或分别承担本合同项下义务。甲方被宣布解散或破产，乙方有权提前处分质物。

第九条　出现下列情况之一时，乙方有权依法定方式处分质押财产：

（1）主合同债务履行期限届满或经延期后仍未履行债务；

（2）债务人死亡而无继承人或继承人放弃继承的；

（3）债务人被宣告解散、破产的。

处理质物所得价款，不足清偿债务的，乙方有权另行追索；价款偿还债务还有剩余的，乙方应退还给甲方。

第十条　本合同生效后，甲、乙任何一方不得擅自变更或解除合同。需要变更或解除合同的，应经双方协商一致，达成书面协议。协议未达成前，本合同条款仍然有效。

第十一条　主合同债务人按合同约定的期限履行合同的，质权即自动终止，乙方应返还质物及有关单据。

第十二条　违约责任

（1）依照本合同第四条的约定，因乙方保管不善造成质物毁损的，甲方有权要求乙方恢复质物原状；或者要求乙方赔偿因此而遭受的损失。

（2）乙方擅自挪用质物的，甲方有权要求乙方停止挪用行为，或返还原物，亦可请求赔偿因此而遭受的损失。

（3）甲方因隐瞒质押财产存在共有、争议、被查封、被扣押或其他类似情况而给乙方造成经济损失的，应给予赔偿。

（4）甲、乙任何一方违反第九条约定，应向对方支付主合同项下债务总额＿＿＿％的违约金。

（5）在本合同有效期内，未经出质人同意，变更主合同条款或转让主合同项下的义务，甲方可自行解除本合同，并要求乙方返还质物及有关单据。

（6）本条所列违约金的支付方式，双方商定如下：＿＿＿＿＿＿＿＿＿＿＿＿＿＿＿

＿＿＿＿＿＿＿＿＿

第十三条　双方商定的其他事项：＿＿＿＿＿＿＿＿＿＿＿＿＿＿＿＿＿＿＿＿＿＿

＿＿＿＿＿＿＿＿＿

第十四条　争议的解决方式：

甲、乙双方在履行本合同中发生的争议，由双方协商或通过调解解决。协商或调解不成，可以向合同签订地人民法院起诉，或者向合同签订地的合同仲裁机构申请仲裁。

第十五条　本合同由甲、乙双方法定代表人或其授权的委托代理人签字并加盖单位公章，自质物移交完毕之日起生效。

第十六条　本合同一式两份，甲、乙双方各执一份。

附：质物清单及有关证书、单据一式＿＿＿＿份。

甲方：（公章）

法定代表人（或委托代理人）：（签章）

_____年_____月_____日

乙方：（公章）

法定代表人（或委托代理人）：（签章）

_____年_____月_____日

签订合同地点：_____

（注：如果合同当事人为公民或非法人单位，应由该公民签字或单位主要负责人或经其授权的委托代理人签字。）

三、房地产企业简介

（一）房地产企业简介的基本含义

房地产企业简介是房地产企业为扩大企业知名度和美誉度，提高公司形象而向外界宣传时制作的一种介绍性文书。

（二）房地产企业简介的写作要点

通常来说，房地产企业简介的内容主要出以下内容组成：

1. 企业成立的时间及批准成立机构的批准文号；

2. 企业的经营宗旨和经营范围；

3. 企业的资产状况和信誉状况；

4. 企业的发展规划；

5. 企业的法人代表名称；

6. 其他事项。

（三）格式范例

××房地产综合开发公司简介

本公司成立于××××年，是全国成立最早、实行独立核算、具有法人资格的国有企业。企业注册资金2000万元，流动资金3400万元，是全国同行业资金和技术力量最雄厚的企业之一，本企业连续8年被评为全国先进单位。

经营宗旨：质量、信誉第一，用户至上，竭诚为广大客户提供优质服务。

经营范围：房地产综合开发、经营出售商品房等。

公司业绩：15年来共开发住宅小区18个，土地2000多亩，总投资7亿多元，建成商品房5000多套，建筑面积70多万平方米，安置住户8万多人。

开发前景：建设中的××开发区占地40万平方米，总投资5亿多元，是××市目前开发面积最大，功能最齐全的住宅开发区。该区连成以单位别墅为主，公寓式住宅为辅，综合性商场、旅馆、文化娱乐、集贸市场、停车场等为一体的综合建筑群体。储存土地300亩，计划新征土地200余亩。

××大厦按现代标准和风格设计，高18层，建筑面积2万多平方米，位于××地段，预计××××年底交付使用。

为共建大通道，总经理×××携全体同仁开拓求实，不断创新，期待您的光临。

地址：××××××

邮编：××××××

电话：××××××××

传真：×××××××

总经理：×××

四、房地产租赁申请审批书

（一）房地产租赁申请审批书的基本含义

房地产租赁申请审批书是合同当事人双方及审批机关共同填制的一种文书，是房地产经营活动所必须的重要文书。

（二）房地产租赁申请审批书的写作要点

通常来说，房地产租赁申请审批书的内容主要由以下内容组成：

1. 双方当事人的名称、地址、联系电话等；

2. 房地产租赁契约、相关证件和送审材料目录；

3. 房地产的具体情况；

4. 审核情况；

5. 调查情况和审批意见；

6. 其他事项。

（三）格式范例

房地产租赁申请审批书

年　月　日

	甲方（出租方）名称及地址：		
	乙方（承租方）名称及地址：		

我们双方诚意租赁房地产，特将房地产租赁契约（编号×××）及下列有关证件和材料一并送报审核。

甲、乙双方需要说明的情况：

房地产情况	产权证号		地号	
	房屋坐落		房屋面积	
	四周界限		房屋用途	
	占地面积		房屋结构	

其他需要说明的事项：

甲方：　（盖章）　　　乙方：（盖章）

以下由审批机关填写			审批编号：	
审核情况	权证是否相符	产权有无限定条件		乙方是否符合承租条件
	证件是否齐全	有无遗留问题		
	有无产权纠纷	是否改变使用性质		契约签订是否符合规定
	审核中有无发现其他问题			
现场调查情况纪律				审核人：（签章） 调查人：（签章）
1. 经审查该房地产符合条件，准予发给租赁许可证。 2. 出租标准及有关租赁。				
备注：（租赁许可证号）				

附：

房屋租赁合同

合同编号：

出租人：　　　　　　　　　　　　　签订地点：

承租人：　　　　　　　　　　　　　签订时间：　年　月

日

甲、乙双方根据市（县）有关房产管理的规定，经过友好协商，特订立本合同，以便共同遵守。

第一条　出租房屋坐落地址＿＿＿＿＿＿＿＿＿＿＿＿＿＿＿＿＿＿＿＿＿＿＿＿

第二条　房屋名称、规格、等级、间数、面积、单价、金额、地面质量（见下表）。

房屋名称（楼、正、厢、平、厦）	规格	等级	间数	面积	单价	每租赁金额（元）	门数	窗数	地面质量（土、砖、水泥）

（注：面积的单位为：平方米间价的单位为：元/平方米）

第三条　租赁期限。

租期为＿＿年＿＿月，从＿＿年＿＿月＿＿日起至＿＿年＿＿月＿＿日止。

甲方应按照合同规定的时间和标准，将出租的房屋及时交给乙方使用居住。

第四条　租金和租金交纳期限。

乙方每月向甲方缴纳租金人民币＿＿元整，甲方应出具收据。租金在当月＿＿天内交清，交租金地点在＿＿＿＿＿。

（房屋租金，由租赁双方按照房屋所在地人民政府规定的私有房屋租金标准协商议定；没有规定标准的，由租赁双方根据公平合理的原则，参照房屋所在地租金的实际水平协商议定。出租方不得任意抬高租金。）

第五条　出租方与承租方的变更。

1. 租赁期间，甲方如将房产所有权转移给第三方，不必征得乙方同意，但应通知乙方。房产所有权转移给第三方后，该第三方即成为本合同的当然甲方，享有原甲方的权利，承担原甲方的义务。

2. 租赁期间，乙方如欲将房屋转让给第三方使用，必须征得甲方的同意。取得使用权的第三方即成为本合同的当然乙方，享有原乙方的权利，承担原乙方的义务。

第六条　甲方的责任。

1. 甲方如未按本合同规定的时间向乙方提供租赁房屋，应按延迟期间内乙方应交租金的＿＿＿％计算，向乙方偿付违约金。

2. 租赁期间，出租房屋的维修由甲方负责，如租赁房发生重大自然损坏或有倾倒危险而甲方又不修缮时，乙方可以退租或代甲方修缮，并可以用修缮费用收据抵消租金。

3. 出租房屋的房产税、土地使用费由甲方负担。

4. 租赁期间，如甲方确需收回房屋自住，必须提前＿＿＿个月书面通知乙方，解除合同，甲方应付给乙方违约金，违约金以剩余租期内应交租金总额的＿＿＿％计算。

第七条　乙方的责任。

1. 乙方按时交付租金，甲方如无正当理由拒收，乙方不负迟延交租的责任；乙方如果拖欠租金，应按中国人民银行延期付款的规定向甲方偿付违约金。乙方如拖欠租金达＿＿＿月以上，甲方可以从乙方履约金（如乙方付有履约金）中扣除租金，并可收回出租之房屋。

2. 租赁期间，房屋管理费、水电费由乙方负担。

3. 租赁期间，如乙方确因特殊情况需要退房，必须提前＿＿＿个月书面通知甲方，解除合同，应付给甲方违约金，违约金以剩余租期内应交租金总额的＿＿＿％计算。

4. 租赁期间，乙方不得擅自改变房屋的结构及用途，乙方如因故意或过失造成租用房屋和设备的毁损，应负责恢复原状或赔偿经济损失。乙方如需装修墙窗，须事先征得甲方同意，并经房屋修缮管理部门批准方能施工。乙方在租用房屋内装修墙窗的格、花、板壁、电器等物，在迁出时可一次折价给甲方，亦可自行拆除，但应恢复房屋原状。

5. 租赁期满或合同解除，乙方必须按时搬出全部物件。搬迁后＿＿＿日内房屋里如仍有余物，视为乙方放弃所有权，由甲方处理。

6. 租赁期满或合同解除，如乙方逾期不搬迁，乙方应赔偿甲方因此所受的损失，必要时甲方可以向人民法院起诉和申请执行。

第八条　合同期满，如甲方的租赁房屋需继续出租或出卖，乙方享有优先权。

第九条　房屋如因不可抗力的自然灾害导致毁损，本合同则自然终止，互不承担责任。

第十条　本合同如有未尽事宜，须经双方协商作出补充规定，补充规定与本合同具有同等效力。

本合同执行中如发生纠纷，应通过甲、乙双方协商解决。协商不成，可提请当地房管部门调解或人民法院裁决。

本合同一式两份，甲、乙双方各执一份；合同副本一式____份，交____市（县）房管局、街道办事处等单位各留存一份。

出租方：（盖章）

地址：

承租方：（盖章）

地址：

第八章

商务信函文书

一、询价函

（一）询价函的基本含义

询价函是买方就某项商品交易的条件向卖方进行咨询的商务文书。询价函对交易双方没有法律上的约束力，仅是为了交易的顺利进行。

（二）询价函的写作要点

询价函撰写时要注意如下几点：

1. 要了解卖方的主要产品；
2. 要了解产品价格状况；
3. 要有商品的样品。

（三）格式范例

询价函

尊敬的××先生：

我对贵公司生产的家用电器产品有浓厚的兴趣，需订购××暖气壁挂炉。品质：一级。规格：中等大小。望尽快就下列条件报价：

1. 单价；
2. 交货期限；
3. 结算方式；
4. 质量保证方式。

如贵方价格合理，且能给予优惠，我公司将考虑大量进货。

××××发展有限公司

××××年××月××日

二、报价函

（一）报价函的基本含义

报价函是在商品交易过程中卖方向买方就商品有关信息进行答复的商务文书。

（二）报价函的写作要点

通常来说，报价函中应该明确以下条款：

1. 产品的数量；
2. 产品的质量；
3. 产品规格；
4. 产品包装；
5. 产品价格等。

（三）格式范例

报价函

××发展有限公司：

贵方××××年××月××日第19号询价函收悉。兹按贵方需求报价如下：

商品：××暖气壁挂炉

规格：一级

单价：每个××元

包装：标准硬质纸箱，每箱一个

结算方式：商业汇票

交货方式：送货上门

送货日期：收到订单3日内

我方所报价格很有吸引力，如果贵方订货量在100个以上，可按照92％的折扣计算。如符合贵方要求，敬请早日订货。

恭盼佳音。

××暖丰事业部

××××年××月××日

三、接受报价函

（一）接受报价函的基本含义

接受报价函是买卖双方相互认可交易条件时一方致对方的商务文书。

（二）接受报价函的写作要点

通常来说，接受报价函中应该明确以下条款：

1. 产品的名称、数量和质量；

2. 产品规格；

3. 产品单价和总价；

4. 产品包装；

5. 货物的运输；

6. 结算方式等。

（三）格式范例

接受报价函

尊敬的××先生：

　　贵方××××年××月××日报价函收悉，谢谢。我方愿意接受贵方报价，并愿意按照贵方报价函中的条件订货：

商品：××暖气壁挂炉

规格：一级

单价：每个××元

包装：标准硬质纸箱，每箱一个

结算方式：商业汇票

交货方式：送货上门

送货日期：收到订单3日内

请办理为盼。

××发展有限公司

××××年××月××日

四、订购函

（一）订购函的基本含义

订购函是买方按照与卖方协商好的条件向其订购所需货物时所用的一种商务文书。

（二）订购函的写作要点

通常来说，订购函要包括以下主要条款：

订购函通常分为两种，一种是接受函里已经对需要订购的货物进行了详细说明；另一种把订购函制成订单式，以表格形式列明各项交易条件。

订购函一般都应包含商品名称、牌号、规格、数量、价格、结算方式、包装、交货日期、交货地点、运输方式、运输保险等内容。

（三）格式范例

订购函

×××先生：

　　贵公司××××年×月×日的报价单收悉，谢谢。贵方报价较合理，特订购下列货物：

　　ESCL 洗衣机 5 台单价 1200 元总计 6000 元

　　ECDL 洗衣机 5 台单价 1100 元总计 5500 元

　　ESEL 洗衣机 5 台单价 1000 元总计 5000 元

　　ECCL 洗衣机 5 台单价 800 元总计 4000 元

　　结算方式：转账支票

　　交货地点：××年××月××港口

　　交货日期：××年××月××日前

　　请准时运达货物。我方接到贵方装运函，将立即开具转账支票。

请即予办理为盼。

××发展有限公司

××××年××月××日

五、确认订购函

（一）确认订购函的基本含义

　　确认订购函是收到订购函后用来告知客户货物办理情况和货款支付方式等事宜的文书。

（二）确认订购函的写作要点

　　确认订购函应明确以下事项：

　　1. 收到订购函的具体时间；

　　2. 准备发货的具体时间；

　　3. 款项如何处理等。

（三）格式范例

确认订购函

×××先生：

　　很高兴收到贵方×月×日第 2 号 20 台洗衣机的订单，我方即速予办理，货物将按照贵方要求准时运抵。

根据商业汇票的规定，我方通过××银行开出面额为×××元以贵方为付款人的银行承兑汇票，承兑期限为3个月。我们相信此汇票必得承兑。

贵方对此货还有何要求，请即函告。

感谢贵方的惠顾，希望我们能保持经常的贸易联系。

××发展有限公司

××××年××月××日

六、包装磋商函

(一) 包装磋商函的基本含义

包装磋商函是买卖双方就产品的包装问题进行磋商的商务文书。

(二) 包装磋商函的写作要点

通常来说，包装磋商函要具备以下条款：

1. 产品型号；
2. 产品数量；
3. 计量单位；
4. 其他要求。

(三) 格式范例

包装磋商函

尊敬的×××先生：

贵公司××××年××月××日关于40个××暖气壁挂炉的报价函收悉，我方对产品及质量均无异议，只是对包装有特别要求。

为了保证货物的安全和运输的方便，我们希望将硬质纸箱改成木制箱。

谢谢。

××发展有限公司

××××年××月××日

七、装运通知函

(一) 装运通知函的基本含义

装运通知函是卖方在装运前告知买方货物装运有关事项的商务文书。

（二）装运通知函的写作要点

通常来说，装运通知函中要明确以下条款：

1. 装运的具体日期；
2. 装运方式；
3. 运费及保险金的支付方式；
4. 装运地点；
5. 装运车号；
6. 相关单据副本等。

（三）格式范例

装运通知函

尊敬的×××先生：

　　贵公司××××年××月××日订购的40箱××暖气壁挂炉已于××××年××月××日交付托运，预计3日内到达。40箱××暖气壁挂炉的包装箱上都有※标志。

　　兹随函附寄下列装运单据，以便贵公司顺利提货：

1. ××号货运提单一份；
2. ××号装箱单一份；
3. ××号保险单一份；
4. ××号检验单一份；
5. ××号发票一张。

非常感谢贵公司的大力支持，希望继续友好往来！

××暖丰事业部

××××年××月××日

八、催款函

（一）催款函的基本含义

　　催款函是卖方在约定其间未收到买方货款时提醒对方支付货款所用的一种商务文书。

（二）催款函的写作要点

通常来说，催款函要包括以下主要条款：

1. 欠款单位的全称和账号；
2. 欠款的原因；

3. 欠款的时间；

4. 欠款的金额；

5. 发票号码；

6. 建议处理措施或意见。

（三）格式范例

催款函

尊敬的×××先生：

　　贵方于××××年××月××日订购××暖气壁挂炉40箱，货款金额合计15.6万元，发票号为×××××××。贵方业务繁忙，疏忽大意在所难免，故致函提醒，敬请执行结算。我公司账号×××××××××。逾期按照银行规定加收2‰的罚金。

　　如有特殊情况，请与我公司财务科××联系，电话：×××××××，邮编：×××××××，地址：×××××××。

谢谢。

××暖丰事业部

××××年××月××日

九、索赔函

（一）索赔函的基本含义

索赔函是买卖双方发生贸易纠纷时，受损方向违约方提出索赔要求的商务文书。

（二）索赔函的写作要点

通常来说，索赔函要包括以下主要条款：

1. 案件基本情况介绍；

2. 对方违约的事实及依据；

3. 索赔的理由及证据；

4. 具体损失说明；

5. 索赔具体要求；

6. 其他事项。

（三）格式范例

索赔函

××厂：

根据××省××市质量检验所第××号检验报告，贵方出售××产品中有一部分明显不符合国家相关标准，其质量指标明显低于贵方所提供的样品，因此，特向贵方提出不符合质量的货物按降低原成交价格36％的扣价处理。

特此函达。

××发展有限公司

××××年××月××日

附：××省××市质量检验报告一份。

十、理赔函

（一）理赔函的基本含义

理赔函是违约方按合同纠纷的协议受理受损失一方的赔偿性商务文书。

（二）理赔函的写作要点

通常来说，理赔函要包括以下主要条款：

1. 说明来函的目的；
2. 对纠纷的处理态度及意见；
3. 赔偿的处理意见；
4. 其他事项。

（三）格式范例

理赔函

××发展有限公司：

贵方××××年××月××日函及相关报告收悉。信中提到的××产品存在质量问题并与样品不符，经调查发现由于包装时误装了次品。这是我方的疏忽，对此我们深表歉意。因此，我方愿意接受贵方要求，对不符合质量的货物按降低原成交价格36％的扣价处理。

我方保证以后不再出现类似错误。

特此复函。

××厂

××××年××月××日

第九章
工商税务文书

一、税务登记申请书

（一）税务登记申请书的基本含义

税务登记申请书是纳税人纳税前向国家相关部门递交的请求性书面材料。《中华人民共和国税收征收管理法》第15条规定："企业，企业在外地设立的分支机构和从事生产、经营的场所，个体工商户和从事生产、经营的事业单位（以下统称从事生产、经营的纳税人）自领取经营执照之日起三十日内，持有关证件，向税务机关申报办理税务登记。"

（二）税务登记申请书的写作要点

税务登记申请书要注意如下几个问题：

1. 要明确企业名称、企业地址、法定代表人和营业执照号码等。
2. 要明确企业经济性质、经营范围及经营期限。

（三）格式范例

税务登记申请书

××税务局：

为解决我县下岗工人和部分职工子女的就业问题，拟成立羊毛厂。羊毛厂共30人，为集体所有制。固定资产30万元，主要经营羊毛产品，经营方式为加工。现已由市轻工业局批准，工商行政管理局核发了《营业执照》，并同意开业。根据税收法规定，特申请办理开业税务登记，领取税务有关证件，以便及时缴纳税款。

申请人：×××

××××年×月×日

税务登记表

企业名称		
地址		
电话		
经济性质		
生产经营范围		
经营方式		
资金	固定	
	流动	
职工人数	固定员工	
	合同工	
工商登记	证照名称	
	字号	
证照	发证日期	
	开业日期	
企业负责人	姓名	
	职务	
财务负责人	姓名	
	职务	
批准开业办证部门		
办税人		
开户银行和帐号	开户银行	
	帐号	
附送件记事		

二、停业税务登记申请书

（一）停业税务登记申请书的基本含义

按照我国税法规定，凡经有关部门批准停业的纳税人，应依法到当地主管税务机关办理停业税务登记手续。停业税务登记申请书是纳税人向税务机关提供的申请性文书。

(二) 停业税务登记申请书的写作要点

停业税务登记申请书的书写，应写清停业的理由、尚在办理的税务事项以及具体的停业时间。

(三) 格式范例

停业税务登记申请书

××税务局：

因受××因素的影响，××市工商局已批准本公司停业 5 个月，计划于×月停业。现我公司税款已缴，尚有两本商业零售发票未用完，请贵局公查核实，批准为盼。

×××公司
××××年××月××日

三、 复业登记申请书

(一) 复业登记申请书的基本含义

按照我国税法规定，凡经有关部门批准办理停业登记的纳税人，应于停业期满前 10 日内持原批准停业部门批准复业证明和原签批的《停业复业税务登记表》到主管税务机关办理复业税务登记。复业税务登记申请书是纳税人向税务机关提供的申请性文书。

(二) 格式范例

复业登记申请书

××国税局：

根据贵局××号《关于批准××公司停业申请的批复》，我公司拟于××××年××月××日复业，现××市工商局已经批准，请贵局批准按期复业为盼。

×××公司
××××年××月××日

四、注销税务登记申请书

（一）注销税务登记申请书的基本含义

根据我国税收法规的规定，凡纳税人由于法定事由需要注销税务登记的，应依法到主管税务机关申报注销登记，办理注销税务登记手续。注销税务登记申请书是纳税人向税务机关提供的申请性文书，应由专人书写。

（二）注销税务登记申请书的写作要点

填写注销税务登记申请书时要写清注销登记的理由，同时要把各种相关材料准备齐全，对尚在办理中的纳税事宜和发票用存情况也要说明。

（三）格式范例

注销税务登记申请书

××国税局：

因我单位经营管理不善，经济效益逐步下滑，经上级部门批准，将××公司与××公司合并，现已合并完毕。为此，申请办理注销我单位原办理的税务登记，原单位有关纳税事宜已全部结清。请办理为盼。

×××公司

××××年××月××日

五、延期缴纳税款申请书

（一）延期缴纳税款申请书的基本含义

延期缴纳税款申请是指纳税人或代征人因故不能按税法规定的入库时间缴纳税款，而向税务机关提交的要求准予延期缴纳税款的书面材料。

（二）延期缴纳税款申请书的写作要点

延期缴纳税款申请书通常由以下几部分组成：

1. 标题。标题由事由和文种两部分组成。
2. 受文机关名称。
3. 正文。正文部分要详细阐述延期的理由。
4. 结尾。加盖公章并写明具体日期。

（三）格式范例

延期缴纳税款的申请

××国税局：

　　××××年××月，我公司实现产品销售收入××万元，销项税额××元，进项税额×××元，应纳增值税×××元，已向贵局申报并开具纳税交款书，限期为本月×日入库。由于本公司本月银行贷款××万元到期，银行同意先还款后再贷款，加之上月销货款中有××万元未收回，故造成当前资金周转相当困难。特申请贵局根据我公司当前困难的实际情况，给予延期1个月缴纳本月税款。

　　当否，请批示。

×××公司（盖章）

××××年××月××日

　　附：

　　延期缴纳税款审批表

　　纳税人税务登记号：×××××××

　　纳税人名称：××××××××××

项目　　　　填写主体		纳税人申请	基层征收单位意见	上级税务机关批准	地（市）以上税务机关核准
税别					
子目					
金额幅度					
所属时期					
延缴情况	第一期　期限				
	金额或幅度				
	第二期　期限				
	金额或幅度				
说明盖章		经办人：负责人：（附申请报告）年 月 日	经办人：负责人：年 月 日	经办人：负责人：局长年 月 日	经办人：负责人：局长年 月 日

六、减税、免税申请书

（一）减税、免税申请书的基本含义

减税、免税申请书是指纳税人根据国家有关部门政策或遇到特殊情况时向税务机关申请减税或免税的书面材料。在未批准前，任何单位和个人，都不得以任何借口抗税，都必须按照规定缴纳税款。

（二）减税、免税申请书的写作要点

减税、免税申请书通常由以下几部分组成：

1. 标题。标题由事由和文种两部分组成，如《关于免缴×××所得税的申请》。

2. 受文机关名称。

3. 正文。正文部分要详细阐述减税、免税的理由，并对企业的基本情况进行说明。

4. 结尾。加盖公章并写明具体日期。

（三）格式范例

关于免缴增值税的申请（1）

×××国税局：

我单位是经×××部门批准的旧货调剂试点单位，主要经营旧货买卖业务。有自营收购旧货销售，也有客户委托代售、寄售业务。实现的销售收入，均按××％的征收率申报缴纳了增值税。现遵照财政部、国家税务总局财税字［××］×××号通知精神，特向贵局申请对我单位实现的旧货销售收入给予减半征收增值税，以利于发展旧货调剂，搞活流通。

当否，请批示。

×××商店（盖章）

××××年××月××日

关于免缴营业税的申请（2）

××市税务局：

经市规划局批准，我所××××年在××区××街自筹资金新建了3000平方米老干部活动中心，该工程于今年×月×日竣工，经过短期筹备，于×月开始营业。

　　该企业内部设备购置所需经费均由×××军区后勤部财务集资中心贷款，工作人员一部分为部队退休干部和编余人员，一部分为社会待业青年，企业担负的任务是：一方面为老干部提供活动场所；另一方面为老干部开展活动和解决特殊困难提供经费来源。

　　由于新建企业缺少管理经验，人员素质又较低，还不能圆满完成自己所负担的任务。当然，也有客观原因：一是基建结束后资金出现了很大的缺口；二是企业内部设备由贷款资金购置，这两项费用要靠企业今后从自由流动资金中逐步偿还。

　　鉴于上述情况，恳请贵局免征我招待所××××年度营业税。

　　当否，请批示。

×××老干部活动中心招待所

××××年×月×日

第十章
商标专利文书

一、商标注册申请书

（一）商标注册申请书的基本含义

商标注册申请书，是指从事商业活动的企业、事业单位和个体工商户，为取得商标专用权而向国家商标局提交的书面材料。

（二）商标注册申请书的基本格式

商标注册申请书通常由标题、正文、事务性说明和基层工商行政管理部门的签署意见四部分组成：

1. 标题。标题一般用文种的名称，不加任何限制成分，如《商标注册申请书》。

2. 正文。正文由引言和表格两部分组成。一般由管理商标的工商行政管理部门印制。

3. 事务性说明。商标注册申请书应有如下事务性说明：每份商标注册申请书应附带商标图样 10 张，要使用光洁耐用的纸张，不得使用硬质的塑料的以及不能粘贴的面料充当图纸。图样长宽不得大于 10 厘米，不得小于 3 厘米，圆形图样的直径不小于 5 厘米。指定颜色的，应当交送着色图样和商标黑白墨稿各一份。图标应清晰洁净。所用文字应当书写正确。加注汉语拼音的，应按标准普通的语音拼写。图样必要时可用照片代替。对设计抽象、无文字、过于简单或过于复杂的商标，应附加说明。申请注册卷烟、雪茄烟商标，应交送省级卫生厅（局）发给的《药品生产企业许可证》，或《药品经营企业许可证》。

4. 基层工商行政管理部门签署。

（三）格式范例

商标注册申请书

国家工商行政管理总局商标局

商品名称	商品用途	主要原料	技术标准			
			国家	部颁	行业	自定

申请人（印章）：_____

地址：_____

营业执照号：_____

经济性质：_____

年月日：_____

商标图样 10 张（指定颜色的着色图样和黑白稿各一张）	申请费　元 注册费　元 （地方工商行政管理局收费专用章）
附送县级工商行政管理局核转意见： （印章） 　　　　　　　　　　　年 月 日	省（市）级工商行政管理局核转意见： （印章） 　　　　　　　　　　　年 月 日

二、商标异议书

（一）商标异议书的基本含义

商标异议书，是指对商标局初步审定并予以公告的商标依法提出反对意见的书面材料。我国《商标法》规定，对商标局初步审定的商标，自公告之日起 3 个月内，任何人均可提出异议。

（二）商标异议书的基本格式

商标异议书通常由下面几部分组成：

1. 标题。标题一般用文种的名称，不需加任何限制成分，如《商标异议书》。

2. 受文单位。受文单位是国家工商行政管理总局商标局，不需地方各级工商行政管理部门核转。

3. 文首。写明我方注册商标的商品类别、商品名称、商标名称、证号、对方单位名称、经过初步审定的商标号、名称、《商标公告》刊登日期。

4. 正文。正文部分要求重点写明异议理由。

5. 签署。指异议书提交人的签名盖章、住址、文书拟订时间。

6. 事务性说明。提供各种证据材料和其他有关事项。

（三）格式范例

商标异议书

国家工商行政管理总局商标局：

　　我公司使用的第____类____商品上的____商标，经贵局核准注册，证号____。依据《商标法》第19条规定，对____公司经你局初步审定，列入编号第____号，刊登于____年____月日第____期《商标公告》的____商标提出异议，请裁定。

　　理由如下：＿＿＿＿＿＿＿＿＿＿＿＿＿＿＿＿＿＿＿＿＿＿
＿＿＿＿＿＿＿＿＿＿＿＿＿＿＿＿＿＿＿＿＿＿＿＿＿＿＿＿＿＿
＿＿＿＿＿＿＿＿＿＿＿＿＿＿＿＿＿＿＿＿＿＿＿＿＿＿＿＿＿＿
＿＿＿＿＿＿＿＿＿＿＿＿＿＿

商标注册人：____（章）

地址＿＿＿＿＿＿＿：

____年____月____日

附送 副本一份 证据＿＿＿＿＿＿＿＿＿＿＿＿＿＿＿＿＿＿＿＿＿＿件。 其他＿＿＿＿＿＿＿＿＿＿＿＿＿＿＿＿＿＿＿＿＿

三、商标续展注册申请书

（一）商标续展注册申请书的基本含义

　　商标续展注册申请书，是指注册商标所有人依法办理手续，延长注册商标的有效期限。我国《商标法》规定，注册商标的有效期为10年。注册商标有效期满后，商标所有人需继续使用该商标，则可在有效期限即将届满时办理续展手续。商标所有人申请续展注册，应在注册商标有效期届满前6个月内办理。

（二）商标续展注册申请书的基本格式

商标续展注册申请书通常由下面几部分组成：

1. 标题。标题一般用文种的名称，不需加任何限制成分，如《商标续展注册申请书》。

2. 受文单位。受文单位是国家工商行政管理总局商标局，不需地方各级工商行政部门核转。

3. 文首。写明我方注册商标的商品类别、商品名称、商标名称、证号、对方单位名称、经过初步审定的商标号、名称、《商标公告》刊登日期。

4. 正文。正文部分要求重点写明续展理由。

5. 签署。指异议书提交人的签名盖章、住址、文书拟订时间。

6. 事务性说明。提供各种证据材料和其他有关事项。

（三）格式范例

商标续展注册申请书

国家工商行政管理总局商标局：

你局核准注册的第＿＿号＿＿商品上的＿＿商标，有效期将于＿＿年＿＿月＿＿日期满。现申请续展。

申请人：　　（章）

地址：

年　　月　　日

附送：

原注册证一份 商标图样10份 其他	续展申请费　元 续展注册费　元 续展迟延费　元 （地方工商行政管理局收费专用章）
县级工商行政管理局核转意见： （印章） 年　月　日	省（市）级工商行政管理局核转意见： （印章） 年　月　日

四、注册商标更正申请书

（一）注册商标更正申请书的基本含义

注册商标更正申请书，是指注册商标所有人需改变其名称、地址或其他注册事项时递交给工商行政管理部门的书面材料。我国《商标法》第23条规定："注册商标需要变更注册人的名义、地址或其他注册事项的，应当提出变更申请。"

（二）注册商标更正申请书的基本格式

注册商标更正申请书通常由下面几部分组成：

1. 标题。标题一般用文种的名称，不需加任何限制成分，如《注册商标更正申请书》。

2. 受文单位。受文单位是国家工商行政管理总局商标局，不需地方各级工商行政部门核转。

3. 文首。写明我方注册商标的商品类别、商品名称、商标名称、证号、对方单位名称、经过初步审定的商标号、名称、《商标公告》刊登日期。

4. 正文。正文部分要求重点写明更正理由。

5. 签署。指更正提交人的签名盖章、住址、文书拟订时间。

6. 事务性说明。提供各种证据材料和其他有关事项。

7. 地方工商行政管理部门签署。

（三）格式范例

注册商标更正申请书

国家工商行政管理总局商标局：

你局核准注册的第＿＿号＿＿商品上的＿＿商标，因注册事由变更为＿＿＿＿＿＿，现申请变更。

申请人：＿＿（章）

地址：＿＿＿＿＿

＿＿年＿＿月＿＿日

附送：

原注册证____份 其他	变更费____元 （地方工商行政管理局收费专用章）
县级工商行政管理局核转意见： （印章） 年 月 日	省（市）级工商行政管理局核转意见： （印章） 年 月 日

五、注册商标变更注册人名义申请书

（一）注册商标变更注册人名义申请书的基本含义

注册商标变更注册人名义申请书，是指注册商标所有人请求变更注册人名义并具有法律效力的一种文书。

（二）注册商标变更注册人名义申请书的基本格式

注册商标变更注册人名义申请书通常由下面几部分组成：

1. 标题。标题一般用文种的名称，不需加任何限制成分，如《注册商标更正申请书》。

2. 受文单位。受文单位是国家工商行政管理总局商标局，不需地方各级工商行政部门核转。

3. 正文。正文要写清注册商标的号数、名称、原注册人名义、变更注册人名义。

4. 签署。指更正提交人的签名盖章、住址、文书拟订时间。

5. 事务性说明。提供各种证据材料和其他有关事项。

6. 地方工商行政管理部门签署。

（三）格式范例

注册商标变更注册人名义申请书

国家工商行政管理总局商标局：

你局核准注册的第____号____商品上的____商标，因注册人名义由_____变更为_____，现申请变更。

申请人：_____（章）

地址：_____

____年____月____日

六、注册商标注册人地址变更申请书

（一）注册商标注册人地址变更申请书的基本含义

注册商标注册人地址变更申请书，是指注册商标所有人请求变更注册人地址并具有法律效力的一种文书。注册人地址的变更通常引起商标行政部门有关事项的变动。

（二）注册商标注册人地址变更申请书的基本格式

注册商标注册人地址变更申请书通常由下面几部分组成：

1. 标题。标题一般用文种的名称，不需加任何限制成分，如《注册商标注册人地址变更申请书》。

2. 受文单位。受文单位是国家工商行政管理总局商标局，不需地方各级工商行政部门核转。

3. 正文。正文要写清注册商标的号数、名称、原地址和变更后地址。

4. 签署。指更正提交人的签名盖章、住址、文书拟订时间。

5. 事务性说明。提供各种证据材料和其他有关事项。

6. 地方工商行政管理部门签署。

（三）格式范例

注册商标注册人地址变更申请书

国家工商行政管理总局商标局：

　　你局核准注册的第____号____商品上的____商标，因注册人地址由____变更为____，现申请变更。

申请人：_____（章）

地址：_____

____年____月____日

七、商标异议复审申请书

（一）商标异议复审申请书的基本含义

商标异议复审申请书，是指当事人对商标局作出的异议裁定不服的，向商标评审委员会提出的申请复审的文件。当事人可以是商标初审公告人，也可以是提出异议的人。

（二）商标异议复审申请书的基本格式

商标异议复审申请书通常要注意以下几个问题：

1. 写明自己对商标局某字某号异议裁定不服，特申请复审；

2. 申请复审的理由要充分完备；

3. 申请人签名盖章，注明地址；

4. 事务性说明。

（三）格式范例

商标异议复审申请书

国家工商行政管理总局商标评审委员会：

我公司对商标局＿＿＿字＿＿＿号异议裁定不服，依照《商标法》第22条规定，现申请复审，请你会予以裁定。

理由如下：＿＿＿＿＿＿＿＿＿＿＿＿＿＿＿＿＿＿＿＿＿＿＿＿＿＿＿＿

＿＿＿＿＿＿＿＿＿＿＿＿＿＿＿＿＿＿＿＿＿＿＿＿＿＿＿＿＿＿＿＿＿＿

申请人：＿＿＿＿＿＿＿（章）

地址：＿＿＿＿＿＿＿

＿＿＿年＿＿＿月＿＿＿日

> 附送
> 副本一份，商标图样10张
> 证据件＿＿＿＿＿＿＿＿＿＿＿＿＿＿＿＿＿件。
> 其他＿＿＿＿＿＿＿＿＿＿＿＿＿＿＿＿＿＿＿＿＿＿＿＿＿＿＿＿＿
> ＿＿＿＿＿＿＿＿＿＿＿＿＿＿＿＿＿＿＿＿＿＿＿＿＿＿＿

八、补发商标注册申请书

（一）补发商标注册申请书的基本含义

补发商标注册申请书，是指商标所有人因保管不慎或意外事故，使《商标注册证》遗失或损坏，而向商标管理部门呈送补发商标注册证申请的书面材料。

（二）补发商标注册申请书的基本格式

补发商标注册申请书通常要注意以下几个问题：

1. 标题。标题一般用文种的名称，不需加任何限制成分，如《补发商标注册申请书》。

2. 受文单位。受文单位是国家工商行政管理总局商标局，不需地方各级工商行政部门核转。

3. 正文。一是原核准的注册证的编号；二是写明使用这一商标的所属类别；三是使用这一商标的商品名称；四是申请补发的理由，理由要逐条详细说明。

4. 签署。指更正提交人的签名盖章、住址、文书拟订时间。

5. 事务性说明。提供各种证据材料和其他有关事项。

6. 地方工商行政管理部门签署。

（三）格式范例

补发商标注册申请书

国家工商行政管理总局商标局：

　　你局核准注册第＿＿＿＿号使用于商品分类表第＿＿＿＿类商品上的简标，现申请补发。

　　理由如下：＿＿＿＿＿＿＿＿＿＿＿＿＿＿＿＿＿＿＿＿＿＿＿＿＿＿＿＿

＿＿＿＿＿＿＿＿＿＿＿＿＿＿＿＿＿＿＿＿＿＿＿＿＿＿＿＿＿＿＿＿＿＿＿＿

申请人：＿＿＿＿＿＿＿（章）

地址：＿＿＿＿＿＿＿＿

＿＿＿年＿＿＿月＿＿＿日

附送：

商标图　　　张	补发注册证费　　元
证明文件　　份	（地方工商行政管理局收费专用章）
其他	
县级工商行政管理局核转意见： （印章） 年　月　日	省（市）级工商行政管理局核转意见： （印章） 年　月　日

九、注册商标注销申请书

（一）注册商标注销申请书的基本含义

注册商标注销，是指注册商标所有人主动放弃商标使用权，或者在注册商标的有效期满后，在续展期内未提出续展申请，导致商标使用权丧失，注册商标被注销。注册商标注销申请书是注册商标所有人请求注销商标时交付给相关部门的书面材料。

（二）注册商标注销申请书的基本格式

注册商标注销申请书通常要注意以下几个问题：

1. 标题。标题一般用文种的名称，不需加任何限制成分，如《注册商标注销申请书》。

2. 受文单位。受文单位是国家工商行政管理总局商标局，不需地方各级工商行政管理部门核转。

3. 正文。正文要写清注销理由。

4. 签署。指更正提交人的签名盖章、住址、文书拟订时间。

5. 事务性说明。提供各种证据材料和其他有关事项。

6. 地方工商行政管理部门签署。

（三）格式范例

注册商标注销申请书

国家工商行政管理总局商标局：

你局核准注册第____号使用于商品分类表第____类商品上的____商标，现申请注销。

理由如下：＿＿＿＿＿＿＿＿＿＿＿＿＿＿＿＿＿＿＿＿＿＿＿

＿＿＿＿＿＿＿＿＿＿＿＿＿＿＿＿＿＿＿＿＿＿＿＿＿＿＿＿＿

—

申请人：＿＿＿＿（章）

地址：＿＿＿＿＿

＿＿年＿＿月＿＿日

附送：

原注册证一份	
县级工商行政管理局核转意见： （印章） 年　月　日	省（市）级工商行政管理局核转意见： （印章） 年　月　日

十、转让注册商标申请书

（一）转让注册商标申请书的基本含义

转让注册商标申请书，是指商标所有人向商标局申请注册商标转让的一种法规性文书。注册商标转让申请经商标局批准后，转让方必须将原注册证加注后发给受让人，并予以公告。

（二）转让注册商标申请书的基本格式

转让注册商标申请书通常包括以下几个方面：

1. 标题。标题一般用文种的名称，不需加任何限制成分，如《转让注册商标申请书》。

2. 受文单位。受文单位是国家工商行政管理总局商标局，不需地方各级工商行政部门核转。

3. 正文。正文要写清注册商标的号数、名称、原注册人名称、受让方的名称以及转让原因。

4. 签署。指更正提交人的签名盖章、住址、文书拟订时间。

5. 事务性说明。提供各种证据材料和其他有关事项。

6. 地方工商行政管理部门签署。

(三) 格式范例

转让注册商标申请书

国家工商行政管理总局商标局：

你局核准注册第____号使用于商品分类表第____类商品上的____商标，因原注册人_____，已将其转让给_____，现双方会同申请转让注册。

转让人：____（章）地址：_____

受让人：____（章）地址：_____

受让人营业执照号：

受让人经济性质：

____年____月____日

第十一章
招标投标文书

一、标书

（一）标书的基本含义

标书是投标者发出投标申请书，经招标单位资格审查，准予参加投标后，按招标的要求向招标单位交送的文书。

（二）标书的基本格式

标书通常由三部分构成：

1. 标书封面。包括招标单位名称、投标工程名称和负责人姓名以及标书投送时间。

2. 表头。表头包括标题、投标企业和其法人代表的双重签署及撰写时间等。

3. 正表。要求按招标文件明确各有关事项。

（三）格式范例

标书封面

（招标单位名称）：

　　现送上××工程项目投标书正本一份，请审核。

　　投标单位：　　（章）

　　负责人：　　（职务）（章）

　　投标日期：　　年　　月　　日

标书

投标企业：　　　　（盖章）

投标企业负责人：　　（盖章）　　　　　　　　　　年　月　日

投标工程	工程名称		建筑面积	
	建筑地点		结构类别	
	工程内容		设计图号	
标价	总造价			
	直接费			
	施工管理费			
	独立费			
	其他			
	材料差价			
开竣工日期	开工	年　月　日	竣工	年　月　日
工程质量达到标准				
工程质量保证措施				
主要材料				
钢材				
木材				
水泥				
玻璃				
沥青				
说明				

二、招标书

（一）招标书的基本含义

招标是现代企业引入的一种竞争机制。招标书通常分为公开招标、书面通知招标和议标。招标书具有明确性、竞争性和具体性的特点。

（二）招标书基本内容

招标书通常由以下几部分构成：

1. 招标公告。招标公告由标题、正文和落款三部分组成。

（1）标题。由招标单位名称及文种构成。

（2）正文。由前言、主体和结尾组成。前言要写明招标单位的基本情况和招标目的。

（3）落款。落款要写明指定招标公告的日期。

2. 内部招标文件。内部招标文件主要包括招标章程、投标企业须知、技术质量要求、购销合同等四种。内部招标文件由标题和正文两部分组成。

（1）标题。标题分为完全性标题、不完全性标题、广告性标题和只写文种名称。

（2）正文。主要说明招标宗旨、介绍招标的法律依据、招标、投标、开标的要求以及招标、投标双方应遵守的原则等。

3. 科技项目招标书。科技项目由两部分组成，即招标广告和招标任务书。

4. 工程项目招标书。需要写明招标号、建设单位名称及联系人、工程项目建设地点、工程内容、建筑面积、质量要求、建设工期、招标截止日期。

（三）格式范例

××电工设备招标中心公告

（第 98 号）

××电工设备招标公司、××市投标公司受××市地铁公司委托，对下列设备联合招标。欢迎具有本招标项目生产供应能力和法人资格的国内外厂家参加投标，国外投标者须联合中国国内企业共同设计、制造。

标书编号：××××

招标设备名称：××变压器

主要技术参数：

机型：强压平稳式

数量：7 台

隧道衬切：外径：6200

标书售价：270 美元（外国企业和中外合资企业）

1000 元人民币（中国企业）

发售标书时间：2008 年 7 月 26 日～2008 年 9 月 25 日

每天上午：9：00～11：00

下午：1：30～4：30（星期日除外）

发售标书地点：××电工设备招标公司××中山东路

投标地点：××电工设备招标公司

××路××号

电话：×××××××××

电传：×××××××××

联系人：×××

开户银行：×××××××××

账号：×××××××××

投标截止日期：×××××××××

开标地点：×××××××××

本招标项目要求投标者根据招标文件规定在××××年××月××日至××××年××月××日期间把概念设计交予招标人后，方可正式参加投标。

三、招标公告

（一）招标公告的基本含义

招标公告，也称招标启示或招标通告，是将招标单位、招标项目、招标时间、招标步骤以及招标联系方法等通过媒体告诉广大公众，从而吸引更多的投标者。

（二）招标公告的基本内容

招标公告通常由以下几部分构成：

1. 标题。标题由招标单位、招标事由和文种三部分组成，也可由招标单位和文种两部分组成，同时也可由招标单位直接组成。

2. 正文。正文的开头要写明招标的目的、招标的依据和招标的项目名称。正文的主体要详细说明招标的具体内容及有关事项。

3. 结尾。结尾要写清承办招标事项的具体单位。

（三）格式范例

××公司进口羊毛竞价销售公告

时间：2001年2月20日地点：××服装交易市场

时间：2001年3月20日地点：××鞋帽批发交易市场

为了丰富市场供应，××公司委托××服装交易市场和××鞋帽批发交易市场分别于2001年2月20日、3月20日举行中央储备进口羊毛竞价销售。本次竞价销售的中央储备羊毛品种为1996年进口的加拿大、美国和澳大利亚羊毛。具有服装经营资格的经营加工企业均可报名参加竞买，如需查询竞价销售的储存库点、品种、数量等情况请与有关服装批发交易市场联系。

各单位参加竞价交易办法：

××服装交易市场报名时间为 2001 年 1 月 25 日至 2 月 16 日，报到时间为 2 月 18、19 日。交易代表 19 日看样、熟悉交易规则，20 日进行竞价交易。报到地点：××区××路 12 号（××大酒店）××服装交易市场。

××鞋帽批发交易市场报名时间为 2001 年 3 月 5 日至 3 月 16 日，报到时间为 3 月 18、19 日。交易代表 19 日看样、熟悉交易规则，20 日进行竞价交易。报到地点：××市××区××路××号××鞋帽批发交易市场。

交易代表报到时须携带"交易授权书"（略）和企业营业执照（复印件），并预缴交易资格保证金 10 万元和交易手续费 1 万元（竞价交易开市前资金必须到账），食宿费用自理。

大连	天津
报名电话：（0411）××××××	报名电话：（022）×××××××
传真：（0411）×××××××	传真：（022）×××××××
账户名称：××××服装交易市场	账户名称：××鞋帽批发交易市场
开户行：××××银行	开户行：××××银行
账号：××××××××	账号：×××××××××
查询网址：www. cndnce. com	查询网址：www. tjlyxx. com. cn

交易授权书

兹授权____为我单位的交易代表，全权代表我单位参加××服装交易市场××鞋帽批发交易市场组织的交易活动。

特此授权。

单位名称：（盖章）

法定代表签字：

年　月　日

四、招标申请书

（一）招标申请书的基本含义

招标申请书是由招标单位填报上级主管部门投标处和招标处联合审批的一种文书。

（二）招标申请书的基本内容

招标公告通常由以下几部分组成：

1. 标题。标题由事由和文种两部分组成。
2. 受文单位。受文单位要写清主管招标单位的全称。
3. 正文。正文要写明招标的具体要求。
4. 附件。
5. 落款。

（三）格式范例

建筑安装工程招标申请书

××市招投标办公室：

我公司需要建设××项目，经××号文件批准，现已具备施工条件，特申请通过招标选择施工企业。

附：《招标准备情况一览表》

申请单位：××集团公司

负责人：×××（签章）

××××年××月××日

五、招标文件

（一）招标文件的基本含义

招标文件也就是招标书，招标文件是招标单位为了达到招标目的，对外公布的有明确招标内容和具体要求的说明性文书。通常来说，招标文件必须具备规范性、明确性、竞争性和具体性的特点。

（二）招标文件的基本内容

招标文件通常由以下几部分组成：

1. 标题。招标文件的标题通常由招标单位全称、招标事由和文种三部分组成。

2. 受文单位。受文单位要写清招标单位的全称。

3. 正文。正文要写明招标项目的技术要求、对投标人资格审查的标准、投标报价要求
和评标标准等要求。

4. 附件。

5. 落款。

（三）格式范例

招标文件

经××省计委计字（××××）×××号文批准，××××公司拟兴建综合楼、住宅楼、仓库工程，建设前期工作已经完成。为了加快建设速度、确保工作质量、提高经济效益，经报请××省建委招标办审查批准，本工程决定采取邀请招标形式，在××单位主持下，择优聘请施工单位。

1、工程概况：××单位，××市××街综合楼、住宅楼、仓库工程，由××省勘测设计院设计，总面积为9809平方米，其中仓库3层，建筑面积2208平方米，综合楼6层，建筑面积4218平方米，住宅楼7层，建筑面积3383平方米。平面组合形式详见总平面示意图。本工程仓库为桩基、框架结构，跨度12米，中间无柱；电梯间为钢筋混凝土墙板；综合楼为混凝土筏式基础，框架结构，底间有汽车库、门厅，6层有大会议室；住宅楼为混凝土筏式基础，底层框架，有商店，2层以上为砖混结构，门厅、会议室有一定要求的建筑装修。详见设计施工图。

建设地点：××市××街。

2、工程内容：按照××设计院84785号施工图，本招标工程内容包括仓库、综合楼、住宅楼等单项工程的土建、水电安装、装饰建筑设施。另有基础土方运出，数量为1900立方米，运距7公里。施工楼所列货梯、电话总机和场外水电均由发包单位自理。仓库打桩工程已由发包单位与××公司经办，桩基技术资料在土建开工前由发包单位组织××公司向中标单位交底。

场内道路、围墙、大门等附属工程待设计出图后，再与中标单位另行签订承包合同。

三、工程承包及结算方式：本工程采取包工包料的承发包制，中标后另行签订发包合同，合同附本送有关部门备查。按中标价，一次包死。对于建设过程中发生的设计变更，根据增减数量按实调整。在合同履行期内，如遇国家统一调整预算定额和材料价格时，承包单位按文件规定及时交发包单位签认后双方按规定

执行。

四、材料供应：工程用料为：钢材、木材、水泥及沥青、玻璃、油毡、马赛克，根据施工图预算所需数量，由发包单位分期分批供应实物，承包单位在本市指定地点自行组织提运、保管、使用。发包单位供应材料，承包方应保证专材专用，如遇材料规格品种不齐全时，请承包方协助调剂。其他建筑材料由承包单位自行组织。发包单位供应材料在承包单位提运后按××地区建筑安装材料预算价格向承包单位结算。

五、工程价款：本工程材料预付款和工程进度款拨贷办法均按××省现行规定执行。

六、工程质量：本工程应严格按照我国现行施工验收规范和质量评定标准检查验收，若因施工过失发生质量事故，其返工损失由承包单位负责。

七、工期：本工程分别从基础土方开挖之日起，按日历天计算，综合楼和住宅楼工期不得超过 10 个月，仓库工期不超过 1 年，整个基础部分需在雨季之前完成，因发包单位供应材料，设计变更影响正常施工，经双方确认后工期应予延长。

八、奖惩：本工程有关工期和质量奖惩问题，由承发包双方协商后签入经济合同中。

九、接本邀请书后请速来领取招标文件。

×××单位（盖章）

××××年××月××日

六、 招标邀请通知书

（一） 招标邀请通知书的基本含义

招标邀请通知书是由招标单位邀请讲信誉、有实力、有经验的单位和个人参加某项工程或生产经营的投标所用的文书。

（二） 招标邀请通知书的基本内容

招标邀请通知书通常由以下几部分组成：

1. 标题。标题只需写文种即可。

2. 称谓。

3. 正文。正文要说明招标的依据及招标的具体事项。

4. 附件。

5. 落款。

（三）格式范例

招标邀请通知书

×××（单位名称）：

　　××工程是我省××××年重点计划安排的项目。经请示×××同意采用招标的办法进行发包。

　　你单位多年来从事××工程建设，施工任务完成得很好。对此，我们表示赞赏。

　　随函邮寄"×××工程施工招标书"一份。如同意，望于××××年××月××日到××月××日光临××招待所×楼×号房间领取"投标文件"，并请按规定日期参加工程投标。

　　招标单位：××省××厅××处招标办

　　地　址：××省××市××路××号

　　联系人：×××

　　电　话：×××××××

　　邮　编：××××××

××省××厅××处招标办

××××年××月××日

七、招标章程

（一）招标章程的基本含义

　　招标章程是招标文书的重要一种，通常由招标方起草，用来说明招标中的各种规定和细节，从而确立双方的权利义务关系，保护竞争。

（二）招标章程的基本内容

　　招标章程通常由标题、正文和签署三部分组成：

　　1. 标题。标题一般由招标单位全称、招标事由和文种三部分组成。

　　2. 正文。招标章程通常分为：宗旨、招标管理、招标、投标、开标、中标、合同和其他事项。

　　3. 签署。招标章程由办事机构签署，并写明制文时间。

（三）格式范例

××公司招标章程

一、宗旨

第一条　为了加强企业经营管理，提高产品质量，降低成本，对××产品进行外购、外协件采取公开招标，特制定本招标章程。

二、招标管理

第二条　由招标单位有关负责人组成领导小组，成立招标办公室，指派专人办理具体工作。

第三条　严格执行招标的规定程序和保密原则，尊重投标单位的合法权益，投标箱在公证员监督下密封，投标函件一律投入密封箱内保存，待开标时开封。

三、招标

第四条　在国内公开招标，采用登报或广告形式，也可用书面通知对口单位前来洽谈。

第五条　招标单位必须向投标单位提供下列资料：

1. 招标项目的产品名称、规格、质量、数量及交货期；

2. 产品图纸及技术文件；

3. 招标文件及规定格式的投标表格。

四、投标

第六条　投标条件：凡具有法人资格和具有招标项目的生产能力者（包括材料、设备及相适应的技术条件），均可投标。

第七条　投标方法：

投标单位按照招标要求，向招标单位购买招标文件及有关技术资料，填写招标文件。

附件一：投标企业资格表；附件二：投标价格表；附件三：投标商业条件表；附件四：单位技术资料等）。

署名人签名，加盖公章密封，面交或挂号邮寄本厂招标办公室。

第八条　投标函件必须书写清楚，在规定期限内投送，超过截止日期投标者无效。

五、开标

第九条　开标时间：规定在投标截止日期后7～15天内进行。

第十条　开标方式：由招标单位请公证机关公证员、法律顾问、企业主管单位领导，以及自愿参加的投标单位代表见证的情况下开标。

第十一条　开标程序：招标单位负责人主持开标，由公证员按公证程序进行监督。

1. 查验投标箱密封；

2. 开箱；

3. 清点投标件数；

4. 拆封、编号；

5. 按招标项目、名称、价格公开唱标，分类登记；

6. 评选小组评议，投标单位代表不得参加，由公证员听取评议，以质量优良、价格优惠为主，参考运费和其他条件，各零部件评选1~5户为预选中标单位；

7. 单位负责人公布开标结果，宣布预选中标名单；

8. 公证员宣读公证书，发表公证，对预选中标予以确认。

六、中标

第十二条　经评定为预选中标者，均为预选中标户。由招标单位发给预选中标通知。约定日期、地点协商谈判。应邀代表携带单位委托书。预选中标单位如在通知的期限内，无承诺反映，即视为弃权。

第十三条　与预选中标户协商谈判后，经依次逐一验证，协商比较，综合分析，以质量、价格、交货期、运输条件最佳者为最后中标单位，发给中标通知书，提出要约。

第十四条　对未中标单位，招标单位不另发通知，但可接受落标单位查询。

七、合同

第十五条　招标单位在选定中标单位后，发给中标单位签约函件，中标单位必须按签订合同的法定手续，如期前来协商；依照经济合同法的规定，签订经济合同，互相信守，违约者必须承担经济、法律责任。签订经济合同的双方或一方要求公证机关公证的，应申请公证。

八、其他

第十六条　本章程如有与国家政策法令相抵触者，以政策法令为准，本章程未尽事宜，在执行中可补充修正。

××自行车厂招标办公室

××××年××月××日

八、招标技术质量要求书

（一）招标技术质量要求书的基本含义

招标技术质量要求书是就招标项目提出详细明确的技术质量要求的技术性文书，是中标后签订合同的重要依据，也是验收时的重要依据。因此，招标技术质量要求书通常要由专业人员来撰写。

（二）招标技术质量要求书的基本内容

招标技术质量要求书通常由标题、正文和落款三部分组成：

1. 标题。标题可由事由和文种组成。

2. 正文。正文的撰写时的专业术语要准确、规范，引用的相关材料不能有误差，并要注明文件出处。

3. 落款。由招标办事机构签署，并写明制文时间。

（三）格式范例

招标技术质量要求书

根据此次招标"在关键零部件的质量与成本的问题上，以提高质量为主"的总要求，对招标的零部件的技术质量具体要求，按下列标准执行。

一、技术质量的依据

（一）中华人民共和国国家标准 GB3563－3593－83《自行车标准》。

中华人民共和国轻工部部颁标准 QB68－93－73《自行车标准》。

（二）与本次招标的零部件有关的本厂企业标准。

二、考虑到××牌自行车的电镀件的质量较差，在群众中有一些反映，根据产品质量和性能的要求，解决电镀件原则上按照轻工部部颁标准 QB72－73《自行车电镀》执行，并作如下几点具体要求：

（一）镀铬件分三级要求。

一级件：车圈、车把身、左右闸把、曲柄、铃盖等。

二级件：链轮、前后花盘、涨闸身、抱闸盒、前后闸叉、钳形闸、左右闸叉、叉肩罩、灯架、锁母、把心丝杆、衣架、辐条、单支架等。

三级件：保险叉腿、脚蹬内外板、前后闸拉管接头、前后闸拉管、前叉上下碗、鞍管及脚蹬内外板、脚蹬管等。

（二）镀锌件分二级。

一级件：对于原部标规定的一级镀锌件按三级镀铬处理。

二级件：原则上不作变动。

（三）其他需要电镀的零件，其级别按产品图中规定执行。

三、热处理的零部件按照轻工部部颁标准 QB73－73《自行车热处理》的规定执行，其主要要求有：

（一）轴档、轴碗硬度≥HRA79°

（二）A 型轴辊硬度≥HRA70°

（三）B 型轴辊硬度≥HRA78°

（四）前叉上下档硬度≥HRA75°

（五）脚蹬左右轴档碗硬度≥HRA75°

（六）链条销轴硬度≥HRA72°

（七）链条衬圈硬度≥HRA62°

（八）链条滚子硬度≥HRA67°

（九）飞轮外滚、千斤硬度≥HRA75°

（十）飞轮平档、丝档硬度≥HRA68°

（十一）所有以上零件的耐磨性、韧性的指标均按 QB73－73《自行车热处理的规定》执行。

（十二）其他必须热处理的零件按产品图纸要求生产。

四、氧化处理的零部件按照轻工部部颁标准 QB75－73《自行车氧化处理的规定》执行，主要氧化零件有轴、档、碗、防尘盖、飞轮外套、手档、丝档、链条外片等。关于质量指标，仍按上述部标执行。

五、考虑到自行车的强度和性能，直接影响到用户的人身安全，有必要特别提出招标的所有零部件必须符合中华人民共和国国家标准 GB3565－83《自行车安全要求》。

六、所有招标零部件的质量测试，除标准件或通用指标（如热处理硬度）外，仍按中华人民共和国国家标准 GB3567－83《自行车零部件主要技术条件试验方法》进行测试，测试指标按产品图纸规定执行。

七、其他技术条件要求按产品图纸规定执行。

八、检测单位：本厂鉴定室、××厂鉴定室（委托）、市质检站（委托）、一机部材保所（委托）。

　　　　　　　　　　　　　　　　　　　　　　　　××厂招标办

　　　　　　　　　　　　　　　　　　　　　　　　××××年×月×日

九、投标申请书

（一）投标申请书的基本含义

投标申请书是投标人根据招标项目及相关要求，对投标项目技术、质量等进行详细说明的技术性文书。

（二）投标申请书的基本内容

投标申请书通常由以下几部分组成：

1. 标题。标题可由事由和文种组成。

2. 正文。正文要表明投标的意愿和投标相关保证事项。

3. 落款。由招标办事机构签署，并写明制文时间。

4. 附件。

（三）格式范例

投标申请书

××市招标投标管理办公室：

我单位根据现有施工能力，决定参加××项目工程投标，我方保证达到招标文件的有关要求，遵守其各项规定。

特此申请。

附：《投标企业简介》

投标单位：××建筑安装工程公司（章）

负责人：×××（章）

××××年××月××日

十、 投 标 书

（一）投标书的基本含义

投标书，也叫投标文件，或简称标书或标函，就是投标单位按照招标书和招标文件所提出的条件、要求，向招标单位递送的书面材料。

投标书可以分为两类：

1. 生产经营性投标书。如工程投标书、承包投标书、产品扩散投标书和劳务投标书。

2. 技术投标书。如科研课题投标书、技术引进和技术转让投标书。

（二）投标书的基本内容

投标书通常由以下几部分组成：

1. 标题。写为"投标申请书"、"招标答辩书"或"投标书"即可。

2. 正文。正文通常由总题和主体组成。总题，即写明投标的依据和主导思想。主体，应把投标的经营思想和经营方针、经营目标、经营措施等内容具体完整地表述出来，论证要严密，文字要清晰。

3. 落款。写明投标单位的名称和投标日期。

4. 附件。

（三）格式范例

投标书

如果我中标，我将把"团结、求实、创新、提高"作为公司精神，坚决执行"一业为主，多种经营"的方针，严把产品质量关，以信誉求生存，以质量求发展。

一、主要经营指标及实现的依据

1. 主要经营指标

（1）产值、利润指标：20××年产值达×××××万元，利润×××万元；20××年产值达×××××万元，利润×××万元；20××年产值达×××××万元，利润×××万元；20××年产值达×××××万元，利润×××万元；20××年产值达×××××万元，利润×××万元；20××年产值达×××××万元，利润×××万元。

（2）产品品种和质量指标：3年内研制出两个售油器新品种，××××年制冷产品达到部颁标准，××××年肉食机械达到部颁标准，3年内创市优质产品××个。今后每年要更新换代一个新品种，力争达到部颁标准。

（3）管理水平指标：不断加强和完善企业基础工作，提高各项管理水平，提高公司综合实力，3年内达到国家二级企业标准。

（4）职工收入指标：奖金分配贯彻按劳分配。20××年人均收入××××元，在未来2年平均逐年递增××％。

2. 实现依据

（1）该厂有雄厚的技术力量。现有高级工程师××名，工程师××名，助理工程师××名。工人本科文凭达到60％，30％达到大专水平，且技术熟练。

（2）设备工艺非常先进。现有进口设备×××台，其中68％为新世纪水平。

（3）管理先进。公司实行三点一线管理方法，极大地调动了广大职工的主人翁精神和服务意识。

（4）投标基数是在查阅了近5年产值、利润实际完成数额，进行分析论证后制定的，符合实际，通过努力一定能够完成。

（5）××仪器机械，我国年生产能力×××台，缺×××台。原因是技术不过关。我曾学习过本专业，××××年，我在××××厂工作期间，曾任这个厂的工程师，这个厂就是生产这种机械的定点厂。因而在半年内生产这种机械，利润为×××万元。

（6）我准备采取职工集资和其他渠道筹集资金的办法，解决资金短缺的困难。原材料涨价是不利因素，但国务院已下达了不准随意涨价的通知，价格不会像以前一样大幅度上涨。投标基数是按涨价××％计算的，比国家规定的涨价幅度高

××％，实际用的原材料资金比投标预算的少。整个工作分两步走，第一年主要抓好管理工作，打好基础，后两年主要抓产品质量和新产品的开发。

二、采取的主要措施

（1）狠抓技术，提高产品质量。1年之内，对一线职工全部实行技术培训，厂里每周举行一次技术讲座。生产线之间实行承包责任制。对外协作单位实行择优录取。逐步增加新设备，并聘请高级管理人员进行相关管理。

（2）抓好经营，提高服务质量。教育职工树立市场服务观念、信息观念和经济效益观念，主动积极搞好本厂产品的生产和经营，使产品做到人无我有，人有我优，人优我廉。同时，设立公共关系部，提高本厂及产品知名度。选拔优秀员工在一线进行实地推销，力争做到送货上门。

（3）逐步改革公司人事制度，精简机构。厂内领导干部实行聘任制，定期进行考核，随时提拔有才干的职工到领导一线。领导干部和工人实行优化组合，逐渐精简机构和人员。

（4）加强民主管理，充分调动职工积极性。一是推行群体经营工作方法，发挥个人的特长，使人尽其才。二是搞好分配。对奖金实行责、权、利相结合的两极分配，把奖金和贡献紧密结合挂钩。厂内部门的协作，在相互支持帮助，保证企业整体经济利益的前提条件下，实行有抵酬原则。三是加强企业民主管理，建立企业利益共同体，真正实现现代化公司运作机制。

（5）改进和加强思想政治工作。关心职工文化生活，开展各种有益活动，购买必要的文体用具，给予必要的经费，满足职工开眼界、得信息、学技术、求新知的要求，领导干部以身作则、廉洁奉公，以实际行动为职工作出榜样。

（6）自觉接受党委的领导监督。我有信心和决心和全体员工一起，竭尽全力，精诚团结，为我厂的迅猛发展贡献力量。

投标人：×××

××××年××月××日

第十二章
人力资源管理文书

一、人力资源部工作职能说明书

（一）人力资源部工作职能说明书的基本含义

人力资源部工作职能说明书是为进一步明确人力资源部门工作人员职权范围和工作内容的说明性文书。说明书的制定要根据不同企业具体规定，不能一概而论，说明书的内容必须客观真实，具有可操作性。

（二）人力资源部工作职能说明书的写作要点

通常来说，人力资源部工作职能说明书要包括以下几个方面：

1. 对各部门的职能规定要明确具体，不能模糊，互相交叉。
2. 要注意工作职能与工作责任的区别。

（三）格式范例

××公司人力资源部工作职能说明书

第一条　人力资源部经理的工作职能

1. 根据公司发展规划，合理制定人力资源部门的工作方案并负责实施。
2. 制定人力资源部门管理制度及作业办法。
3. 检查监督公司各项人力资源制度的执行以及各项工作计划的执行。
4. 查核人力资源部员工的工作情况，并负责所属人员薪资、职位变动的初核。
5. 依照人力需求，主持人力招募、到职准备、职前及在职培训等工作。
6. 主持企业员工薪资审核以及配置管理。
7. 编列部门预算并控制费用。
8. 为各部门提供人力资源的良好服务，以协助提高各部门专业工作效率。
9. 了解并掌握员工的思想状况。

10. 对外建立与发展良好的公共关系。

11. 签发人力资源部文件。

12. 员工各类保险、福利及出国手续的办理。

13. 人员离职解聘的处理。

第二条 人力资源部经理助理的工作职能

1. 协助主管处理日常事务。

2. 负责监管执行各项人力资源制度，并向经理汇报。

3. 指导人力规划组起草人力资源部门有关文件。

4. 收集各类资讯并及时提供给经理。

5. 做好会议记录与资料整理工作。

6. 外籍员工个人资料的建立。

7. 文具物品的请购。

8. 经理缺席时临时替代经理工作。

9. 承办经理临时交待的事项。

第三条 人力资源部招聘专员的工作职能

1. 各人才市场及一些大中专院校、技校、职业高中的人才渠道的联系以及公共关系。

2. 各类人才信息情报的收集。

3. 公司各部门储备人员的情况了解。

4. 人力招募工作的资料汇集与整理。

5. 人力招募工作笔试和初试的执行以及笔试的客观题的评卷。

6. 人力招募后应聘人员的经验及证件的核实。

7. 人力招募的各类报表统计工作。

8. 每月的人员流动去向的收集及流失原因的分析。

第四条 人力资源部规划专员的工作职能

1. 对公司人事规章制度、福利、户籍政策等进行规划与修订。

2. 对公司的员工考核、激励机制进行规划与修订。

3. 人力资源的补充、培训、晋升、配备的规划。

4. 各类人事表、单、流程、制度修订及审核。

5. 各种活动的规划与执行。

6. 相关资料的收集、整理及归档。

7. 承办经理临时交付的事项。

二、人力资源部工作条例

(一) 人力资源部工作条例的基本含义

人力资源部工作条例是企业为加强对各都门规范化管理，提高工作效率而制定的制度化条例。人力资源部工作条例的制定要有明确的目的性，要对工作人员的权利义务有比较详实的规定。

(二) 格式范例

××公司人力资源部工作条例

第一条 目的

为不断加强本公司人力资源管理，优化人力资源机构，提高公司综合实力，特制定本条例。

第二条 主办

(一) 人力资源作业负责单位隶属于管理部，设经理1人，承上级之命，负责下列全盘人事业务。

1. 依据公司业务需要，研究组织职责及权责划分的改进方案。

2. 配合公司经营目标，依据人力分析及人力预测的结果，拟订人力资源发展计划及人员编制数额，并根据人力发展计划，筹划各项教育及训练。

3. 设计、推行及改进人力资源管理制度及其作业流程，并确保其有效实施。

4. 经与各单位主管会商，拟定每一职位的工作标准及其所需资格、条件，以求适才适所。

5. 依生活水准、薪资市场情况及公司政策，建议研订合理的员工待遇。

6. 制定各项员工福利与工作安全措施，并维持员工与公司间和谐关系。

(二) 人力资源部另设专员及办事员若干名，分别负责下列工作：

1. 专员：

(1) 行政公文处理；

(2) 员工征信调查及对保工作；

(3) 招募行政工作；

(4) 考绩行政工作。

2. 办事员：

(1) 资料档案管理。

(2) 劳保行政工作；

（3）考勤行政工作。

（三）人力资源部组织关系

1. 受秘书处主任指挥及监督，并向其直接报告。

2. 以诚恳友善态度与其他单位协调、联系，并就其所提出的有关本单位工作的询问、质疑予以解答。

3. 在权限内督导各部门有关人事事宜。

4. 为完成本单位的任务，与其他有关方面建立并保持必要的联络。

第三条　组织

为了完成本公司的任务与目标，而将应处理的工作做适当分配安排，制定本公司"组织系统表"，并视情况每年定期检查修订。

第四条　体制

区分组织中纵的性质与横的程度及其交错的结构体制，据此而设定本公司"职位（等）及职称配置表"作为人力资源管理基础。

第五条　工作分析

公司确立组织体制及人力资源措施实行前，须将各项工作职责的任务，以及工作人员的条件等予以分析研究，做成"职务说明书"作为人力资源行政的依据。

第六条　分层负责

为明确划分各层人员的人事权责，拟定"人事权限划分表"，表中所列的权责，各层人员均应确实负责办理，不得推诿，实施时如遇困难或特别事情发生，应向上一级人员请示后予以处理。

第七条　编制

本公司其于人力资源预算控制，对各部门可设职称及可用员额予以规定，订立各单位"员额编制表"并视情况每年定期检查修订。

第八条　人力控制

（一）根据编制，本公司定期召开人力检查会，就现有人员适职与否、流动率、缺勤情况及应储备人力及需求人力做正确、客观的检查建议，作为人力资源部研订人力计划、办理开拓人力来源的参考依据。

（二）人员拨补申请作业程序如下：

1. 各单位如需增补人员，先至人力资源部领取"人员拨补申请单"填妥后，交人力资源部办理；

2. 人力资源部接到申请单后，应调查所申请人员是否为编制内所需求，其职位薪资预算是否在控制内，其需要时机是否恰当等问题；

3. 人力资源部调查后，即就申请人员的来源提出正确的拟办建议，呈总经理核准后，根据指示办理招募预备工作；

4. 人员拨补申请单经批示完毕后，均应转回申请单位，人力资源部凭副本办理。

第九条　招募计划

人员招募程序如下：

1. 人力资源部收集人员增补申请单至一定时期，即行拟订招募计划，内容包括下列项目：

(1) 招募职位名称及名额；

(2) 资格条件限制；

(3) 职位预算薪金；

(4) 预定任用日期；

(5) 通报稿或登报稿（诉求方式）拟订；

(6) 资料审核方式及办理日期（截止日期）；

(7) 甄试方式及日程安排（含面谈主管安排）；

(8) 场地安排；

(9) 工作能力安排；

(10) 准备事项（通知单、海报、公司宣传资料等）。

2. 诉求：即将招募消息告诉大众及求职人，如下：

(1) 登报征求：选拟广告稿，估计刊登费，决定刊登何报、何时，然后联络报社。

(2) 同仁推荐：以海报或公告方式进行。

3. 应征资料处理：

(1) 诉求消息发出后，会收到应征资料，经审核后，对合格应征者发出"初试通知单"，通知前来本公司接受初试。

(2) 不符合应征资料，归档一个月后销毁，但有要求退件者，应给予退件。为了给社会大众一个好的印象，对所有未录取者发出"谢函"也是应有的礼貌。

4. 甄试：新进人员甄选考试分笔试及面谈。

(1) 笔试包括：

①专业测验（申请单位拟订试题）；

②定向测验；

③领导能力测验（适合干部级）；

④智力测验。

(2) 面谈：由申请单位主管、人力资源主管、核定权限主管分别或共同面谈，面谈时应注意：

①要尽量使应征人员感到亲切、自然、轻松；

②要了解自己所要获知的答案及问题点；

③要了解自己要告诉对方的问题；

④要尊重对方的人格；

⑤将口试结果随时记录于"面谈记录表"。

（3）如初次面谈不够周详，无法做有效参考，可再发出"复谈通知单"，再次安排约谈。

5. 背景调查：

经甄试合格，初步决定的人选，视情况应做有效的背景调查。

6. 结果评定：

经评定未录取人员，先出发谢函通知，将其资料归入储备人才档案中，以备不时之需；经评定录取人员，由人力资源主管及用人主管会商进用日期后发给"报到通知单"，并安排职前训练有关准备工作。

7. 注意事项：

应征资料的处理及背景调查时应尊重应征人的个人隐私权，注意保密工作。

第十条　任用

（一）经核定录用人员，由人力资源部依据录用名单发给"报到通知单."，提醒他于报到时携带下列资料：

1. 保证书；

2. 服务自愿书；

3. 员工资料卡；

4. 相片3张；

5. 户口本；

6. 身份证复印件；

7. 体检表；

8. 抚养亲属申报表；

9. 学历证件复印件。（以上应缴资料视情况可增减）

（二）干部人员任用，视情况可发给"聘任书"。

（三）新进人员于报到日，人力资源部即发给"报到程序单"，并验收其应缴资料，若资料不全，应限期补办，否则首月薪资可暂扣发。

（四）人力资源部随后应亲切有礼地引导新进人员依报到程序单上的顺序，逐项协助办理下列事项：

1. 领取员工手册及识别证；

2. 制考勤卡并解释使用；

3. 领制服及制服卡（总务科主办）；

4. 领储物柜锁匙（总务科主办）；

5. 若有需要，填"住宿申请单"；

6. 登记参加劳保及参加工会；

7. 视情况引导参观各单位及安排职前训练。

（五）前条逐项办理完毕后，人力资源部即填制"新进人员简介及到职通知"，引导新进人员向单位主管报到，由单位主管收存到职通知后依"职前介绍表"逐项给予说明，并于报到程序单上签章交回人力资源部，表示人员报到完毕。

（六）人事科依据报到程序单随后应办理下列事项：

1. 填"人员异动记录簿"；

2. 登记人力资源管理用的"人员状况表"；

3. 干部人员发布"干部到职通报"；

4. 登记对保名册，安排对保；

5. 填制"薪资通知单"办理核薪；

6. 收齐报到应缴资料（扶养亲属申请表转会计科）连同甄选报名单建立个人资料档案，编号保管。

第十一条　对保

（一）新进人员报到上班后，应实施第一次对保，以后每年度视必要复对一次，并予记录。

（二）对保分亲自对保及通信对保。

（三）被保人如无故离职，移交不清，本公司应发出"保证责任催告函"。

（四）有关对保作业，应另参照人力资源管理规章中有关规定办理。

第十二条　试用

（一）新进人员试用期为 3 个月（作业员为 40 天），届满前一周由人力资源部提供"考核表"，分甲（干部人员）、乙（一般人员）两种，并登记被考核人试用期间出勤资料，依人事权限划分表顺序，逐级考核。

（二）人力资源部根据考核表发给"试用期满通知"。

（三）人力资源部发出试用期满通知后，并依不同的批示，分别办理下列事项：

1. 试用不合格者，另发给通知单；

2. 调（升）职者，由人力资源部办理异动作业；

3. 薪资变更者，由人为资源部填制"薪资通知单"办理调薪。

（四）前条办理完毕后，考核表应归入个人资料袋中。

（五）新进人员在试用期中，表现不合要求，单位主管认为有必要停止试用时，可立刻提前办理考核，并签人事异动申请单，报请权限主管核定停止试用。

三、人力资源部工作总结

(一) 人力资源部工作总结的基本含义

人力资源部工作总结，是人力资源部门根据其工作中取得的成绩和存在的不足，对一定时期内的工作进行总结性回顾的一种文书。旨在不断总结经验，及时发现问题，肯定成绩，找出不足，迅速提高办事效率。

(二) 人力资源部工作总结的写作要点

通常来说，人力资源部工作总结要包括以下几个方面：

1. 对人力资源部一定时期的工作情况进行总体介绍；

2. 对取得经验进行总结；

3. 对存在的不足进行客观分析；

4. 对本部门未来工作意见和合理化建议。

(三) 格式范例

××公司人力资源部2002年度工作总结

2002年，是收获的一年，是我们飞速发展的一年。今年，本部门在公司领导的正确指导下，在全体员工的共同努力下，紧紧围绕公司创业、创新、创造的"三创"主线，努力学习，积极工作，同心协力，努力完成了上级和公司领导交给的各项工作任务。

一、积极学习，不断开拓

在思想上，我部同志积极学习了"三个代表"的重要思想，积极参加了×委组织"植树"和中心组织的"两思"教育活动，并结合本职本岗的实际进行讨论，不断提高认识，做好工作；组织参加了"××市一年一小变"成果展览，参加了××市科委举办的纪念中华人民共和国建国53周年的文艺演出；出版了公司黑板报×期；组织公司全体的干部职工参加了全市的普法考试，全部成绩优良。

二、考核工作方面

认真做好公司干部职工的考核工作。在完成2001年的年度考核后，继而进行了2002年第一季度的工作考核，在公司领导的带领下，参加了每个部室的工作小结，了解掌握部门领导对职工的考核意见和对下一季度的工作要求，促进了各部室的工作开展。

三、人力资源的管理和调配方面

1. 为了实现中心对服务公司的"减员增效"的目标，先后将摩托车、自行车保管站两幢大楼的清洁卫生工作转向由社会化服务机构承担，使服务公司的临时工大幅减少×人；同时重新调整核定临时岗位的设置，使原来×多人的临时工队伍减至×人，并与之签订了劳动合同；为了充实加强公司的综合档案室管理，返聘的一名优秀的退休档案管理员；及时为公司×名同志办理了调入公司一系列的手续；给××产业服务公司的×名职工签订了劳动合同，保证了公司为进驻科技企业服务的正常工作。

2. 草拟公司机构改革和部门调整的方案，制定了各部门和岗位的职责，在公司班子的领导下，组织实施双向选择上岗，一定程度调动职工的积极性和创造性。

3. 较好地完成了公司职工2001年度工资标准的调整和1999～2000年度职工正常晋升工资的工作，完成了2001年增加职工生活补贴的调整工作。

4. 制定实施《××公司引进奖的管理规定》、《×××公司安全防火管理规定》、《××公司劳保卫生用品管理规定》、《××公司具办公用品管理规定》。

5. 在实施孵化服务项目逐步社会化中完成了中心摩托车、单车保管部和中心大院清洁卫生工作的对外发包工作，取得初步成效。

6. 加强了公司的安全防火工作，除由公司总经理与各部室领导签订领导防火灾全责任书外，还与进驻的××多家企业签订了防火安全责任人书。组织实施了节假日的安全值班和定期的安全检查。两个领导干部和一个专职安全员参加管理培训班的培训学习。

7. 及时做好了公司和服务公司职工的社会养老保险、住房公积金的年度调整审核工作，职工的社会养老保险金、住房公积金比上年度有所提高，做好职工公费医疗的办证、补证、更改医院等手续。制定实施了《××公司公费医疗记账单的管理规定》，协助中心工会组织探访慰问困难、生病、生育的职工（家属）××人次。

8. 按照规定完成了公司的党务、廉政、干部、工资、财务、职工教育人员变动等一系列的月度、季度、年度统计报表。

9. 参加了在上海召开的全国×××工作年会，并及时将年会的精神和××部×××副部长的重要讲话精神传达到公司每个干部、职工，以推进创新工作。

10. 严肃认真过细地做好文书工作，一年来，收文、送办、催办的文件×份。完成公司党务、政务等方面的会议记录、会议纪要共×份。严格执行公司用印批准的规定，为公司把好各种印章使用的关。

四、计划生育工作

建立了公司计生档案，组织育龄夫妇进行了一年一次的计划生育例检工作。办理了一名辞职职工的计生关系转移手续，并主动与街道沟通联系，共同做好计划生育的宣传教育。全年共出了挂图式的计划生育墙报若干期，确保了公司计划生育、晚婚、晚育、节育、独生子女办证率和投保率等7个指标全部100%达标。

五、主要经验和教训

（一）经验：（略）

（二）教训：（略）

××××公司人力资源部

四、人力资源开发可行性报告

（一）人力资源开发可行性工作报告的基本含义

人力资源开发可行性工作报告是就人力资源开发中的重大问题进行客观的调研分析，对其可行性进行总结，得出结论并提出相关意见和建议上报主管部门的书面材料。可行性报告要力求客观准确，所引用的数据要真实可靠，要以是否符合单位的实际情况为判断的标准。

（二）人力资源开发可行性工作报告的写作要点

通常来说，人力资源开发可行性工作报告要包括以下几个方面：

1. 引言；

2. 要对调研结果进行客观分析；

3. 要明确提出相关意见和建议；

4. 报告中要有相关对比分析；

5. 其他事项。

（三）格式范例

关于引进弹性工作时间制度的可行性报告

一、引言

这份报告旨在阐述一个最近进行的试点计划的反馈，该计划是对在全公司进行弹性工作时间制度而进行的可行性调查，该试点计划在1月15日—3月15日之间实施，之后在参加该计划的91位职员间进行了调查。

参与该计划的91位成员从三个部门抽调：人力资源部、技术服务部和生产部，职员可从几个起始时间中进行选择。如下面表所示，该计划中可供选择的时间是上午8：00、8：30和9：15。

选择时间		08：00	08：30	9：15	总数
人力资源部	自由选择	2	8	11	33
	指导性选择	12	0		
技术服务部	自由选择	5	6	1	43
	指导性选择	17	14	0	
生产部		3	10	2	15
合计		27（30％）	50（16％）	14（16％）	91（100％）

　　上表还表明，在某些特定部门，职员在试点计划中对某些上班时间的选择是带有指导性的。例如，在技术服务部，由于该部门的工作带有支持和整体性质，参加该计划的职员被引导在8：00和8：30两选项中选一（下表说明人们的指导性的选择是怎样部分地由技术服务部中的小组决定的）。然而在生产部，职员享受充分的自由选择。

下属部门	起始时间选择	职员人数
行政办公室	08：30	4
技术支持	08：00	4
车间	08：00	13
新工艺	08：30	10

　　二、调研结果

　　对参与该计划的职员和那些有职员参与的部/科室领导进行了调查。

　　（一）部门/科室负责人对该计划的反映

　　我部召开了一个由部/科室负责人代表以上三个部门参加的会议，下表表明只有1/3多一点的部/科室领导感到在全公司推行此计划的负面影响将是难以安排会议，但大多数人认为该计划提高了职工的生产积极性和生产力。总之，部门/科室领导认为除以上几个方面外，其他正、负面影响均很少。问题1：你如何评定该制度对以下几个方面的综合影响？回答情况如下表。

	负面影响	轻微的负面影响	无明显影响	轻微的正面影响	正面影响
监督		12％	88％		
对外联络			66％		
内部联络		13％	77％		
生产力			34％		
准时			55％	33％	
会议		34％	54％		
职员积极性			9％		34％

下表表明，各部门/科室负责人总的来说还是赞成在全公司推行弹性工作时间。大多数保留意见都集中在向参与者公布的选择时间范围上。这方面在不久的将来需要详述（见推荐方案）。问题2：你想要这个制度继续下去吗？回答情况如下表

不	无	
是的	65％	
是的，但要修改	35％	

（二）答卷人对弹性工作时间计划的态度

向试验组的职工发了问卷，要求在2个月内完成。

多数答卷人（72％）认为该计划有助于满足他们的个人需求，大多数人（64％）希望该计划被正式地推广，进一步地按"部门"和按"起始时间"的详细分析已包括在附录中。

（三）调研结果摘要

总之，部门领导和该计划参与者都对弹性工作时间计划感到满意，希望看到该计划持续下去，他们感到该计划产生的积极影响很多而消极影响很少。

三、结论

（一）弹性程度和所提供的上班时间选择总体上被职员和管理部门所接受。

（二）一些部门/科室领导和职员希望能在上午8：00和9：15之间有更多的选择。

四、建议

鉴于来自答卷者对试点计划的有利反馈，建议该计划加上以下附带条件在公司全面推广。

（一）保持上午8：00、8：30和9：15作为正常上班时间选择，部门/科室负责人应有意让他们的处/科室在上午8：00到9：15之间另作选择。

（二）应在1年后重新审视该计划。

五、附录

职员的意见——详情

问题1：这个制度会有助于满足你个人的要求吗？

问题2：你想该计划继续下去吗？

回答：（略）

五、企业招聘规程

（一）企业招聘规程的基本含义

企业招聘规程是企业人力资源部门根据市场变化和企业实际需要为企业招聘工作制定的一种工作规程。

（二）企业招聘规程的写作要点

通常来说，人力资源部工作总结要包括以下几个方面：

1. 人力资源部对一定时期的工作情况进行总体介绍；

2. 对取得的经验进行总结；

3. 对存在的不足进行客观分析；

4. 对本部门未来工作提出意见和合理化建议。

（三）格式范例

（1）员工聘用规定

第一条　为不断提高员工基本素质，加强企此人力资源管理，特制定本规定。

第二条　公司系统所有员工分为两类，正式员工和短期聘用员工。

正式员工是本公司系统员工队伍的主体，享受公司制度中所规定的各种福利待遇；短期聘用员工指有明确聘用期的临时工、离退休人员以及少数特聘人员，其享受待遇由聘用合同书中规定。短期聘用员工聘期满后，若愿意继续受聘，经公司同意后可与本公司续签聘用合同，正式员工和短期聘用员工均应与本公司签订合同。

第三条　公司系统各级管理人员不应将自己的亲属介绍、安排到本人所分管的企业里工作，属特殊情况的，须由董事长批准，且介绍人必须立下担保书。

第四条　本公司各部门和各下属企业必须制定人员编制，编制的制定和修改权限见人事责权划分表，各部门、各企业用人应控制在编制范围内。

第五条　本公司需增聘员工时，提倡公开从社会求职人员中择优录用，也可由内部员工引荐。内部员工引荐人员获准聘用后，引荐人必须立下担保书。

第六条　从事管理和业务工作的正式员工须满足下述条件：

1. 大专以上学历；

2. 两年以上相关工作经历；

3. 年龄在 35 岁以下，特殊情况不超过 45 岁；

4. 外贸人员还必须至少精通一门外语；

5. 无不良行为记录。

特殊情况人员，经董事长批准后可适当放宽有关条件；应届毕业生及复员转业军人须经董事长批准后方可考虑聘用。

第七条　所有应聘人员除董事长特批可免予试用或缩短试用期外，一般都必须经过 3~6 个月的试用期后才可考虑聘为正式员工。

第八条　试用人员必须呈交下述材料：

1. 由公司统一发给并填写的招聘表格；

2. 学历及职称证明；

3. 个人简历；

4. 近期相片 2 张；

5. 身份证复印件；

6. 体检表；

7. 结婚证、计划生育证或未婚证明；

8. 面试或笔试记录；

9. 员工引荐担保书（由公司视需要而定）。

第九条　试用人员一般不宜担住经济要害部门的工作，也不宜安排具有重要经济责任的工作。

第十条　试用人员在试用期内待遇规定如下：

1. 基本工资待遇：

高中（以下）毕业：	一等
中专毕业：	二等
大专毕业：	三等
本科毕业：	四等
硕士研究生毕业（含获初级技术职称者）：	五等
博士研究生毕业（含获中级技术职称者）：	六等

2. 试用人员享受一半浮动工资和劳保用品待遇。

第十一条　试用人员经试用考核合格后，可转为正式员工，并根据其工作能力和岗位重新确定职等，享受正式员工的各种待遇。试用人员转正后，试用期计入工龄；试用不合格者，可延长其试用期或决定不予聘用，对于不予聘用者，不发任何补偿费，试用人员不得提出任何异议。

第十二条　正式员工可根据其工作业绩、表现以及工作年限，由公司办理户口调动。

第十三条　总公司和各下属企业的各类人员的正式聘用合同和短期聘用合同以及担保书等全部材料汇总保存于总公司人事监察部和劳资部，由上述两个单位负责监督聘用合同和担保书的执行。

第十四条　本规定适用于总公司、下属全资公司以及由公司控股、管理的合资公司。

（2）聘约人员管理办法

第一条　为方便对聘约人员进行有效管理，促进公司发展，特制定本办法。

第二条　聘用范围

本公司从业人员根据"从业人员退休办法"，各部门因工作需要，需以聘约方式聘用人员时，由聘用部门详陈理由，并拟定每月薪金，呈总经理核准以聘任书聘用，并将聘任书副本及聘约人员资料送总管理处总经理室转报董事长。

第三条　工作报酬

聘约人员概不列入本公司编制，除不参加互助、福利委员会及退职酬劳金分配外；服务满当年度者，年终奖金发给两个月（服务不满当年度者，依当年度实际工作月数比例计给），"各项津贴给付办法"所规定的各项津贴、效率奖金分配及其他福利设施的享用均比照本公司从业人员办理。

第四条　管理

聘约人员的考勤、出差、保险及管理，依约定或比照编制内从业人员办理。

第五条　终止受聘

聘约人员因重大事由必须于约定期限前终止受聘时，应于一个月前通知聘用部门，于办妥离职手续后始得终止受聘，

第六条　解聘

聘约人员于聘任期间，如有违反本公司人事管理规则或工作上无法胜任的情形者，聘用部门应呈总经理核准后解聘，并送总管理处总经理室转报董事长。

第七条　实施及修改

本办法经经营决策会通过后实施，修改时亦同。

（3）管理人员录用办法

第一条　为规范公司对管理人员的录用，特制定本办法。

第二条　考试方法

考试分笔试和面试两种，笔试合格者才有资格参加面试。面试前，需要应试

者提交求职申请和应聘管理人员申请。

第三条 任职调查和体检

是否正式聘用，还要经对应聘者以往任职情况调查和体检后决定。任职调查根据另项规定进行，体检由企业指定医院代为负责。

第四条 考试时间

笔试两小时，面试两小时。

各考试的考试总时间原则上应为4小时以上，附带考查应聘者的毅力和韧性。

第五条 笔试内容因各部门具体管理对象不同，笔试内容应有所侧重。一般包括以下5个方面：

（1）应聘部门所需的专业知识；

（2）应聘部门所需的具体业务能力；

（3）领导能力和协调能力；

（4）对企业经营方针和战略的理解；

（5）职业素质和职业意识。

第六条 面试内容

面试考核的主要内容主要是管理风格、表达能力、应变能力和个人形象等。

第七条 录用决策

在参考笔试和面试成绩的基础上，最终的录用提议应由用人部门主管提出，报总经理核准后决定录用。

（4）公关人员录用办法

第一条 为规范公司对公关人员的录用，特制定本办法。

第二条 交谈能力的测定

由面试考官与应聘者进行自由交谈，由此判断应聘者的谈吐、语言风格等。注意应给应聘者更多的讲话机会。对胆怯、不善言谈、表达不清者应给低分。

测定的重点主要看应聘者进入考场如何打招呼；当交谈冷场后，看应聘者的反应；询问应聘者为什么要到本企业应聘。

第三条 交谈应变能力的测定

在对外联系中，谈话的内容千变万化，要求应聘者必须善于驾驭交谈内容，随机应变，否则往往会导致谈判的失败。考官在与应聘者交谈中应不断变换话题或有意避开话题，看其有何反应。

第四条 理解能力的测定

只有理解对方的谈话内容和意图后，才能争取主动。面试考官可用延长时间模糊地表述一个问题，看应聘者能否领会其实质内容；也可以让应聘者看一本书或一份企划案，然后让其表达其中的内容。

第五条　语音语调的测定

主要测定应聘者的音色、音质、语速、语音大小等。测定方式主要是让应聘者朗诵一篇文章或一首小诗。

第六条　讲话表情的考核

主要是看应聘者讲话时的神态和动作。如果表情呆滞、讲话时自卑或有令人讨厌的动作则不适合公关工作。表情生动活泼、具有感染力的应聘者往往能在对外联系中打开局面。

面试考官可提出各种问题，变换各种表情，与应聘者友好交谈或大声呵斥，并观察应聘者的表情。

第七条　对掌握谈判主动权能力的考核

在公关谈判中，往往出现谈判对手漫无边际地闲聊或有意避开话题的情况。所以在交谈中，应时刻考察应聘人员掌握谈判主动权的能力。在面试中，面试考官可提出许多漫无边际的话，考察应聘者能否把交谈拉回主题。

第八条　外观和整体印象观察

面试考官对应聘者的服饰、五官及随身携带品进行观察，察看是否整洁、协调和美观。

第九条　测定观察能力

考核应聘者的机敏性，并由此判断出应聘者的性格特点。体察入微是公关人员必备的基本素质。考试方式采取在黑板上贴一张图片或一幅画，也可采用其他方式，让应聘者在限定时间内观察并描述出来。

第十条　记忆力考核

公关人员需要面对各种各样的数字和资料，因而必须有较强的记忆力。考试方式可在黑板上写上一组数字或单词，然后由应聘者默写出来。

第十一条　运算能力考核

主要考核应聘者的口算能力，计算应限定在加减乘除四则运算。可出几组运算题，让应聘者口算或速算。

第十二条　聘用名单初步确定后，要对应聘者提供的个人资料进行调查。如调查结果与个人所提供的资料不符，可调整聘用名单。

第十三条　录用调查主要包括：

1. 担保人调查。确认担保人能否提供担保。

2. 任职经历调查。到应聘者的原工作单位调查；看应聘者所提供的资料与实际情况是否相符，应重点调查应聘者的工作情况、职务、业务能力和工资收入。

3. 体检。要求应聘者到公司医院或公司合同医院进行体检。

（5）新进人员任用办法

第一条 为规范公司对新进人员管理和任用，特制定本办法。

第二条 人员的增补

各部门因工作需要，需增补人员时，以厂处为单位，提出"人员增补申请书"，依可能离职率及工作需要，临时人员由各部拟订需要人数及工作日数呈经理核准，女性现场操作人员由各部门定期（视可能变化制定期限）拟订需要人数呈经理核准；其他人员呈总经理核准。并于每月5日前将上月份人员增补资料列表送总管理处总经理室转报董事长。

第三条 人员甄选主办部门经核准增补人员的甄选，大专以上学历由总管理处经营发展中心主办，高中以下学历由各公司（事业部）自办，并以公开登报招考为原则。主办部门核对报名应考人员之资格应详加审查，对不合报考资格或认为有不拟调用的情况者，应即将报名书表寄还，并附通知委婉说明未获初审通过的原因。

第四条 甄选委员会的组成

新进人员甄选时应由主办部门筹组甄选委员会办理有关下列事项：

1. 考试日期、地点；

2. 命题标准及答案；

3. 命题、主考、监考及阅卷、人员及工作分配；

4. 考试成绩评分标准及审定；

5. 其他考试有关事项的处理。

第五条 成绩评估

新进人员甄选成绩的评分标准分学科、术科、口试三项，其成绩分比例视甄选对象及实际需要由各甄选委员会制定，但口试成绩不得超过总成绩的40%。

第六条 录用情形填报

各甄选主办部门于考试成绩评定后，应将各应考人员成绩及录用情形填报总管理处总经理室。

第七条 录取通知

对于拟录取的人员，主办部门应通知申请部门填写"新进人员试用申请及核定表"，大专以上学历人员总经理核准，并列表送总管理处总经理室转报董事长。高中程度以下人员（除现场女性操作人员及临时人员由经理核准外）呈总经理核准后，即通知录取人员报到。对于未取人员除应将原书表归还外，还应附通知委婉说明未录取原因。自登报招考至通知前来报到的间隔原则上不得超过一个月。

第八条 报到应缴文件

新进人员报到时应填交人事资料卡、保证书、体格检验表、户口本、身份证及照片，并应缴验学历证书、退伍证及其他经历证明文件。

第九条 试用

新进人员均应先行试用 40 天。试用期间应由各厂处参照其专长及工作需要，分别规定见习程序及训练方式，并指定专人负责指导。

第十条 训练计划

有关新进人员的训练计划规定另订。

第十一条 试用期满的考核

新进人员试用期满后由各负责指导人员或主管于"新进人员试用申请及核定表"详加考核（大专以上学历人员应附实习报告），如确认其合适，则予以正式任用，如认为尚需延长试用应酌予延长，如确属不能胜任或经安全调查有不法情况者即予辞退。

第十二条 处分规定

新进人员于试用期间应遵守本公司一切规定，如有受记过以上处分者，应即辞退。

第十三条 试用期间考勤规定

新进人员于试用期间考勤规定如下：

1. 事假达 5 天者应即予辞退；

2. 病假达 7 天者应即予辞退或延长其试用期予以补足；

3. 曾有旷职记录或迟到三次者应即予辞退；

4. 依所需日数给假，其已试用期间予以保留，假满复职后予以接计。

第十四条 停止试用或辞退

经停止试用或辞退者，仅付试用期间的薪金，不另支任何费用，亦不发给任何证明。

第十五条 试用期间的待遇

试用期间薪金依人事管理规则薪级表标准核质，试用期间年资、考勤、奖惩均予并计。

第十六条 实施及修改

本办法经经营决策委员会通过后实施，修改时亦同。

六、员工培训管理办法

(一)员工培训管理办法的基本含义

员工培训管理办法是企业加强对员工的培训和管理而制定的用于协调和指导员工培训工作的文书。员工培训管理办法的制定要根据企业实际情况并结合人事部门的实际需要有目的地制定,不能照搬他人的经验。

(二)员工培训管理办法的写作要点

通常来说,员工培训管理办法要包括以下几个方面:

1. 要如实反映培训的目的和具体要求;

2. 写明培训经费的来源和经费预算使用情况;

3. 要对课程的安排和培训的时间具体安排;

4. 要对相关师资情况进行说明;

5. 培训结果的评价和考核;

6. 其他事项。

(三)格式范例

××公司员工培训管理办法

第一条 总则

(一)为提高员工业务素质,增强公司综合竞争力,提高公司经济效益,特制定本培训管理办法供人力资源管理部门参考使用。

(二)本公司为储备人才的长期培训或短期培训,均需依本章所列之条例进行。

第二条 培训目标

(一)本节所列培训目标,是为了人事部门进行培训时提供一定的参考。

(二)凡计划培训时,首先确定这一培训是新进员工培训或在职培训。

(三)订立目标时应注意如下事项:

1. 是否希望改进在职人员的工作效率;

2. 是否希望通过培训改进员工工作表现;

3. 是否需要为在职人员未来发展或调动工作做准备;

4. 是否需要通过培训使员工有资格晋升;

5. 是否是为减少意外，增强员工安全意识；

6. 是否是为改善在职人员的工作态度，尤其是减少浪费的习惯；

7. 是否需要改善材料处理加工方法，以打破生产技术上的瓶颈现象；

8. 是否是培训新进员工以适应其工作；

9. 是否需要教导新员工了解全部生产过程；

10. 是否是培养在职人员的指导能力，以便在工厂扩充时，指导新进员工。

第三条　学习方针

确定培训目标后，需确定学习的主题，下列各项，可以帮助人事部门决定在职人员了解其义务、责任与学习态度。

1. 是否可以用工作分析来配合培训；

2. 是否有品质标准以供培训者学习之用；

3. 是否有某些技术或工作方法必须予以指导；

4. 是否在安全操作方面需予以指导；

5. 是否可建立一种方法使在职人员减少材料浪费；

6. 是否需要教导材料处理的方法；

7. 是否决定在学习时采用最佳机器设备操作方法；

8. 是否需要订立员工工作标准；

9. 是否期望改进或改变工作态度；

10. 是否需对业务员说明产品及业务，以增进其工作成效；

11. 是否包括工具的使用方法及放置位置在内的训练项目；

12. 是否需教导业务员本身工作以外的业务。

第四条　培训形式

（一）教育培训还需考虑培训形式，有了正确的培训形式，方可达到培训目标。

（二）下列各条可提供一些参考：

1. 是不是不脱产培训；

2. 是否需要一个教室和一个专职教师；

3. 是否采用实地工作培训和教室授课相结合的方式；

4. 是否采用实地工作培训和函授课程以达到培训目标。

第五条　教学方法

（一）本公司业务员的教育培训的教学可采用授课或示范方法。

（二）凡决定用授课方法时，须注意以下两点：

1. 授课是传授知识的最好方法；

2. 示范是教导技能的最好方法。

（三）计划教学时，须注意下列各点：

1. 教学主题是否只需一次特别讲课或需一系列讲课；

2. 教学之后是否需要讨论；

3. 教学主题是否需要示范；

4. 操作上问题能否在教室中解说明白；

5. 能否在工作中直接进行指导。

第六条　培训视听教具

（一）视听教具可以帮助说明授课意图和使受训者了解并把握学习重点。

（二）采用视听教具应注意下列各点：

1. 是否需要一本教导手册；

2. 是否在培训时，发给一份计划大纲；

3. 除了课本外，是否发给其他印刷教材；

4. 如果培训需要电影或幻灯协助，是否能获得此类所需资料；

5. 是否能利用机器设备或产品的图片或照片，放大作为教学之用；

6. 是否能利用机器设备的模型来做教学示范。

第七条　培训设备

（一）凡决定培训设备时，应根据培训的内容及形式选用。

（二）施教地点的确定在确定培训设备时应同时完成。

（三）确定培训设备时亦应注意以下几点：

1. 培训如果不能在工作场地进行时，是否有适当的会议室或餐厅可以利用；

2. 培训是否可以在邻近之学校、餐馆等地举行；

3. 培训需用地教学设备是否充足；

4. 是否要让受训者自带一些用具及设备，以降低培训成本。

第八条　培训时间

（一）教育培训时间的长短，应根据业务需要而决定，并依学习资料、师资力量及学员素质而定。

（二）确定培训时间应注意以下几点：

1. 是否必须在上班时间实施培训；

2. 应确定每次讲习时间长短和每周举行次数。

第九条　教师的选定

（一）必须聘请一名以上的专家来执教。

（二）师资优劣是决定培训工作成败的重要因素，所以师资必须是相应培训科目的专家或有经验者。

（三）聘用教师必须注意以下几点：

1. 受训者所属的领导是否有足够的时间和能力来施行教学；

2. 是否可以由精良的技术工人来担当教学。

第十条　受训人员的选择

（一）选择受训人员时，除了基于培训目标外，其他如受训人员之性别、体态、工作经验、态度都应加以考虑。

（二）选择受训人员时应注意以下几点：

1. 对新进员工是否需要施以培训；

2. 新进员工的培训是否可作为雇用的先决条件；

3. 是否希望受训者曾有一些工作经验；

4. 员工在换岗或晋升时是否必须施以培训；

5. 是否为因工作中受伤的人员，予以特设之培训来协助他们继续在原单位服务；

6. 是否允许员工自动参加培训。

第十一条　培训经费

（一）凡在培训计划实施前，应计算全部费用编列预算，以便有充足的培训费用，以利计划之推行和依照编列之预算来检验培训之成果。

（二）培训经费的预算，应注意以下几点：

1. 是否在培训场地、器械、材料上花费费用；

2. 受训时，受训工资是否计在培训费用之内；

3. 如若教师是本公司员工，其薪金是否列在培训费用之内；

4. 筹备培训计划阶段之费用是否计算在培训费用之内；

5. 由于培训而造成次品及误工费，是否应计算在培训费用中。

第十二条　培训计划的核验

（一）培训之成果，必须核验是否达到原定目标。

（二）核验培训计划必须注意以下几点：

1. 培训成果是否达到原定目标；

2. 是否有标准学习时间，以供检验受训者之学习进度；

3. 能否备有学员在受训前、受训期间及受训后工作能力之记录；

4. 学员进步情形是否需要做成记录；

5. 是否需对受训者所获知识与技能施以测定；

6. 是否应由受训者的直接主管对受训者进行长时期的定期性观察，判定其培训成效，并将结果反馈给培训部门。

第十三条 公布培训计划

（一）培训计划完成后，须公开发布以便引发员工的进取意识。

（二）计划公布时应注意以下几点：

1. 如果计划需向员工公布，是否准备在培训开始前或者是施行时宣布；

2. 培训时间、地点、方法是否形成制度性文件下发；

3. 培训结束后是否发给结业证书。

第十四条 附则

本教育培训计划如有未尽事宜，应随时作出修改。

第十三章

法律事务文书

一、法律顾问聘请书

（一）法律顾问聘请书的基本含义

法律顾问聘请书是聘请法律顾问单位为维护其合法权益向法律顾问处发出的聘请邀约。法律顾问分为常年法律顾问和临时法律顾问两种。

（二）法律顾问聘请书的写作要点

聘请书的撰写要注意以下内容：

1. 要对聘请的目的和聘请人员的要求明确说明；

2. 聘请书的撰写要言简意赅，文字不宜过长；

3. 聘请书一定要加盖单位公章。

（三）法律顾问聘请书的基本格式

法律顾问聘请书通常由以下几部分组成：

1. 标题。标题写明"聘请书"字样即可。

2. 被聘请单位名称。

3. 正文。正文部分要明确聘请的目的及聘请的期限等。

4. 署名和签章。聘请书要有单位签章或签名，并填写具体时间。

（四）格式范例

聘请书

×××律师事务所：

为更好维护本公司合法权益和利益，经公司董事会批准，特聘请贵所为我公司常年法律顾问。

此聘

××公司董事会（公章）
××××年×月×日

二、法律顾问聘请合同

（一）法律顾问聘请合同的基本含义

法律顾问聘请合同是聘请法律顾问单位与应聘单位之间就聘请法律顾问事项达成的具止。

本合同一式两份，签约双方各执一份，具有同等效力。

甲方：×××乙方：×××

法定代表人：××××　　　　法定代表人：××××

三、授权委托书

（一）授权委托书的基本含义

授权委托书是委托当事人依照我国相关法律法规，委托他人（代理人）进行诉讼或实施其他民事、经济行为而制订的证明性文书。

（二）授权委托书的写作要点

授权委托书要明确以下几个方面问题：

1. 要明确代理人的代理权限；
2. 要明确受委托人与委托人的关系；
3. 授权委托书的变更；

（三）授权委托书的基本格式

授权委托书常由以下几部分组成：

1. 标题。标题写明"授权委托书"或"委托书"即可。
2. 首部。首部要明确委托人和受托人的基本情况。
3. 正文。正文部分要明确委托的基本内容。一般要明确委托代理诉讼的案件名称、委托人和被委托人双方自愿或同意的字样以及委托事项和权限等。
4. 尾部。尾部要有委托人和受托人的签署以及时间。

（四）格式范例

委托书

委托单位：×××有限公司

法定代表：×××

受托人：×××

受托单位：×××律师事务所

现委托上列受托人在我单位与××××有限公司承包纠纷一案中，作为我方的诉讼代理人。

代理人×××的代理权限为：处理此纠纷案的全权代表。

委托单位：×××有限公司

法定代表人：×××（盖章）

××××年××月××日

四、法定代表人身份证明

（一）法定代表人身份证明的基本含义

法定代表人是依法或按照相关规定代表相关单位行使职权的负责人。法定代表人通常由董事长或总经理担任。

（二）格式范例

法定代表人证明

×××，××岁，男，在我公司任董事长职务，是我公司的法定代表人。特此证明。

××××责任有限公司

××××年××月××日

附：法定代表人住址_____

法定代表人电话_____

五、经济纠纷上诉状

（一）经济纠纷上诉状的基本含义

经济纠纷上诉状是民事诉讼当事人或其法定代理人不服地方人民法院第一次审理的民事判决、裁定的，根据民事诉讼法的规定，有权向上一级人民法院请求撤销、变更原审裁判或重新审判而提出的书面材料。

（二）经济纠纷上诉状的写作要点

经济纠纷上诉状的撰写要注意以下几个方面：

1. 要坚持从实际出发，实事求是。

2. 要有针对性。上诉状的撰写必须围绕存在的问题进行驳论。

3. 要以理服人，要有充足的证据。

（三）经济纠纷上诉状的基本格式

经济上诉状一般要注意以下几个方面：

1. 标题。可直接写为"经济纠纷上诉状"或"民事上诉状"。

2. 当事人双方的情况介绍。

3. 上诉理由要具体明确。

4. 上诉请求与理由。请求内容一般有撤销一审原判、变更一审原判和重新审理三种。

5. 结尾。

6. 附件。

（四）格式范例

经济纠纷上诉状

上诉人：××省Ａ县××银行信用社

地址：××省××县××街××号

法定代表人：××主任

被上诉人：××省Ｂ县××银行

地址：××省××县××路××号

法定代表人：×××行长

上诉人因Ｂ县银行所诉返还贷款一案，不服××地区中级人民法院××××年××月××日×字×第×号经济纠纷判决，现提出上诉。

上诉请求

1. 要求撤销一审法院判决，重新查清事实，保护我方的合法权益。

2. 要求判令被上诉人承担相应的经济责任。

上诉理由

1. 一审法院判决确认：我方采取胁迫手段清贷，致使个体户于某不得不到Ｂ县骗取贷款。我方认为，银行有权对逾期贷款进行催要，必要时可以采取强制措施收贷。如果银行对拖欠贷款的借贷者催收得紧了些，就被认为是"胁迫"，那么银行就无法如期收贷，银行合法的收贷权就得不到保障。况且，我方催收贷款与于某到Ｂ县骗取贷款没有因果关系。我方既没有明示也没有暗示于某到Ｂ县××银行去骗取贷款。所以，我方认为一审法院在这方面认定事实不清，证据不充分，要求二审法院进行重新认定。

2. 我方在收贷时，没有查问借贷者的款项是如何筹措来的。借债还钱，天经地义，只要借贷者如数归还贷款，我方就理应如数收贷。这是××银行信贷规章制度所承认的。

3. 个体户于某在我县搞不法经营被查封，我方正督促他收贷时，B县却把于某视为经营管理的"大能人"加以聘用，既不去了解于某的资信程度，不要求借贷方提供担保人，又不去监督于某在B县所办公司的经营，就盲目地放贷，因此，B县××银行贷款220万元，是不符合法律规定的。

为此，特向你法院上诉，请求依法撤销原判决，以实现上诉请求。

此致

××省高级人民法院

附：本上诉状副本一份

一审判决书

《××银行关于信贷的几项规定》

上诉人：××省××县××银行信用社（盖章）

×××年××月××日

六、经济纠纷申诉状

（一）经济纠纷申诉状的基本含义

《中华人民共和国民事诉讼法》第178条规定："当事人对已经发生法律效力的判决、裁定，认为有错误的，可以向原审人民法院或者上一级人民法院申请再审，但不停止判决、裁定的执行。"经济纠纷申诉状是诉讼当事人及其法定代理人、被告人及其家属或其他公民，认为已经发生法律效力的判决、裁定有错误，向人民法院或人民检察院或有关单位提出申请，要求复查纠正的书面材料。

（二）经济纠纷申诉状的写作要点

经济纠纷申诉状的撰写应注意以下几点：

1. 如果认为原处理决定所认定事实有错误，应列举事实证据并加以澄清。

2. 如果原裁判不是依据全面事实裁判的，申诉状应对案情事实，原来的处理经过以及最后处理结果进行归纳叙述，使受理的法院对整个案情有全面的了解。

3. 申诉人应将与请求目的相符的人证、物证、书证等相关资料在申诉状里明确列示，并具体加以说明。

4. 申诉状可以采用证明和反驳的写法。

（三）经济纠纷申诉状的基本格式

经济纠纷申诉状通常由四部分组成：

1. 标题。标题可直接写为"申诉状"或"××申诉状"。
2. 首部。首部要明确申诉人的基本情况。
3. 正文。正文部分由案件来由和请求与理由两部分组成。
4，尾部。

（四）格式范例

经济纠纷申诉状

申诉人：（原审被告）：××市××百货商店

法定代表人：×××该店经理

委托代理人：×××

男，42岁，汉族

原籍××市现在××市××区××街××号

该店副经理

被申诉人（原审原告）：××市××厂

法定代表人：×××

该厂厂长委托代理人：×××，该厂副厂长

申诉人因货款纠纷一案不服××人民法院（19××）法经裁字06号民事裁定书，认为该裁定书事实不准，裁定不公正，特提起申诉，请求改判，其事实与理由如下：

申诉人和被申诉人于1985年6月20日签订购销合同两份：一份是申诉人向被申诉人订购415型男凉皮鞋520双，另一份是订购各式男女皮夹克610件。因这些商品具有很强的季节性，双方协议确定：必须于1986年11月15日前，将上述商品发至××市，以应市场需求。

可是，被申诉人未按协议约定将上述商品按时发至××市。其中，皮夹克于1986年12月30日才到达，拖期达一个半月之久，大大错过了××市市场的销售旺季，致使这些商品积压于仓库，严重影响了申诉人的资金周转，至今尚有男凉皮鞋343双，各式皮夹克334件卖不出去，共折合人民币3.4万余元。

尽管如此，为照顾彼此之间的商业信誉，申诉人曾于1987年2月20日出具《经济合同问题答辩书》，说明了拖欠货款的原因，主动提出偿还货款的计划。不料，贵院在未进行调查研究的情况下，公然判令"……依法采取诉讼保全措施……冻结××百货商店在××市××区园路信用社的银行存款9.6万元。"这是不公允的。申诉人重申：仍然按照1987年2月20日提出的还款计划执行。对于目前库存积压的商品，积极采取削价处理措施，将实收货款付给被上诉人，或将积压的商品退回给被上诉人，退回中发生的运杂费，可由申诉人负担。

　　此致

　　　　××人民法院

申诉人：××市××百货商店

法定代表人：×××

××××年××月××日

七、经济纠纷反诉状

（一）经济纠纷反诉状的基本含义

经济纠纷反诉状是指刑事自诉案件中的被告人和民事诉讼中的被告，为了维护自身的合法权益，就与本诉有内在联系的事由，向本诉中的原告和自诉人提出独立的诉讼请求，要求人民法院将本诉一并审理时所制的文书。

（二）经济纠纷反诉状的基本格式

经济纠纷反诉状一般由以下几部分组成：

1. 标题。标题可以直接写为"经济纠纷反诉状"或"反诉状"。

2. 当事人的基本情况。

3. 案由部分。案由部分要说明本诉提出的情况和反诉请求两个方面的内容。

4. 事实与理由。事实与理由应包括以下内容：

（1）提出反诉所依据的事实材料；

（2）提出证明反诉事实的证据；

（3）说明反诉与本诉的关联性；

（4）合理引用有关法律法规。

5. 结尾。结尾部分要明确送达机关，并要加盖相关单位公章。

6. 附件。相应附件要齐全。

（三）格式范例

经济反诉状

原告：××县经纬编织厂，地址：××××

法定代表人：×××，厂长

代理人：×××，副厂长

×××，××县法律顾问处律师

被告：××棉纺织厂

法定代表人：×××，厂长

请求事项：被告采取欺骗手段，以试制品、次品冒充国家正式合格产品出售，给我厂造成重大经济损失，特提起反诉：①判决原货退回，被告应付保管费300元；②被告立即偿还违约金1.3万元，赔偿金9600元。

事实和理由：19××年8月27日，我厂供销科刘××去被告处联系业务，第二天，被告到我厂驻××办事处推销中长纱，刘不想要，谁知被告早已将合同写好，并替刘签上名，拿过桌上的合同章盖好就走了。我厂将21.13吨中长纱拉回后，发现质量有问题，当即去电话要被告方来人看货，被告置之不理。隔了几天，我厂刘××又特地去被告处，要求来人看货，被告又置之不理。隔了几天，我厂刘××再次去被告处，要求来人看货，被告还是置之不理，本来约好，被告在货到1周后派车来拉管子，他们也不敢来了。我厂见此只好将货保管好，通知银行拒付货款。谁知没有几天，被告突然向法院起诉，声称我方未付货款违约。我方则以质量问题起诉，经省产品质量检验所检验，五项送验指标有三项不合格，质量确实存在严重问题。这时被告才承认，中长纱是该厂试制品，没有经有关部门检验过，无产品合格证书，该纱不能织布，只能织围巾。

鉴于上述事实，被告采取欺骗手段签订合同，以次充好，推销既无产品合格证书，又不能织布的试制品，当时又没说明产品的性能，而且价格高于国家规定的价格，违反《经济合同法》第4条、第5条，《工矿产品购销合同条例》第14条和《标准化管理条例》第21条规定，为此，特向你院反诉，请依法判决。

此致

××市中级人民法院

具状人：×县经纬编织厂

法人代表×××（签章）

××××年×月×日

附：1. 本状副本×份

2. 证物×件

3. 书证×件

八、经济纠纷起诉状

（一）经济纠纷起诉状的基本含义

经济纠纷起诉状是指原告人用书面形式提出自己的诉讼请求和理由，并提出请求的根据，从而引起起诉讼程序发生的一种诉讼文书。任何机关、团体、企事业单位和公民，只要自己的合法权益受到了侵犯，都可以依照《中华人民共和国民事诉讼法》的有关规定，向人民法院提出诉讼请求，要求人民法院进行审理，给予法律上的保护。

（二）经济纠纷起诉状的写作要点

经济纠纷起诉状通常要明确以下内容：

1. 当事人的基本情况；

2. 诉讼请求与诉讼所依据的事实和理由；

3. 相关证据以及证据的来源；

4. 相关附件资料。

另外，经济纠纷起诉状的诉讼事实要绝对真实，诉讼证据要确凿无误，诉讼理由要符合相关法律法规，诉讼请求要明确、具体、适度，起诉状的格式要符合相关体例规范，文字表达要简明扼要。

（三）经济纠纷起诉状的基本格式

经济纠纷起诉状一般由以下几部分组成：

1. 标题。经济纠纷起诉状可直标其名，也可统称为"民事诉状"。

2. 当事人的基本情况。当事人的姓名、性别、年龄、民族、职业、工作单位和住所等交代清楚。

3. 要明确请求事项。

4. 事实。要明确当事人之间纠纷的发生、发展、结局等。

5. 理由。要明确提出请求的法律、改策依据，论证请求事项的合理性与合法性。

6. 结尾。

7. 附件。

（四）格式范例

经济纠纷起诉状

原告人：_____公司

地址：_____

法定代表人：_____

姓名：_____

性别____：年龄：____ 职务：_____

诉讼代理人：_____

性别：____年龄：____ 职务：_____

被告人：×××矿

地址：××省××市

诉讼请求：

请求××城区人民法院根据《中华人民共和国合同法》有关规定，追回××油厂返还我厂货款 9.63 万元和银行利息及有关损失，依法维护我厂的合法权益。

案情的诉讼理由：

××××年×月×日和×月×日，我厂采购员××先后两次与×油厂签订购销合同。第一个合同购买××厂油 40 吨，每吨 963 元，第二个合同购买 60 吨，每吨仍然是 963 元。两次共订购 100 吨，总价 9.63 万元。我厂严守信誉，分别在两份合同签订后的一周内，将货款分文不差地汇到××油厂的账号上。

但是，××油厂却不守信用，在第一批款到后的第 21 天，才给 20 吨，其余至今未供应我方。我方虽多次要求退款，但他们使用拖延、欺骗等手段，一直不给退款。两份合同都规定，款到后 10 日内不发货，将处罚供方货款的 10％。而到现在，已经经过了 62 天，他们既无货供应，又不退款。鉴于××油厂严重违反合同规定的情况，为维护我厂的合法权益，特请求法院依法予以处理。

此致

××区人民法院

起诉人：××厂（盖章）

××××年×月×日

附项：1. 本状副本 3 份；

2. 书证 3 份；

3. 物证 1 份。

九、 经济纠纷答辩状

（一）经济纠纷答辩状的基本含义

经济纠纷答辩状是指被告人或被上诉人，在诉讼活动中提出的一种诉讼文书。经济纠纷答辩状是被告人或者被上诉人，对原告人或者上诉人，向人民法院提出的起诉理由或上诉理由的答复和辩驳。

（二）经济纠纷答辩状的写作要点

经济纠纷答辩状的撰写要注意以下几个方面：

1. 要尊重客观事实。经济纠纷答辩状撰写时要实事求是，要全面地、客观地看待遇到的问题。

2. 要选择恰当的方法。写作时要围绕答辩理由这一中心选择恰当的方法进行反驳。

3. 要用犀利的语言抓住问题的关键。在写作时，要根据案情的需要，有针对性地对起诉状中焦点问题进行辨析，力争从焦点问题中找出破绽。

4. 答辩要及时。一般来说，被告人在接到起诉状 15 日内进行答辩。

（三）经济纠纷答辩状的基本格式

1. 标题。标题可以直接写为"经济纠纷答辩状"。

2. 答辩人的基本情况介绍。

3. 答辩原因。要明确对什么人起诉或上诉的什么案件而提出的答辩。

4. 答辩理由和意见。主要应对原告或上诉人提出的诉讼请求以及诉讼事实、证据、理由等作出明确的回答。

5. 结尾。结尾要写清呈送的人民法院名称；答辩人要签名盖章，并具年、月、日。

6. 附件。

（四）格式范例

经济纠纷答辩状

答辩人：××永发实业公司

地址：××区××街××号

法定代表人：王××，男，39 岁，经理

对原告××省××地区顺德贸易公司上诉的占用拖欠货款及第三人高×麻袋货款一案答辩如下：

一、对××省××地区顺德贸易公司诉告我方拖欠货款问题的答辩如下：

1. ××××年 4 月 18 日顺德贸易公司的赵×和张××来我公司，要求一次性购买麻袋 10 万条。原因是他们与××省××县湘东贸易货栈签订了麻袋购销合同，在合同行将到期的情况下，拿不出货物，请我们帮助解决燃眉之急。我方答应了对方的要求，对方汇入我方人民币 20 万元整。除去 10 万条麻袋款 16.8 万元整之外，尚剩余 3.2 万元整。当时我方要求将余款退回，但对方的赵××和张××一再要求我方不要退款，要用这笔余款亦理麻袋发运和其他业务。并请我方出具介绍信、公章等，为其向××铁路分局装卸公司办理了 2 万元的发运杂费汇款手续，将麻袋顺利发往目的地。一直到 10 月末这一段很长的时间内，赵、张等人几次往返于我市，都没有提起结算退款之事，我方多次提出结算问题，他们都以同对方发生合同纠纷和铁路装卸公司收费不合理为由，拒绝同我方结算。由此可见，对方诉我方拖欠货款是毫无根据的，也是缺乏起码的职业道德的。

2. 从一审法院的卷宗里可以查到，赵××和张××在调查记录中承认：准备用这笔余款在我市搞业务活动，直到××××年×月×日之前的调查中，他们都直言不讳，说准备在我市使用这笔钱办理其他事宜。因此，对方在上诉状中云"早已要求退款"和"占用拖欠款"等，纯属编造出来的假话。

从上述事实可以看出，我方与对方的经济往来，属于正常业务交往，而且我方为对方的业务活动提供了诸多方便条件，对方这种以怨报德的行为是令人气愤的，所以，我方根本不存在"占用拖欠"对方货款问题。一审法院判处我方支付余款，我们同意，但基于上述情况，我方不同意支付余款银行利息。

3. 原告违反国务院〔1985〕102号文件精神，利用经济合同买空卖空，应予以取缔。

从表面上看，耐光贸易公司买永发实业公司的麻袋，永发公司欠顺德贸易公司的剩余款，顺德贸易公司催要款项是正确的；而实质上，顺德贸易公司从根本上违背了国务院〔1985〕102号文件精神，利用经济合同买空。据湘东贸易货栈张××提供，在麻袋这笔生意上，顺德贸易公司一无资金，二无货源。顺德贸易公司向湘东贸易货栈大吹有麻袋现货1300万条，导致湘东贸易货栈上门订货，于××××年3月16日双方签订了麻袋一号合同。数量为100万条，总额167万元，执行日期是4月20日前完成，湘东贸易货栈付给顺德贸易公司52.1万元预付款。顺德贸易公司拿着湘东货栈的预付款大买麻袋。随即又签订二号合同200万条，三号合同350万条。开始给大连侯家沟批发部30万元买麻袋未成，后又拿20万元给我方，买了10万条麻袋，仅就一号合同而言，只买了10万条麻袋，其余90万条全部落空，造成了顺德贸易公司同湘东贸易货栈的合同纠纷，而在本案一审判决时，顺德贸易公司却隐瞒了××县经济合同仲裁调解书，提供了假证，致使一审判决我方"支付从××××年7月13日起到付款日止的银行存款利息"。根据张××提供的确凿证据，此20万元系湘东贸易货栈的预付款，而不是顺德贸易公司的款。湘东贸易货栈不要求付息，而顺德贸易公司要求付息是没有道理的。

以上事实可见，我方不但不应付给对方所谓银行贷款利息，而且认为对方违反国务院文件精神应予取缔。

二、对第三人高×的答辩

高×原系我公司工作人员，此案发生时已调出。顺德贸易公司从我公司购买的10万条麻袋，经××铁路分局装卸公司运用4车皮之后，剩余麻袋存放在装卸公司，而高×不经原告同意，将剩余麻袋发往西安庆丰公司。在本案运输麻袋短缺纠纷中，一审判决第三人高×返还原告麻袋6450条，而高×在一审法院的庭前调查及开庭中均一口咬定：在给顺德公司发麻袋时曾多发6450条，并说我公司欠高3000条麻袋，以此3000条麻袋顶款。事实上我公司与高×从未发生过买卖关系，也不存在麻袋顶款问题。据了解高×是××××年1月5日将6450条麻袋发往西安的，而事隔两个月之后，高×于××××年×月×日，骗拉我公司库内的3000条麻袋，被我方发现后及时追回，此事纯属我公司内部事务，与顺德贸易公司麻袋事件毫不相干，高×硬把两件不相干的事件搅在一起，其目的是想把水搅混，从中捞一把，请二审法庭详查。

此致

　　××中级人民法院

具状人：××永发实业公司（盖章）

法定代表人：×××（签章）

××××年××月××日

十、仲裁申请书

（一）仲裁申请书的基本含义

仲裁申请书是仲裁协议的一方当事人向仲裁委员会或仲裁机构提出要求，对经济活动中的纠纷和争议进行仲裁审理的书面申请。它是仲裁受理争议的依据之一。

（二）仲裁申请书的基本格式

仲裁申请书一般由以下几部分组成：

1. 标题。标题可以直接写为"仲裁申请书"。

2. 抬头。抬头要顶格写明仲裁机构的名称。

3. 当事人基本情况。

4. 案由。要简要说明案件的性质。

5. 要求事项。要明确需要仲裁的具体问题。

6. 事实和理由。要对整个案件的经过及相关证明等交代清楚，要表明通过仲裁申请书的受理机关的仲裁要求，要求对方解决问题的道理。

7. 要写明申诉人指定的仲裁员的姓名或委托仲裁委员会指定。

8. 尾部。

（三）格式范例

仲裁申请书

致中国国际贸易仲裁委员会：

申请人：越南××物产株式会社珠海办事处

地址：中国珠海××区××路××号

负责人：×××

被申请人：中国×××机械进出口公司

地址：中国广东省深圳市××街××号

法定代表人：×××

申请人越南××物产株式会社珠海办事处，根据其与被申请人中国×××机械进出口公司于××××年××月××日签订的××号合同第16条仲裁条款的规定，就该合同项下关于锡管付款问题向中国国际经济贸易仲裁委员会提起仲裁。现将仲裁要求及所依据的事实和理由陈述如下：

一、仲裁请求

裁决被申请人立即支付下列费用：

1. 偿付锡管货款，计为××××××美元；

2. 偿付逾期付款的利息损失××××美元；

3. 其他损失总计××××美元；

4. 律师费××××美元；

5. 本案仲裁费。

二、本案案情

1. x××××年××月××日，申请人与被申请人签订了编号为××××锡管买卖合同。合同规定由申请人卖给被申请人0.75×2.80MM锡管800吨，单价每吨395美元；……合同总价××××美元，装运地越南河内，卸货港中国深圳，装运期限为××××年××月底和×月底，每月交货数量必须一次交清，不得分批装运；买方应于装运前20天，通过珠海中国银行开立以卖方为受益人的不可撤销信用证，该信用证即期汇票及其他单据在开证行付款，争议应由双方协商解决，若协商无法解决，当事人向北京中国国际经济贸易仲裁委员会提请仲裁解决（见附件一）。

2. 合同订立后，申请人积极履行合同。

3. ××××及××××号提单项下锡管于××××年××月××日运抵中国深圳（见附件四）。……××××年××月××日被申请人以"正本提单未到，我方急于提货为由出具保函（见附件六），并于同日用临时提货单（见附件七）将该提单项下全部货物提走。

4. 被申请人将合同项下全部货物提走后，一面承诺以T/T方式尽快付款，一面开始卖出货物，至××××年××月××日申请人派人调查，已卖出锡管1000多吨，但对付款问题却一拖再拖，经申请人多次催要，被申请人虽几次提出付款计划，但每次均以不能兑现而告终（见附件八）。至××××年××月××日，经申请人多次努力，被申请人才向申请人支付了××××美元货款，剩余货款至今未付。

三、争议及索赔理由

1. 为了解决争议，申请人就付款问题多次与被申请人联系，并多次派人到被申请人单位催要货款，但被申请人虽表面同意付款，确认了此项债权债务关系，但却借种种原因，不予兑现，严重地违反了双方合同的约定，同时违反了国际贸易活动的基本准则，这种失去信誉、违反商业道德、违犯法律的行为已经给申诉人造成了严重的经济损失。因此申请人不得不根据合同约定提出仲裁请求。

2. 根据《中华人民共和国涉外经济合同法》第 19 条规定，并参照《联合国国际货物销售合同法》第 25 条、第 53 条、第 58 条第 1 款、第 62 条、第 78 条，《跟单信用证统一惯例》（国际商会第 500 号出版物）第 13 条×款、第 14 条×款、第 14 条×款，申请人要求被申请人立即支付全部剩余货款及有关部门费用：……

根据《中国国际经济贸易仲裁委员会仲裁规则》第 14 条 3 款和第 24 条的规定，申请人指定××为仲裁员，并委托北京××律师事务所×××律师和×××律师为申请人的仲裁代理人。

仲裁申请人：×××

负责人：×××

××××年×月×日

附：授权委托书一份

附件一至附件十（略）

十一、仲裁协议书

（一）仲裁协议书的基本含义

仲裁协议书是当事人同意将彼此间已经发生的或可能发生的争议交付仲裁机构解决的一种书面材料。仲裁协议书是仲裁机构受理争议案件的依据。

（二）仲裁协议书的基本格式

仲裁协议书主要由以下几部分组成：

1. 标题。标题写为"仲裁协议书"即可。

2. 正文。正文部分要明确以下内容：

（1）需要提交的仲裁机构名称以及按照何种仲裁规则进行；

（2）要明确争议的事项以及争议的金额；

（3）说明仲裁人员的人数和审理地点；

（4）写明当事人同意仲裁裁决是终局的，对双方均有约束力。

3. 尾部。要明确当事人双方的基本情况。如当事人的名称、地址、联系方法等。

（三）格式范例

仲裁协议书

××国××公司（以下称甲方）委托中国×××公司（以下称乙方）在辽宁

地区代销××国××公司的××商品，甲、乙两方于1981年3月6日签订了正式的经销合同。该合同的第二条　款中规定："经销时间：从1981年3月20日至1982年3月19日，为期1年。"在第三条　款中规定："经销数量：在合同有效期内，乙方为甲方代销a、b、c。三种规格的××商品，总金额不少于××万元（折合人民币）。"乙方接受甲方所提供的××商品，代销5个月后，市场销售实况说明b、c两种规格的××商品不受用户欢迎，因此致电甲方，要求将b、c两种规格的××商品数量改换为a种规格的商品，否则将经销时间推延到1982年10月19日。后经双方协议，甲方表示同意将b、c两种规格的××商品数量改换a种规格的××商品。但是，甲方提出，b、c两种规格的××商品往返运输费用全部由乙方负责补偿，乙方拒绝。双方为此相持不下。因此共同表示将此案件提交中国北京贸易仲裁委员会裁决，并商定下列条款，供双方共同遵寄。

一、此案按照《中华人民共和国对外贸易法》的有关规定裁决。

二、仲裁庭的一切裁决是终局性的，甲、乙双方应无条件地共同服从。

三、本案仲裁手续费用，由败方承担。

本协议一式四份，甲、乙双方各执两份。

甲方	乙方
××国××公司	中国×××公司
代表×××（签字）	代表×××（签字）
××××年×月×日	××××年×月×日

十二、仲裁调解书

（一）仲裁调解书的基本含义

仲裁调解书是仲裁机关通过调解方式处理争议案件，促使双方当事人自愿达成协议后所制作的书面材料。仲裁调解是在仲裁机关主持下，当事人双方就经济纠纷进行协商，最终达成一致而结束仲裁的一种仲裁制度。

（二）仲裁调解书的基本格式

仲裁调解书一般由以下几部分组成：

1. 标题。可直接写为"仲裁调解书"即可。

2. 编号。

3. 当事人基本情况介绍。

4. 基本案情。要简要说明经济纠纷发生、发展和经过的主要事实。

5. 协议内容。当事人双方达成协议的具体内容。

6. 费用承担。在协议中要明确费用承担的问题。

7. 尾部。尾部明确调节书的份数及分持情况，要有相关人员的签章，并具具体日期。

（三）格式范例

中华人民共和国海事仲裁委员会仲裁调解书

申诉人：中国，香港××公司

法定代表人：×××，男，56岁，总经理

住址：香港市××路××号

被诉人：×国"苏轮奇"轮

法定代表人：××××，男，48岁，船长

××××年××月××日，申诉人，即救助人中国香港××公司向海事仲裁委员会提出对被诉人，即船舶所有人××××，关于申诉人救助被诉人"苏轮奇"轮报酬问题的仲裁申请书。

"苏轮奇"轮载运大豆6000余吨，于××××年××月××日在香港附近的铜沙地区搁浅。同年××月××日，申述人代表同"苏轮奇"轮的船长签订了中国海事仲裁委员会符合标准格式的救助契约。申诉人根据救助契约进行了有效救助。"苏轮奇"轮经申诉人强卸减负后于同年××月××日被拖救出浅，并且其不能自航而于××月××日被拖到香港码头。

双方当事人对救助工作有成效、救助人应该获得报酬这一点上，并无争议，但是对于报酬的数额未能达成协议。

海事仲裁委员会根据双方当事人所签订的救助契约中的仲裁协议和申请人的仲裁申请书，受理了这一案件，并按照仲裁程序规则的规定成立了仲裁庭，由×××任首席仲裁员，其成员有×××、×××、×××。

在仲裁庭准备审理的过程中，海事仲裁委员会仲裁程序的规定，在双方当事人的同意下进行调解。双方当事人互相做了友好让步，并已澄清争议总的救助报酬不包括被诉人在契约签订以前雇佣船只等所应支付的人民币××××元。

××××年××月××日，在由海事仲裁委员会主持并由仲裁庭成员和双方当事人参加的会谈中，一致同意本案的解决方法如下：

1. 本案救助报酬总额确定为××××元。由于申诉人已收取部分报酬人民币××××元，被诉人尚应支付人民币××××元。

2. 上述金额由申诉人持海事仲裁委员会的调解书，并根据中国银行香港分行××××年××月××日的担保向该行收取。被诉人应立即安排由中国银行香港分行凭中国海事仲裁委员会的调解书和救助人账单立即付款。

被诉人也可以向申请人直接支付上述金额。

如果申诉人非由于自己原因而不能在××××年××月××日以前收到上述金额时，应从该日起按年利率5‰加计利息。

3. 海事仲裁委员会的仲裁费，由双方当事人各半分担。

4. 有关本案的其他一切费用由双方当事人各自分担。

双方当事人同时通过海事仲裁委员会交换了确认上述解决方法的函件。申诉人和被诉人应各向海事仲裁委员会交纳人民币×××元、×××元。

本调解书一式三份，发给双方当事人各一份，本会留一份。

仲裁庭（章）

首席仲裁员：×××

仲裁员：×××

×××

××××年×月×日

十三、仲裁答辩书

（一）仲裁答辩书的基本含义

仲裁答辩书是仲裁案件的被诉人为充分维护自己的合法权益，就申诉人在仲裁申请书中提出的要求以及所依据的事实证据和理由所作出的答复的辩护性书面材料。

（二）仲裁答辩书的写作要点

1. 要尊重客观事实。仲裁答辩书撰写时要实事求是，要全面地、客观地看待遇到的问题。

2. 要选择恰当的方法。写作时要围绕答辩理由这一中心选择恰当的方法进行反驳。

3. 要用犀利的语言抓住问题的关键。在写作时，要根据案情的需要，有针对性地对起诉状中焦点问题进行辨析，力争从焦点问题中找出破绽。

4. 答辩要及时。一般来说，被告人在接到起诉状15日内进行答辩。

（三）仲裁答辩书的基本格式

1. 标题。标题可以直接写为"仲裁答辩书"。

2. 当事人的基本情况介绍。

3. 答辩原由。要明确对什么人起诉或上诉的什么案件而提出的答辩。

4. 答辩理由和意见。主要应对原告或上诉人提出的诉讼请求以及诉讼事实、证据、理由等作出明确的回答。

5. 结尾。结尾要写清呈送的仲裁机构名称，答辩人要签名盖章，并具年、月、日。

6. 附件。

（四）格式范例

仲裁答辩书

我是××律师，接受×国 H 公司委托，作为合法辩护人进行答辩。我认为申诉人认定被诉人违约，并要求赔偿合同中全部货款及其他费用的理由是不能成立的。兹陈述如下：

申诉人在申请书中说，××合约食用 X 水有异味，沉淀多，色泽深，影响了水质，被诉人认为这只是一个理解上的问题。至于申请书所说并出示检验证明认定 X 水有 2‰ 杂质，那是不准确的，因为该检验并非每桶都检验，而只是抽样检查，并不能说明问题；而且 H 公司经××检验所检验结果，X 水中并未掺入杂质（见附件1）。申请书称该水即使加工后也完全不能食用，这也没有充分的依据。申请书指责被诉人未能及时答复申诉人索赔要求，是欠公允的。被诉人××××年×月×日给申诉人的电传中曾很坦率地说过自己的实际困难（见附件2）。

申诉人认为被诉人拒绝赔偿，是不遵守合约规定，是违约行为，也是欠妥的。被诉人在拒赔函中，已再三强调了拒赔的理由（见申请书附件9），并出示了检验证明。而且根据合同中商品检验条款、索赔理赔条款的内容（见申请书附件1）以及《联合国国际货物销售合同公约》××条款第×条（见附件3），我们的理由完全能够成立。

基于以上情况，被诉人拒绝承认违约，也拒绝赔偿合同货物的全部款项以及其他费用，请仲裁委员会审议。

被诉人律师（签字）

××××年×月×日

附件：检验证明一份、

协商电传一份、

国际贸易××条款一份。

十四、执行申请书

（一）执行申请书的基本含义

执行申请书是当负有义务的当事人不按规定依法履行或拒绝履行已生效的法

律文书中所规定的义务时，对方当事人依法向人民法院提出申请，请求法院依法强制执行时所形成的书面材料。

（二）执行申请书的基本格式

执行申请书必须具备以下内容：

1. 标题。标题可直接写为"执行申请书"。

2. 当事人基本情况。

3. 正文。正文部分分为申请要求和申请理由。申请要求要明确申请执行的具体事项申请理由要明确申请执行的理由。

4. 尾部。尾部包括呈送单位、落款。

（三）格式范例

执行申请书

申请人：×××发展有限公司

地址：×××××路××号

电话：×××××××

法定代表人：×××，男，46岁

委托代理人：×××，男，42岁，副经理

被申请人：×××

地址：×××××路××号

电话：×××××××

法定代表人：×××，男，经理

申请要求：执行被申请人于××××年×月×日前一次性付清拖欠申请人货款××万元。

申请理由：×××经济合同仲裁委员会于××××年×月×日制作的《（19××）工商裁字第×号裁决书》裁决："需方按合同规定付给供方货款××万元，于××××年×月×日前一次性付清。"可是，被申请人以资金紧张为由，拖欠货款。被申请人拖欠货款的理由是不成立的，被申请人的流动资金达×××万元，说明被申请人具备偿付拖欠货款的经济能力。被申请人的开户行系滨海市工商行沿江大道办事处，账号为×××××。特请求法院采取强制措施责令被申请人于××××年×月×日前一次性付清拖欠申请人的货款××万元。

此致

××人民法院

申请人：×××公司

××××年×月×日

十五、先予执行申请书

（一）先予执行申请书的基本含义

先予执行申请书是诉讼原告人因经营或其他原因，在案件起诉后而尚未判决前要求人民法院裁定被告人预先支付一定数量款项或特定物时所制作的法律文书。

（二）先予执行申请书的基本格式

先予执行申请书通常包括以下内容：

1. 标题。标题可直接写为"先予执行申请书"。

2. 当事人基本情况。

3. 正文。正文部分分为申请要求和申请理由。申请要求要明确申请执行的具体事项申请理由要明确申请执行的理由。

4. 尾部。尾部包括呈送单位、落款。

（三）格式范例

先予执行申请书

申请人：×××发展有限公司

地址：×××××路××号

电话×××××××

法定代表人：孙××，男，51岁，董事长

委托代理人：杨××，女，38岁，经理

被申请人：×××股份有限公司

地址：×××××路××号

电话：×××××××

法定代表人：刘××，女，39岁，副经理

申请事项：请求人民法院裁定被申请人先予付给申请人债款18万元。

申请理由：申请人诉被申请人拖欠债款36万元一案，目前正在审理中。申请人急需从国外进口一批原材料供市场需要，由于缺乏周转资金，致使该项营销计划陷入困境。为此，特请求人民法院裁定被申请人先予付给申请人债款18万元，以缓解经营困难。

此致

×××人民法院

申请人：×××发展有限公司

法定代表人：×××

××××年××月××日

十六、公示催告申请书

（一）公示催告申请书的基本含义

公示催告申请书是指可以背书转让的票据持有人，因票据的遗失或灭失而向人民法院提出申请，要求人民法院以公示的方法催促利益关系人在一定期限内申报权利时所制作的申请书面材料。

（二）公示催告申请书的基本格式

公示催告申请书通常包括以下内容：

1. 标题。标题可直接写为"公示催告申请书"。

2. 当事人基本情况。

3. 正文。正文部分分为申请要求和申请理由。申请要求要明确申请保全的具体事项申诸理由要明确申请保全的理由。

4. 尾部。尾部包括呈送单位、落款。

（三）格式范例

公示催告申请书

申请人：××××

地址：×××

电话：×××

法定代表人：×××，男，经理

申请事项：请求人民法院对票据遗失事项予以公示催告。

申请理由：20××年×月×日夜，我公司财务室失窃，被盗可以背书转让的支票一张，号码为×××××，票面金额伍万元，发票人系××中学，持票人系卓××，背书人系付××，付款人系工商银行××办事处，收款人系×××文体用品商场，付款期为5天，签发日期为20××年×月×日。该支票系××中学购买我公司健身器材的货款。为保护持有证券人的权利，根据民事诉讼法第193条的规定，特向人民法院申请公示催告，请依法作出除权判决，以维护权利人的利益。

此致

　　×× 市 ×× 区人民法院

申请人：×××

法定代表人：×××

××××年×月×日

十七、诉讼保全申请书

（一）诉讼保全申请书的基本含义

诉讼保全申请书是诉讼当事人请求法院对与本案相关的证据、标的物等采取保全措施的法律文书。

（二）诉讼保全申请书的基本格式

诉讼保全申请书一般由以下几部分组成：

1. 标题。标题可直接写为"诉讼保全申请书"。

2. 当事人基本情况。

3. 正文。正文部分分为申请要求和申请理由。申请要求要明确申请保全的具体事项申请理由要明确申请保全的理由。

4. 尾部。尾部包括呈送单位、落款。

（三）格式范例

证据保全申请书

申请人：××××公司

地址：××××路××号

电话：×××××××

法定代表人：夏××，男，44 岁，经理

委托代理人：薛××，男，32 岁，副经理

被申请人：×××

地址：××××××路×号

电话：××××××

法定代表人：李××，男，53 岁，董事长

申请事项：因申请人与被申请人购销合同质量纠纷一案，申请诉讼证据保全。

申请理由：因可以作为申请人与被申请人购销合同质量纠纷一案证据的购销合同供货样品有可能被藏匿，该证据现存被申请人处。为此，特申请法院对上述

447

证据实施保全。

　　　　此致
　　　　　　×××人民法院

　　　　　　　　　　　　　　　　　申请人：×××公司
　　　　　　　　　　　　　　　　　法定代表人：×××
　　　　　　　　　　　　　　　　　××××年××月××日

十八、撤诉书

（一）撤诉书的基本含义

撤诉书原告当事人向法院呈递的撤回起诉的书面材料。

（二）撤诉书的基本格式

1. 标题。标题可直接写为"撤诉书"。

2. 正文。正文应简要说明案由以及撤诉的理由。

3. 呈送单位。

4. 签署。由起诉人签名盖章。

（三）格式范例

撤销书

　　我公司与被告××××发展有限公司，因购销合同款纠纷一案，已向贵院提起起诉。诉讼期间，原告与被告双方经过平等协商，已达成协议，协议内容均已执行完毕，特向贵院申请撤回起诉，请予批准。

　　呈
　　　　××人民法院

　　　　　　　　　　　　　　　　　申请人：×××发展有限公司（印签）
　　　　　　　　　　　　　　　　　法定代表人：×××（印签）
　　　　　　　　　　　　　　　　　××××年××月××日

第十四章
社交礼仪文书

一、慰问信

（一）慰问信的基本含义

慰问信是以组织或个人向某一团体或个人表示关心和问候的信件。慰问信通常有三种情况：表彰慰问、遇灾慰问和节日慰问。

（二）慰问信的写作要点

慰问信的写作要注意以下几个方面：

1. 慰问的对象要明确，慰问的原因要表达真实。
2. 慰问信要有真情实感，要情真意切。
3. 号召语要有鼓动性，要有号召力。
4. 语言要朴实、亲切，不要用比较刻板的套话。

（三）慰问信的基本格式

慰问信通常由四部分构成：

1. 标题。在第一行中间写"慰问信"或"××致××的慰问信"等字样。
2. 称谓。第二行顶格写单位和个人名称。
3. 正文。正文要写清慰问的原因、对事实的叙述和号召语。
4. 落款。落款要有签名和日期。

（四）格式范例

慰问信

××市全体同胞：

　　一山碧万峰竞秀，两江清百舸争流。正当全市人民回首过去成就，展望未来宏图之际，普天同庆的新春佳节又来临了。值此，我们向你们拜年，祝大家新年快乐！

今年是继往开来的关键年，任务艰巨，担子沉重，希望大家继续坚持以改革为动力，以发展为契机，以稳定为保证，进一步巩固基础产业，振兴主导产业，发展关联产业，加快重点建设，扩大对外开放，使我市的经济建设、社会发展再上新台阶！

在新的一年里，我们要进一步解放思想，实事求是，振奋精神，增强责任感和使命感，齐心协力，艰苦奋斗，以更高的起点，更大的气魄，更实的举措，更新的面貌开创更新的局面。

预祝大家在新的一年里，取得更大的成绩，作出更大的贡献！

×××市委

××××年××月××日

二、表扬信

（一）表扬信的基本含义

表扬信是用来表彰先进思想、先进事迹以及好人好事的一种书信。表扬信可以是组织写给个人的，也可以是个人写给组织的，也可以是组织写给组织的，还可以是个人写给个人的。

（二）表扬信的写作要点

表扬信的写作要注意以下几个方面：

1. 表扬信要能真实反映当事人的高贵品质，要以事实说话，不要说大话、空话。

2. 表扬信要实事求是，既不夸大，也不缩小，要恰当地表述当事人的高贵品质。

3. 语言要朴实、亲切，通常篇幅不要太长。

（三）表扬信的基本格式

表扬信通常由以下几部分构成：

1. 标题。在第一行中间写"表扬信"字样即可。

2. 称谓。第二行顶格写单位和个人名称。

3. 正文。正文要写清表扬的原因、对事实的叙述并要提出良好建议。

4. 落款。落款要有签名和日期。

（四）格式范例

表扬信

尊敬的××地质大学领导：

　　2003 年 5 月 3 日下午，由于孩子在家玩火，造成一场大火灾，当时我们在外地出差。贵校学生王××发现火情后，不顾自己身体有病，奋不顾身进行救火。由于火势很猛，王××进门后，房门被紧紧地吸住，外面的人进不去，大家都很着急。王××在呼吸困难的情况下，临危不惧，打破窗户玻璃，屋里的压力减小，门能被打开了。在救火过程中，王××发现抽屉里有一盒手枪子弹，在十分危险的情况下，毫不犹豫地把子弹盒子扔到了窗外，避免了一场严重事故的发生。在王××的带领下，大火终于被扑灭了，但王××却因大火受伤了，该同学的英勇表现使在场所有的人都为之鼓舞。

　　正值全国开展学雷锋运动之时，贵校王××同学不顾个人安危，挺身而出，抢救他人财产的这一高尚行为，为我们树立了良好的学习榜样。我们除向王××同学学习外，特写信向贵校建议，请贵校领导把王××的英勇事迹广为宣传，予以表彰，使广大学生以王××同学为榜样，将学雷锋运动推向高潮。

　　　　此致

　　　　　敬礼！

　　　　　　　　　　　　　　　　　　　　　失火者：×××

　　　　　　　　　　　　　　　　　　　　　××××年×月×日

三、介 绍 信

（一）介绍信的基本含义

　　介绍信是各党政机关、社会团体、企事业单位用来向有关单位或个人介绍前去联系的派遣人的情况与任务的一种专用信件。介绍信分为书信式介绍信和带有存根的普通介绍信两种。

（二）介绍信的写作要点

　　介绍信的写作要注意以下几个方面：

1. 介绍信在填写前必须取得主管领导的批准。
2. 要注意一封介绍信只能写给一个单位。
3. 内容要简要真实，书写要工整、规范。

（三）介绍信的基本格式

介绍信通常由以下几部分构成：

1. 标题。在第一行中间写"介绍信"字样即可。

2. 称谓。第二行顶格写受文单位或受文个人名称。

3. 正文。正文要写清被介绍人的基本情况，并对前往接洽的事项及希望要表达清楚。

4. 落款。落款要有单位签章和日期。

（四）格式范例

介绍信

××公司负责同志：

　　兹有我所研究员、高级工程师王××、胡××二位同志前往贵公司洽谈有关合作的具体事宜，请予以接洽。

　　此致

　　敬礼！

××实用技术研究所（公章）

××××年××月××日

四 、 证 明 信

（一）证明信的基本含义

证明信是以单位或个人名义书写的、用以证明有关人员身份、职务及有关事项真实情况的一种专用文书。

（二）证明信的基本格式

证明信通常由以下几部分构成：

1. 标题

2. 称谓

3. 正文

4. 落款

在第一行中间写"证明信"字样即可。

第二行项格写受文单位或受文个人名称。

正文要对需要证实的情况详细说明。

落款要有单位签章和日期。

（三）格式范例

证明信

××大学：

××月×日来函获悉。现根据函中要求，将贵校××同志的有关情况介绍如下：

××同志××××年××月××日至××××年××月××日在我院工作，曾任基础部主任。该同志工作认真负责，能以身作则，团结同志，工作成绩突出，曾连续3年被评为我院先进工作者。

特此证明。

×××学院

××××年×月×日

五、欢送词

（一）欢送词的基本含义

欢送词是指向客人告别的正式场合中主人发表的表示送别客人的致辞。

（二）欢送词的写作要点

欢送词的写作要注意以下几个方面：

1. 欢送词要对客人在一定时期一定阶段所取得的成绩予以肯定，并给予适当的评价。

2. 要对客人表示希望和勉励，并要充分显示出惜别的真情。

3. 语言要朴实、亲切，通常篇幅不要太长。

（三）格式范例

欢送词

亲爱的李××教授，尊敬的女士们、先生们：

李××教授愉快地结束了在我校3年的执教生活，很快就要回国了。今天我们此备薄餐，为××教授送行。

3年来，××教授以出众的才智和辛劳的工作，赢得了全校师生的信赖与尊敬。他所做的几次学术报告，开阔了我们的视野，极大地推动了我校的教学改革。对此，请允许我代表全体师生对××教授再次表示衷心的感谢！

在3年的教学工作和日常交往中，××教授与英语专业的师生诚挚交流，以友相待，结下了深厚的友谊，我们为此感到骄傲和自豪。

中国有句古话："海内存知己，天涯若比邻"，千山万水无阻于我们友谊的发展，隔不断彼此之间的联系。我们期望××教授在适当的时刻再回来做客、讲学。

在××教授将踏上回程的时候，请带上我们全体师生的友谊，也请给我们留下宝贵的意见和建议。

×××

六、欢迎词

（一）欢迎词的基本含义

欢迎词，是指客人光临时，主人为表示热情的欢迎，在座谈会、宴会、酒会等场合发表的热情友好的讲话。

（二）欢迎词的写作要点

欢迎词的写作要注意以下几个方面：

1. 欢迎词要能真实表达出对宾客的热烈欢迎之情，要体现出迎客的诚意和真情。

2. 要简单表述宾客来访的意义，要有对未来的美好展望。

3. 语言要朴实、亲切，通常篇幅不要太长。

（三）欢迎词的基本格式

欢迎词通常由以下几部分构成：

1. 标题。在第一行中间写"欢迎词"字样即可。

2. 称谓。第二行项格写单位和个人名称。

3. 正文。

4. 落款。落款要有签名和日期。

（四）格式范例

欢迎词

尊敬的女士们、先生们：

值此×××厂30周年厂庆之际，请允许我代表×××厂，并以我个人的名义，向远道而来的贵宾们表示热烈的欢迎。

朋友们不顾路途遥远专程而来贺喜并洽谈贸易合作事宜，为我厂30周年厂庆更添了一份热烈和祥和，我由衷地感到高兴，并对朋友们为增进双方友好关系作出努力的行动，表示诚挚的谢意！

今天在座的各位来宾中，有许多是我们的老朋友，我们之间有着良好的合作关系。我厂建厂 30 年能取得今天的成绩离不开老朋友们的真诚合作和大力支持。对此，我们表示由衷的钦佩和感谢。同时，我们也为能有幸结识来自全国各地的新朋友感到十分高兴。在此，我谨再次向新朋友表示热烈欢迎，并希望能与新朋友密切协作，发展相互间的友好合作关系。

"有朋自远方来，不亦乐乎。"在此新朋老友相会之际，我提议：

为今后我们之间的进一步合作，

为我们之间日益增进的友谊，

为朋友们的健康幸福，

干杯！

七、答谢词

（一）答谢词的基本含义

答谢词通常是在正式的公关礼仪场合，在主人致欢迎词或欢送词后，客人所发表的对主人接待和关照表示真挚感谢的讲话。另外，答谢词也指客人在举行必要的答谢活动中所发表的感谢主人的盛情款待的讲话。

（二）答谢词的写作要点

答谢词的写作要注意以下几个方面：

1. 答谢词首先用具体的事例，对主人所作的一切安排给予高度评价，对主人的盛情款待表示衷心的感谢；

2. 结尾部分要再次表示感谢；

3. 语言要朴实、亲切，通常篇幅不要太长。

（三）格式范例

答谢词

尊敬的×××先生，尊敬的×××集团公司的朋友们：

首先，请允许我代表×××代表团全体成员对×××先生及×××集团公司对我们的盛情接待表示衷心感谢。

我们一行 5 人代表×××公司首次来贵地访问，此次来访时间虽短，但收获颇大。仅 3 天时间，我们对贵地的电子业有了比较全面的了解，与贵公司建立了友好的技术合作关系，并成功地洽谈了×××电子技术合作事宜。这一切，都得益于主人的真诚合作和大力支持。对此，我们表示衷心的感谢。

电子业是新兴的产业，蒸蒸日上，有着广阔的发展前景。贵公司拥有一支由网络专家组成的庞大的队伍，技术力量相当雄厚，在网络工作站技术市场中一枝独秀。我们有幸与贵公司建立友好的技术合作关系，为我地电子业的发展提供了新的契机，必将推动我地的电子业迈上一个新台阶。

最后，我代表×××公司再次向×××集团公司表示感谢，并祝贵公司迅猛发展，再创奇迹。更希望彼此继续加强合作，共创明天。

最后，我提议：

为我们之间正式建立友好合作关系，

为今后我们之间的密切合作，

干杯！

八、开幕词

（一）开幕词的基本含义

开幕词是各党政机关、社会团体、企事业单位在会议开始前由主持人或领导人向大会所做的重要讲话。开幕词要求口语化，要富有感情色彩，但篇幅不能太长，语气要真诚，友好。

（二）格式范例

在"中国国际××展览会"开幕式上的讲话

亲爱的女士们、先生们：

早上好！

由韩国××有限公司主办，中国××协会与我会所属的××国际贸易信息和展览公司承办的"中国国际××展览会"今天在这里开幕了。我谨代表中国国际贸易促进委员会××市分会、中国国际商会××分会表示热烈祝贺！向前来××市参展的西班牙、加拿大、日本、朝鲜以及我国各地的厂商表示热烈的欢迎！

本届展览会将集中展示具有国际水准的各类××产品的生产设备，为来自全国各地的科技人员提供一次不出国的技术考察机会；同时，也为海内外同行共同切磋技艺创造了条件。

朋友们，同志们，××市是中国最重要的工业基地之一，也是经济、金融、贸易、科技和信息中心。××市作为长江流域乃至全国对外开放的重要窗口，将实行全方位的开放。我国政府已将××地区的开发开放列为中国今后10年的发展重点，××大桥的正式通车，将标志着××地区的开发已经进入实质性的启动阶段。××市将进一步改善投资环境，扩大与各国各地的合作领域。

我真诚地欢迎各位展商到××的开发区参观，寻求贸易和投资机会，寻找合作伙伴。作为××市的对外商会——中国国际贸易促进会××市分会将为各位朋友提供卓有成效的服务。

最后，预祝"中国国际××展览会"圆满成功！

谢谢大家！

九、贺词

（一）贺词的基本含义

贺词是在各种喜庆仪式上表示祝贺和祝愿的讲话。

（二）贺词的基本格式

贺词通常由以下几部分构成：

1. 标题。在第一行中间写"贺词"字样即可。

2. 称谓。第二行顶格写单位和个人名称。

3. 正文。正文首先要表明祝贺之意；其次要根据祝贺的事由对被祝贺者给予赞誉性评价，肯定对方的成绩，阐发对方工作的积极意义；再次，根据双方关系，或者提出勉励要求，或者表示向对方虚心学习等。

4. 落款。落款要有签名和日期。

（三）贺词的写作要点

贺词的写作要注意以下几个方面：

1. 贺词要能真实表达出真心祝贺之意；

2. 要对当事人工作的意义、取得的成绩表示肯定；

3. 语言要朴实、亲切，通常篇幅不要太长。

（四）格式范例

贺词

××纺织厂：

首先，请允许我代表××进出口公司全体员工，并以我个人的名义，向贵厂成立 10 周年表示热烈的祝贺！

贵厂技术力量雄厚，已建成年产×万米的×××生产线，现生产 30 个品种的适销对路的产品，1990 年被晋升为国家二级企业，贵厂成绩卓越，经济高速发展，与建厂初期相比，1995 年工业总产值增长 3 倍，销售收入增长 4.2 倍。××牌砂洗真丝获 1991 年全国消费者信得过产品金奖，××牌麦尔登呢获 1993 年国家银质奖，××牌精纺华达呢获 1995 年国家金质奖。贵厂建厂 10 年，取得了巨大的成就，为繁荣我国经济作出了贡献，可喜可贺。

最后，祝愿贵厂更加兴旺发达！

××进出口公司总经理

×××率全体员工同贺

××××年×月×日

十、祝酒词

（一）祝酒词的基本含义

祝酒词是各党政机关、社会团体、企事业单位在会议期间由主持人或领导人向大会所作的祝贺性讲话。

祝酒词篇幅不能太长，语气要真诚，友好，要口语化，要富有感情色彩。

（二）格式范例

祝酒词

亲爱的女士们、先生们：

晚上好！

"中国国际××展览会"今天开幕了。今晚我们有机会同各界朋友欢聚，感到很高兴。我谨代表中国国际贸易促进委员会××市分会、中国国际商会××分会，对各位朋友光临我们的招待会，表示热烈欢迎！

"中国国际××展览会"自上午开幕以来，已引起我市及外地科技人员的浓厚兴趣。这次展览会在××市举行，为来自全国各地的科技人员提供了经济技术交流的好机会。我相信，展览会在推动这一领域的技术进步以及经济贸易的发展方面将起到积极作用。

今晚，各国朋友欢聚一堂，我希望中外同行广交朋友，寻求合作，共同度过一个愉快的夜晚。

最后，请大家举杯，

为"中国国际××展览会"的圆满成功，

为朋友们的健康，

干杯！

十一、讣告

（一）讣告的基本含义

讣告，又称"讣闻"或"讣文"，是机关、单位、个人把某人去世的不幸消息向死者的亲戚、朋友和家属发出的通告性文书。

（二）讣告的基本格式

讣告通常由以下几部分构成：

1. 标题。在第一行中间写"讣告"字样即可；

2. 正文。正文要写明死者的姓名、职务、逝世原因、地点等，同时，要对死者的生平进行重点的介绍。

3. 落款。落款要有签名和日期。

（三）讣告的写作要点

讣告的写作要注意以下几个方面：

1. 语言要简洁明确，庄重严肃，要用规范适时的语言；

2. 为示庄重，讣告要用较厚的白纸，并要用黑字。讣告的内容多少可以根据死者的身份来确定。

（四）格式范例

××先生讣告

中国作家协会理事、××市文联主席××先生因病医治无效，于××××年××月××日上午 11 时在××医院逝世，享年 99 岁。

××先生生前曾任地委办公室秘书、办公室主任、地委统战部部长、地区文联副主席等职务。出版小说 5 部，为党为人民做了许多有益的工作。××先生的逝世，是我党的一大损失。为了表示对××先生的哀悼，特定于××××年××月××日上午 8 时在公墓礼堂举行哀悼会，有赠送花圈、挽联和吊唁者，请按时莅往。

××治丧委员会

××××年×月×日

十二、悼词

(一) 悼词的基本含义

通常来说，悼词可以分为狭义和广义两种。狭义的悼词只在追悼会上表示对逝世者的敬意与哀悼时所用的书面材料；广义的悼词指向去世者表示哀悼、缅怀与敬意的悼念性文章。

(二) 悼词的基本格式

讣告通常由以下几部分构成：

1. 在对死者进行悼念的同时对死者进行概括性评价；
2. 要详细介绍死者一生的主要经历；
3. 要对死者的功绩及成绩进行简单评述；
4. 概括其为人；
5. 真诚表达对死者的怀念之情。

(三) 悼词的写作要点

悼词的写作要注意以下几个方面：

1. 悼词的撰写者通常是死者生前组织；
2. 悼词的撰写要尊重历史，要实事求是；
3. 悼词要符合死者的身份；
4. 悼词要朴实，不能有消极、迷信的色彩。

(四) 格式范例

悼词

今天，我们怀着十分沉痛的心情，悼念我们的好经理刘××同志！

刘××同志系中国共产党党员，××公司总经理，因病多方治疗无效，于×××年××月××日下午9时20分在市人民医院逝世，终年90岁。

刘××同志1951年5月参加革命，1952年7月参加中国共产党，历任百货公司营业员、采购员、会计、财务股副股长、百货公司经理等职。在长期的革命工作中，他大公无私，热爱集体，工作积极，勤勤恳恳，认真负责，任劳任怨，作风平易近人，谦虚谨慎，是党的好干部。他30多年如一日地忠诚于党的事业，为党的财贸事业做了大量的工作，有很大的贡献！

现在，刘××同志与世长辞了，使我们党失去了一个好党员，使我们财贸战线失去了一个好干部，我们感到无限悲痛！

我们沉痛地悼念刘××同志，我们要化悲痛为力量，学习他勇往直前的革命精神和大公无私的高贵品质，在党的领导下，为建设我们伟大的祖国，为实现四个现代化而努力奋斗！

刘××同志安息吧！

十三、倡议书

（一）倡议书的基本含义

倡议书是根据一定时期一定范围内存在的问题提出某种建议，希望大家积极响应，共同完成任务或解决问题的书面材料。

（二）倡议书的基本格式

倡议书通常由以下几部分构成：

1. 标题。在第一行中间写"倡议书"字样即可；

2. 称谓。第二行顶格写明受倡议对象的称谓；

3. 正文。正文首先要表明倡议的原因、目的和意义，然后对倡议的具体内容具体说明

4. 结尾。结尾部分要再次倡议并提出希望；

5. 落款。落款要有签名和日期。

（三）倡议书的写作要点

倡议书的写作要注意以下几个方面：

1. 倡议书的内容必须是有利于人民的好事，所提倡的条件应有先进性和可行性

2. 倡议书要明确倡议的目标、倡议的原因以及对被倡议人的希望等；

3. 语言要朴实、亲切，条理要清楚。

（四）格式范例

倡议书

各位同学：

爱护环境、珍惜人类生存和发展的空间是现代人必备的基本素质。XX同志指出："环境意识和环境质量是衡量一个国家和民族文明程度的重要标志"。开展环境教育，提高全民族的环境意识是解决环境问题最根本、最有效的措施和手段。爱护地球、维护生态、保护环境是每一个公民义不容辞的责任。在中学广泛开展绿色学校的创建工作、倡导绿色文明是一种新的时尚、是社会进步的体现。为进

一步推进我们的环境教育工作，增强学生的环境意识，培养师生良好的环境道德和行为习惯，我校将创建绿色学校作为本学期的重点工作，为此我们倡议：

一、积极配合学校开展创建绿色学校活动，将环境教育普及、深化下去，把绿色希望带入未来的生活。

二、努力学习环保知识，切实掌握各科教材中有关环境方面的内容，并结合与环境有关的纪念日，在校内校外做好宣传环保，参与社区的环保实践和监督工作。

三、从我做起，从现在做起，从身边小事做起。提倡绿色生活，节约资源，减少污染，回收资源，绿色消费，支持环保；真正做到珍爱生命，不毁坏花草树木；不吸烟、不乱丢杂物垃圾；不用一次性碗筷、少用难降解的文具；支持学校的垃圾分类回收工作。

四、积极、认真参与校园以及居住社区、公共场所的绿化、美化、净化，清除或有意识地控制日常生活中产生的污染。

五、全面提高环境与发展意识，树立正确的环境价值观和环境道德风尚；肩负起环保责任，促进社会、经济和环境的可持续发展。

老师们、同学们，关注我们的地球家园，关心我们华富校园，展开绿色行动，倡导绿色文明是时代对我们提出的新要求。让我们携起手来积极投入到学校创建绿色学校的活动中去，让我们的校园永远沐浴在绿色的阳光中，让我们为社会与环境的可持续发展做出我们的贡献。

××学院团支部

××××年×月×日

十四、唁电、唁函

（一）唁电、唁函的基本含义

唁电、唁函是向死者的组织或家属表示慰问和哀悼的文电。以信函的方式发出的称唁函，以电报形式发出的称唁电。

（二）唁电、唁函的写作要点

唁电、唁函的写作要注意以下几个方面：

1. 对死者的生平要进行简要的概述，要实事求是，分寸得当。

2. 感情要真挚，表达要准确，要着重表达对逝者的悼念之情。

3. 应劝慰死者家属节哀。

（三）格式范例

致许广平女士的唁电

上海文化界救国联合会转许广平女士鉴：

鲁迅先生逝世，噩耗传来，全国震悼。本党与苏维埃政府及全苏区人民，尤为中华民族失去最伟大的文学家、热忱追求光明的导师、献身于抗日救国的非凡领袖、共产主义苏维埃运动之亲爱的战友，而同声哀悼。谨以至诚电唁。深信全国人民及优秀之文学家必能赓续鲁迅先生之事业，与一切侵略者、压迫势力作殊死的斗争，以达到中华民族及其被压迫的阶级之民族和社会的彻底解放。

　　肃此电达

　　　　　　　　　　　　　　　　　　　　　　　　苏维埃中央政府
　　　　　　　　　　　　　　　　　　　　　　　　1936 年 10 月 22 日

十五、号召书

（一）号召书的基本含义

号召书是各党政机关、社会团体、企事业单位在重大会议或节日之机，紧密配合形势，号召人民群众贯彻会议精神时所使用的一种书面材料。

（二）格式范例

关于进一步展开"爱文明，树新风"活动号召书

在广泛开展"文明礼貌"活动的热潮中，我市召开了七届人大二次会议。会议认为，开展"爱文明，树新风"活动，是动员广大人民群众建设社会主义精神文明的一个创举。一年来的实践证明，这项活动对于提高人民群众的思想觉悟，树立良好的社会风尚，促进物质文明建设，都具有十分重要的作用。为了动员全市人民更广泛、更深入地开展这项活动，开创我市社会主义现代化建设的新局面，会议号召全市人民：

　　一、重新学习，做改革的促进派。改革是一场广泛而深刻的革命，是取得现代化建设的可靠保证，要认真学习马克思列宁主义、毛泽东思想，还要学文化、学科技、学技术、学业务。要积极地投身到改革中去，破除妨碍我们前进的旧思想，努力钻研新情况，解决新问题，总结新经验，创立有益于社会主义四化建设的新环境。

　　二、搞好优质服务，不断提高人民生活水平。

三、创造优美环境。

四、建设优良的秩序。要人人争做遵纪守法的楷模，同各种违法犯罪分子作斗争的模范。

五、坚持"十提倡、十反对"，争当建设"十文明"的标兵。

我们要高举共产主义的伟大旗帜，积极响应党中央、国务院的号召和指标，坚决执行省委和省政府的指示，认真落实市七届八大三次会议提出的各项任务，为把我市逐步建设成为繁荣富裕、安定文明、清洁优美的社会主义现代化城市而努力奋斗！

××市委第三次会议

××××年××月××日